Mordechai Strigler
Werk C

D1723151

Mordechai Strigler

Werk C

Verloschene Lichter III

Ein Zeitzeugenbericht
aus den Fabriken des Todes

Herausgegeben von Frank Beer
Aus dem Jiddischen von Sigrid Beisel

Der Herausgeber dankt Frau Leah Strigler für die freundliche Genehmigung zum Abdruck der deutschen Ausgabe sowie Frau Brigitte Bilz und Frau Ruthild Stobbe fürs Korrekturlesen.

Deutsche Erstausgabe
© 2019 zu Klampen Verlag · Röse 21 · 31832 Springe
www.zuklampen.de

© der Originalausgabe by
Mordekhai Shtrigler
Titel der Originalausgabe:
Verk Tse. Bukh dray fun dem tsikl »oysgebrente likht«
(Werk C. Band III der Reihe »Verloschene Lichter«)
Unión Central Israelita Polaca en la Argentina
(Zentralverband der Polnischen Juden in Argentinien), Buenos Aires 1950

Satz: Germano Wallmann · Gronau · www.geisterwort.de
Umschlaggestaltung: Hildendesign · München · www.hildendesign.de
Foto Umschlagabbildung: © Stefan Hilden unter Verwendung
mehrerer Motive von www.shutterstock.com
Druck: KLARtext Direct Communications GmbH · Hannover ·
www.klartext-dc.de

ISBN 978-3-86674-595-7

Bibliografische Information der Deutschen Nationalbibliothek
Die Deutsche Nationalbibliothek verzeichnet diese Publikation
in der Deutschen Nationalbibliografie; detaillierte bibliografische Daten
sind im Internet über ‹http://dnb.dnb.de› abrufbar.

Vorwort des Herausgebers

Nach *Majdanek* und *In den Fabriken des Todes* liegt nun mit *Werk C* der dritte Band von Mordechai Striglers Tetralogie *Verloschene Lichter* in deutscher Erstübersetzung vor. Strigler hatte unter der deutschen Besatzung in Polen in Ghettos leben und Zwangsarbeit in verschiedenen Arbeitslagern leisten müssen, bis er Anfang Juni 1943 mit einem Transport nach Majdanek kam, wo er sieben Wochen lang Gefangener war. Kurz nach der Befreiung, die er im KZ Buchenwald erlebte, beschrieb er das Lagerleben von Majdanek in seinem ersten Buch. Daraufhin entstand *In den Fabriken des Todes* mit einer Beschreibung der ersten fünf Wochen seines Aufenthaltes im Zwangsarbeitslager Skarżysko-Kamienna, wohin er am 28. Juli 1943 von Majdanek verschleppt worden war. In *Werk C* schildert Strigler die Monate von September 1943 bis März 1944 in der Munitionsfabrik des Leipziger Rüstungsunternehmens HASAG AG. Anfang August 1944 wurde er von Skarżysko-Kamienna ins KZ Buchenwald verlegt, wo er am 11. April 1945 befreit worden ist. Seine Eltern und drei von sieben Schwestern fielen dem Holocaust zum Opfer. Nach der Befreiung begleitet der 27-jährige Strigler jüdische Kinder und Jugendliche aus Buchenwald, darunter ist der siebzehnjährige Elie Wiesel, mit dem Zug nach Paris. Er lässt sich in der französischen Hauptstadt nieder und lebt dort sieben Jahre lang. In dieser Zeit arbeitet Strigler als Journalist und Redakteur der jiddischen Tageszeitung *Undzer Vort* und verfasst gleichzeitig vier Bücher über seine Schoaherfahrung. Im Jahre 1952 emigriert er in die Vereinigten Staaten, wo er in New York als Redakteur der jiddischen Wochenschrift *Yidisher Kemfer* bis 1995 tätig ist. Ab 1987 und bis zu seinem Tode 1998 ist er auch Redakteur der jiddischen Tageszeitung *Forverts*.

Majdanek wurde im jiddischen Original in Buenos Aires in der von Mark Turkov herausgegebenen Buchreihe »Dos Poylishe Yidntum« als Nummer 20 im August 1947 veröffentlicht. In derselben Reihe erschien neun Jahre nach Striglers Buch als Nummer 117 ein Erinnerungsbuch von Eliezer Vizel mit dem Titel *Un di velt hot geshvign* [Und die Welt hat geschwiegen]. Dieses Buch des rumänischen Juden erschien vier Jahre später, also 1960, in einer radikal gekürzten Fassung in französischer Sprache und mit einem Vorwort von François Mauriac versehen unter dem Titel *La Nuit*. Das Buch wurde ein Welterfolg und zur repräsentativen Erzählung des Holocaust schlechthin. Elie Wiesel wurde zur universalen Symbolgestalt der Verpflichtung zur Menschlichkeit. Was im Verlauf des Aufstiegs von *La Nuit* und Elie Wiesels zu Weltruhm verloren ging, war die Erstfassung des Buches. Elie Wiesel hat bis 1995 nie erwähnt, dass er vor *La Nuit* einmal eine jiddische Darstellung seiner Erfahrungen in Auschwitz geschrieben hatte und dass diese Darstellung in der obengenannten Reihe von insgesamt 175 Büchern erschienen war, die versuchten, die Erinnerung an das osteuropäische, insbesondere polnische Judentum in die Welt nach dem Holocaust zu retten. Dies mag auch daran liegen, dass die französische Ausgabe für die erwartete christliche Leserschaft erheblich umgeschrieben wurde. So zum Beispiel der Satz über die jungen Juden, die am Morgen nach ihrer Befreiung aus dem KZ Buchenwald nach Weimar hinunterlaufen, um Kleider zu stehlen und deutsche Mädchen zu vergewaltigen. Stattdessen heißt es, zitiert nach der deutschen Ausgabe *Die Nacht*: »Am nächsten Morgen liefen einige junge Leute nach Weimar, um Kartoffeln und Kleider zu erbetteln – und um mit Mädchen zu schlafen. Aber keine Spur von Rache.« Anstatt Kleider zu stehlen, werden sie plötzlich erbettelt, und anstatt deutsche Mädchen zu vergewaltigen, möchte man mit ihnen nur schlafen. Wie konnte Herr Wiesel eine so grobe Fälschung seines eigenen Buches in die Welt setzen?!

Als das Yiddish Book Center in den USA vor einigen Jahren begann, jiddischsprachige Bücher einzuscannen und im Internet allgemein verfügbar zu machen, gab es einen Autor unter tausenden, der nicht erlaubte, dass sein Buch dort gelesen werden konnte: Elie Wiesel. Die jiddische Sprache spielte für Wiesel nach dem Erfolg von *La Nuit* keine Rolle mehr. Auf die jiddischen Erinnerungswerke anderer Überlebender hat er nie hingewiesen. Um dies zu erklären, ist es notwendig, die jiddische und die nichtjiddische Literatur von Holocaustüberlebenden zu vergleichen. In den Jahren von 1945 bis etwa 1952 wurden zahlreiche Zeugenberichte auf Jiddisch verfasst. In Polen veröffentlichte die Zentrale Jüdische Historische Kommission 39 Berichte auf Jiddisch und Polnisch in Form von Broschüren und Büchern und in der amerikanischen Besatzungszone publizierten Historiker zehn Ausgaben der Zeitschrift *Fun letstn churbn* [Von der letzten Zerstörung] mit etwa hundert Zeugenberichten, um zwei weitere bedeutende Quellen zu nennen. Diese Texte in jiddischer Sprache richteten sich an Juden und nicht an die Welt, denn nur Juden sprachen und lasen Jiddisch. Die Texte hatten oft weniger als hundert Seiten und wurden in den Jahren nach dem Krieg in Form von Broschüren gedruckt, einem Format also, das in Literaturverlagen keine Zukunft hatte. Die Berichte sind oft erstaunlich nüchtern verfasst und genügen meist nicht hohen literarischen Anforderungen. Dafür ist der Informationsgehalt oft gewaltig.

Die jiddischsprachige Erinnerungsliteratur ist lange Zeit kaum wahrgenommen worden. Die deutsch-amerikanische Literaturwissenschaftlerin Susanne Klingenstein stellte 2016 fest, dass es »unter den prominenten, uns teuren Texten über die Erfahrung der Shoah keinen Text gibt, der in jiddischer Sprache entstanden ist. Mit der Rezeption der jiddischen Texte fangen wir jetzt erst an«.[1] Als im vergangenen

---

1 Klingenstein, Susanne (2016): Mordechai Striglers *Majdanek* (1947). (Vortrag, 17.10.2016). Frankfurt: Fritz Bauer Institut.

Jahr das Buch *HolocaustZeugnisLiteratur. 20 Werke wieder gelesen* der Herausgeber Markus Roth und Sascha Feuchert erschien, fand sich darin kein Text eines jiddischschreibenden Autors. Lassen Sie mich kurz beleuchten, welche Autoren unsere Wahrnehmung der Erinnerungsliteratur bestimmt haben: Da wären Anne Frank, Primo Levi, Jean Amery, Aharon Appelfeld, Ruth Klüger und Imre Kertesz zu nennen. Wir haben im wesentlichen Texte von westlich assimilierten Juden gelesen. Von polnischen Juden, die die meisten Opfer des Holocaust zu beklagen hatten, hat es kein Zeugnisbericht zu einer hohen Auflage gebracht. So kam es, dass die Berichte von Abraham Krzepicki über Treblinka, Berek Freiberg über Sobibor, Rudolf Reder über Belzec und eben Mordechai Strigler über Majdanek erst siebzig Jahre nach dem Krieg auf Deutsch gelesen werden konnten. Über das Geschehen in diesen Vernichtungslagern haben fast nur polnische Juden berichtet. Ihre Zeugnisse blieben lange Zeit unbeachtet, was auch daran liegt, dass Historiker mit Zeitzeugen wenig zusammenarbeiteten. So ist uns der Zeitzeuge weniger als Autor dokumentarischer Berichte bekannt als vielmehr als auftretender Erzähler in Fernsehdokumentationen und Klassenzimmern. Dies führte in Deutschland zu Wissenslücken in der Geschichte der Vernichtungslager der »Aktion Reinhardt«[2]. Dies lässt sich an einem Beispiel belegen. 2013 erklärte die Staatsministerin des Auswärtigen Amts, Cornelia Pieper von der FDP, zur Frage, ob Deutschland finanzielle Hilfe für die Gedenkstätte des Vernichtungslagers Sobibor leisten solle: »Man hat uns gesagt, dass man bis jetzt Projekte in Sobibór mit anderen Partnern vorbereitet, also mit den Ländern, die davon betroffen waren, die dort auch Inhaftierte hatten. Da war Deutschland nicht dabei.« Zunächst ist es eigenartig, dass Frau Pieper von »Inhaftierten« in Sobibor spricht. Die dorthin verschleppten Juden

---

2 Deckname für die Ermordung der Juden in den Vernichtungslagern im Generalgouvernement.

wurden direkt nach der Ankunft in Gaskammern ermordet, mit Ausnahme der sogenannten Arbeitsjuden, die von der SS gezwungen wurden, die Mordmaschinerie am Laufen zu halten. Beklemmend aber ist, dass Frau Pieper nicht wusste, dass etwa 20.000 deutsche Juden in Sobibor umkamen, dass also Deutschland bezüglich der Opfer doch betroffen war. Dieses Unwissen rührt im Wesentlichen vom Desinteresse an den Zeugenberichten über die schlimmsten Lager. Und so verwundert es auch nicht, unter den zwanzig Texten des oben erwähnten Buches über bedeutende Holocausttexte in der deutschen Literatur keinen zu den Vernichtungslagern der »Aktion Reinhardt« zu finden. Wer aber die ganze Wahrheit erfahren möchte über das Sterben in den Ghettos in Osteuropa, über die deutschen Vernichtungsaktionen, über das grausige Geschehen in den Todeslagern der SS und auch über die Kollaboration besonders von Ukrainern und Litauern, die einen substantiellen Beitrag zur Ermordung der Juden leisteten, der sollte die Texte der jiddischsprachigen Autoren lesen.

Ich habe versucht, das Primat der durch den westlichen Kulturkreis geprägten und häufig assimilierten jüdischen Autoren über die traditionell-jüdischen polnischen Autoren zu skizzieren. Und leider hat es in Konzentrationslagern wie Majdanek und Auschwitz bei den Funktionshäftlingen auch ein Primat der westlich geprägten Juden über die traditionellen Ostjuden gegeben. So schreibt Mordechai Strigler über die Machtverhältnisse in Majdanek: »Die Hauptführungsrolle bei der inneren Ordnung spielten die tschechischen und slowakischen Juden. Sie beherrschten das richtige Deutsch und waren ohnehin psychologisch den Deutschen näher als den Juden, insbesondere den Juden aus dem Osten. Sie waren die Lagerschreiber, die über die Lagerposten und über eine bessere oder schlechtere Arbeitsstelle bestimmten.«[3]

---

3 Mordechai Strigler, Majdanek. Ein früher Zeitzeugenbericht vom Todeslager. Hrsg. von Frank Beer. Springe 2016, S. 70.

Auch den Häftlings-Lagerarzt des dritten Feldes in Majdanek beschreibt er als assimilierten slowakischen Juden. Strigler berichtet ferner, dass es unter den Blockältesten auch polnische Juden gab – und zwar Konvertierte und Assimilierte aus dem Warschauer Ghetto. So hat sich die teuflische SS ganz geschickt der kulturellen Unterschiede unter den Juden bedient und diese für ihr Vernichtungswerk benutzt. In der nichtjiddischen Überlebendenliteratur finden wir hierzu sehr wenig. In einer Rezension zur deutschen Ausgabe von *Majdanek* schrieb daher der Historiker Wolfgang Benz: »Am verstörendsten ist die Erkenntnis, dass es die oft beschriebene heroische und solidarische Gesellschaft der Opfer als Gegensatz zu den Tätern so nicht gab.«[4] Der große Wert von Mordechai Striglers Büchern rührt von der hohen Objektivität ihres Autors, der durch keinen Häftlingsposten korrumpiert worden war.

Mordechai Strigler schrieb auf Jiddisch, er tat es nach dem Krieg in Paris und dann in New York. Publizistisch sei dies eine Fehlentscheidung gewesen, urteilt Susanne Klingenstein.[5] In englischer Sprache hätte Strigler eine Chance gehabt, so berühmt wie Elie Wiesel oder Primo Levi zu werden.

Frank Beer

4 Benz, Wolfgang (2016): Mordechai Strigler: *Majdanek*. (Buchbesprechung, 21.06.2016). Zeitschrift für Geschichtswissenschaft Heft 6/2016, Berlin, S. 602.
5 Klingenstein, Susanne (2016): Mordechai Striglers *Majdanek* (1947). (Vortrag, 17.10.2016). Frankfurt: Fritz Bauer Institut.

Mordechai Strigler

Werk C

Teil eins

Fredzia

Für Hindele im fernen Amerika
in Liebe.

Mit den Toten zu reden ist nicht mehr möglich. Man kann sich ihnen gegenüber auch nicht mehr rechtfertigen. Es verbietet sich, ihnen etwas zuzuschreiben, was sie in ihrem Leben nicht verkörperten. Sie werden die Ersten sein, die die Bitterkeit und die Wahrheit verzeihen.

Aber Ihr, die Ihr lebt, wenn Ihr Euch in diesem Buch erkennt, dann sollt Ihr wissen: Zur bloßen Kolorierung darf man die Feder beim Wiedererwecken unserer Leiden vergangener Zeiten nicht benutzen. So lasst uns noch ein Mal in unser Antlitz in jenen Tagen schauen, ohne die Maske, die wir heute gern für uns finden.

Kapitel eins

I

Was in der Abteilung Werk C des Lagers in Skarżysko geschah, war nicht zu verstehen. Nichts Geringeres, als dass alle Menschen hier verrückt geworden waren. Die Polen, die Deutschen, die Ukrainer und auch die Juden wurden vom allgemeinen Wahnsinn mitgerissen.

Was genau ist dieses Werk C? Ein großes Rad des wahnsinnigen Todes, das Menschen hineinzieht und ihnen das Blut aussaugt. Nur die leeren, knöchernen Hüllen, in die vorher Leben eingeflochten war, werden später in die Erde geworfen, so wie man einem getreuen Hund einen Knochen zuwirft. Wie also kann man hier an Leben, an Liebesverhältnisse und Romanzen denken? Und wozu haben die Machthaber ein Bündel an Plänen, das Lager auszubauen, zu vergrößern und zu verschönern?

Über ein Jahr lang standen hier ein paar eingezäunte Baracken mitten im Wald. Sie steckten in fettem Schlamm und versanken in Bergen von Schmutz. Was brauchte es denn mehr? Es war sowieso eine Ecke, die verurteilt war, unterzugehen. Die Menschen hier waren schon tot, aber sie gingen noch umher auf der Oberfläche ihrer Gräber. Jedes Mal öffnete sich nur ein Stück des Bodens und verschlang seinen Anteil an Menschenleibern. Das würde so lange andauern, wie die letzte Seele hier noch umherging. Wen interessierte es also, wie etliche tausend Juden ihrem Untergang entgegengingen, in der Tiefe der Wälder bei Skarżysko? Wie konnten solche Wesen, die das Siegel des Todes schon in ihrem Mark trugen, noch Zeichen von Leben, von Freude, Intrigen und Eifersucht zeigen? Hier müssten ihre Gedanken mit einer einzigen Erwartung beschäftigt sein: dem eigenen Verlöschen.

Es war klar, warum die Deutschen vor einigen Monaten aufhörten, das Lager zu vergrößern. Wer brauchte das Pflastern, das Verschönern und Bequemer-Machen? Hier herrschte Untergang. Es war um die geringste Arbeit, die man hier hineinsteckte, schade. Sollten die lebenden Toten in den wenigen Baracken ersticken, einer auf den anderen treten und vergehen, angelehnt an die Wand oder an den Körper eines anderen, für sie war das ausreichend!

Wenn wenig Baracken vorhanden sind, ist es ruhiger. Die ganze Örtlichkeit dringt nicht bis zu entfernten Augen vor. Es ist schwerer, sie zu erkennen. Auch hier vor Ort werden die Geräusche eingezwängt und erstickt. Gibt man ihnen auch nur etwas mehr Luft und Platz, werden sie lebendiger und empfindsamer werden. Warum soll man sie also aufwecken? Es kann ruhig das Aussehen eines Sarges haben, vollgestopft mit dem Terror der Vernichtung und mit der Sicherheit, dass man bald vernichtet wird.

Alle verstanden, warum die neuen Baracken mit offenen Mäulern und unverschlossenen Türen und Fenstern blieben. Wer brauchte sie denn? Auch die angefangenen Stege blieben inmitten des Schlammes unbeendet. Die aufgeschütteten Koksbrocken und Bruchsteine fingen schnell an einzusinken, und die fette, klebrige Masse kroch über die schäbigen rotschwarz und wund aussehenden Adern der Stege. Vorbei das Tempo und der Eifer, den die Deutschen anfangs gezeigt hatten. Wer wüsste denn nicht, warum?

Warum also wühlen die Menschen weiter herum, kämpfen für einen Bissen Brot und einen Schluck Suppe? Weswegen suchen sie noch Vergnügen und Überreste von Liebe in diesem Mülleimer des Todes? Warum umschwärmen in den Nächten noch dunkle Schatten die Mädchenbaracken, hier und da mit Gelächter zwischen den Zähnen? Und warum platzt wieder ein Trupp Deutscher hier herein und weckt alle wieder aus dem Schlummer auf?

Seht nur! Es kommen wieder etliche Ingenieure an, wieder wird an den Zäunen gemessen und werden Pläne gezeichnet. Wieder gibt es Inspektionen, wird verworfen und bestätigt. Jeder Einzelne ersinnt neue Pläne, die er fortgesetzt sehr ernst vorträgt. Danach beginnen, genau wie früher, ganze Waggons mit Barackenholz und Koksabfall anzukommen! Es beginnt wieder ein geschäftiges Treiben um Fässer mit Kalk, Holz, um Geräte und Maschinen. Wieder erscheinen die eisernen Schienen und Loren und häufen mit Getöse ganze Berge auf, als wolle man es hier auf sich nehmen, eine ganze, brodelnde Stadt zu bauen. Ist das denn nicht verrückt? Für wen? Weswegen?

Der Chefingenieur mit dem hellen Anzug weiß gar nichts. Man hat ihm Material und Menschen geliefert, also muss er damit etwas machen. Er braucht sich nur nach den befohlenen Plänen zu richten, weiter nichts. Er kann nur müde lächeln, wenn seine Gehilfen und Aufseher, Gajda, Kopernik und Kotlęga herumwitzeln: Einen jüdischen Staat baut man hier! Er wird von einem Ende des Waldes bis zum anderen reichen. Und wenn die deutschen Herrschaften Lust haben, auf die Jagd zu gehen, wird man herkommen, in den Tierpark und – Jagd frei, auf die Juden! Was für eine tolle Idee! Das sind schon kluge Köpfchen!

Nun ja, was einfältige Münder halt so plappern! Derweil strömen deutsche Meister herbei. Jeder von ihnen kommt hierher um etwas zu sehen, über etwas zu lächeln, das nur er allein kennt. Dr. Rost wird nicht müde, den Technikern mit seinen dürren Fingern zu zeigen, was es hier alles zu tun gibt. Er knarzt mit seiner tuberkulösen, sägenden Stimme, wird böse, drängt und treibt. Es kommt einem vor, als säge er mit seiner Stimme jeden Baum ab, der an den Rändern des Waldes ohnmächtig fällt.

Der Schwung und der Tumult drumherum schreckt auch die Juden auf, die schon in resignierter Schläfrigkeit umhergehen. Wenn man hier baut und so viel Platz vorbereitet, ist das ein Zeichen, dass man noch mit den Juden hier rechnet, dass man für sie sorgt, und deshalb muss man sich wieder aufraffen, die Augen öffnen. Für zum Tode Verurteilte würde man nicht so viel Wirbel veranstalten! Alle werden in den geschäftigen Zauber hineingezogen, wie Wiedergeborene, die sich an das Echo ihres einstigen Lebens klammern.

Aber mit Sicherheit daran glauben kann niemand: Bauen die Deutschen tatsächlich im »judenreinen« Polen von 1943 eine jüdische Stadt? Zwar wird sie aus Baracken errichtet, mit schmalen Gässchen und dürren, zerbrochenen Stegen. Aber doch kostet es Arbeit. Sogar Kalk bringt man zum Weißeln der Zimmer! Ist es möglich, dass das alles ohne Zweck, einfach so, gemacht wird?

Baut man womöglich den jüdischen Ameisenhaufen mit der einzigen Absicht, dass das deutsche Auge später eine besondere Freude haben soll, wenn alles wieder geleert und zunichte gemacht wird? Es gefällt ihnen nicht, eine Welt zu vernichten, die schon resigniert hat, die sich selbst in Gedanken schon umgebracht hat. Welchen Reiz hat es denn, solch tote Seelen zu erschlagen? Also werden sie das Werk verschönern, herausputzen, damit das Leben und die Illusionen wieder aufblühen, und dann …

Aber der Direktor Dr. Rost schweigt beharrlich. Und was wissen schon die polnischen Meister? Hämmer schlagen, Sägen krächzen, Bäume fallen. Der verrückte Jahrmarkt weckt den Wald. Züge eilen herbei mit Material, das die Juden in zerstreuter Eile abladen. Die ukrainischen Wachleute flüstern sogar mit den polnischen Aufsehern, dass das alles ziemlich verrückt sei. Sie wissen genau, dass für die Juden sowieso schon alles vergeblich ist. Aber die Deutschen werden niemals so verrückt werden, dass sie den Verstand verlieren. Sie können bis jetzt ihren Irrsinn noch kontrollieren, ihn bis ins Kleinste entfesseln und wieder eindämmen. Das Wilde und Desorientierte ihres Wahnsinns überlassen sie ihren Mithelfern und Partnern. Das Berechnende und Planmäßige des Irrsinns behalten sie sich selbst vor. Niemand der Mitläufer darf es erfahren. Dafür brauchen sie keine Komplizen!

So wusste niemand wirklich, was sie hier mit der ganzen Aufregung beabsichtigten.

II

Selbstverständlich wird diese Welt untergehen. Das ist sicher und alle wissen es: die Deutschen, die Polen, die Ukrainer und vor allem die Juden selbst. Aber das gibt es: Man arbeitet viele Monate daran, eine Arena aufzubauen, ein Bühnenbild, von dem niemand weiß, für wie lange es halten muss. Und doch bereitet man sie vor und stattet sie mit allen Details aus. Alle die ausgedörrten Skelette wissen eigentlich, dass man hier keine normale Welt baut, in der man wird leben können und müssen. Hier errichtet man nur einen Ort für das Spiel, in dem man eine gewisse Zeit eine Rolle spielen muss, die ein teuflischer Regisseur sich erdacht hat. Er hat in seinem Büchlein notiert, wie lange die Massenszenen dauern werden, wie viele Minuten jeder Einzelne von ihnen als Lebendiger auftreten muss, mit dem Verlangen nach Essen und einem Ort zum Schlafen, nach einem trockenen Weg und dem Willen, sich das Gesicht zu waschen.

Der Regisseur verrät es aber niemandem. Jeder Statist kann es nur bei seinem Gesundheitszustand erfragen oder bei der unergründlichen Atmosphäre, die hier ständig diffuse Geheimnisse mit sich trägt. Die Arena muss viertausend Seelen fassen können. Hier werden sie ihren Wettkampf mit dem Tod, dem Hunger und der Qual aufführen müssen. Auch wissen sie nicht, wer der unbeteiligte Zuschauer sein wird, noch wo er ist oder was er dazu sagt. Man kann auch nicht wissen, wozu er das Spektakel so nötig braucht. Ist es aus reinem Vergnügen?

Es ist auch möglich, dass dem Veranstalter das Massenspektakel plötzlich langweilig wird. Er wird dann nicht abwarten, bis alle ihre Möglichkeiten ausgeschöpft haben. Er wird plötzlich mit einem Pfiff auf die wacklige Bühne springen und anheben zu brüllen: Das Spiel ist aus! Und es wird enden – eine Wahl wird es nicht geben. Man wird leise von der Bühne abtreten wie Schauspieler, die ihr Stück nicht zu Ende spielen konnten, die einen letzten Blick auf die farbige Dekoration werfen und dabei stöhnen: Ach, wenn es doch nur ein paar Minuten noch gedauert hätte! Sekunden bloß, und ich hätte meine Stärke bewiesen! Alles in mir hat sich diesem Moment genähert. Aber ach, er hat mich unterbrochen.

Hier wird alles für eine Aufführung vorbereitet. Die Menschen hier leben das Geschehene nicht, sie spielen es. Sie sind ausstaffiert und geschminkt, gemäß der grausamen Meisterhand, die sie erdacht und ihren Gemütszustand in Besitz genommen hat. Die, die hier auftreten müssen, wissen sogar, dass die Arena nach dem Beenden des Spiels freigemacht wird, sie wollen aber doch Minute um Minute ihre Anwesenheit in einer lebendigen Szene auskosten.

Die Barackenwände, die man herbringt, scheinen wie für nachgestellte Zimmer in einer Operette gemacht, die nicht lange halten müssen. Offensichtlich will man hier jemanden zum Narren halten. Man wird die Bretterbuden zusammennageln, die Puppenstuben mit Farbe anmalen, damit es anständig aussieht. Aber sollte sich jemand an die Wände anlehnen, werden sie zusammenfallen, die Balken werden auf die Köpfe stürzen und ein Spaßvogel hinter den Kulissen wird in Gelächter ausbrechen: Was für Idioten! Habt ihr das tatsächlich für wahr gehalten? Habt ihr geglaubt, dass man hier für euch Häuser baut? Was es doch für Narren auf der Welt gibt!

Das sind aber nur erste Mutmaßungen. Derweil sind etliche neue Baracken fertig geworden. Sie stehen und warten auf den Befehl, was mit ihnen geschehen wird. Sie sehen anders aus als die bisherigen. Die alten Baracken sind in einem gelbgrünen Mischton eingefärbt. Abends verschmelzen sie mit der Farbe des Waldes und tagsüber vermischen sie sich mit dem Sonnengelb. Das ist eine spezielle Farbe, die verhindert, dass man sie aus der Höhe erkennt. Auch von weitem kann man sie nicht gut ausmachen. Die neuen Barackenwände dagegen sind feuchtweiß und weisen die ganze weiße Nacktheit frisch geschnittener saftführender Bäume auf. Sie leuchten weit mit einem unnatürlich lauten Aufschrei.

Die polnischen Fachleute rümpfen die Nase: Nasse Bretter. Sie werden später von der Sonne austrocknen und es werden große Risse entstehen. Was für Löcher!

Sie bedauern nicht die Juden, die es später kalt haben werden. Das kommt ihnen nicht in den Sinn. Sie fühlen sich wie die späteren Hausherren. Die Deutschen werden doch irgendwann abziehen. Wer wird dann das alles erben, was sie zurücklassen? Sie sind nicht zufrieden damit, dass man so schlechtes Material herbringt. An diesem Erbe finden sie keinen Gefallen. Aber die deutschen Meister stört es wenig. Sie haben andere Sorgen. Sie kontrollieren nur, ob genügend Fässer mit schwarzer, grüner und roter Farbe da sind. Die dichte fette Flüssigkeit spielt sich gegenüber der Sonne mit besonderem Stolz auf, vermutlich weil man mit ihr versuchen wird, das Auge der Welt zu täuschen.

Auch die jüdische Polizei kommt immer wieder vorbei, um zu sehen, wie es läuft. Die Polizisten helfen mit, die Arbeiter anzutreiben, obwohl ihnen das niemand befohlen hat. Sie schauen und lächeln zufrieden. Man weiß nicht genau, was ihnen dabei so eine Freude bereitet. Nur aus den wenigen Wörtern, die aus ihrem Kreis herausdringen, kann man heraushören: Nun, leer stehen werden die Baracken nicht. Wenn man baut, wird man frische Transporte bringen! Das bloße Denken an neue Gruppen von Menschen verschafft ihnen eine besondere Freude. Mit neuen Menschen sind frische polizeiliche Empfindungen verbunden. Es tut gut, sich vorzustellen, wie eine frische Kolonne durch das Tor marschiert. Sie kommt von weit her und man sieht die Gesichter zum ersten Mal. Ein wohltuendes Gefühl erwacht: Über dieses Gesicht werde ich die Kontrolle, die Macht haben, wie über alle, die hier hereinmarschieren, mit dem Schrecken vor dem Neuen in den Augen.

Dazu noch ihre Blicke, in denen sich Ehrerbietung mit Angst vor den glänzenden Stiefeln und den runden Hüten mischt! Um nur einmal solch einen Blick auf sich zu spüren, lohnt es sich, viele Jahre Polizist in einem Lager zu sein! Man wird unvermittelt von einem wohltuenden Gefühl der Herrschaft ergriffen, von dem Gefühl, hoch über allen zu stehen. Außerdem kommen mit jedem Transport so viele schöne Mädchen und es ist gut, wenn sie einen sofort als einen derjenigen wahrnehmen, die über sie das Sagen haben. So kommen sie immer wieder mit festen Stiefelschritten, um mit dem Blick abzuwägen, wie lange es dauern wird, bis alles fertig ist. Dann wird man gewiss neue Menschen bringen. Da sind sie sich sicher. Es weckt in ihnen einen fiebrigen Kitzel. Die bloße Erwartung, die Hoffnung auf solche Erwartung lässt sie aufleben: Man vergrößert ihr Reich, in dem sie befehlen werden! Mit den neuen Menschen kommen auch neue Möglichkeiten.

Manchmal kommt es vor, dass ein zurückhaltender Polizist ein Wort des Zweifels verliert: Nun, man kann noch gar nichts wissen! Sie können einen ganzen Staat bauen und keine lebende Seele herbringen. So etwas Verrücktes machen sie nicht, denkt ihr?

Solches Gerede verliert sich aber im fröhlichen Lärm. Die Mehrheit läuft immer wieder hin und zurück, in der Gewissheit, dass ihre Welt noch nicht enden wird.

III

Schon vier Monate ist Mechele hier in Werk C und er versteht noch immer nicht, was hier mit den Menschen geschieht. Er erforscht noch mit verdeckten Blicken die Polizei, die Kommandanten und jeden Menschen, der ihm vor die Augen kommt. Er versucht, aus jeder ihrer Gesten zu erkennen, warum sie sich hier so aufführen und leben, als gäbe es kein Gestern und kein Morgen.

In seiner Jugend las Mechele einmal irgendwo über sehr kleine Geschöpfe, die alles in allem nur wenige Stunden auf der Welt leben. Diese kleinen Lebewesen haben keine Ahnung davon, wie kurz die Dauer von etlichen Stunden ist. Je kleiner ihr Körper, umso größer wird für sie jede Minute und Sekunde. Für sie schlägt die Zeit in einem anderen Rhythmus und Tempo. Innerhalb einer Minute wachsen sie heran. Zehn Minuten nach der Geburt finden sie ihren Partner und nach einer halben Stunde bekommen sie selbst Kinder.

Er verstand damals nicht, wie intensiv jede Minute sein kann, wenn sie einen beträchtlichen Teil des Lebens ausmacht. Erschafft die Natur für solche Geschöpfe spezielle Minuten, die eine andere Kraft besitzen als die der Menschen? Als er Kind war, empfand er Trauer: Wie kann etwas, das nicht einmal so lange dauert wie der nächtliche Schlaf eines Menschen, ein ganzes Leben wert sein? Eine so kurze Zeitspanne spürt der Mensch nicht einmal, wenn sie ihm verloren geht!

Die jugendliche Vorstellungskraft, die den Lebensplan nach Jahren bemisst und für jeden Fortschritt Wochen und Monate einplant, sieht nur das Vordergründige und fühlt nur die Armseligkeit eines solchen Wesens, das doch gar nicht das Gefühl für Leben erlangen und nähren kann, wie es durch die langsamen Jahresschritte wahrnehmbar wird.

Was wäre, wenn auch der Mensch sich in solch einem engen Zeitkäfig von wenigen Stunden befände und danach alles endete? Wie würde der Mensch leben, wenn er in einem aberwitzigen Tempo leben und vergehen müsste?

Der kleine Mechele erschrak, als er darüber nachdachte. Wie hätte man sich zu helfen gewusst? Was würde man als erstes machen?

Später, noch als Junge, geschah es, dass er am Bett eines kranken Freundes saß. Alle in der Stube waren traurig und verweint. Mechele verstand nicht genau, warum sie so weinten. Bis er zufällig ein schreckliches Wort aufschnappte, das jemand leise hatte fallen lassen: Er wird nicht lange leben, der Isrolik. Der Doktor hat ihm noch wenige Tage gegeben. Mechele schaute damals in das bleiche Gesicht seines Freundes und in sein Weinen mischte sich ein unbestimmter Zorn: Wie kann das sein? Da liegt ein Junge, ein Vorschulkind, das groß werden soll, aufwachsen wie alle um ihn herum, und er wird es nicht schaffen! »Wenige Tage!« … was wird er vorher noch tun können?

Erst jetzt, in Werk C, erkennt Mechele deutlich, was er damals seinem blassen Freund zurufen wollte: Isrolik, hörst du mich? Nur noch wenige Tage hast du! Warum liegst du die paar Tage auf dem Bett herum? Du rührst dich nicht einmal! Du wirst so liegen bis zum Ende und klein bleiben, ganz klein, bis man dich wegträgt. Warum springst du nicht herunter, warum streckst du dich nicht, damit du in einer Minute groß werden kannst, so groß wie dein Vater? Warum läufst du nicht umher und isst nichts, warum suchst du nicht in der Welt nach allem, was man in den paar Tagen noch erleben kann? Warum nicht?

Das wollte er damals seinem kranken Freund sagen und tat es nicht. Die Wörter waren erst im Entstehen begriffen und waren noch nicht zu jener Reife gelangt, die sich über Zunge und Lippen ergießt und aus den Gedanken hervordrängt. Und danach, als er sah, wie Isrolik auf einer schwarzen Bahre fortgetragen wurde, hatte er lange Zeit das Gefühl, dass der gestorbene Freund in ihm ein Pfand an Worten zurückgelassen hatte, eine nicht ausgereifte Mahnung. Aber diese konnte nur heranwachsen und klar werden zusammen mit der Reifung jenes Gedanken, in dem das Pfand begründet war.

Erst im Zeitalter des Todes, als Mechele ständig um sich herum den Klang der Tritte der Vernichtung hörte, als er ständig nur noch Tage oder wenige Stunden von der Gefahr entfernt war, brach in ihm jene Mahnung bei Isroliks Bett wieder hervor. Dieses Mal verstand er sie klar und deutlich und ihm schien es, als wollten alle hier zusammen mit ihm sie einfordern, konnten es aber nicht.

In jenen Minuten begriff er den Sinn jener kleinen Geschöpfe, die in wenigen Stunden die Mühen und Freuden eines ganzen Lebens ausschöpfen konnten. Er verstand sie und war neidisch darauf, wie sie das schafften. Wenn sie starben, hatten sie nichts im Leben ausgelassen.

Die Erinnerung an jene Fliegen, zusammen mit den Gedanken an Isroliks Bett, ließen ihn auch beim Beobachten der Polizei und der einfachen Menschenfänger in ihrer wilden Jagd nicht in Ruhe. Dadurch begann er, sie auf seine Weise zu verstehen: Was wollen sie, die Menschen, die sich hier auf diesem lebenden Friedhof so hervortun? Wie ist es dazu gekommen, dass Menschen, die in normalen Zeiten keine schrecklichen Dinge tun, jetzt zu allem bereit sind, sogar zu Verbrechen, nur um ein wenig Macht zu erhalten, die bald enden wird?

Aber hier ist das Leben auf kurze Perspektiven eingeengt und es verbleiben nur knapp bemessene Stunden mit wenig Kraft und Perspektive. So versuchen sie, die übriggebliebenen Tage mit zehn Mäulern zu verschlingen, die letzte Wärme aus allen Schößen zu schöpfen, die sie nur erreichen können. Sie wollen lärmen und lieben mit allen Mitteln, die ihnen noch zur Verfügung stehen.

Es ist gut möglich, dass, wenn sie die Aussicht auf ein langes Leben hätten, sie von diesem Kelch nur tropfenweise kosten würden. Letztendlich hegt jeder Mensch in sich ein Verlangen nach Macht und Erfolg. In jedem Menschen schlummern auch solche Träume, für die er bereit ist, gewisse Verbrechen und Abweichungen von der Moral zu begehen, und es auch tut. Während eines langen, gewöhnlichen Lebens verteilen sie sich aber und sind nicht erkennbar. Das Wissen darum, dass er noch Zeit hat, mäßigt ihn. Er kann sich an den täglichen kleinen Machtbeweisen sättigen und sich auch an geringen Erfolgen freuen. Sie hätten im Lauf vieler Jahre die Summe seiner Erfolge ausgemacht. Auch die Mittel, die sie dabei zeitweise angewendet hätten, würden sich in der Vielzahl der Jahre verlieren und wären nicht so deutlich sichtbar. Die geringen Unregelmäßigkeiten wären so weit verstreut, dass sich der Zusammenhang zwischen ihnen verlieren würde.

Die Sicherheit, dass es möglich ist, auch gelassen sein Ziel zu erreichen, erlaubt den Instinkten nicht, hervorzubrechen und die psychischen Grenzen zu überschreiten. Jetzt aber sind alle Gelüste und Begierden auf engstem Raum zusammengepresst. Sie werden zu einer Last und fordern ihr Recht ein. Ihre elementaren Kräfte verändern sich gemäß der Natur jener Geschöpfe, die in ihrem kurzen Leben alles erledigen müssen.

Nicht alle können es. Einige ersticken diese Kraft in sich, andere aber lassen ihr freien Lauf.

Mit diesen Gedanken begann Mechele, das ganze Werk C zu betrachten. Aller Irrsinn der Menschen bekam einen Sinn: Man baut hier eine Stadt. Mag sein, dass sie nicht lange bestehen wird. Man darf aber ihre Bestimmung und Dauer nicht versuchen zu hinterfragen. Derweil schleppen Juden Bretter, freuen sich sogar, dass das Lager immer mehr wächst, auch wenn von Zeit zu Zeit jemand von der Seite einen Zweifel äußert: Wer weiß, für wen man das hier vorbereitet.

Den Stich solcher Worte fühlen fast alle im Herzen. Man will es aber nicht hören. Diese Überlegungen hat schon jeder für sich angestellt und viel darüber nachgedacht. Es scheint, als habe jeder es schon gehört und als sei es schon zum wievielten Male ausgesprochen worden. Er wiederholt sich bloß und langweilt alle damit. So schimpft man von allen Seiten: Was hat es für einen Sinn, das zu wiederholen? Dummkopf! Wird es durch das Grübeln und Reden denn besser?

Der Friede mit dem Schicksal geht bei den einfachen Leuten so weit, dass sie, wenn einer beginnt, unter der Last der Dachsparren zu stöhnen, es nicht ertragen. Man warnt ihn von allen Seiten vorwurfsvoll: Dann geh doch in Halle 58. Dort wird es dir besser gehen, oder?

Das lässt ihn verstummen. Es bleibt das Ergebnis abzuwarten. Der kluge Zyniker von Werk C, Ingenieur Kurc, hat auch dafür einen seiner beliebten treffenden Sprüche: Die ganze Gesellschaft der Deutschen hat es auf sich genommen, für mich zu sorgen, zu planen, was mit mir geschehen soll, also sollen wenigstens ihnen die Köpfe rauchen und nicht mir. Soll wenigstens ihnen diese eine Quälerei bleiben.

Alle nehmen es auf, weniger mit bitterem Gelächter als viel mehr mit resignierendem Einverständnis.

Kapitel zwei

I

Ungewohnt geht es am Tor des Lagers zu. Ganze Stunden können in einer Stille verstreichen, die alles Umliegende einschläfert. Aber sobald sich von weitem Trittgeräusche einer marschierenden Gruppe hören lassen, öffnet sich das Tor so lange, wie die Menschen hindurchströmen und vom Hof mit wilder Gier verschlungen werden.

Der Polizist, der am Tor Dienst hat, wird in den Ruhestunden von der schläfrigen Trägheit der Umgebung angesteckt. Er sitzt in seinem Wachhäuschen und wartet auf die hölzernen Tritte auf dem Weg. Derweil starrt er ins Leere.

Um sechs Uhr abends kommt eine erste angespannte Wachsamkeit über Mensch und Tor. Der Polizist beginnt, mit den Schlüsseln herumzuspazieren, er hantiert am Tor, öffnet es und schaut auf den breiten, staubumwölkten Weg, sucht in der Ferne, ob jemand kommt.

Erscheint ein schwarzes Pünktchen auf dem Weg, kommt er in Bewegung, richtet sich zu voller Größe auf und beginnt zu rufen: Wache! Wache! Dann kommt eine dicke, stämmige Gestalt aus einer Baracke, ein großes Heft in der Hand, und stellt sich gegenüber dem Polizisten am Tor auf. Das ist Marek, der Kommandant des Lagerbüros. Marek ist ein ruhiger und gelassener Mensch. Wenn die Menge sich nähert und beginnt, durch das Tor zu marschieren, hat er nichts im Sinn außer Zählen. Er schlägt nicht oft und gehört zu den wenigen, die sich nur selten lautstark streiten. Er tritt nur gelegentlich jemandem in den Hintern wie die Mehrheit der Befehlshaber; dafür aber hat er großes Vergnügen am wiederholten Durchzählen und Kontrollieren der Anzahl.

Später wird es wieder still am Tor. Die Hereingekommenen verteilen sich in alle Richtungen und beim Tor bleibt jene gespenstische Stimmung zurück, die typisch für die Stille nach lautem Trubel ist. Manchmal bleibt der Polizist noch eine Weile draußen und geht abwartend auf und ab. In der Reihe hatte er immer wieder mal ein Mädchen entdeckt, dem er geschafft hatte, ein Wort zuzuflüstern: Komm in einer Stunde zum Tor.

Jetzt hat er etwas, woran er denken, worauf er warten kann. Die Zeit ist ihm nicht mehr so leer und langweilig. Seine Schritte, hin und zurück, folgen seinem inneren Diskurs: Wird sie kommen oder nicht? Sie kommt ... Sie wird kommen ...

Sich in Werk C mit einem Mädchen zu treffen, ist für einen Polizisten keine Seltenheit. Das kann ihn nicht beunruhigen. Für die langweiligen Wachstunden ist es aber gut, sie zu bestellen und dadurch die Leere mit einer angenehmen Erwartung zu füllen.

Die Nacht kommt als eine der Letzten. Sie kommt an aus der Richtung des Waldes, drängt sich von der finsteren Lagerseite her herein und verschlingt den Schatten des wachhabenden Polizisten. Es dauert nicht lang, und jemand am Tor betätigt einen Schalter, woraufhin sich eine dunkelgelbe Wunde an den Leib der Finsternis anheftet: die Torlampe! Nur die Bäume drumherum stehen wie Wächter und lassen nicht zu, dass das Licht in das Waldesdickicht vordringt und die schwarze Dunkelheit im Baumgewirr beim Einschlafen stört. Es scheint als blicke die schwarze, zerzauste Säule mit mächtigem Zorn zurück, als raschelten ihre Blätter vor Wut und als werde ein finsterer Verschwörungsplan ausgearbeitet. Kleine Riemchen Licht kriechen neugierig heran, dem mächtigen Koloss zu Füßen. Sie dringen sogar bis zu den Knöcheln ein, aber dort fangen sie an zu flackern, als wolle jemand sie hereinlocken und ersticken.

Von Zeit zu Zeit erkämpft sich ein verspäteter Schatten in der Finsternis seinen Weg zum Lager. Er geht mit blinden, vorsichtigen Schritten, bis er näher ans Tor kommt. Die Dunkelheit will ihn zurückhalten, legt ihm Nebel um die Augen und breitet ihm unter den Füßen dichte schwarze Knäuel aus. Er schreitet aber über sie hinweg, bis das Tor ihn mit seinem großen gelben Auge entdeckt. Es beginnt, ihn zu rufen und anzulocken. Es wirft ihm einen schmalen, zitternden Lichtstreifen wie einen Rettungsring zu, der zwischen die beiden dichten Waldgürtel an beiden Seiten fällt, und er geht darauf wie auf weichem ausgelegtem Sand.

Manchmal, wenn er schon drinnen ist, folgt ihm eine Stimme. Der Polizist, der sich langweilt, ruft ihn. Die, die er herbestellt hat, ist nicht gekommen. So kommt ihm in den Sinn, den Verspäteten von Kopf bis Fuß zu durchsuchen. Er sucht gründlich, um irgend etwas Verdächtiges zu finden, als gehe es um sein Leben. Er weiß vermutlich selbst, dass es bei einem verlorenen Schatten in Lumpen nichts zu finden gibt. Schuld ist aber die verfluchte Stille beim Tor, die eine schreckliche Langeweile verursacht und das Alleinsein unerträglich macht. So greift er, was sich ihm bietet, Hauptsache ist, eine Beschäftigung zu haben. Er wühlt ihm in den Fetzen seiner Kleidung herum und fragt ihn dabei nach Neuigkeiten aus der Fabrik aus. Er kann dabei mit ihm zwanglos reden, als würde das Vordringen bis zu den verborgensten Stellen diesen nicht beleidigen. Manches Mal hält er mitten drin inne und beginnt, halb verschämt, sich zu rechtfertigen: Du weißt doch ... ich muss das ... nur meine Aufgabe, verstehst du? Knöpf wieder zu!

Er hält den einzelnen Verspäteten noch eine Weile mit einem Gespräch über Gott und die Welt auf. Wenn jemand das aus der Ferne beobachtet, wird es ihn nicht einmal wundern, dass dort zwei Menschen stehen und miteinander reden, obwohl vor einer Minute einer noch der Herr und strenge Kontrolleur des dürftigen Lebensatems des anderen war.

Das dauert oft so lange, bis irgend eine weitere Person erscheint. Der Polizist gibt sich einen Ruck und wird wieder ernst. In sein Gesicht kehrt abrupt das Befehlende zurück. Er mustert den, der da steht und sich mit ihm unterhält, mit neuem Blick, in dem wieder das ganze Wesen eines Polizisten zum Ausdruck kommt: He du! Verschwinde, hörst du? Komm mir nicht wieder unter die Augen. Jener hinkt erschrocken davon. Der Hof des Lagers liegt da und lacht mit seinem kränklich-gelben Lächeln über das Spiel. Von der anderen Seite des Lagers dringen die Lichter der Baracken bis zu den Zäunen, springen hinüber auf die andere Seite des Waldes, als wollten sie in der nächtlichen Stille von hier entfliehen. Bald werden sie aber ausgelöscht und die Finsternis breitet sich wie ein Sieger über alle Dächer aus. Man hört nur das ungeduldige Husten eines Polizisten, das sich keuchend mit der unruhigen Stille vermengt.

II

Schon vor einiger Zeit hatte man den ukrainischen Werkschutz aus dem internen Dienst herausgenommen und die Wache an die jüdische Polizei übergeben. Einer bewachte die ganze Nacht das Tor und etliche waren auf allen Seiten an den Zäunen verteilt. Das gleiche bei Tag. Sie waren eingeteilt in zwei Gruppen wie die Fabrikarbeiter mit zwei verschiedenen Kommandanten.

Die neu errichteten Baracken lagen auf halbem Weg zwischen den Frauenbaracken und den Zäunen. Durch sie führte auch der Weg zu den Klosetts. In den ersten Nächten kam es vor, dass einige erschrocken in die Baracke zurückkehrten und erzählten, sie hätten, während sie zu den Toiletten gingen, gehört, dass dort, in den leeren Räumen, gemurmelt und miteinander geflüstert wurde.

Die Schlaueren wussten aber schon, dass dort immer wieder Polizisten von der Wache hineingingen, die für sich und ein Mädel, das sich kurz vorher in der Finsternis von seinem Strohlager fortgestohlen hatte, einen verschwiegenen

Ort suchten. Es gab sogar welche, die beobachten wollten, die hören und sehen wollten, was und wer und mit wem ... Sie kamen aber mit blaugeschlagenen Gesichtern zurück und wussten nicht einmal, wer das getan hatte. Die Lagerwitzbolde, wie Frydland und Ingenieur Kurc, kommentierten auch das ironisch: In Werk C sind selbst die Geister dämonischer als in den Legenden. Von jenen erzählt man nur noch, von den hiesigen aber kann man die Schläge spüren, wenn man daran interessiert ist.

Neugierige gab es aber allenthalben, auch in Werk C. So erwachte die Neugier in den Frauenbaracken und verteilte sich von dort über das ganze Lager. Sobald man bemerkte, dass ein Polizist mit einem Mädchen redete, des Öfteren neben ihr ging, sie beim Gang zur Arbeit schonte, behielt man die beiden im Auge. Man beobachtete, wer mit wem abends spazieren ging und welche sich spät hinausstahl, angeblich um sich zu erleichtern. In der ersten Zeit schämten sich alle deswegen, nicht nur die Mädchen, auch die Polizisten. Bis einer kam und ein Wort erfand, das alles veränderte.

Es geschah dem kleinen, bleichen Polizisten Moniek, Mecheles Freund, dessen Frau auf der arischen Seite in einem nahegelegenen Dorf versteckt war. Sie versorgte ihn von Zeit zu Zeit auf geheimen Wegen mit Geld und er war mit ihr in dauerndem Kontakt. So kam es, dass alle sich dafür interessierten, als er begann, dem kleinen, stämmigen Mädchen, das in Schmitz' Abteilung Kästchen sortierte, mit Fürsorglichkeit zu begegnen. Immer wieder sah man ihn ihr eine Suppe oder ein Stück Brot bringen. Viele Mädchenaugen schnappten das mit hungrigem Neid auf. Ständig wurden Worte gewechselt, aus denen zu erkennen war, dass sie ihm ständig nachspionierten und jede seiner Bewegungen verfolgten: Bronja, hast du das gesehen? Heute hat er das Brot mit Butter beschmiert.

Gestern hat er zwei Tomaten gebracht – rot wie Blut.

Bei ihr in der Suppe sind Fleischstücke herumgeschwommen.

Einmal schnappte das Mädchen so etwas auf und wurde feuerrot. Nicht lang, und man setzte Moniek selbst zu, versuchte, ihm mit einem unschuldigen Wort einen Stich zu versetzen: Sie wird dir schon bald auch etwas von einem verborgenen Ort schicken können.

Moniek stand eine Weile unschlüssig da. Dann kam ihm aber ein glücklicher Gedanke: Was geht es euch an, mit euren miesen Vorstellungen, ihr Idioten! Das ist doch meine Cousine! Erst diese Woche habe ich sie in der Halle erkannt, und wem soll ich helfen, wenn nicht der Letzten von meiner Familie, die mir geblieben ist?

Das zufällige Wort von der gefundenen Cousine bekam im Lager Flügel. Alle Polizisten und Gutsituierten begannen, auf mysteriöse Art Cousinen zu finden, zufällig waren sie alle jung und schön. Man hätte meinen können, das Glück diente ihnen sogar damit, dass von ihrer Familie jemand geblieben war. Und mit einer Cousine konnte man natürlich in zärtlicher Umarmung im Lager umhergehen; ihr konnte man ein Stück Brot bringen und für sie leichtere Arbeit aussuchen. Man konnte sogar bei Nacht kommen und sie zu einem Spaziergang im Freien herausholen, wenn schon kein Lagermensch sich mehr im Hof aufhalten durfte. Auf der Straße war es kühl und angenehm. Ein voller Mond stand wie ein Hirte ruhig am Himmel und gab auf die Sterne acht, die auf der dunkelblauen Weide grasten. Wozu sollte man also in der stickigen Baracke sitzen, wenn es solch eine Wohltat war, draußen in der Stille zu spazieren, beschützt von einem Polizisten? Wenn es ruhig war, konnte man sich über die ehemalige Familie unterhalten, sich Erinnerungen erzählen, so jedenfalls hatte es anfangs geheißen, um die Mäuler zu stopfen.

Das Schicksal war bis zur letzten Minute so böse und unbarmherzig! Gerade die Mädchen, die schneller abbauten und schwächer wurden, die mit abgerissenen Fetzen von der Fabrik kamen, müde und vergilbt und die jemanden gebraucht hätten, der ihnen ein wenig helfen sollte, sie konnten keinen Cousin finden, keinen Verwandten.

Es gab Mädchen, die die Cousinen-Geschichten für bare Münze nahmen. Sie gingen und schauten in die Gesichter der

Männerreihen. Geschichten gingen um, dass ein Mädchen in dieser oder jener Halle einen leiblichen Bruder erkannt hatte. Niemand hatte es gesehen, doch es weckte Hoffnungen, Sehnsüchte, die wiederum andere Geschichten hervorbrachten. Zum Beispiel, dass eine Frau von der benachbarten Baracke zur Mittagszeit einen Menschen umhergehen und Kartoffelschalen auflesen sah, und als sie ihn musterte, erkannte sie ihren Mann. So gingen die Frauen und Mädchen in ihrer Reihe und unterhielten sich seufzend: Ach, wenn ich doch einen entfernten Verwandten finden würde, ich meine nicht einen Cousin! Aber allmählich fingen alle an zu verstehen, wie Cousinen gefunden wurden. Die Pikrinerinnen und andere stark ausgezehrte Mädchen und Frauen setzten sich, wenn sie abends von der Fabrik zurückkamen, vor die Baracke oder blickten traurig durch die Fenster hinaus und unterhielten sich mit stiller Traurigkeit und voller Neid: Wir werden sicher keine Cousins finden. Wenn man purer gelber Staub ist, und ausgezehrt noch dazu! Aber wenn ich ein wenig Ruhe hätte und etwas anzuziehen, würde ich dann nicht genau wie alle aussehen?

Allmählich hörten die »Cousinen«, die angesehene »Cousins« gefunden hatten, auf, sich deswegen zu schämen. Im Gegenteil, sie begannen, stolz darauf zu sein. Es rief auch einen gewissen Respekt ihnen gegenüber hervor: Cousine eines Polizisten! Sie sahen voller und fröhlicher aus. Es störte sie nicht einmal, dass traurige Mädchenaugen von verschämten Pritschen herab sie mit Zorn und Verbissenheit anschauten.

III

Wie ein Funke, der in ein Pulverfass springt, schlug das Wort »Cousine« in Werk C ein. Damit gab es die Möglichkeit, zusammenzukommen, die dunkle, verborgene und offene Annäherung auszudrücken. Das schlug wie eine Flamme aus dem Inneren hervor, machte eifersüchtig, zog mit sich. Mädchen, die gerade eben noch jemandes Cousine waren, waren es plötzlich nicht mehr und wurden von jemand anderem »erkannt«. Der Schlüssel zu der schambehafteten Tür war gefunden worden. Das Wort »Cousine« hatte sie geöffnet, danach blieb sie offen und man konnte den Schlüssel verwerfen. Man brauchte ihn nicht mehr. Aber jeder führte ihn noch im Mund, wie eine Sache, die zwar nicht mehr benötigt wird, aber schöner und edler ist, als hinzugehen und eine Tür mit einer Hacke aufzubrechen, selbst wenn diese bereits offen steht.

Die Erschlagenen und in den Baracken Zurückbleibenden begannen, das Wort mit ironischem Unterton zu benutzen. Es wurde sogar zu einer Bezeichnung, ein gewisses Ansehen und einen Lagerreichtum zu unterstreichen. Frydland zum Beispiel wollte einmal Mechele schildern, wie gut es ihm an seinem Arbeitsplatz ging und begann zu erzählen: Nun ja, Suppe habe ich mehr als genug. Und Brot habe ich so viel, dass ich es mir leisten könnte, mir eine Cousine zu suchen.

Wenn mehrere Polizisten von den älteren und eher zurückhaltenden, die schon Frau und Kinder verloren hatten, zusammenkamen, beratschlagten sie unter sich, halb nachdenklich und halb mit erwachter Sehnsucht: Was meinst du? Wäre es vielleicht ratsam, sich eine anständige Cousine zu suchen?

Die Sache mit den Cousinen breitete sich von den obersten Schichten des Lagers bis in die niedrigen Schichten und zu den gesünderen der Lagermenschen aus.

Mädchen, die an die »Großen« nicht herankamen, begannen, zwischen den einfacheren Leuten zu suchen, die sich in der Fabrik und mit dem Hunger immer noch zu helfen wussten. Gleichzeitig mit dem Neid auf andere erwachte auch ein Gefühl von Einsamkeit, von Alleinsein. Man achtete plötzlich auch auf die Zeit, sah, wie sie verging, wie sie lief und man älter wurde. Wer weiß, wie lange das Leben sich noch so hinziehen kann. Und falls man überlebt, wird man dann schon in den Jahren sein. Auch eine andere Hoffnung schimmerte auf: Wer weiß, vielleicht kann sich solch eine Cousin-Bekanntschaft festigen und sich auch später fortsetzen, falls Gott Leben und Freiheit schenkt?

Zuerst war die Zahl der Männer viel größer als die der Frauen. Die hohe Sterblichkeit riss aber vornehmlich die Männer heraus, die Frauen hielten sich im Allgemeinen besser. Gut aussehende Frauen gab es wesentlich mehr als Männer, die in die Sorge um ihre Arbeit und den Hunger vertieft waren und nicht recht bemerkten, dass es im Lager so viele schöne Mädchen gab. Die Auswahl war daher begrenzt und die Satten und Ausgeruhten gingen umher wie erlesene Prinzen.

Die einfachen erschöpften Arbeiter lagen für gewöhnlich bei Nacht auf den nackten Pritschen und redeten miteinander über Mädchen, die sie einst geliebt oder gekannt hatten. In jenen Zeiten waren sie noch nicht ausgezehrt und halb verhungert. Das Andenken an jene Liebschaften blieb ihnen im Gedächtnis wie eine normale, gute Sache, die verloren gegangen war. Die Mädchen des Lagers nahmen sie praktisch nicht wahr. Manchmal machte sich aber doch bei mehr als nur einem ein aufgeregt verrückter Glanz bemerkbar. Das geschah, wenn er durch das Fenster hinausschaute und sah, wie Pärchen draußen umhergingen, oder wenn ein Mädchen einen verirrten Blick in die Baracke warf. Eine nagende Sehnsucht begann dann zu zerren: Bin ich denn nicht auch so jung wie sie? Warum haben nur sie es verdient?

Der lähmende Schmerz in allen Gliedern antwortete dem Gedanken: Du gehörst dem nicht mehr an. Über sie brauchst du nicht mehr nachzudenken! Ein Mädchen? Das kann nur noch dein Traum von damals sein. Mit den heutigen, die es hier gibt, lebst du nicht mehr in derselben Welt.

Einmal hörte Mechele sogar, wie jemand von einer Eckpritsche giftig zischelte: Pah! Wir kommen schon nicht mehr in Betracht. Die werden sich alle an die Kommandanten und die Polizei halten müssen.

Diese Resignation raubte den meisten Männern im Lager die Gefühle. Sie nahmen die Frauen nur wahr, wenn sie bei einigen von ihnen um eine Zigarette oder ein Stück Brot handelten. Diese Menschen, ausgehungert und abgestumpft, stritten und schlugen sich oft; Obszönitäten und Gerede über Frauen verschwanden aber fast völlig aus ihrer Sprache, wie etwas, das vergessen ist und nicht mehr existiert. Wenn doch einmal ein solches Wort fiel, kam es nicht mit satter Inbrunst heraus, sondern so mager und blass wie eine Silhouette des fernen Gestern.

Mechele war das einmal aufgefallen und er vermutete, dass sie es absichtlich mieden, um sich nicht selbst damit weh-zutun, um nicht an der Wunde zu rühren bei der Erinnerung daran, dass man ein Mann war.

Bei anderen, Kultivierteren, war das weibliche Geschlecht mit den Resten von etwas heimatlich sehnsüchtigem im Gedächtnis haften geblieben, wie der Widerschein eines hei-ligen Schimmers. Jedes grobe, beiläufige Wort hätte etwas entehrt, das dann nicht mehr mit derselben Reinheit wie das Verschwundene ins Herz hätte zurückkehren können.

Selbst in den häufigen erbitterten Kämpfen, in denen sie wie die Tiere um einen Tropfen vergossener Suppe oder eine entdeckte Kartoffelschale rangen, wenn Nägel bereit waren, die Gurgel des anderen aufzureißen, drang nur selten diese Art obszöner Sprache aus ihren Kehlen. Mechele fiel dies gleich in der ersten Zeit auf und für ihn stellte es sich dar wie ein verdecktes Amulett, das noch immer dem Schatten des Menschengeschlechtes anhing und das in sich den bis zuletzt bewahrten Staub des vormaligen menschlichen Edelmutes schützte.

Trotz dieser edlen Schutzschicht bürgerte sich das Wort »Cousine« ein und wurde zum verdeckten Ausdruck neidi-scher, zutiefst melancholischer Ironie.

IV

Hätte man darüber nachdenken wollen, hätte man erkannt, dass darin eine Art wundersame, übernatürliche Kraft lag. Wie oft ekelte es Mechele vor dem ganzen Wirbel um die Mädchen, der Cousinen-Psychose, die das Lager so schnell ergriffen hatte! Zum wievielten Male regte sich eine strenge Stimme in ihm auf, schrie und wand sich vor Scham: Sie verkaufen sich doch für eine Kleinigkeit! Es gibt hier praktisch keine Verbindungen aus Seelennähe, aus Sehnsucht der Gefühle, nur simple Brotprostitution, Prostitution auf Gräbern!

Es genügte aber zu sehen, wie dieselben Mädchen vor wenigen Wochen aussahen, wie erschlagen sie waren, wie schmutzig und verwahrlost. Sich daran zu erinnern hieß auch zu begreifen, wenn auch nicht zu rechtfertigen. Nein, lang hätten sie, in ihrer Trauer und Abgerissenheit, nicht mehr durchgehalten. Sie hätten resigniert, wären krank geworden und den Weg so vieler gegangen, jenen kurzen Weg zum Schießstand.

Die drastischen Veränderungen in ihnen kamen doch nicht nur daher, dass sie ein Stückchen Brot, ein wenig Schutz bekamen. Zusammen mit der Cousinenbetriebsamkeit erwachte in den Frauen der eingeschläferte Instinkt, gefallen zu wollen. Und diese Triebkraft ließ sie möglicherweise stärker aufleben als ein zusätzlicher Bissen, als die Sättigung.

Das wiedererwachte Bewusstsein, dass man an Augen vorbeigeht, die einen ansehen, trieb die Mädchen nach der Arbeit zu dem einzigen Wasserhahn, gab ihnen die Geduld, stundenlang zu warten, dass sie sich gründlich waschen konnten. Das Gefühl, auch hier jemandem gefallen zu müssen, zwang sie, mit allen Mitteln ein Stückchen Spiegel und einen Kamm zu finden, halbe Nächte auf zu sein und sich das Kleid zurecht zu machen, Lumpenstücke zusammenzutragen und sich daraus ein Kleidungsstück in allerlei Farben zu fertigen, das sogar einen gewissen Charme verlieh.

Es stimmte, es gab welche, die sich in den ersten Zeiten abends auf die einfache Koje warfen, sich treiben ließen oder der Trauer nach der ehemaligen Heimat hingaben. Das waren aber ferne, verflogene Erinnerungen, während die Menschen, denen man gefallen wollte, um einen herumgingen, buchstäblich ans Herz klopften. So zogen sich die Spinnweben der Trauer weiter zurück und über ihnen thronte die vollgefressene dicke Spinne, die man Leben nennt.

Viele von ihnen wachten auf, kamen zu sich, und putzten sich heraus, von innen wie von außen: ja, soweit möglich, auch von innen! Sie glätteten die Unebenheiten und kaschierten sie mit einem Lächeln, wie mit einem seidenen Tischtuch. Und selbst die, die keinen »Cousin« hatten und sich von ihnen fernhielten, wollten in Aussehen, Sauberkeit und Fröhlichkeit nicht hinter den anderen zurückstehen. Erstere hatten die heißen Kastanien aus dem brennenden Gefühl der Scham herausgezogen und sie mussten nur noch die anderen anspornen, dem Verlangen, gefallen zu wollen, nachzugeben und sich von ihm tragen zu lassen. Das wurde ihr Geheimnis, der Atem Gottes, der ihnen Leben in die ausgedorrten Knochen hauchte.

Ausgeruhte Männer mit normal funktionierenden Sinnen wurden immer weniger im Vergleich zu den Frauen, welche begannen, sich mit tänzelnden suchenden Schritten zu bewegen. Ihre Bemühungen wurden stärker und gewagter. Diese Traumbilder waren es, von denen sie angetrieben wurden. War es denn ein Wunder? Auch wenn Mechele es nicht zugeben wollte, das beschäftigte ihn. So stark seine Abscheu dagegen auch war, hatte sie ihn doch nicht völlig ergriffen. Er schaute sich um und beobachtete alles, was schmutzig und beißend war, aber das Auge freute sich trotzdem, das Herz flatterte, wenn inmitten des schlammigen Sumpfes sorgfältig hergerichtete Schönheiten umhergingen, die aus den Lumpen heraus leuchteten, lächelten, in Gesichter blickten und die Umgebung erhellten. Warum störte es ihn also, was sie taten? Sie trugen und erhielten doch die

Schönheit eines Volkes, das man vollständig herabwürdigen wollte!

Wie konnte man sich an ihrer Schönheit freuen? Nicht zu viel darüber nachdenken! Soll das erste Gefühl, ohne nähere Betrachtungen, auch zu Wort kommen. Vor allem, da das nicht nur diejenigen erhielt, die durch die bekommenen Brotportionen gestärkt und schöner wurden, sondern auch die anderen, die von jenen rosigen Gesichtern angeleuchtet wurden und die sich mitreißen ließen, ihrerseits Anstrengungen zu unternehmen, um auch schön zu werden.

Jedoch wurden die innerlich abgestorbenen Männer der Hallen von einer stillen, diffusen Eifersucht zerfressen. Einige der Arbeiter sahen in den glänzenden Stiefeln der Polizisten das Abbild einer Welt, die noch existierte, den Schatten ihres eigenen Gestern, das wieder zum Heute werden könnte. Sie sahen mit eigenen Augen, dass es noch Genuss gab, aber der Platz dafür war in ihnen zerstört. Es tat ihnen leid, dass sie die Lust verloren hatten und sie schon nicht mehr mit der vollen Schärfe reizen konnte. Es konnte vorkommen, dass eine der bedrückten Gestalten hinauskroch, einem ankommenden strahlenden Mädchen entgegenging und sich Mühe gab, sie anzulächeln: Fräulein ...

Sie aber sah den verkrümmten Mund, die eingesunkenen Augen und ging vor Schreck zur Seite. So jemand schämte sich nicht, fühlte sich nicht getroffen. Er hatte nur das Verlangen, hinauszugehen und einem Mädchen stilvoll ein Lächeln zuzuwerfen, gerade so, als würde ein Toter probieren, ob er noch einmal außerhalb des Grabes einen Atemzug Luft schöpfen könnte. Weiter nichts. Danach blieb er mit zufriedenem Lächeln stehen. Und weiter? Er hatte erreicht, was er wollte, hatte sich sogar an eine elegante Verbeugung von damals erinnert, an das leichte Verneigen ... Was sie dabei dachte, interessierte ihn nicht. Eine Weile stand er noch versonnen da, ging dann wieder in seine Baracke, legte sich auf sein Lager und lächelte still vor sich hin. Er hatte doch nur ein Rendezvous mit seiner Vergangenheit wie ein

Gefängnisinsasse, den ein ferner vertrauter Mensch besucht und der auf seinem Gesicht den Gruß einer Welt zurückbehält, die er nur noch streifen kann, die vergehen muss.

Kapitel drei

I

Die Fabrikhalle 58 war auffällig anders und lag etwas abgesondert von den anderen Hallen und Abteilungen. Umgeben von Bäumen und Büschen sah sie aus wie eine autonome Fabrik. Der Meister war Zielinski, ein Volksdeutscher aus jener Gegend. Seit man junge Polen zur Arbeit in Deutschland aufgriff, bewies er seine Hilfsbereitschaft und nahm in seiner Abteilung so viele auf wie er konnte. Dafür ließ er keine Juden in seiner Halle zu. Als Begründung gab er an, dass bei ihm die Granaten das letzte Mal kontrolliert würden und er ihnen solch eine wichtige Arbeit nicht anvertrauen könnte. So sammelte sich dort eine beträchtliche Anzahl nichtjüdischer Frauen mit ihren Kavalieren an, mehr als die Halle benötigte. Damit sollten sie vor dem Verschicken geschützt werden und er hatte seiner Pflicht als vormaliger Pole Genüge getan.

Zielinski unterteilte die Arbeit, suchte immer mehr Nebentätigkeiten um seine Halle herum, damit sein Herrschaftsbereich möglichst viele Menschen umfasste.

Wie jeder Pole, der sein Deutschtum neu entdeckte, bemühte er sich in der ersten Zeit um einen übertriebenen Patriotismus. Er schlug häufig mit seinem großen Stecken und rühmte sich vor den Polen mit seinem gebrochenen Deutsch wie mit einem hohen Orden, mit dem die Vorsehung ihn ausgezeichnet habe. Den Polen gegenüber verhielt er sich anfangs strenger als andere und ständig redete er auf Polnisch davon, dass sie zu Beginn des Krieges in der Bromberger Gegend viele tausend Deutsche vernichtet hätten.[6]

6 Während des Bromberger Blutsonntags wurden am 3. und 4. September 1939 mehrere tausend Volksdeutsche unter dem Vorwand, dass sie auf

Dem stellte er gegenüber, dass die Deutschen keine Rache suchten, sondern sich bemühten, Brot und Arbeit für alle Polen zu schaffen, obwohl doch Krieg sei und man jedes Stück Brot mit Gold aufwiegen müsse.

Mit dem Aufkommen der ersten Zweifel am endgültigen Sieg der Deutschen, begann Zielinski vorsichtig, sich zurückzunehmen. Er begann, Schritt für Schritt seine polnische Seite hervorzuheben, sie mit den Federn von allerlei Anspielungen herauszuputzen, sodass, wer wollte, es verstehen könnte, dass er eigentlich nur eine Art merkwürdiges Spiel spielte ... Mit knappen, unterschwellig hingemurmelten Worten schaffte er eine Atmosphäre, in der bei seinen polnischen Mitarbeitern geflüsterte Vermutungen geboren werden konnten, »er hätte womöglich eine Art Befehl von irgendwoher« und er handelte nach verborgenen Anweisungen, die er meisterhaft schauspielerisch ausführte. In einer abseits liegenden Ecke erlaubte er sich sogar, allerlei Kummer der Arbeiter anzuhören und »tief berührt« und mit Bedauern dazu mit dem Kopf zu nicken. Dafür aber bemühte er sich, dass sein Deutschtum vor den echten Reichsdeutschen umso stärker herauskam. Eigentlich machten das alle volksdeutschen Meister, sowohl Gajewczyk als auch Pynow, bei Zielinski erschien es aber merkwürdig grell und geziert.

In der Halle war er der Herr und Befehlshaber. Er zeigte aber nicht offen seine Gerissenheit und seinen Ernst. Zusammen mit dem Meister war er auch der Witzbold, Narr und Clown der Halle. Er überschüttete Deutsche wie Polen mit Witzen, bösen Streichen, in denen Spaß und Ernst immer so verwoben waren, dass man nicht mehr erkennen konnte, was er meinte und wollte. Er mischte sich ständig auch in solche Hallenangelegenheiten ein, für die wie überall die rangniederen Gehilfen zuständig waren. Das waren aber die besten Umstände, wo seine Einfälle sehr lustig ankamen

polnische Truppen geschossen hätten, von Polen ermordet. In der jungen Republik Polen war es über Jahre hinweg zu ethnischen Spannungen zwischen Polen und Volksdeutschen gekommen.

und dabei ihre Absicht und ihr Ziel durchaus erreichten. Die Polen gaben ihm unter sich einen Namen: Verrückter Idiot! Obwohl sie häufig feststellen konnten, dass in der Produktion Zielinski noch den klügsten Simulanten und Faulenzer erwischen konnte. Seine verrückten Spielchen halfen ihm dabei, dass der stechende Hass auf die Antreiber gegen ihn, den Großherzigen, nicht so scharf ausfiel.

»Ein Verrückter!« – das reichte aus, dass die spezifisch polnische Verbissenheit in Bezug auf ihn nachließ und man ihm im Innersten seines Herzens nicht zürnte.

Der größte Teil der Arbeiten in der Halle war leichter Natur: In die Abnahme wurden von den Juden der Transportabteilung fertiggestellte Granaten gebracht. Hier prüfte man sie und gab sie zum Versand frei. Der Ablauf der Arbeit war folgendermaßen: In der Halle standen zwei sehr lange Tische mit eisernen Arbeitsplatten. An beiden Tischseiten waren dünne, eiserne Schienen angebracht, auf denen die Granaten von einer Hand zur nächsten gerollt wurden. An jeder Seite saßen lange Reihen von Männern und Frauen und jeder von ihnen hatte seine Tätigkeit; einer entfernte mit einem eisernen Bürstchen den Trotylstaub, der zweite rieb die dicken Metallwände mit Aceton ab, ein dritter schlug einen Stempel in den Boden. So rollten sie von Hand zu Hand, bis zum Ende des Tisches, nahe der Tür. Schwer war nur der Arbeitsgang des Hinauflegens der Granaten auf den Tisch und das Herunternehmen, das Einpacken jedes einzelnen Sprengkörpers in einen Korb aus geflochtenen Stäben und das Wiederaufladen auf die Transport-Waggons.

Die Juden der anderen Abteilungen brachten die Granaten bis zum Tisch und stellten mit einem speziellen Hubwagen den beladenen Waggon neben denjenigen, der anreichte. An beiden Seiten des Tisches stand ein großer, hölzerner Klotz, auf dem der Staub von den Granaten geklopft wurde.

Sobald eine Lore hereingebracht wurde, kam ein polnischer Kontrolleur mit einem speziellen Messgerät in der Hand und prüfte, ob das Loch für den Zünder korrekt gebohrt war.

Obwohl man in den Hallen die Granaten vor dem Hinausschicken prüfte, fand der Kontrolleur in Halle 58 ständig Fehler. Wenn das Loch zu flach war, vertiefte er es mit Hilfe eines speziellen Bohrers, der an der Spitze seines eisernen Messgerätes angebracht war. Wenn das Loch aber bereits zu tief war, schrieb der Prüfer eine große Fünf auf die Granate. Das bedeutete, dass die Granate fehlerhaft war und noch einmal in die Gießerei hinübergeschickt werden musste. Er machte auch andere Kreidezeichen auf die eiserne Haut der Granatenhülse, die die Menschen am Tisch anwiesen, was sie zu tun hatten, um die Zerstörer in Ordnung zu bringen. Im Gehetze, die hohe Norm möglichst schnell zu erledigen, waren die Zeichen bei den Arbeitern ziemlich verhasst, weil das Korrigieren der Fehlerhaften Zeitverlust bedeutete.

Nicht immer schafften die Gießereien es, die nötige Anzahl Granaten für die Abnahme bereitzustellen und in den dicht besetzten Reihen an den Tischen ergaben sich reichlich Gelegenheiten, sich zu unterhalten, zu flirten oder sich zu streiten. Aufgrund solch einer Unterbrechung mussten sie aber bei Nacht länger bleiben, um die Norm zu erfüllen. Wenn dann einige Granaten gebracht wurden, wollte man sie so schnell wie möglich auf dem Tisch haben und schaute deshalb mit bösen Augen zu, wie der Kontrolleur seine Kreide-Fünfer malte. Manchmal gerieten sie in Zorn: Na, sieh dir das an. Zum Teufel mit diesem Hurensohn! Man wird schon wieder nicht rechtzeitig heimkommen.

Die Einzigen, an denen man seinen Zorn auslassen konnte, waren die jüdischen Transportarbeiter. Von allen Seiten schrie man auf sie ein: Hurensöhne! Könnt ihr keine bessere Ware bringen? Ihr sucht uns speziell die Krüppel, damit wir die Arbeit nicht fertig kriegen!

Oftmals kam Zielinski mit einigen seiner Jungs dazu, um die Juden dafür zu schlagen, dass die Gießerei schlechte Granaten geschickt hatte. So zitterten die Transportleute beim Hineinbringen der Wagen und noch ehe der Kontrolleur mit seinem Messgerät dazukam, waren sie wieder verschwunden.

An jedem Ende eines Tisches standen zwei große, gesunde Polen und warfen die Granaten flink auf den Tisch. Die Frauen rollten sie schnell mit ihren Fingern weiter, stocherten mit langen, kupfernen Spießen in der Öffnung und spotteten über die beiden, die anreichten und mit der Arbeit zurückhingen. Es sammelte sich aber immer eine ganze Anzahl mit Fünfen gekennzeichneter »Krüppel« an, die man zurückschicken musste. So feilten sie sich derweil die Nägel und redeten alle gleichzeitig mit leisen, spitzzüngigen Worten. Meist stichelte eine gegen die zweite, bis es ihnen langweilig wurde und alle schlechten Launen und Wünsche nur noch auf das jüdische Konto gingen. Die angeborene Feindschaft gegen die Juden hatte hier genug freie Zeit und Muße, in welcher sie sich verstärken und verschärfen konnte. Hier war Zeit, alles anzuhören und auszusprechen. Und später, wenn die Arbeit wieder mit alarmierender Geschwindigkeit weitergehen musste, schaffte man noch einen letzten, langgezogenen Fluch gegen die Juden, bevor die Hetzerei der Hände wieder begann, als wäre es schade, wegen des Arbeitsbeginns auch nur eine Minute zu verlieren.

Die abgewiesenen Granaten waren auch das Schreckgespenst der Juden in den Gießereien. Sie mussten noch einmal überarbeitet werden, was zu Lasten der Norm ging und dazu führte, dass man länger in der Fabrik bleiben musste. Doch so sehr man sich beim Gießen auch vorsah, Halle 58 schickte einen Teil zurück. Dafür gab es neue Schläge wegen »Sabotage« und zusätzliche Mühe mit dem Tragen der Zurückgewiesenen und ihrem Einspannen in die Maschine. Dieselbe schwere Arbeit traf auch die beiden, die sie auf die Tische der Endkontrolle auflegen mussten.

Das größte Vergnügen aber bereitete es Zielinski, das eiserne Messgerät des Kontrolleurs zu nehmen und selbst die Mängel nachzumessen um dann, wenn viele Augen auf ihn gerichtet waren, große boshafte Fünfer zu schreiben. Mit einem vergnügten, spöttischen Grinsen schnappte er jede Grimasse der Frauen am Tisch auf und hänselte sie: Oh weh, da wirst du dich heute zum Treffen mit deinem Kavalier verspäten. Aber keine Angst! Wenn du mich ganz lieb bittest, dann bin ich gar nicht so, ich kann ihn heute vertreten bei dir. Du weißt doch, für meine Arbeiter bin ich bereit, alles zu tun.

Er schaffte es mit einer eigenartigen, übermenschlichen Flinkheit, überall zu sein, über jedem Einzelnen zu stehen und zuzusehen, ob man die Granaten ordentlich behandelte. Manchmal verschwand er aus der Halle und die Frauen fingen an, das Putzen zu vernachlässigen. Aber sobald eine Granate auch nur ein wenig zu weit rollte, hörte man schon Zielinskis Stimme wie ein Kratzen von der anderen Seite der Halle: He, du Dirne! Hol sofort die Flasche zurück und mach deine Arbeit. Wenn nicht, brauchst du dich zu deinem Abendbrot nicht mehr zu beeilen, brauchst nicht einmal mehr zu deinem Bauerntölpel zu gehen. Denk daran!

Zielinskis Schatten mit seinem schwarzen, zugespitzten Hitlerbärtchen hing über der Halle, selbst wenn er nicht dort war. Es kam einem vor, als hätte er die Wände und die Lampen dagelassen, damit sie hier mit unsichtbaren listigen Augen alles bewachten.

Das ganze Ausspionieren und Antreiben geschah bei ihm aber nicht mit erkennbarer Bosheit und Gefühllosigkeit. Es glich eher dem Spiel eines Witzboldes, war auch Spotten über sich selbst oder ein verdecktes Parodieren von jemandem. Manchmal langweilte es ihn. Sein schmales Gesicht wirkte dann noch eingefallener und der Schnauzbart zitterte nicht vor fachmännischer Aufregung, sondern eher wie kurz vor einem Tränenausbruch. Seine Gefühle waren genauso sprunghaft wie seine dürren Beine. Dann spurtete er hinüber auf die andere Seite der Halle und genau wie den Körper riss er auch seine Stimmung aus dem weichen, sentimentalen Klammergriff. Auch seine Gedanken liefen dann hinüber in ein anderes Extrem. Als hielte jeder Hallenwinkel eine andere Stimmung für ihn bereit.

Gleich am zweiten Tag nach Mecheles Ankunft in Halle 58 konnte er das bei Zielinski beobachten.

An jenem Tag fiel gerade dichter Regen. Die Halle mit ihrem erstickenden Geruch von Schweiß und Pulver atmete freier. Draußen vor den Fenstern wuschen die verstaubten Bäume ihre Köpfe und die Scheiben weinten wie beim Leichenzug eines Freundes. Zielinski lief vor Aufregung zerstreut umher. Wegen des Regens waren viele Polen aus dem Dorf nicht zur Arbeit gekommen. Sogar die beiden jüdischen Mädchen blieben dieses Mal im Lager. Die jüdischen Transportleute, die die fertigen Granaten zum Zug bringen mussten, waren völlig durchnässt und die zerrissenen Streifen ihrer Hosen waren aufgequollen wie lederne Wasserschläuche. So standen sie an der Tür und wussten nicht, was tun. Zielinski schrie zu ihnen hinüber: He, Jidden, die Halle ist für euch kein Ort zum Herumstehen und Faulenzen. Marsch!

In seinen Ton hatte sich aber so etwas wie Mitgefühl eingeschlichen, das die Strenge abschwächte, als bedauere er sie dafür, dass sie mit dem schwer beladenen Wagen in diesem Sturm laufen mussten. Er musste schreien, sie antreiben, denn Juden musste man so behandeln; gleichwohl ging er rasch weiter, um sich mit irgendetwas in der Halle zu beschäftigen. Es sah so aus, als suchte er sich gezielt eine Beschäftigung, damit er jenes Grüppchen Juden nicht zur Kenntnis nehmen musste, das dort in eine Ecke gedrückt dastand; damit er nicht zu sehen brauchte, wie ihre Körperwärme begann, durch die aufgeweichten Lumpen zu dringen, sie an den Körper zu kleben und ein kaum wahrnehmbarer Dampf von ihnen aufzusteigen begann. Er will sie nicht sehen, um sie nicht antreiben zu müssen, aber auch, um zu verhindern, dass er Mitleid bekommt. Plötzlich aber bemerkt er sie wieder und er eilt in ihre Ecke. Die Juden erschrecken, suchen mit den Händen Halt am Wagen. Sie werden jetzt gleich die schwere Last hinaus in den Sturm ziehen – da kommt er! Vermutlich hat er sich weiß Gott was, überlegt. Zielinski interessiert sich aber für den Wagen. Er betrachtet die Abdeckung und ob die Granaten gut mit den schweren Planen abgedeckt sind. Er regt sich auf, sehr verhalten, um seine Schwäche, seine plötzliche Rührung zu überdecken: Hurensöhne! Wehe euch, wenn die Granaten von dem Regen rosten!

Damit will er eigentlich sich selbst dafür rechtfertigen, dass die Juden so lange in seiner Halle stehen dürfen. Nicht alle aber verstehen seine Ausrede. Einer der Gruppe nimmt seinen Mut zusammen und entgegnet: Es ist nicht möglich, Meister. Der Regen läuft über die Augen und wir können nicht erkennen, wenn der Wind die Plane hebt.

Die Rede trifft Zielinski aber an einer anderen Stelle. Er spürt, dass sie Recht haben. Aber dadurch, dass ein jüdischer Mund es ausgesprochen hat, ist es schon nicht mehr jenes innere Gefühl, für das er eine Rechtfertigung finden muss. Er ärgert sich über sich selbst, warum er sie in Schutz genommen hat. Der Gedanke an den Rost auf den Granaten wird von einer inneren Stimme zurückgedrängt. Wer weiß, vielleicht rosten auch sie, wenn sie das Joch mitten in solch chaotischen Wolkenbruch ziehen?

Jetzt aber zieht es ihn auf die andere Seite des Wagens, die Leinwand hat sich dort vorwitzig angehoben! Sein Gedankengang bleibt an dem Ort zurück, an dem er vorher gestanden hat. Durch dieses Sich-Fortbewegen erwacht auch in seinem Innern eine Schärfe. Seine Stimme bekommt unvermittelt den bellenden Ton schriller Grausamkeit: Lenkt mich nicht ab! Ihr wollt hier Sabotage betreiben? He? Und schon fällt er über sie her, mit seinen dürren Händen will er alle auf einmal an den Hälsen packen und hinauswerfen: Marsch! Fort mit euch! Verschwindet!

Das verdeckte Fünkchen Menschlichkeit ist schnell verloschen. Die Juden reißen die Türen auf und fliehen mit ihrer schweren eisernen Last. Ein Windstoß spuckt geschwind durch die offene Türe herein, Zielinski direkt ins Gesicht. Das ärgert ihn. Die Juden sind aber schon weg. Deshalb irrt sein Geschrei zwischen den Tischen umher und treibt die Finger zur Eile. Die Tür schlägt zu und etwas Wind verbleibt in der Halle, als habe man ihn von dem Wind draußen abgeschnitten. Vielleicht veranstaltet er deshalb dort jetzt ein solches Geheul? Ein Regenguss schlägt böse an die Scheiben, als drohe er hier jemandem mit Gefahr, mit Rache für etwas. Der Wind läuft dem Nachhall der klappernden Räder weit nach, bis er nicht mehr zu hören ist. Der Regen klatscht und schlägt, bis auch er müde wird. Man hört ihn nur noch bei den Wasserrinnen in der Halle mit dicken Tränen weinen. Es wird still. Mechele beugt sich tief, damit Zielinski in ihm nicht den Juden erkennt. Aber dieser schreitet schon zurück durch die Halle, eilt geschwind zu den Tischen und wirft an niemanden speziell gerichtet seine Überlegungen hin: Abscheuliche Rasse! Sie treiben sich im größten Elend herum, im Unwetter und es trifft sie nicht der Schlag. Sie schleppen und schleppen – wie von Gottes Flügeln getragen.

III

Wie in jeder Halle teilte man auch hier die Fabriksuppe für die Arbeiter zum Mittag aus. Ein großer Teil der Arbeiter war aus reicherem Hause und brachte sich von daheim besseres Essen mit. Sie nahmen deshalb das Essen aus dem Blechnapf nicht an. Auch die ärmeren Arbeiter nahmen die Fabriksuppe nicht in den Mund, obwohl für die polnischen Arbeiter besser und schmackhafter gekocht wurde. In der ersten Zeit trug man tatsächlich volle Kessel in die Küche zurück. Das übriggebliebene Essen mischten die Köche am nächsten Tag unter das jüdische Essen und hatten dadurch die Möglichkeit, Nahrungsmittel zu stehlen. Manchmal wurde das Essen auch neben der Halle ausgegossen und es gab Juden, die wussten, wann das passierte. Sie stahlen sich dann zur Abfallkiste und leckten das ausgegossene Essen auf.

Allmählich aber fingen die Juden an, einen direkten Weg zu der Halle zu suchen. Das war am ehesten in der Mittagspause möglich. Bei einigen von ihnen war der Geschäftssinn noch nicht verkümmert. Sie schafften es, zu den ärmeren Arbeitern der Halle Kontakte zu knüpfen und boten ihnen etliche Zigaretten für einen Napf Suppe an. Das weckte auch den Spürsinn für Geschäfte bei vielen Polen. Sie bereiteten sich Gefäße vor, in die sie ihre Portion füllten und sie wegstellten. Wenn alle ihre Portion bekommen hatten und noch etwas im Kessel blieb, näherten sie sich und baten um Nachschlag. Später suchten sie ihren Juden und verkauften es ihm für Geld oder Zigaretten. Mehrere Portionen Suppe brachten im Schnitt in etwa dasselbe ein wie ein Tageslohn.

In allen »jüdischen« Hallen verbreitete sich schnell das Gerücht, dass die polnischen Arbeiter in Halle 58 die Suppe nicht aßen, und in jeder Mittagspause lungerten hunderte Juden mit hervorstehenden hungrigen Augen bei der Halle herum in der Hoffnung, bei jemandem eine Portion zu erbetteln.

Diejenigen Juden, die noch etwas besaßen, bereiteten sich einen größeren Kessel vor, kauften bei mehreren Leuten deren Portionen auf und gingen später an den wartenden Reihen entlang. Oder sie nahmen es mit in die Baracke und priesen es dort an: Kauft polnisches Essen! Ganz ehrlich, genau wie polnisches Essen – mit Fleisch und Fett! Daraus entwickelte sich eine Feindschaft zwischen denjenigen, die noch Geld zum Aufkaufen hatten, und denen, die gar nichts mehr besaßen. Alle Tage lagerten hunderte Menschen auf dem großen Platz unweit der Halle und schauten mit geschwächtem Blick dorthin. Sie hatten zum Sättigen nur den Berg an Flüchen auf die, welche den Weg des Bezahlens gegangen waren: Zum Teufel mit ihnen! Das sind vielleicht Juden! Hätten die denen nicht den Mund wässrig gemacht mit ihren Geschäften, wäre es noch möglich, ab und zu einen Tropfen zu ergattern. Aber so – so glauben sogar die Gojim, dass die Juden im Geld schwimmen und bezahlen können. Und wenn sie etwas dafür bekommen können, warum sollten sie es wegschenken?

Mehr als einmal wollten die Armen sich auf sie werfen, sie schlagen und ihnen die gekaufte Ware ausgießen. Aber die Kraft für Schlägereien war nicht mehr vorhanden. Sie hatten nicht einmal mehr die Kraft, die Hoffnung aufzugeben, doch etwas zu bekommen. Kaum war Mittagszeit, zog es sie wie unter Zwang dorthin. Sie blieben dort in großer Zahl und warteten – bis die Zeit vorüber war. Vielleicht stärkte sie der bloße Glaube an ein Wunder, dass heute ein Pole Mitgefühl zeigen würde, dass er lieber verschenken als verkaufen würde. Und jeder von ihnen hoffte, dass das erwachte Krümelchen Mitleid ausgerechnet zu ihm hinrollen würde? Wer weiß. Es war jedenfalls erkennbar, dass, obwohl sie so viele Tage schon mit beißender Leere im Herzen enttäuscht zur Arbeit zurückgegangen waren, sie am nächsten Tag wiederkamen, um wenigstens mit eigenen Augen den Ort zu sehen, wo sich ein kleines essbares Wunder losreißen und herfliegen könnte, auch wenn dies nie geschehen würde.

Das Austeilen der Suppe für die Halle hatte Zielinski dem großgewachsenen Czop übertragen, einem boshaften Goj, der ständig mit seiner heiseren Stimme herumschrie. Immer wieder einmal konnte aber selbst Czop den Kummer der Juden sehen, welche sich mit quälendem Hunger auf dem Gras gegenüber versammelt hatten. Besonders in der ersten Zeit, wenn es passierte, dass er halb volle Kessel zur Küche zurückschleppen musste. Dann teilte er die Portionen aus und ging anschließend zu den Juden hinüber, suchte sich etliche von ihnen aus, die er zu sich rief. Er reichte ihnen volle Essensnäpfe, gab manchmal gutmütig einen Tritt in den Hintern dazu und befahl ihnen, die leeren Kessel später in die Küche zu bringen. Jedes Mal, wenn er auftauchte, bettelten sie, weinten und schrien. Sie bestürmten auch andere aus der Halle, die zufällig mit ihrer Portion in der Hand in der Nähe waren. Der bloße Schimmer einer Hoffnung verschärfte den Hunger. Allein der Anblick des wenigen Essens bei einem in der Hand erzeugte bei vielen eine Anziehungskraft und eine solche Gereiztheit, dass es ihnen vorkam, als könnten sie ohne dieses Essen schon nicht mehr aufstehen und weggehen, sondern würden an Ort und Stelle zusammenbrechen. Essen, von dem du sicher wusstest, dass der andere es aufessen würde, war nicht in der Lage, dich so erbärmlich verrückt zu machen. Aber selbst die geringste Hoffnung, dass dieses Essen deins werden könnte, rüttelte die Seele dermaßen auf, dass es ihr vorkam, als gäbe es keine andere Rettung außer dieser hier.

Auch in solchen Momenten verrückten Hungers ging die menschliche Vernunft nicht vollständig verloren. Manche wussten durchaus noch, dass der andere es nicht umsonst hergeben würde. Aber man hatte doch gar nichts zum Bezahlen! Und das Essen musste man jetzt haben, die Nerven trieben einen bis zum Gipfel dessen, was ein Mensch ertragen kann. So gab man alles her, alles! Es gab welche, die sämtliche Knöpfe abschnitten oder die Stücke der Hose hergaben, die noch für einen Flicken nützlich sein konnten. Und was hätte man nicht noch alles gegeben, wenn man es gehabt hätte!

Einige der polnischen Hallenarbeiter erkannten in der sauren Küchensuppe ein gutes Geschäft. Deshalb ärgerten sie sich über Czop, der den Juden etwas schenkte, wofür man Geld bekommen könnte. Sie umlagerten beim Austeilen die Kessel, harrten bis zum Schluss aus und hielten ihr Geschirr hin: Gieß ein!

Czop befand sich in der Klemme: Dort standen die Unglücklichen und baten von weitem mit ihren stummen Gesten! Aber hier blickten ihn Augen in Feindschaft an. Jedes ihrer Wörter war nicht Bitte, sondern Befehl, der wie mit Messern schnitt: Du kannst mit deinem Anteil Gutes tun, sogar den Jidden. Das ist deine Sache. Aber dies hier ist das Essen, das für die Polen der Halle gebracht worden ist, für uns! Verstehst du? Also gieß ein, wenn man es dir sagt.

Anfangs war er verwirrt, runzelte die Stirn und wusste nicht, was tun; er versuchte sogar, an ihr Ehrgefühl zu appellieren: Leute! Ihr habt doch genug Essen bei euch zu Hause.

Und die hier krepieren vor Hunger. So ein bisschen Mistwasser rettet ihnen das Leben. Leute, bedenkt das doch!

Czops Mitleid erregte aber bei den Umstehenden Misstrauen. Czop stand da, schaute sie an und konnte nicht verstehen, was gerade geschah. Von allen Seiten flogen ihm stechende, giftige Worte zu: Du Jidden-Diener, du weißt anscheinend nicht, in welcher Welt du lebst. Bist wohl gar ein Wohltäter! Die Leute machen Gold aus jüdischen Sachen, andere saufen Schnaps auf Rechnung derjenigen, die sie in den Städten ausliefern. Sie haben Geld und Zucker. Und hier, nicht genug damit, dass du tagelang die Strapazen in der Fabrik aushalten musst, du gibst ihnen auch noch dein Essen. Sie werden es bei dir zu gut haben, die Jidden. Sie werden sich fühlen wie in einem Pensionat. Wenn etwas im Kessel bleibt, weil einige es nicht nehmen, lassen die ihren Teil für uns, nicht für die Jidden.

Ein großer Redner war Czop nie. Und Diskussionen mit der ganzen Gruppe konnte er nicht führen. Also gab er nach. Nur manchmal noch warf er den Juden einen mitleidigen Blick zu. Diese schnappten ihn auf und kamen, wie von einem Magnet angezogen, auf ihn zu. Er aber konnte ihnen nichts geben und streckte erschrocken die Arme aus: Aber Leute, ich kann euch doch nichts geben!

Die Menschen aber hörten seinen traurigen Tonfall, erinnerten sich an seinen Blick, der sie förmlich gerufen hatte, und sahen den vollen Kessel, neben dem er stand. Sie begannen, zudringlich zu werden, zu bitten, zu weinen. Ein voller Kessel mit Essen, von dem nicht an eine Menschenreihe ausgeteilt wurde, musste jedem die Sinne und den Verstand rauben, der sich nach einem Tropfen Suppe wie nach dem himmlischen Glück sehnte. So fing Czop an, sich aufzuregen: Warum verstanden sie ihn nicht? Was wollten sie von ihm? Er konnte doch nicht! An vor Hunger wilde Menschen kann man aber nicht mit Logik appellieren. Speziell die vernünftigen Worte eines Czop, die aus Halbtönen bestehen, laufen an ihren Gedanken vorbei wie Schatten, die sich auf

Zehenspitzen bewegen und von denen nichts hängenbleibt. Solch einem Hungrigen kann man nur entweder helfen oder ihn mit Schlägen vertreiben, wodurch er unwillkürlich in Panik versetzt wird. Nach und nach begann Czop, den umstehenden lachenden Hetzern zuzuhören: He, warum zerreißt du dir dein Maul so unnötig? Lange ihnen eine mit dem Stecken oder mit dem Löffel. Anders werden sie dir sowieso nicht glauben.

Schließlich platzte ihm seine schlichte Geduld. Er wurde es müde, die angelaufene Menge aufklären zu wollen, schnappte den großen eisernen Löffel und begann, mit solch einer Wildheit auf die Köpfe einzuschlagen, als wäre der Teufel in ihm erwacht. Drumherum dröhnte keuchendes Gelächter und das Geschrei der Blutenden ging in dem lachenden Lärm unter. So wurden die Juden wieder um die Illusion eines guten Goj ärmer. Doch sie kamen weiterhin, standen von weitem, schauten und warteten. Aber unter sich fingen sie an, die Erwartungen zu reduzieren und unentwegt zu wiederholen: Man kann auf keinen von denen hoffen, auf niemanden.

IV

Damit begann der erste, praktisch motivierte Hass der Halle den Juden gegenüber. Deren Herkommen und Betteln weckte in ein paar Burschen der Halle jene Feindschaft, die man einem Konkurrenten gegenüber fühlt, jemandem, der kommt und mit seinem Unglück einem selbst eine Verdienstmöglichkeit unter den Händen wegstiehlt. In erster Linie machte sich dies der Schläger und halbe Aufseher Sadza zu eigen. Er besprach sich mit noch einigen Jungs von der Halle, man sollte dem ein Ende bereiten und nicht einmal zulassen, dass die Juden in einiger Entfernung dastünden. Diese schwärzten Czop bei Zielinski an, er hätte eine spezielle Sympathie für Juden. Zielinski hatte das früher selbst beobachtet, sich aber unwissend gestellt: Nun denn, was treibt der Czopek da für

Spielchen! Im Allgemeinen aber lud er den größten Teil seiner Grausamkeit lieber in Schreien, Schimpfen und Drohen ab. Wenn man aber kam, es ihm zu melden, musste er seine wohlkalkulierte Brutalität in Gang setzen und sei es nur aus einem einfachen Grund: In seiner Halle durfte so etwas nicht geschehen! Sofort würden Nachrichten über ihn in Umlauf sein, er zweige Suppe von der Halle ab, um sie den Juden zu geben, er toleriere das!

Er schlich sich deshalb auf seine katzenhafte Art zu Czops Kessel, versteckte sich in der Kammer für die leeren Gefäße und lauerte wie ein Fuchs. Als jener die üblichen Anteile ausgeteilt hatte, kam er aus seinem Versteck hervor, übernahm die Schöpfkelle und schaute sich mit seinen wachen Augen auf dem weiten Platz um. Dann winkte er mit dem Finger den Juden zu, sie sollten kommen. Etliche Wagemutige begannen näherzukommen. Er wandte sich an einen von ihnen: He, Mosze! Komm näher und bring deine Schüssel.

Der Jude näherte sich vorsichtig, nicht schlüssig, ob er sich zurückziehen sollte oder schneller hingehen, ehe andere ihn wegdrängten. Zielinski begann derweil, mit dem Löffel im Kessel zu rühren, das Dicke heraufzuholen. Den Juden zog es her und er kam heran. Zielinski war diesmal sanft und zugewandt: Keine Angst. Gib dein Geschirr her.

Der Jude traute seinen Augen nicht: Sein Gefäß lief buchstäblich über von der dichten Masse. Die umstehenden Gojim schauten ungläubig zu und konnten nicht verstehen, was der verrückte Zielinski hier für ein Stück aufführte. Dieser aber machte solch eine ernste Miene, wie ein Wohltäter einem Unglücklichen gegenüber: Nun, sollen sie auch einmal das Leben genießen!

Bald bemerkte er, dass der Jude immer noch dastand, überrascht von seinem unerwarteten Glück und er sprach ihn wieder sanft an: Und jetzt, Mojsze, geh zurück an deinen Platz. Steh nicht da rum. Nein, keinen Dank, hörst du? Geh nur zu dem dort und schicke ihn her. Aber macht ja keinen Ansturm auf mich, dass das klar ist!

Als der zweite Jude herkam, bekam auch er ein Maß Essen. Die Burschen standen dabei und die Augen fielen ihnen aus dem Kopf. Sie begannen, unter sich zu brummeln: Da siehst du es! Geh und beklage dich bei einem Verrückten! Er hört sich alles an, verspricht etwas und jetzt – macht er genau das Gegenteil. Er ist schlichtweg ein verrückter Kerl.

Aus der Ferne erkannten die Juden, dass sich etwas geändert hatte. Als sie sahen, dass auch der zweite etwas bekam, wurden sie zuversichtlicher, dreister und kamen näher. Zielinski sah das und zwinkerte Sadza vielsagend zu. Dann rief er einigen Juden zu: Kinder, hier ist nur noch wenig. Aber neben meinem Büro steht noch ein voller Kessel von gestern. Wollt ihr das Essen von gestern haben?

Mehr war nicht nötig. Die Menschen begannen zu drängeln, zu schubsen. Zielinski sagte zu Sadza: Du, bring sie dorthin und lass ihnen das gehörige Maß zukommen. Ich will aber denjenigen der Hurensöhne sehen, der dort zu viel Tumult veranstaltet oder sich aus der Reihe reißt.

Es war aber nicht möglich, die Schubserei abzustellen. Die Menschen sahen sich in ihrer Vorstellung schon mit angefüllten Gefäßen. Je weiter vorne man wäre, umso früher würde man etwas bekommen. Zielinski tat, als resigniere er: Zu spät. Kommt alle rein in die Halle. Aber nachdem ihr was bekommen habt, verschwindet ihr alle, verstanden?

Die Gruppe lief ihm in gespannter Vorfreude nach. Die Polen standen und warteten ab, was hier weiter geschehen würde. Bald begannen entsetzte Stimmen vom anderen Ende des Hallenkorridors herüberzuschallen. Die nachrückenden Juden, die sich erst vollständig von Zielinskis gutem Herzen hatten überzeugen wollen, befanden sich noch außerhalb der Halle. Anhand des Geschreis begannen sie zu begreifen, was dort geschah, und fingen an, sich zurückzuziehen. Von allen Seiten gab es aber Schläge mit Stecken und Eisen, durch die sie tief in die Halle getrieben wurden.

An jenem Tag begann in Halle 58 das Quälen der Juden. Es machte keinen Unterschied, ob jemand zum Betteln oder zum Kaufen kam. Wer näherkam, ging mit gebrochenen Rippen wieder fort. Von dort erklang jeden Tag jüdisches Geschrei. Sadza und seine zwei Gehilfen, Bolek und der junge 15-jährige Antosz, fingen sogar Juden, die weit entfernt an der Halle vorbeigingen, schleppten sie herein und brachen ihnen die Knochen. Wenn sie sich ein Opfer heraussuchten, freute Zielinski sich teuflisch und ermutigte sie.

In den ersten Tagen schreckte nicht einmal dies alle ab. Zum einen lockte der Kessel Essen, von dem niemand etwas nahm, zum anderen wuchsen im Wald um die Halle herum so viele grüne saure Beeren, an denen man sich auch erfrischen konnte. Als aber etliche Juden so lange mit Eisenstangen geschlagen wurden, bis sie unter den Händen von Sadza und Antosz starben, begannen die Juden zu zittern.

Der kleine Antosz verstand es sogar, aus seiner Grausamkeit Nutzen zu ziehen. Er war jung und wurde deshalb von Zielinski protegiert. Er und Sadza begannen, auch Mädchen, die sie antrafen, zu schlagen. Andere Mädchen versuchten dann, mit allen Mitteln den Zorn des Jungen zu mildern. Er lernte auch schnell, die Juden mit einem speziellen Ziel zu schlagen: sie sollten sich bei ihm von den Schlägen auskaufen. Auf diese Weise kannte der Kleine mit seinen fünfzehn bis sechzehn Jahren sich schon mit allen Vergnügungen aus, die ein Judenquäler sich verschaffen konnte.

Trotz allem gab es immer noch Juden, die kamen und von weitem ihre hungrigen Blicke zu der Halle hinüberwarfen. Genau wie der vertriebene Mensch vor den Toren des Paradieses, vor denen Engel der Hölle mit geschärften Schwertern wachten. Manchmal warteten sie auch auf einen Polen, der kam, um mit ein wenig Gekochtem zu handeln. Man feilschte so lange, bis der traurige Klang der Glocke zurück zur Arbeit rief. Dann liefen alle wie die Verrückten, wenn auch mit müden, gefühllosen Schritten.

Kapitel vier

I

Als man Mechele in die Halle 58 brachte, arbeiteten dort schon zwei jüdische Mädchen. Zusammen mit ihm kamen noch zwei Jungen, und so entstand eine jüdische Gruppe in der Halle.

Solange die Halle noch rein polnisch war, arbeitete dort schon längere Zeit als Ausnahme ein jüdisches Mädchen. Das war Gucza, die »Cousine« von Kaufman, dem Aufseher über das Mittagsessen. Es war eine eigenartige Sache, wie dieser große Schläger das kleine mollige Mädchen liebte. Jeden Abend, nachdem er sich mit der Hälfte der Lagermenschen herumgeschlagen hatte, stellte er sich ungeduldig ans Tor und seine großen wilden grünen Augen bekamen einen feuchten, sehnsüchtigen Glanz. Sein Blick streifte unruhig über das Tor: Womöglich kommt sie heute eine Minute früher? Die wenigen Lagermenschen, die sich auf dem Hof herumtrieben, wussten schon, dass man in diesen Minuten Kaufman nicht unter die Augen kommen durfte, denn wenn er gereizt war, konnte es einem schlecht ergehen. So warnte einer den anderen leise: Er wartet gerade auf Gucza.

Das reichte aus, dass man sich so weit entfernt wie möglich an ihm vorbeischlich.

Es gab auch Momente, in denen Kaufman mit seinen Kameraden auf menschliche Art redete. Oft geschah das, wenn er einen Schnaps getrunken hatte. Dann setzte er sich hin, legte seine Hand aufs Herz und liebte es, zum wiederholten Male darzulegen: Ihr krätzigen Miststücke! Ich werde jedem sein Hirn zerquetschen, der es wagt, meine Gucza eine Cousine zu nennen. Sie ist meine Braut! Wenn wir frei sein werden, werde ich zu einem Rabbiner gehen und ein Chuppa[7] stellen, genau wie mein Vater und meine Mutter es getan hätten. Ich habe sie nicht nur mit einem Stück Brot und einer Suppe herumgekriegt, ihr Auswürfe. Ich sterbe für sie! Ich bin sie, verdammt nochmal, wert! Versteht ihr das? Bastarde!

In Bezug auf Gucza führte Kaufman sich seriös auf, wie ein Bräutigam. Mit keiner anderen ging er umher. An den Abenden saß er mit ihr und ließ sich von der kleinen, stämmigen Gucza herumkommandieren, wie es ihr gefiel. Niemand im Lager wusste, womit sie diesen riesigen, wilden Jungen so gebändigt hatte. Es war aber ersichtlich, dass bei Kaufman im Herzen für sie ein Stück raue, aber unbefleckte Reinheit verblieben war, ein Funken eines heiligen Gefühls, das bei Menschen, die sich gewählt ausdrücken, echte Liebe genannt wird.

Oftmals bat er sie, sie solle nicht zur Arbeit gehen, sondern im Lager bleiben. Sie aber zog es in die Fabrik. Sie kannte alle Polen, die dort arbeiteten, da sie in der selben Stadt geboren war, war vertraut mit ihnen und es drängte sie, dort arbeiten zu gehen. Sie kannte auch Zielinski gut aus jener Zeit, als er ein einfacher Hausmeister in der Fabrik gewesen war und sie die übermütige Tochter des Schusters. Gerade er hatte sie zu sich in die Halle genommen und ihr versichert, ihr werde es hier besonders gut gehen. Auch die Polinnen nahmen sie in ihren Kreis auf, behielten sie bei der leichten Arbeit am Tisch und sonderten sie von den anderen zwei jüdischen Mädchen ab. Die meisten von ihnen kannten sie von klein auf und sie verstand es, deren Freundschaft nicht über ein gewisses Maß hinaus auszunutzen. Ihr genügten die Privilegien, die sie hatte, dass sie leichter arbeitete und mit ihnen zusammen sein konnte. Nur manchmal, wenn es in der Halle niemanden gab, mit dem Zielinski einen Streit anfangen konnte und es ihm in den Sinn kam, seine spezielle Güte gegenüber der Tochter seines Bekannten herauszustreichen, kam er an den

7 Traubaldachin bei einer jüdischen Hochzeit.

Tisch und tätschelte sie gutmütig: Nun, wie geht es unserem Judenmädelchen? Ist sie zufrieden?

Er musste damit nicht unbedingt etwas bezweckt haben. Es kam aber doch so heraus, dass es sie daran erinnerte, dass sie eine andere war, ein Jüdin eben. Da sie aber vertraut war, tolerierte man sie.

Manchmal kam es aber vor, dass es eine spezielle Arbeit gab, die keine der Frauen machen wollte. Dann kam Zielinski her, schickte seinen flinken Blick in alle Richtungen und zielte schließlich mit seinen teuflischen grünen geschwollenen Augen in Guczas Richtung: Nun, was ist? Will sich niemand bewegen? Wollt ihr es so weit treiben, dass ich euch zeigen muss, wozu ich fähig bin?

Er tat es so, dass seine Worte an alle gerichtet waren, aber sie verstand es. In so einem Augenblick fühlte sie wieder ihre Andersartigkeit und sie ließ es niemals zu, dass sein Wort lange in der Luft hing und zu einer offenen Mahnung oder Drohung direkt an ihre jüdische Adresse werden konnte. Geradeso als zitterte sie davor, dass ihr Jüdischsein hier offenen Zorn erregen könnte und dieser Eindruck dann in der Halle hängenbleiben würde. Sie machte sich deshalb sofort mit ihrer flinken Anmut an die Arbeit. Es sollte zeigen, dass sie es freiwillig tat, genau wie jede hier es tun könnte. Sie hatte Angst davor, dass ihr Jüdischsein eines Tages gegen sie verwendet würde.

Monatelang war sie mit den Nichtjüdinnen zusammen, sang mit ihnen und erst am Abend, wenn sie in die Baracke kam, wurde sie wieder zu einem jüdischen Mädchen. Ihre gojischen Freundinnen unterstützten sie mit Lebensmitteln, redeten selten mit ihr darüber, wie viele Menschen man von ihrer Familie erschlagen hatte, obwohl sie genau dies mit anderen nur zu gerne taten. Sie war schon wie in ihre Welt aufgenommen.

Auch in der Frauenbaracke hatte sie ihre Privilegien. Die ganze Kommandantenfamilie stammte aus derselben Stadt und versuchte, es ihr überall leichter zu machen.

Gucza war ein rundliches, fülliges Mädchen, mit vollen blutroten Lippen. Ihr Gesicht und der ganze Körper verströmten eine fleischliche warme Weichheit, die anziehend wirkte, wo immer sie auch vorbeikam. Ihre Baracke befand sich neben der Kommandantur und sie fiel Kaufman ins Auge. Ständig tänzelte sie und war fröhlich. Bei Nacht hörte man ihre kleinen, festen Hände klatschen, während sie allerlei jiddische Volksmelodien und Liedchen sang, die einem ans Herz gingen. Die Kommandantin auf der anderen Seite der Baracke begann, sie Abend für Abend hereinzuholen, alle ihre Gehilfen einzuladen, und Gucza unterhielt sie. Sie musste ein kurzes Kleid tragen, das ihre rosigen Knie nicht bedeckte, und allerlei tänzerische und akrobatische Stücke aufführen. Alles in allem war sie eine quirlige Person, eine Kombination aus jiddischen traurigen Klängen und ausgelassenen fröhlichen Stücken und Bewegungen. Von all dem zusammen wurde, man von einer Sehnsucht ergriffen, die die Seele anrührte. Das trug vermutlich mit dazu bei, dass der große mörderische Kaufman unter ihrem Blick so zerfloss.

Am Anfang passierte folgendes: Als Gucza einmal bei der Warkowiczowa[8] auf dem Tisch ihre Kunststücke aufführte, sprang Kaufman plötzlich auf, nahm sie vor aller Augen auf seine riesigen Hände und begann, sie wie wild zu küssen und loszuheulen: Möge ich gleich heute verloren sein, wenn du nicht meine Braut wirst! Lass uns nur noch Hitler in die Wüste jagen, dann werde ich dich auf Händen tragen. Ich werde schuften bis zum Tod. Du wirst sehen, ein Schusterjunge kann ich jederzeit werden.

Anfangs wehrte Gucza sich, jagte ihn fort. Ein wenig lockte sie ihn auf diese Weise mit ihrem Stolz, sie wollte ihn reizen, er sollte es nicht so leicht haben bei ihr, und damit wollte sie forcieren, dass er vor Sehnsucht verginge. Kaufman wurde nachdenklich, schlug sogar weniger. An den Abenden passte er sie ab und bat wie ein schuldbewusster Junge bei ihr: Sag

8 gemeint ist die jüdische Lagerkommandantin Fela Markowiczowa.

mir, wenn du willst, lass ich das Kommandieren über das Mittagessen bleiben. Ich werde in die Fabrik gehen, mit dir den ganzen Tag in der Halle sein, willst du?

Gucza wand sich: Das geht doch nicht, es wird mir allein besser gehen! Aber allmählich ließ sie sich von seinem starken Willen gewinnen, davon, dass er ihr so getreulich folgte, dass er vor aller Augen am Tor auf sie wartete. Und sie wurde Kaufmans Braut. Eine der ersten »Bräute« im Lager. Abends, wenn sie von der Fabrik zurückkam, veränderte Kaufman sich. Er ging mit gelassenen Schritten neben ihr her, und wenn sie irgendwo sang, saß er mit leuchtenden glücklichen Augen daneben.

II

Gucza verhielt sich anders als alle jüdischen Mädchen in den Hallen. In der Mittagspause stand sie neben ihren polnischen Freundinnen wie neben einer Schutzmauer und wollte nicht zu den vorbeigehenden Juden hinüberschauen. Gerade so als wäre sie dadurch sicher, als wurde auch das judische Schicksal sie meiden. Als man zwei weitere jüdische Mädchen in die Halle 58 brachte (Mädchen gegenüber war Zielinski nachgiebiger), biss Gucza die Lippen noch mehr zusammen und sonderte sich noch stärker ab. Sie hegte eine merkwürdige Angst, die geringste Abweichung könnte sie aus ihrem »polnischen« Unterschlupf herausreißen, den sie sich hier eingerichtet hatte. Mit den anderen Mädchen redete sie nicht, warf ihnen keinen Blick zu und jene meinten eine ganze Weile, sie sei Polin. In der ersten Zeit wurden diese zwei geschlagen und beschimpft und wer immer es wollte, trieb sie bei jeder Gelegenheit an. Gucza tat so, als sehe sie das nicht, als störe es sie nicht – aus Angst, sie könnte durch den bloßen Gedanken in deren Unglück mit hineingezogen werden.

Es ärgerte sie vermutlich auch, dass jene dahergekommen waren. Vorher war es eine rein nichtjüdische Halle für die

Deutschen gewesen, bei der man kein spezielles Register für Juden führen musste, und jetzt befanden sich dort schon drei Jüdinnen, sie eingeschlossen. Es schien ihr, als hätten sie damit die jüdische Gefahr wieder über sie gebracht.

Deshalb erfuhren die anderen zwei erst spät von ihr. Das ärgerte sie noch mehr. Sie erinnerten sich daran, dass Gucza damals auch mitgelächelt hatte, genau wie die anderen Schicksen[9], als man sie auslachte und ihnen schwerere Arbeit oder Schläge mit dem Stecken gab. Das empörte sie: Wovor hat sie Angst? Will sie sich von ihrem Jüdischsein auskaufen?

Besonders als die zwei Mädchen, die von Majdanek gekommen waren, Kaufman kennenlernten und hörten, dass genau dieses sich so wenig jüdisch gebende Mädchen seine »Cousine« war, übertrugen sie den ganzen Zorn gegen ihn auch auf sie.

Zeit, um Worte zu wechseln, gab es nicht. Jene arbeiteten schwerer und weit von Guczas Tisch entfernt. Es war aber möglich, Blicke zu tauschen, die vor Hass sprühten und beide Seiten verständigten sich in dieser Sprache.

Die Nichtjüdinnen an Guczas Tisch bemerkten das. Eine mit einem länglichen, pockennarbigen Gesicht fragte sie sogar: Du magst sie nicht besonders, deine Jiddinnen, nicht wahr?

Gucza wand sich, als habe man sie gestochen: Sie sind völlig anders. Von wer weiß woher. Und ständig dieses Flirten. Sie wollen damit Zielinski, Sadza oder gar den deutschen Meistern gefallen.

Gleichzeitig fügte sie gekränkt hinzu: Ihr könnt sicher sein, dass sie bald besondere Privilegien haben.

Die zwei Mädchen waren jung und schön. Als die ersten jüdischen Personen in der Halle wurden sie von allen bedrängt und verfolgt. Die gealterten polnischen Frauen konnten ihren offenen Hass auf sie nicht im Zaum halten, der ihrem Neid auf deren junge Schönheit entsprang. Sie

9 Nichtjüdinnen.

hetzten deshalb ständig die Aufseher auf: Treibt sie ein bisschen an, die Jiddinnen! Sie schlafen ja ein bei der Arbeit! Ich hab selbst gesehen, wie die hier sich die Nägel geputzt hat, als ein ganzes Dutzend Granaten auf dem Tisch gelegen hat.

Wenn ein deutscher Meister hereinkam, kamen sofort etliche füllige Schicksen, fingen an, ihn zu umschmeicheln, und wiesen spöttisch und gestenreich in Richtung der Mädchen: Tam[10], Jude! Zwei Jude, nicht arbeit!

Bei den Mädchen mussten die Hände flink arbeiten, so flink, bis die Finger und der Rücken anfingen zu knacken. Der pure Lebensinstinkt weckte in ihnen alle Kräfte, sich zu wehren und zu schützen.

Bei jeder Gelegenheit drängten sich die Aufseher und einfachen Burschen zu ihnen hin, kommandierten herum und legten sich mit ihnen an. Der kleine 15-jährige Antosz, der Liebling von Zielinski, machte es sich zur Gewohnheit, sie ins Fleisch zu kneifen. Anfangs schrien sie auf vor Schmerz, Scham und Ekel. Ihr Geschrei wurde aber an den umstehenden Tischen mit besonderer Freude aufgenommen. Der Stolz und die Absicht, jenen keine Freude zu bereiten, zwangen sie daher, sich zu beherrschen und nicht zu schreien. Dafür liefen aber unwillkürlich die Tränen. Manchmal kam auch Zielinski dazu und meinte ironisch: Sie weinen ja! Soll ich eure Mama rufen, dass sie euch die Tränchen mit einem Seidentuch abwischt wie bei euch zu Hause? Soll ich?

Die unverschämten Bengel fanden ein interessantes Spiel mit den Mädchen. Immer wieder ein anderer von ihnen rief Zielinski herbei und zeigte ihm, wie sie »faulenzten« bei der Arbeit. Dabei nahm er die eine oder andere an der Hand und drückte sie stark. Je mehr diese schrie, um so fröhlicher lachte Zielinski und feuerte die kleinen und großen Teufel an. Es blieb den Mädchen kein anderer Weg, als die letzte Waffe einzusetzen: ein schönes Lächeln. Wenn einer der Burschen zu ihnen hinkam, warfen sie ihm einen Blick

10 poln.: dort.

mit weitgeöffneten Augen zu. Dieser wirkte, im Zusammenspiel mit dem matten Blutrot der Lippen wie ein reizendes Geschoss, das die Hand lähmen musste, die aufs Quälen vorbereitet war.

Die Schicksen brummelten böse und schimpften mit den Bengeln: Ihr hört schon auf, he? Helden! Die jüdischen Verführerinnen haben euch schon in Arbeit genommen. Bald werden sie euch befehlen, rote Kleider und passende Schuhe zu kaufen wie in ihrer alten Heimat, ihr werdet sehen.

Wie sich zeigte, besaßen die Mädchen eine starke Kraft! Selbst Sadza und der kleine Antosz, die auf das Misshandeln von gefangenen Juden spezialisiert waren, hörten auf, sie zu quälen. Es geschah aber, dass ein Aufseher oder sein Gehilfe mitten während der Arbeit hinging, sich vorgeblich ein Mädchen griff, um es für seine Faulheit zu schütteln, es dabei aber an seinen Körper drückte und ihm später sogar ein Stück Brot oder ein Päckchen Essen zuschob.

So lernten die Mädchen, das gefügige Lächeln zu tragen, wie ein Soldat auf Wache sein Gewehr. Die Hände schmerzten und die Schultern beugten sich unter der Last der Müdigkeit. Sie klammerten sich aber an das Funkeln ihrer Augen, an ihr rosiges Lächeln wie an einen Panzer gegen alle um sie her. Und sie lächelten bis zum Antreten in der Reihe. Erst wenn sie heimkamen zu den anderen, überzog sich ihr Gesicht mit der unterdrückten Wehklage.

Wer konnte denn verstehen, warum ein Mädchen in Halle 58 lächelte, und warum sie später wie in eine weite, böse Welt versunken umherging?

Kapitel fünf

I

Am ersten Tag stellte man Mechele an den Tisch, an dem nur die zwei Mädchen arbeiteten. Mechele nahm die Granaten herunter, die sie gestempelt und in große Strohkörbe gelegt hatten. Später musste er sie zum Transport aufladen. Bis jetzt hatten das zwei polnische Jungen gemacht. Mechele musste es allein tun.

Bald tauchte Antosz neben ihm auf und versetzte ihm einen Schlag: Wir brauchen keine Juden in der Halle! Wer hat dich hergebracht?

Mechele war verwirrt. Wem tat er denn hier was? War er denn aus eigenem Willen gekommen? Er verstand nicht, dass er durch seinen Einsatz an dem Tisch der Mädchen den speziellen Zorn der Burschen auf sich zog. Besonders derjenigen, die man von dort zu einer anderen Arbeit fortgenommen hatte. Er begann zu stammeln: Ich bin in einer anderen Halle gewesen. Man hat mich gegen meinen Willen herausgenommen.

Ein Kerl mit rundem Hut mit einem schwarzen glänzenden Schirm kam dazu und schaute Mechele mit einem grimmigen Blick an: Dafür hast du es gut getroffen. Wir mögen Juden sehr. Wir werden dich so versorgen, dass du nicht mehr ins Lager zurückgehen musst.

Mechele schwieg. Drumherum waren so viele uniformierte Deutsche, dass es in so einem Moment das Beste war, noch schneller die schweren Eisen vom Tisch zu ziehen. Die zwei Burschen bemerkten seine Angst vor den Deutschen und begannen, ihn von beiden Seiten zu schlagen. Ein Schlag mit dem Stock traf Mechele an der Hand, gerade als er eine

15er Granate anhob. Das Eisen rutschte und er konnte es nur noch knapp festhalten, damit es nicht herunterfiel. Er wollte weiterarbeiten, aber sie schlugen ihn so geschickt, dass niemand es bemerken konnte.

Die schmerzende Hand berührte unwillkürlich das Mädchen neben ihm. Sie fühlte darin einen stummen Hilferuf, einen Schrei nach Rettung. Deshalb bat sie mit ihrer singenden Stimme: Antosz, Bolek! Lasst ihn in Ruhe. Was habt ihr gegen ihn?

Sie strich dabei schnell Antosz über das Gesicht. Er schob ihre Hand aber fort: Es reicht, dass wir euch hier haben. Ihr seid aber Mädchen. Den Hurensohn brauchen wir hier nicht.

Das Mädchen rückte betreten zur Seite. Bei Mechele wurde der Schmerz stärker. Antosz' Rede ließ ihm plötzlich etwas klar werden. Gleichzeitig mit dem Schmerz fühlte er eine eigenartige Beschämung: Sie werden hier töten … Ganz sicher … Aber die Mädchen …

Ein Schlag auf die Wange nahm ihm die ganze Zurückhaltung. Nein, man durfte sich nicht von diesen Würmern treten lassen! Er fühlte es nicht einmal so deutlich wie seine Gliedmaßen, die sich blindlings aufbäumten, ihnen eine Lektion zu erteilen! Den Preis dafür würden sie später zahlen.

Auch wenn das Aufbäumen gegen die Deutschen im Herzen schon lange abgetötet war, eingeschüchtert durch die glanzvollen deutschen Uniformen, waren einfache Schläger noch kein gewohnter Anblick für eine friedfertige Seele. Die Quälereien derer, die die gleiche Kleidung trugen und dieselbe Arbeit machten wie man selbst, die reizte und nahm einem jede Selbstbeherrschung. Wie im Nebel hörte er, wie die zwei Teufel sich vor den Deutschen aufspielten, den Aufseher mimten und laut schrien, damit jene es hörten: Los! Schneller! Warum bewegst du dich wie Zabłocki in Seife?[11]

11 polnisches Sprichwort: »Er war damit so erfolgreich wie Zabłocki mit Seife.« Erklärung: Herr Zabłocki wollte feine Seife in Kisten als Schmuggelware tief unter Deck nach Danzig verfrachten. Zu seiner Verwunderung fand er am Zielort nur noch etwas Seifenlauge im Frachtraum vor.

Mechele spürte, wie einer ihn am Fleisch packte, zukniff und mit ganzer Kraft daran riss, wie mit einer eisernen Zange. Instinktiv drehte Mechele den Kopf und traf mit dessen ganzer Härte jenem ins Gesicht. Der Kerl sprang unter dem unerwarteten Schlag weg und stieß einen Angstschrei aus. Die Überraschung, dass solch ein dürrer Junge es sich hier, in der Halle 58, anmaßte, Schläge zu erwidern, verblüffte sie für einen Moment. Mechele rückte ein paar Schritte ab. Bolek, der Geschlagene, brüllte laut los: Man wird dich zusammenschlagen! Dich fertigmachen!

Es gab einen Tumult. Die Mädchen rückten erschrocken zur Seite. Antosz ergriff ein Stück Eisen, bereit, sich auf Mechele zu werfen. Dieser aber hatte zu einer skrupellosen Gleichgültigkeit gefunden. Er ergriff mit den Händen einige eiserne Rohre und warnte in lautem Ton: Die werde ich euch an die Köpfe schleudern! Mein Tod gegen euren.

Sein entschlossener Wagemut schreckte sie ab. Mechele schrie, ohne selbst zu wissen was, über seine Möglichkeiten hinaus wie im Wahnsinn. Sie bekamen Angst vor dem Tumult, der sich plötzlich in der ganzen Halle erhob. Zielinski kam mit etlichen Deutschen gelaufen. Sein heiseres Krächzen verhieß nichts Gutes. Zuerst aber musste er seiner Verwunderung Ausdruck geben: Was geht hier vor? Mitten in der Arbeit?

Die zwei Schläger wurden blass. Über Mechele Kopf hinweg flogen erschreckte Worte: Ruhe jetzt! Was schreist du so, Jid?

Mechele hatte sich nicht mehr in der Gewalt. Über ihm stand mit verwundertem Gesicht der deutsche Hauptmeister der Halle und wusste nicht, was hier geschah. Mechele stürzte sich auf ihn, wie auf den Einzigen, der ihn noch schützen konnte: Meister! Darf ich meine Norm machen oder nicht? Haben diese Leute hier darüber zu bestimmen oder nicht, ob man mich töten muss? Sie schlagen mir auf die Hände, sodass ich die Granaten nicht mehr greifen kann. Ich lasse mir das nicht gefallen. Ich werde zurückschlagen. Es sei denn, der Herr Meister hat sie als Aufseher bestimmt, und sie sollen meine Arbeit stören.

Aus Mecheles Mund spritzte es Schaum und Blut, er schleuderte die Wörter und Anklagen wie wahnsinnig mit dem Speichel hervor, ohne noch zu denken, ohne Berechnung. Der deutsche Meister Krebs[12] war vom Geschrei des Jungen etwas desorientiert. Er wollte ihn im ersten Moment zerreißen und verprügeln für die jüdische Hysterie, die die ganze Hallenarbeit störte. Gerade wollte er etwas Scharfes, Antisemitisches hervorstoßen, als er plötzlich sah, wie die zwei Bengel sich mit erschrockenen Augen nach einer Fluchtmöglichkeit umsahen. Seine Gedanken wendeten sich augenblicklich ihnen zu: Irgendwas stimmte hier doch nicht! Anstatt sich auf den wagemutigen Juden zu stürzen, entließ er diesen aus seiner Aufmerksamkeit und heftete seine Augen auf die beiden: Was für Arbeit macht ihr hier in der Halle? Wer hat euch zu Aufsehern bestimmt?

Die Polen verloren ihre aggressive Sicherheit von vorher und obwohl sie kein Deutsch verstanden, spürten sie, dass hier eine schwerwiegende Frage über ihren Köpfen hing. In ihren dummen Gesichtern stand die Verwunderung darüber, dass sich ein deutscher Meister der Ungerechtigkeit gegenüber einem Juden annahm. Zielinski stand abseits, blass und verwirrt. Mit seinen deutschen Sprachkenntnissen war er sehr stolz vor den Polen und da stand ein Nichts von einem Juden und überschüttete mit deutschem Gerede den Hauptmeister, als wäre er nicht völlig rechtlos. Das Schlimmste war, dass der kaltherzige Bandit Krebs dastand und ihm zuhörte, seine Rede in sich aufnahm.

Krebs aber interessierte das Geschrei des Juden aus einem anderen Blickwinkel. Er fragte Zielinski: Hast du die beiden jungen Burschen zu Aufsehern gemacht? Schon zu viele Leute machst du mir hier zu Müßiggängern! Die Arbeit kann ohne

12 Der Betriebsleiter Felix Krebs wurde im Leipziger Kamienna-Prozess 1948 zu lebenslänglichem Zuchthaus verurteilt.

diese vielen Störenfriede gemacht werden. Sieh du lieber zu, dass solche jungen und gesunden Burschen mehr arbeiten. Wenn nicht, könnten sie an einem anderen Ort gebraucht werden, wohin in Kürze ein Transport abgehen wird.

Zielinski hatte schon vorher bemerkt, dass das Geschrei des Juden bei Krebs etwas geweckt hatte, das mit Juden gar nichts zu tun hatte. Hier fiel ein Vorwurf auf ihn, der sich, wer weiß wie weit, auswirken konnte. Er begann deshalb zu besänftigen: Herr Chef! Ich habe die Faulenzer nicht zu Aufsehern bestimmt! Sie haben nur einen neuen Juden in der Halle gesehen, also sind sie hingelaufen. Und nicht umsonst, Herr Chef! Es gibt mit ihnen eine lange offene Rechnung. In allen Hallen, wo die Juden mit Polen zusammenarbeiten, passiert dasselbe. Die Juden haben es verdient. Aber jetzt, mitten während der Arbeit ...

Er wendete sich dabei in vermeintlichem Zorn zu den beiden Schlägern: Was macht ihr da, he? Hab ich da einen Tumult gesehen, den ihr angezettelt habt? Ich werde meinen Kopf für euch nicht hinhalten. Der Meister ist böse und will euch schwer bestrafen. Ich bemühe mich, euch auszulösen.

Wieder einmal beobachtete Mechele einen Polen, der innerhalb eines Augenblicks seine freche Grausamkeit verlieren und wie ein erschrockenes Lämmchen dastehen konnte. Krebs begann derweil, Zielinski zurechtzuweisen: Die Abrechnung mit den Juden überlass uns. Das ist nicht Sache dieser Kerle hier. Besonders, wenn das auf Kosten der Norm geht. Ich habe gesehen, wie der Jude arbeitet. Stell ihn an einen anderen Tisch und die Burschen sollen seine Arbeit machen. Sag ihnen, wenn sie weiterhin stören, werden sie hängen.

Er deutete dabei mit einer Geste an, wie man eine Schlinge um den Hals legt. Die Bengel standen ganz verloren dabei, als habe man ihnen die Sprache und den Atem genommen. Erst als Krebs fortgegangen war, lebten sie wieder auf. Als sie sahen, dass die Gefahr vorbei und ihr Schreck umsonst gewesen war, wurden sie wieder gesprächig: Du, Judski, wirst noch von uns bekommen, was du verdienst. Du wirst sehen!

Zielinski hörte nicht auf zu fluchen wie ein Droschkenkutscher: Zu allen brennenden Choleras! Der Jid schlägt und schreit auch noch. Was ist das nur für ein Volk. Heilige Mutter von Częstochowa!

Dann warf er einen Blick auf Mechele und erinnerte sich an etwas. Seine Stimme wurde ein wenig kühler und er ergänzte mit verdeckter Schmeichelei im Ton hinzu: Ein Dummkopf bist du nicht, wie es aussieht.

II

Um zwischen Polen zu leben, brauchte man eine spezielle Taktik, besonders in Werk C. Mechele hatte erkannt, dass man einen Weg finden musste, ihrer Widerborstigkeit mit einer wagemutigen, nicht ängstlichen Haltung zu begegnen. Erst später, wenn der Pole in dir den mutigen Verwegenen erkannt und vor dir ein wenig Respekt hatte, konnte man sich bemühen, zu einer ruhigen Verständigung mit ihm zu gelangen. Das brachte ihn dazu, mit dir ein vernünftiges Wort zu reden und sich halbwegs menschlich zu benehmen.

Seit jenem Vorkommnis wurde Mechele nicht mehr geschlagen. Mit ihrem einfachen Gemüt glaubten sie, dass dieser Jude alles den Deutschen weitergeben könnte und diese ihn anhören würden. Sie wollten auch nicht, dass einer der Deutschen seinetwegen auf sie aufmerksam werden sollte, weil sie »diesen Jidden im Auge haben und schützen«. Bis jetzt hatten sie die klare Vorstellung, dass die Deutschen immer demjenigen Recht gaben, der einen Juden schlug. Jetzt aber sahen sie, dass man die Launen der Deutschen nicht vorhersehen konnte, noch dazu war dies ein Jude, der vor gar nichts zurückschreckte. Wie um sich dafür zu rechtfertigen, warum man Mechele in Ruhe ließ, fanden sie jede Menge Ausflüchte: Der ist irgendwie überhaupt kein Jid.

Schreckt vor keiner schweren Arbeit zurück, nicht einmal vor Schlägen.

Andere wussten sogar zu erzählen: Ein richtiger Intelligenzler. War ein Rabbiner, der alles weiß. Noch dazu schwingt er Reden auf Deutsch, wie ein waschechter Berliner. Mit dem, siehst du, kann man ein Wort reden.

Und als Zielinski einen Tisch suchte, Mechele dorthin zu stellen, bat man von allen Seiten: Herr Meister, bring ihn an unseren Tisch! Wir brauchen einen guten Arbeiter.

Zielinski gab Mechele ein knappes Lächeln: Siehst du? Du hast bei ihnen ein gutes Renommee. Du weißt, was das heißt? Bei denen wirst du nicht verhungern.

Einmal wies er sogar einen deutschen Meister darauf hin: Ich habe keine Juden in der Halle. Lediglich diesen hier, den ich mir ausgesucht habe, sehen Sie, wie man sich um ihn reißt. Wenn der sich an die Arbeit macht, wird die Norm erfüllt. Ich weiß schon, welchen Juden ich in meine Halle nehmen muss.

Auf der anderen Seite des Tisches, Mechele gegenüber, stand ein großgewachsener Pole mit einem groben, bärtigen Gesicht und gelben, halb ausgebrochenen Zähnen, vor dem Mechele sich fürchtete. Er schien ein verbissener Schweiger und Menschenfeind zu sein. Als Zielinski Mechele an den Tisch brachte, wandte er sich an den schweigenden Goj: Chropicki! Hier hast du einen guten Nachbarn für die Arbeit, einen Juden.

Chropicki musterte seinen neuen Nachbarn mit schiefem Blick und begann verbissen mit sichtlichem Verdruss, seine Hälfte der Granaten auf dem Wagen abzuteilen. Jeder von ihnen musste seine Anzahl auf den Tisch auflegen, damit die Menschen in den Reihen genug für die Arbeit hatten. Chropicki schimpfte ständig jemanden aus und brummelte in sich hinein. Mechele spürte, dass er gemeint war. Aber er schwieg, damit es keine neuen Schikanen geben sollte. Aber er wusste nicht, wie er sie vermeiden konnte. Die Granaten stießen aneinander und vermischten sich auf dem Tisch und zum Schluss schrie Chropicki laut: Ich hab 25 aufgelegt und der Jude nur elf. Ich will nicht für ihn arbeiten!

Mechele verstand, dass es hier um die Norm ging, die jeder Einzelne von jeder hergebrachten Stückzahl machen musste. An der Aufgeregtheit seines Gegenüber erkannte er aber, dass es noch ein verdecktes Ärgernis gab, das er nicht in der Lage war zu verstehen. Zu Mecheles Wagen kam der Kontrolleur mit seinem Messgerät. Er befasste sich lange mit jedem Stück und zum Schluss waren fast alle eisernen Bäuche der schweren Hülsen mit seinen Ziffern gekennzeichnet, durch die sie zurückgewiesen wurden.

Danach setzte er sich nebenan hin und schaute zu, wie Mechele die Guten herausklaubte und auf den Tisch legte. Er lächelte mit einem Mal fröhlich und beißend: Na, Moszke, wie willst du deine Norm schaffen?

Mechele verstand nicht: Was heißt das? Und wie machen es die anderen? Wenn ich keine habe, wird doch niemand am Tisch sie erreichen können. Warum soll ich mich mehr sorgen als die anderen?

Das brachte den Burschen durcheinander. Bald aber hatte er sich gefangen: Du bist, verstehst du, ein Jude. Wenn du immer noch nicht den Unterschied kennst, werde ich ihn dir sagen: Zu keinem von denen kann ich einfach so hingehen und ihn schlagen. Sie genießen einen Schutz und können sich auch selbst schützen. Dich aber kann ich sogar erschlagen und man wird mir dafür gar nichts tun. Weißt du jetzt, warum du Angst haben musst? Deshalb sag ich ...

Mechele unterbrach ihn: Ihr irrt euch alle. Jeder einzelne in der Halle muss mehr zittern als ich. Ihr habt noch ein Zuhause, habt noch etwas, wofür ihr leben könnt. Ihr dürft noch glauben, dass ihr, wenn ihr euch nicht speziell versündigt, sichere Chancen habt, den Krieg zu überleben und euch keine Gefahr droht. Ich aber habe schon alles verloren. Ob ich mich versündige oder nicht, ich bin schon verurteilt. Du sagst doch selbst: Auch du kannst mich fertigmachen. Kann ich mich aus zig tausend Händen herauswinden? Nein! Ich war schon in Majdanek und bin weiterhin darauf vorbereitet. Ich werde nicht verschont werden. Warum also sollte ich um mein jetziges Leben zittern? Weil ich nicht sicher bin, kann ich Dinge tun, die ihr nicht tun könnt. Ich lebe hier nur, weil man mich eine Minute in Ruhe lässt. So werde ich noch ein paar Tage haben. Wenn ihr mich aber zu sehr quält, bin ich bereit, Köpfe einzuschlagen. Danach könnt ihr mit mir machen, was ihr wollt. Wenn ich ruhig bin wie eine Schwalbe, werdet ihr mich dann etwa nicht erschlagen? Ihr dagegen müsst vorsichtig sein und mir meine paar Tage und Wochen, die ich noch zu leben habe, lassen. Einen von euch könnte einmal mein Zorn treffen und der hat eine sicher geglaubte Sache zu verlieren. Ihr müsst vor noch etwas zittern: Stell dir vor, du überlebst den Krieg und gehst hinaus auf die Straße. Plötzlich packt dich jemand am Ärmel: He, was hast du getan vor einem oder zwei Jahren? Und er schleppt dich ins Gefängnis. Was bringt dir das? Niemand kann wissen, welche Augen ihn sehen, wer ihn später erkennen wird und was nach einiger Zeit sein wird. Aber du kannst deine Arbeit machen, dass niemand etwas gegen dich haben kann.

Mechele bemerkte nicht einmal, wie Chropicki seinen Worten lauschte. Er bemerkte nur, wie der Kontrolleur verunsichert wurde, nach neuen Argumenten suchte. Der Jude hatte ihm da Überlegungen aufgezeigt, über die er noch nie nachgedacht hatte. Er wollte wieder etwas sagen, aber Chropicki unterbrach ihn mit einem Brummen: Er ist gar nicht so dumm, der Jude. Glaube nicht, dass du gegen ihn gut abschneidest. Verstand haben sie, die Juden, obwohl ihr Schicksal ein so grausiges ist.

Alle drei verstummten. Aus der Halle rief jemand den Kontrolleur und Mechele und Chropicki begannen, die frisch gebrachten Granaten zu zählen. Die Unterhaltung blieb unbeendet und wartete darauf, dass man sich ihrer wieder annahm.

III

Es ist eine merkwürdige Sache mit Chropicki! Sobald der Kontrolleur fort ist und man die Granaten auf den Tisch auflegen muss – weiten seine Augen sich vor Schreck, als bemerkten sie eine böse Gefahr in der Luft. Er schaut sich in der Halle zu allen Seiten um. Danach bricht er in einen wilden Arbeitseifer aus, als sei er verrückt geworden. Er spuckt kräftig in die Hände und beginnt, die Granaten auf den Tisch zu werfen, wie vom Teufel getrieben, bis dort eine hohe Pyramide liegt. Mechele bemerkt, dass er sich nicht nur symbolisch in die groben Hände spuckt, wie man es normalerweise tut. Nur er allein kann sehen, dass es ihm sehr feucht auf die Finger fällt und er es gekonnt schnell in der Hand verreibt. Chropicki spürt Mecheles Blick und er erschrickt vor etwas. Er beugt sich hinüber zu Mechele und wirft ihm einen Satz zu: Du sagst nichts. Du hast nichts gesehen.

Seine Augen warten auf eine Reaktion. Mecheles Blick antwortet stumm. Es wird ihm bald klar werden, was jener tut. Zur Mittagszeit bringt Chropicki ihm eine Schüssel Essen und zieht ihn in eine Ecke: Du verstehst schon, wenn du die Norm laut ihren Gesetzen schaffen willst, wirst du niemals hier herauskommen. Der Idiot zeichnet und zeichnet, was glaubst du, was ich mache? Man spuckt in die Hand und dann wischt man über das markierte Eisen, wirft es hinauf – fertig! Aus mit Ausschuss! Auf dem Tisch rollt es weiter und wird bald weggeschickt, weiß der Teufel, wohin. Es sind sogar schon Kontrolleure gekommen und haben nachgeforscht. Mich aber stört es wenig, wenn die Granate später an der Front nicht explodiert, siehst du? Lass uns hoffen, dass es tatsächlich wirkt und ein paar Menschen am Leben bleiben. Aber ich glaube nicht, dass das von den Zeichen dieses Idioten abhängt. So ein Werkstück explodiert sowieso. Selbst, wenn das Loch etwas tiefer ist. Mir aber geht es hier um etwas anderes: Ich möchte pünktlich heimgehen können. Sie wollen 5000 am Tag? Da haben sie sie! Aber wegen jeder

Kleinigkeit soll ich warten, bis man sie noch einmal gegossen hat? Die Cholera auf sie! Ich rate dir, dass du es mir nachtust. Wenn nicht, wirst du ohne Herz und Lungen enden. Andererseits musst du dich hüten, sogar vor den alten Hexen am Tisch. Sie haben die giftigsten Zungen. Und ich brauche dir nicht zu sagen, was bei Sabotage mit dir geschehen wird.

Mechele verstand. Von jetzt an aber bedeutete jede Minute nicht nur die schwere Last, sondern auch jedes Mal ein vorsichtiges Umherschauen mit tausend Augen, und die Angst, jeden Augenblick in flagranti erwischt zu werden. Es waren so viele Augen in der Halle und alle musstest du täuschen mit deinen schnellen Handbewegungen. Einmal passierte es sogar, dass ein zufällig hereingekommener Deutscher etwas zu bemerken schien. Er kam schnell an den Tisch und griff sich eine Granate, dann eine zweite. Sehr lange untersuchte er sie und er konnte sich kaum und nur mit einem Bedauern im Ton dazu durchringen zu brummen: Euer Glück. Zum Teufel. Gut!

Da hatte er zufällig eine Gute erwischt. Oder war er selbst kein großer Fachmann? Wie lange hielt man das aus? Mehr als einmal wollte Mechele Chropicki sagen, dass man das nicht dürfe, dass man damit aufhören müsse. Aber die Arbeit wurde angenehmer. Jedes Mal, wenn er ein Zeichen abwischte, fuhr ihm zusammen mit dem Schreck auch ein solch süßes Zittern in die Glieder – immer wieder gerettet, immer wieder die Gefahr übersprungen. Es begann für ihn zum Vergnügen des Tages zu werden. Ein Gefühl des Triumphes über die erniedrigenden und zermalmenden Tage trieb ihn dazu, wieder und wieder dasselbe zu tun. Er betrachtete es wie Gräslein, die die eigenen Hände in einer Steppe angepflanzt hatten.

Kapitel sechs

I

Mit Chropicki wurde Mechele schnell vertraut. Es stellte sich heraus, dass jener sein ganzes Leben ein einfacher Arbeiter gewesen war, ein Sozialist. Er war ungern bei der Arbeit und versuchte, wo es nur möglich war, sich zu drücken. Er schwieg viel, mit Mechele aber konnte er viel reden. Begonnen hatte es mit einer kleinen Abmachung zwischen ihnen: In der Halle, genau wie in der ganzen Fabrik, war es verboten zu rauchen. Chropicki aber musste alle halbe Stunde an einem versteckten Ort eine Zigarette rauchen. Die Tische aber durften nicht leer stehen, so musste er sich an Mechele wenden, damit dieser beide Seiten bediente, während Chropicki draußen war. Dafür brachte der ihm jeden Tag ein Stück Brot und die Portion Suppe. Und obwohl Mechele sich mit der Stückzahl beeilen und schnell auch Chropickis Seite auflegen musste, war er ihm doch dankbar.

Chropicki erledigte deshalb in Ruhe seine Geschäfte und verkroch sich im dichten Gebüsch des Waldes, um sich mit Rauch zu sättigen. Im Gegenzug steckte er Mechele hin und wieder ein Stück Obst zu und wurde sein Beschützer gegen allerlei Schläge.

Auch Zielinski stellte sich manchmal zu Mechele und versuchte eine Unterhaltung zu führen, während Mechele flink die Granaten auf beiden Seiten auflegte: Sag es mir ruhig! Irgendwie musst du nicht von Juden abstammen. Deiner Arbeit und deines Verhaltens nach muss man daran zweifeln. Dein Partner Chropicki ist ein schlauer Kopf, sein Glück, dass er dich gefunden hat.

Wenn es ein wenig freie Zeit gab, blieben einige Polen am Tisch neben Chropicki stehen und begannen eine Unterhaltung über das beliebte Thema: Krieg und Juden. Der Prüfer Stach, ein Bursche in den Zwanzigern und ehemaliger Student, machte eine einfache Rechnung auf: Die Deutschen werden den Krieg gewinnen. Sie haben schon fast die ganze Welt eingenommen, dann werden sie auch England besiegen. Was bleibt für die Polen zu tun? Deutsch lernen und mit den Deutschen zusammenarbeiten! Sie werden gern Polen als Mitarbeiter nehmen, sie suchen welche, die die Russen und die Kommunisten nicht mögen. Wenn Russland vollständig von den Deutschen besetzt ist, werden sie eine Menge Dolmetscher brauchen, die helfen sollen, die russischen Gebiete zu verwalten. Die Polen kommen hier als Erste in Betracht. Für solche Burschen wie Stach ergeben sich hier die besten Möglichkeiten. Wer weiß? Er kann noch irgendwo zum Landrat werden. Und vielleicht noch mehr! Ist es denn eine Frage, was man alles erreichen kann mit Fähigkeiten und mit Treue zu den Deutschen? Eine Sache nur ist ungünstig, dass derweil immer noch Krieg herrscht und er immer noch nicht die deutsche Sprache beherrscht. Er hat gehört, dass sich in Kürze jeder, der will, als Volksdeutscher eintragen lassen kann. Nun, er wird einer der Ersten sein. Ihn ärgert aber, warum sie, die Jidden, so leicht mit den Deutschen reden können. Wozu brauchen sie es? Es wird ihnen sowieso nichts helfen, das deutsche Reden! Ach, wenn man bei einem von den Juden seine Sprachkenntnisse abkaufen könnte! Dem Jid würde er, zum Beispiel, jeden Tag ein halbes Brot dafür bringen, so wahr er hier stehe! Sogar die Suppe würde er ihm als Zulage geben. Nun denn, ändere einer die Natur! Obwohl die Jidden, wenn sie wollen, können alles. Wenn er hier, Mechele, will, lernt er bei ihm jeden Tag zehn Wörter, mehr nicht. Den Rest wird er schon von selbst lernen.

Er kam tatsächlich jeden Tag, bei Mechele verschiedene deutsche Wörter zu erfragen, die er von einem Meister aufgeschnappt hatte. Wenn Mechele ihm die Bedeutung sagte, nahm er sie auf, wiederholte sie für sich etliche Male und ging zufrieden weg. Nach einigen Stunden kam er wieder, war ärgerlich auf sich selbst: Du, Moszke, wie hast du gesagt, dass man das nennt? Lunker? Was bedeutet das?

In seinem Blick stand deutlich die Verzweiflung darüber, dass er die Wörter nicht im Kopf behalten konnte.

Über die Juden hatte Stach seine Meinung: Juden braucht man nicht. Die Deutschen sind das klügste Volk der Welt. Und auch für die Juden haben sie sich das klügste überlegt, was nur möglich ist: einige verbrennen, andere erschießen und fertig! Für den Fall, dass ein paar Juden übrigbleiben, die arbeiten können, sollen sie an den Maschinen stehen. Nur schuften sollen sie und Nutzen bringen. Wenn sie aber anfangen, ihre faulen Tricks zu machen – auf geht's! Ab Marsch, ins Jenseits, so ist es besser.

Seiner Meinung nach hatten die Polen immer große Mäuler und wenig Verstand, sie haben immer nur geredet: Juden und nochmal Juden. Im Parlament haben sie sich nur darum gekümmert, was die Juden essen sollen: das hinterste Stück Fleisch vom Vieh oder das vorderste. Größere Sorgen haben sie nicht gehabt und andere Erlasse hat sich ihr Hirn nicht ausdenken können. Wenn sie dann doch einmal etwas tun wollten, stellten sie Wachen vor die jüdischen Geschäfte und ließen keine christlichen Kunden hinein. Nun, damit hat man die Juden vielleicht entmutigt! Die haben schon gewusst, wie sie hintenherum handeln und weiter das große Geld verdienen können. Und wenn man sich in Polen daranmachte, Juden zu töten, was hat man dann geschafft? Man hat in Brześć und Częstochowa ein paar Scheiben eingeschlagen, ein paar jüdische Uhren gestohlen und vorbei war das Spiel. Und falls in Pszitik oder sonst irgendwo ein Jude erschlagen wurde, haben die Polen sich selbst erschrocken: wirtschaftlicher Boykott – gut, warum nicht, aber Pogrome[13]?

13 Der polnische Ministerpräsident Sławoj Składkowski hatte am 4. Juni 1936 im Sejm die politische Linie vorgegeben: »Ein ökonomischer Kampf ja, aber ohne jedes Unrecht«.

Das war selbst den Antisemiten ein bisschen zu viel. Es war buchstäblich eine tragische Komödie. Die Polen lebten wie Bettler, schufteten bei sich im Land auf dem harten Brocken Erde und es reichte kaum, ein Kilo Salz zu kaufen, aber es hat noch geheißen: Es ist sein Land. Im Gegenzug sind die fremden Juden gekommen und haben die schönsten Häuser gekauft, hatten den ganzen Schmuckhandel mit den Brillanten und haben das beste gegessen, das es in Polen gab. Und wenn man einem mal einen Schlag verpasste, gab es ein Geschrei bis ans Ende der Welt. Die Polen selbst haben gemeint, dass sie damit genügend Rache genommen haben und viele jüdische Angestellte schrien öffentlich, dass man damit den guten Namen Polens beflecke. Was war das Ergebnis? Den Juden blieben weiterhin ihre Säcke mit Geld, ihre Häuser und die besten Geschäfte und sie haben sich noch dauernd beklagt, dass es ihnen in Polen schlecht geht, dass man sie umbringt!

Erst jetzt, bei den Deutschen, sind sie still geworden. Man hat ihnen befohlen, das Gold und die Pelze abzugeben – und sie haben geschwiegen. Man hat sie erschossen – und keinen Pieps hat man gehört. Den größten Teil hat man in die Gaskammern geschickt, einen kleinen Prozentsatz hat man zum Schuften geschickt, ohne Essen, total wertlos und doch – hörst du von ihnen kein Wort. Wie die Deutschen das klug gemacht haben! Wenn man früher einem Juden sein Haus weggenommen hätte, hätte die ganze Welt gekocht. Und heute kann jeder Pole sich ein jüdisches Haus und das Geld nehmen, die Schulden, die er hatte – und es ist recht so. Man fragt niemanden und die Juden haben nichts zu sagen. Er, Stach, erinnert sich, dass sein Vater einmal einem Juden eine kleine Summe schuldig war, die er nicht bezahlen konnte. Man schleppte ihn vor Gericht, im eigenen Land! Polnische Richter haben geforscht und ein Urteil gesprochen. Später kam ein polnischer Gerichtsvollzieher und forderte für den Juden das Geld ein, für den Fall, er hätte doch noch ein wenig.

Stachs Gesicht brannte noch von seinem damaligen Zorn: Alle haben dem Juden gedient! Es war nicht möglich, etwas zu machen!

Jetzt aber ist er zufrieden. Er bewundert auch, wie die Deutschen hier innerhalb weniger Wochen alles verändert haben, was die Polen in so vielen Jahren nicht geschafft haben! Was gehen mich die Juden an! Die jüdischen Häuser und Vermögen! Raus hier und Schluss! Jetzt danken die Jidden Gott dafür, dass sie in den Wald fliehen können und sich in einem Loch verstecken. Jetzt ist es ihnen plötzlich genug, dass sie Gras zu fressen haben. Ganz zu schweigen davon, dass sie vor einem Bauern, der ihnen eine Kartoffel schenkt, auf die Knie fallen aus Unterwürfigkeit und Dankbarkeit. Sie wissen schon, dass sie hier Fremde sind, und was man ihnen gibt ist – ein Almosen! Die Deutschen aber, haha, die verstehen wirklich was vom Geschäft! Im Moment verhalten sich die Juden kleiner als Gras und stiller als ein Teich, aber lass sie wieder frei – dann wirst du sehen, wie sie wieder den Kopf erheben! Deshalb haben die Deutschen verkündet, dass man alle Juden in den Wäldern aufstöbern und aus ihren Löchern holen soll. Ein Kilo Zucker pro Kopf! Eine Flasche Schnaps! Mit solchen Mitteln wird man sie schon von unter der Erde hervorlocken!

Man kann ihm ruhig glauben oder auch nicht, aber – um Himmels willen, ja! – er selbst hat schon etliche Liter von diesem Schnaps getrunken! Und man kann ihm glauben oder nicht, es ist ihm nicht um den Schnaps gegangen. Er ist kein verbissener Feind der Juden, das nicht! Aber sie sollten in den Fabriken schwer arbeiten! Wenn alle um ein Stück vertrocknetes Brot und um bittere Suppe betteln würden, wäre es für ihn in Ordnung. Aber sie kriechen in Löcher, haben Gold dabei! Sie liegen und warten in den Löchern ab, bis sie wieder leben können wie vorher. Sie wollen den Krieg überleben und sich dann die Häuser wiederholen! Mit ihrem jüdischen Verstand werden sie schon Mittel finden, das ganze Vermögen der umgekommenen Juden für sich zu bekommen. Sie werden dann die reichsten Menschen in

Polen sein, die Könige, die herrschen werden und in Luxus und Reichtümern baden. Und siehst du, genau dies erträgt er nicht. Ob die Deutschen später hier bleiben oder nicht – in der Zwischenzeit muss man mit den Juden machen, was man kann: zur Gestapo bringen und Schluss und aus!

Diejenigen, die Stachs Ansprache angehört hatten, applaudierten mit ganz zufriedenem Gesichtsausdruck, als hätten sie in Gedanken dasselbe mitgesprochen.

II

Während Stachs Redeschwall stand Chropicki schweigend dabei. Das konnte heißen, dass er damit einverstanden war. Sein ärgerlicher Gesichtsausdruck verriet aber einen gewissen Protest und eine unterschiedliche Meinung zu dem, was dieser sagte. Sein Unwillen erreichte aber nicht das Ausmaß, dass er sein stoisches Schweigen gebrochen und ihm etwas entgegnet hätte. Eher sah es aus, als ringe er selbst noch mit seinen Gedanken und Ansichten zu dem, was mit den Juden gerade passierte. Wenn Stach nicht am Tisch war und Zeit für ein kleines Gespräch war, öffnete Chropicki einmal für Mechele eine Luke zu seinem Herzen: Genau wie in Stachs Rede die Meinung eines Teils der polnischen Bevölkerung zum Ausdruck kam, stellte Chropicki einen ganz anderen Teil dar. Er erzählte: Ich selbst bin Arbeiter von klein an. Ich hab ständig ungelernte, nicht qualifizierte Arbeit geleistet, bei der man wenig verdient. Wie ich geheiratet habe, will ich dir jetzt nicht erzählen, das würde zu lange dauern. Jedenfalls war es eine Marktfrau, die meine Frau geworden ist. Sie hat als solche gearbeitet, bis sie von einer Schwangerschaft krank geworden ist, und bis heute kränkelt sie. Meine Kinder sind mit Schwarzbrot und Kartoffeln aufgewachsen. Ich habe der P.P.S.[14] angehört, bin zu Demonstrationen gegangen,

---

14 Polska Partia Socjalistyczna (Polnische Sozialistische Partei).

habe gestreikt, wenn es sein musste, und angefangen, sozialistische Broschüren zu lesen. Etwas anderes, sich die Zeit auf angenehme Weise zu vertreiben, habe ich im Leben nicht gehabt, so hab ich gelesen und gelesen. Ich habe von der Partei nicht speziell profitiert, ich bin derselbe erfolglose Mensch geblieben wie vorher, genau wie tausende andere auch. Meine Kinder wurden dadurch nicht gesünder und nicht satter. Es tat aber gut zu wissen, wer an all dem schuldig ist, das zu unserer Not geführt hat. Meine Frau wollte von den Büchern und von den Gedanken, die ich dort gefunden habe, nichts wissen. Es ging ihr schlecht, viel schlimmer als mir und sie hatte nicht einmal jemanden, dem sie die Schuld daran geben konnte. Sie ist jeden Tag nach Radom gegangen, bessere Arbeit zu suchen. Meistens fand sie häusliche Arbeit bei Juden. Wenn sie nach Hause kam, hat sie frei heraus über sie geredet, wie sie wohnen, wie sie gekleidet sind, wie sie essen und leben. Zu armen Juden ist sie nie in die Wohnung gekommen. Man holte sie in reiche Haushalte, die jemanden wollten, der alles für sie machte. So hat sie über sie geschimpft, in ihnen alles Schlechte gesehen. Auch bei den Kindern brannten sich ihre Wörter ins Gedächtnis ein. Alle paar Wörter hat sie zugefügt: Jid! Judski!

In der ersten Zeit hat mich das sehr geärgert. Ich wollte sie sogar deshalb schlagen, aber ich hebe meine Hand nicht so leicht, um zu schlagen, schon gar nicht gegen die eigene Frau. Ich habe ihre Qualen gesehen, die Mühsal des Lebens und ich habe ihr das Vergnügen gelassen, ausgiebig zu schimpfen. Vor dem Krieg hat man doch mit einem Fluch niemanden getötet! Ich habe aber versucht, ihr verständlich zu machen, dass Schuld daran nur die Reichen, die Kapitalisten sind. Sie aber hatte ihre Meinung: Nun, die Juden sind doch die Reichen, die Kapitalisten und Fabrikanten! Wer lebt denn sonst noch so fürstlich wie sie? Genau das sage ich doch!

Als ich ihr gesagt habe, dass es auch Juden gibt, die hart arbeiten und sich quälen, ist sie böse geworden: Dann komm mit in die Stadt, dann wirst du sehen. Wenn es dort arme jüdische Arbeiter gibt, geben ihnen die reichen Juden genug Geld zum Leben. Bei ihnen gibt es solch eine Gemeinschaft und sie brauchen dich nicht als Verteidiger. Hab du nur zu allererst deine Interessen im Sinn.

Wie soll ich dir sagen? Sie hat buchstäblich gekläfft wie eine Verrückte, hat nicht gewusst, was sie redet, aber in einem hat sie doch Recht gehabt! Es ist überall dasselbe, in Warschau, in Radom, in Łódź und in Kielce – überall sind die Juden reich gewesen. Meinst du, wenn Hitler nicht gekommen wäre, sondern eine Revolution, hätte man die Vermögen nicht weggenommen und verteilt? Du wirst doch nicht leugnen, dass das Vermögen bei den Juden über dem Maß und aller Proportionen lag. Es gab eine Menge Unrecht, das man ändern sollte, verstehst du?

Aber als diese verrückte Zeit kam, habe ich mit mir gekämpft und gerungen wegen des Unsinns des Stehlens. Glaube mir, als meine Frau einmal etliche jüdische Töpfe aus der Stadt heimbrachte, wollte ich sie verprügeln: Wo hast du das genommen? habe ich sie gefragt.

Sie hat angefangen, sich zu rechtfertigen: Es ist von den Jidden, die von den Deutschen hinausgetrieben wurden. Die Stuben sind leer und alle sind weg. Jeder hat genommen, was er konnte: Die Betten, die Möbel, die Kissen. Ich kann große Sachen nicht ins Dorf schleppen. Aber die Töpfchen, so neu geputzt (womöglich hab ich sie selbst mal gescheuert!) und schön, hab ich mitgebracht. Sie gehören sowieso schon niemandem mehr. Wenn ich sie nicht nehme, wird sie ein anderer haben und ich habe für »die« mehr geschuftet.

Ich habe ihr gesagt, dass ich sie zusammen mit den jüdischen Sachen hinauswerfen werde. Ich werde kein Diebesgut bei mir in der Stube dulden. Ich bin schon so lange ohne das ausgekommen, werde ich es auch weiterhin. Meine Nachbarn haben deswegen über mich gelacht. Es gab viele, die vor dem Krieg genauso gedacht haben wie ich, aber jetzt haben sie sich die Wohnungen gefüllt. Ich konnte das nicht. Es kam mir vor, als ob an den Sachen warmes Blut kleben würde, und es hat mich geekelt, sie anzufassen, ganz im Ernst!

Möglich, dass meine Frau hereingeschmuggelt hat, was sie nur konnte, ich weiß es nicht. Vom jüdischen Unglück hab ich nichts gehabt und wollte nichts haben. Ich arbeite weiterhin schwer und lebe davon. Aber für mich denke ich oft, und ich versuche zu verstehen: Ist das Ganze hier nur Raub und Mord?

Manchmal kommt mir der Gedanke, dass hier etwas geschieht, das ich mich schäme beim Namen zu nennen: Gerechtigkeit. Es stößt mich ab, weil es mit Blutvergießen gemacht wurde. Es ist nur ein kleiner Teil einer Aufgabe, und die, die sie angefangen haben, haben nicht die Absicht, sie zu vollenden. Sie haben mit den Juden angefangen, und selbst bei einer einfachen Revolution fallen wegen der Schuldigen eine Menge Unschuldiger, das kann man nicht vermeiden. Das Schlimmste daran ist, dass man noch nicht einmal angefangen hat, mit den anderen reichen Dieben dasselbe zu machen. Im Gegenteil, die helfen mit und profitieren davon und leiten die ganze Arbeit. Diese Fabrik hier ist das Eigentum von deutschen Großindustriellen, man nutzt unsere Instinkte unter dem Deckmantel einer gerechten Sache aus. Ich sehe das Hauptverbrechen unserer Zeit darin, dass man angefangen hat, ein Stück des Nötigen auszuführen, es dann aber nicht weitergeführt hat und stattdessen zum einfachen Mörder geworden ist.

Wenn du mich fragen solltest, was ich zu all dem sage, was mit den Juden passiert, hätte ich dir in knappen Worten gesagt: Ich selbst hätte es nicht getan. Mir ist es zuwider und ich finde es schändlich, es auf diese Art zu machen. In der heutigen Zeit hätte es überhaupt nicht zu solchen Abrechnungen kommen dürfen. Ich fühle mich sauber, meine Hände haben sich an nichts beteiligt. Ich habe niemanden angetrieben und aufgehetzt, mit meinem Gewissen bin ich im Reinen. Da aber das Ganze nun mal geschehen ist, weiß ich nicht, ob ich es bedauern soll. Da das alles schon geschehen und passiert ist,

ist es vielleicht gut so. Das hätte ich sicher nicht gesagt, wenn ich auch einen jüdischen Kopf für ein Kilo Zucker ausgeliefert hätte! Dann hätte ich mich wie ein Schurke gefühlt, der eine Schande mit Fairness und Gerechtigkeit rechtfertigen will. Und jetzt, wo andere die miese Arbeit getan haben, will ich nicht die Stachs und deren Freunde, die Schnaps aus jüdischen Schädeln trinken, rechtfertigen. Aber gerade deshalb will ich sagen: Da es schon passiert ist, muss man kein solch Himmelsgeschrei veranstalten. Es sind genügend Fäden Gerechtigkeit hineingewebt, ich hab genug gesehen, glaub mir.

In Chropickis Reden, mit ihrem leisen gemessenen Tonfall, erspürte Mechele aber jene unschuldig objektive Kälte, die erschaudern lässt, mehr als das größte Geschrei im Blutrausch. Mit solch einer »Reinheit« des Gewissens konnte ein Volk sich in einem Strom aus Blut schlafen legen, und nicht einmal die Träume würden gestört werden.

III

Aus den Gesprächen in der Halle, die, mit Ausnahme von Chropicki, alle im Stil von Stachs alkoholisierter Rede waren, erkannte Mechele, dass die Ausrottung der Juden schon zu einem Verfall der Ansichten der einfachen polnischen Menschen über Mord und Verbrechen geführt hatte. Wenn er das Geschrei der von Sadza und Antosz gequälten eingefangenen Juden hörte, wusste er, dass man das nicht mit geflüsterten Reden aufhalten konnte. Selbst die, die schwiegen oder sich die Ohren zuhielten, weil sie noch sensibel waren und dem nicht zuhören konnten; die beim Morden deshalb nicht mithalfen, weil sie es nicht konnten, weil ihre Natur dagegen war; deren natürlicher Widerwille sie später gequält hätte; die nicht in die Qual des Bereuens hineingeraten wollten; selbst die waren zufrieden, dass andere es doch taten und es tun konnten. Sie fanden eine Rechtfertigung, nicht für die, die die schändlichen Taten ausführten – mit denen konnten sie keinen Frieden schließen, während es geschah, wenn sie das Geschrei hörten – aber danach, wenn der Erschlagene dalag, das vergossene Blut gestillt und zugedeckt war, fanden sie eine Antwort für den ganzen Umstand. Jede Einzelheit der Tat war für sie schlecht, das Ganze zusammengenommen stellte sie aber letztlich zufrieden.

Mit Stach war es sinnlos, Diskussionen zu führen. Trotzdem versuchte Mechele es, wollte ihm zeigen, dass nicht alles so war, wie er es sich ausrechnete, dass sich immer etwas an dieser Rechnung ändern könnte. Nicht immer würde man mit Schnaps für verratene Juden zahlen. Dereinst würde man anfangen, diejenigen auszuzeichnen, die solche wie Stach auslieferten. Das würde nur weniger kosten, weil es von denen mehr gab als von den Juden. Das konnte man schon daran erkennen, dass sie nach Deutschland weggeschickt wurden. Und danach, man könnte nie wissen, welche Hand all diese Geschehnisse genau aufzeichnete und wer alles einen Anteil daran hatte.

Stach aber wusste, dass selbst die, die nicht davon träumten, Volksdeutsche zu werden, sondern in die Wälder gingen, um die deutsche Herrschaft zu bekämpfen, keinen geflohenen Juden leben ließen. Bei einem Machtwechsel würden sie aus den Wäldern kommen und die Macht übernehmen. Wie also sollten sie Rache und Gerechtigkeit für die Juden fordern?

Im Herzen hatte Stach schon den Plan, einen Weg zu denen in den Wäldern zu suchen, wenn es eng würde. Und selbst dort würde er sich mit der Anzahl jüdischer Köpfe rühmen können, die er ausgeliefert hatte. Nicht alles aber konnte er dem jüdischen Jungen erzählen, mit dem es ihm schlicht und einfach gefiel, sich anzulegen und ihn mit seinen Reden zu triezen. Auch war es ihm ein Vergnügen zuzusehen, wie dieser Jid seine Worte abwägte, bei jedem Wort, das er sagte, zitterte, weil er nicht sicher war, ob Stach sich womöglich aufregte und zu Zielinski oder einem Deutschen ging und ihm sagte: Der hat das und das gesagt, der räudige Jude.

Stach hatte in Mechele aber auch eine Beruhigung seines schlechten Gewissens. Zum wievielten Male schon sagte er ihm: Du kannst frei sprechen, Moszke, wir reden zwischen uns und ich werde es niemandem weitergeben.

Und wenn Mechele manchmal etwas Scharfsinniges sagte, hörte Stach es, trug es mit sich herum und behielt es in seinem Innern wie ein Geheimnis, das er verraten könnte, es aber nicht tat, so war er zufrieden mit sich selbst. Oftmals sagte er es Mechele sogar: Sag selbst, Moszke, ich bin nicht einer der Schlimmsten. Ich bin nicht so einer, der dich einfach so verkauft. Da redest du, sagst viel, und ich – gar nichts. Ich höre zu und trage es niemandem weiter. Weißt du, warum? Weil du arbeitest! Man erkennt bei dir, dass du immer ein armer Arbeiter gewesen bist und gewohnt bist zu leiden, noch mehr als einer von uns. So jemand kann alles sagen, und ich werde ihm zuhören. Sogar ihn verteidigen, wenn es sein muss. Glaube nicht, dass ich nicht unterscheiden kann, wann und wann nicht.

Teilweise ärgerte es Mechele selbst, dass er ihm die Möglichkeit gab, mit seinem Schicksal zu spielen und ihm das Bewusstsein zu verschaffen, dass er eine Waffe gegen ihn besaß und sie nicht benutzte. Das verlieh ihm den üblichen Stolz, den jeder spürt, selbst der niedrigste Wurm, wenn er für einen Augenblick in einer erhabenen, menschlichen Haut steckt. Vermutlich war ein kleiner Funke Menschlichkeit in ihm noch nicht abgestorben und die eigenen beschmutzten Hände und der getrunkene Schnaps begannen ihn zu langweilen. So nahm er seine Zurückhaltung bezüglich Mecheles Rede, die er hätte ausnutzen können, in die Hand, wie ein Bettler aus seiner einzigen angesparten Goldmünze Stolz bezieht, wie eine Salbe, die die eiternde Krätze zu heilen vermag, mit der er übersät ist.

Insbesondere konnte Mechele nicht wissen, wann jenem dieses Spiel mit Würde und Vertraulichkeit leid wäre und er plötzlich über Mecheles Kopf blankziehen würde mit seiner messerscharfen Zunge. So begann er, die Unterhaltungen mit

Stach zu meiden. Der aber stellte sich immer wieder neben ihn und wollte wissen, was er denke. Was meinte er mit den tausenden von Stachs und den Deutschen, an die sie sich anlehnen würden? Mehr als nur einmal bedrängte er Mechele, so dass Wörter hervorsprudelten, die nicht zu bremsen waren. Dadurch bekam Stach einen Schwall an Reden, die er herumtragen konnte, sie verteilen und entscheiden, welche er in seinem Gedächtnis behalten sollte als seine eigenen Gedanken und welche er draußen halten musste, wie eine Sache, die er jederzeit verkaufen konnte, aber abwarten musste, bis er den gehörigen Preis dafür nehmen konnte.

Dagegen setzte Mechele sich gern mit Chropicki auseinander. Ihn schmerzte dessen »Tugendhaftigkeit« und er bemühte sich, seiner »Gerechtigkeit« den Boden zu entziehen. Mechele hatte den Verdacht, dass Chropicki seine Reden von irgendwo herbrachte. Sie entwuchsen nicht seinem eigenen Herzen, sondern er nahm sie irgendwo her. Und tatsächlich erzählte er ihm einmal das Geheimnis, dass er sich schon etliche Male mit Partisanen getroffen hätte und dass er eine Gruppe von Menschen kannte, die noch viel in der Welt erreichen würden, wenn die Zeiten sich änderten. Sagte er vielleicht manchmal das, was diese dachten?

Chropicki hörte Mecheles energischen Reden und Fragen aufmerksam zu. Mechele sah, wie sich der unbedarfte Chropicki mit Reden vollsog wie ein Schwamm. Sie füllten und belasteten ihn wie ein Gewicht, das man ihm aufgeladen hatte und das er irgendwo hintragen und dessen er sich entledigen musste. Am nächsten Tag kam er wieder, mit einer frischen Ladung Reden, die er vorsichtig durch seine rauchvergilbten Zähne siebte.

Etliche Juden beobachteten eines Abends, wie Mechele etwas sehr hitzig mit Chropicki diskutierte. Als Menschen mit einem klugen Verstand, warnten sie ihn: Du kennst sie nicht. Argumentiere und rede mit ihnen und du wirst es bereuen, dann, wenn es zu spät sein wird. Du hast dich mit Stach und seinen Kollegen eingelassen! Selbst Chropicki ist doch so falsch wie nur möglich. Er ist nur so weit in Ordnung, als er die falsche Rolle spielen und zweideutig sein muss. Du kannst aber nie wissen, wann sich das ändern wird.

Mechele aber klammerte sich an den Funken Verstand, den er entdeckt hatte. Er ließ sich nicht davon abbringen, sondern erwiderte mit wenig überzeugendem Starrsinn: Nein, das kann nicht sein.

Obwohl er wusste, dass das sehr wohl sein konnte, blieb er weiterhin derselbe. Und später, als er von der Halle fort musste und viele Vorkommnisse bestätigten, wovor die Leuten ihn gewarnt hatten, behielt Mechele mit seinem Vorgefühl recht: ihn hatte niemand verraten. Selbst Stach, der später Umgang mit Deutschen hatte und zu quälen half, soviel er konnte, hielt Mechele einmal auf dem Gelände der Fabrik an und warf ihm ein Wort zu: Du, vor unseren Polen musst du dich ein wenig hüten mit deinen Reden. Es wäre doch schade um dein Leben!

Möglich, dass Mecheles Offenheit ihm gegenüber ihn zügelte und ihn zwang, in diesem Fall eine menschliche Kontur zu zeigen, wer weiß?

Kapitel sieben

I

In Baracke Nummer zwei, in der Mechele sich befand, wurde
es leerer. Ein Teil der Menschen starb, ein Teil kam bei Selektionen fort. Man konnte schon die Menschen anhand der
Betten zählen. Es war auch möglich, sich Gesichter anzuschauen, sie in sich aufzunehmen und zu erkennen, ihre
Namen zu wissen und was jeder von ihnen einst war.

In dieser Baracke hatten sich auch Mecheles zwei Freunde
eingefunden, Mendel und Abraham-Iser, die jetzt bei der
schwersten Arbeit in der Fabrik eingesetzt waren. Mechele
selbst hatte für sich einen Platz auf der obersten Etage einer
Pritsche gefunden und musste nicht zittern, dass ihm in der
Nacht jemand seinen Platz wegnahm. So konnte er nachts in
der Baracke umhergehen und sich umsehen, mit wem er hier
zusammen war.

Auf einem Bett ganz unten lag ein älterer Mensch mit gelb
wächsernem Gesicht und klugen Augen. Er kam jeden Abend
leise in die Baracke und legte sich auf sein Lager, redete zu
niemandem ein Wort. Er war der einzige in dem Raum, der
einen abgerissenen schwarzen Mantel mit chassidisch samtenem Kragen besaß. Er drückte sich abends in seine Ecke,
rollte sich in seinen Mantel und nur seine vernebelten traurigen Augen wanderten suchend an der Decke der Baracke
umher.

Frydland, der Aufseher der Baracke, behandelte ihn besonders behutsam. Er sagte zu Mechele: Ich kenne ihn vom Warschauer Ghetto. Ein ordentlicher Mensch. Vor dem Krieg
hat er eine Rolle als gesellschaftlich und zionistisch aktiver
Mensch gespielt, kannst gut mit ihm reden.

Es war aber nicht leicht, mit diesem Menschen ein Wort zu wechseln oder sich mit ihm zu unterhalten. Wenn Mechele sich ihm näherte, warf dieser ihm einen Blick voller Vorwurf und Misstrauen zu, sodass Mechele sich erschrocken zurückzog. Sein Gesicht war aber überzogen mit einer milden Trauer, dass man eher den Wunsch hatte, ihn zu trösten als vor ihm zurückzuschrecken. Es war aber offensichtlich, dass die melancholische Resignation schon zu tief in ihm eingegraben war und er nichts mehr von der Welt mitsamt den Menschen auf ihr wissen wollte.

Dieser Mensch, Starobinski, hatte sein ganzes Leben eine hohe Umtriebigkeit und Energie bewiesen. Er hatte viele Länder besucht, war in zionistischer Mission in allen polnischen Städten gewesen, hatte Referate gehalten und Pläne geschmiedet. Sollte das derselbe sein, der jetzt hier eingerollt lag und mit furchtsamen Augen auf jeden Schatten schaute, der sich hier bewegte?

Frydland erzählte Mechele, dass Szlojme Starobinski im Warschauer Ghetto noch aktiv war, Hilfsarbeit organisierte, eifrig agierte und umherlief. Aber aus Majdanek kam er als nackter Schatten heraus, entledigt seines ganzen ehemaligen Selbst. Seine grauen, lichten Haare begannen zu wachsen. Sie legten sich aber nicht weich zur Seite, sondern standen wirr und zittrig aufrecht, wie in ewiger Todesangst. Sie wurden von Tag zu Tag weißer, ohne dass er es auch nur bemerkt hätte. Er ging umher, die Augen in die Ferne gerichtet, als sähe er dort jemanden – und nur jenen. In seinen Gang verwoben lag ein ferner Traum und er schritt durch ihn dahin, so vorsichtig sanft und abwesend, als habe er Angst, ihn mit einem harten Tritt zu zerstören. Es war klar, dass diesen Menschen ein fernes vergessenes Bild verfolgte, an das er sich klammerte, in dem er in seiner Vorstellung sich selbst eingerahmt sah und aus dem er nicht in den ihn umgebenden Tumult überwechseln wollte.

Mechele begann, ihn zu beobachten, sah, wie er mit gelassenem Schritt zur Arbeit und von dort zurück ging, als meinte er, er ginge immer noch in einem herrschaftlichen Haushalt umher, ausgestattet mit roten geblümten Diwanen, wo man nicht mit lauten Schritten gehen durfte, um kein Geräusch in die Stille der verträumten Räume hineinzutragen. Es schien, als hätte sich dieser Mensch seelisch noch nicht von seiner Vergangenheit gelöst. Er hatte einen Teil des Vergangenen in sich bewahrt. Dagegen hatte er aber das Glühen seiner Energie, das er eigentlich in sich hätte erhalten können, verloren wie eine Sache, die nie existierte.

Er sprach mit leiser kultivierter Stimme und beim Entgegennehmen der Suppe stand er abseits in einer Ecke und wartete bis zum Schluss. Seine Schüssel hielt er ruhig, ohne das Fieber eines nach Essen Gierenden und ohne ein Wort, das seinen verrückten Hunger herausgeschrien hätte, wie die anderen, wenn sie nahe dem Glück am Kessel standen. Nur seine Augen baten mit stillem feuchten Glanz: Macht schneller, ich vergehe. Es lag in ihnen ein Bittgesuch, gemischt mit solch starkem Stolz und solcher Verachtung, solch mutiger Schwäche, die sich an die Geistigkeit seiner Vergangenheit klammerte, welche in der gelben wächsernen Farbe seines Gesichts eingraviert war und in dem feucht glänzenden Nebel seines Blickes lag.

Allmählich begann man, diesen hochgewachsenen, leicht gebeugten Juden wahrzunehmen. Ingenieur Bartman, ein Zionist von früher, bemühte sich um ihn, verschaffte ihm bei der Polizei und der Kommandantur ein wenig Respekt. Er setzte leichtere Arbeit für ihn durch, besorgte ihm einen zerrissenen Mantel, leichtere Lederschuhe und ein wenig zusätzliche Suppe. Dieser schien es aber nicht zu bemerken. Er ging in einer anderen Welt umher, die außerhalb von allem lag.

Nachts im Schlaf sprach er unaufhörlich zu jemandem, weinte und bat um Mitleid in einer wortlosen, summenden Sprache. Manches Mal brach er in erschrockenes Geschrei aus, das die Umliegenden weckte, worauf diese zornig reagierten. Aber auch dieses böse Anschreien hörte er nicht.

Eigentlich war seine Tragödie dieselbe wie bei allen anderen: Seine Frau und die kleine Tochter wurden ihm genommen, sie kamen in Majdanek zum Vergasen. Ihm war, als habe er selbst gesehen, wie man sie dorthin führte. Bei anderen Menschen legte sich die Zeit nach und nach zwischen sie und das Gesehene. Sie brachte viele Sorgen um das eigene, tägliche Leben heran. Man entschied für sich, trotzdem zu leben und es begann eine Jagd nach günstigen Faktoren, die das Leben verlängern konnten, und ein Kampf gegen die Störungen und Gefahren. Das drängte die brennenden Erinnerungen zur Seite. Zweifelsohne gab es Momente, in denen dieses dünne Häutchen zerriss und die grausamen Erinnerungen einem von Angesicht zu Angesicht gegenüberstanden. Der Tag aber, mit seinen Brotsorgen und Quälereien riss einen schnell fort an einen Ort, wohin die Dinge, die bereits geschehen waren, nicht gelangen konnten. Das milderte den Schmerz, dämpfte und stillte ihn für Stunden und Tage. Die Qualen des einzelnen Tages heilten gleichzeitig die Wunden der vorausgegangenen Zeit. Wenn man sich von Zeit zu Zeit erinnerte, war es wie ein Echo, ein entfernter Widerhall. Da man selbst sich in ständiger Gefahr befand, konnte man sich nicht an die gestrige Gefahr erinnern, von der die anderen, selbst die Allernächsten, verschlungen worden waren.

Bei Starobinski war aber jener Moment vor seinen Augen haften geblieben. Das Bild jener Augenblicke wurde von der Zeit nicht fortgerissen, sondern es heftete sich stärker an und fixierte sich. Er sah buchstäblich alles mit solch eindringlicher Lebendigkeit beständig vor sich, dass es ihn erneut aufschreien ließ, wie vermutlich in jenem Moment.

Mechele war es in solchen Tagen nicht möglich, daranzugehen, die menschliche Natur zu erforschen. Er konnte nur feststellen, dass die Zeit es bei Starobinski nicht geschafft hatte, den Hauch eines Häutchens auf dessen Wunde zu legen. Es war bei ihm keine einfache, melancholische Trauer um Frau und Kind, sondern er sah ihr Umkommen unaufhörlich vor sich. Das prägte sich in ihm ein, er erlebte es ständig wieder, nichts von den Geschehnissen, die im verborgenen Abgrund versunken waren, wurde ausgewischt.

Wenn es einmal gelang, mit ihm eine Unterhaltung zu führen, mit ihm ein Thema zu erörtern, zeigte er seine normale Intelligenz, sein Interesse und seine Ruhe. Bald aber schreckte er hoch: Meine Frau! Mein Kind! Und sein eingetrocknetes Elend war so wund und frisch wie an einem offenen Grab. Man sah, wie das seinen letzten Tropfen Blut und Lebenswillen aufzehrte. Helfen konnte ihm so oder so niemand – so ließ man ihn in seiner Ecke kauern und sich an den Schauer schmiegen, den er in seinem Blick aus Majdanek mitgebracht hatte.

Es war aber doch bedauerlich, dass dieser Mensch in seinen Gedanken nicht mehr bei denen war, die sich in dem Gewimmel um ihn herum in ihren Bissen Brot und die tägliche Pein wie in einen Panzer verkrochen.

II

Unten, gegenüber von Mecheles Bett, auf einer niedrigen Etage, schlief ein mittelgroßer Bursche mit einem dürren, eingefallenen Gesicht und knöchernen Händen. Niemand hätte ihn bemerkt, wenn nicht seine ungewöhnlich großen flammenden Augen auf sich aufmerksam gemacht hätten. In seinem ausgehungerten Gesicht wirkten sie noch größer und blickten einen fordernd, drohend und tadelnd an. Sie lagen versunken in den Höhlen seines Gesichtes wie in einem Grab. Sie flackerten von dort heraus und hellten die Wangenknochen um das Augengrab herum auf, gerade als habe man einen Lebendigen in ein offenes Grab gedrückt, ihn dort angeschmiedet und vergessen, das Grab mit Erde zuzuschütten.

Sie schnitten sich in jeden mit schmerzhaftem Stich ein. Es hatte den Anschein, als fordere er bei jedem etwas sehr teures ein, das er besessen und das alle hier ihm geraubt hätten. Die Diebe waren alle, die hier umhergingen, selbst die Skelette, die kaum ihre Steckenbeine wie steife Krücken mit sich tragen konnten. Was wollten seine beiden Feuer? Was forderten sie?

Einen verrückten Glanz sah man in ihnen nicht. Im Gegenteil, es lag dort ein kluger Ernst, wodurch es noch unheimlicher wirkte. Es war offensichtlich, dass dieser Mensch zu viel wusste und verstand. Er forderte etwas ein, wovon er nach klarer nüchterner Überlegung überzeugt war, dass er es hier verloren hatte. Aber was? Der Mensch schwieg. Er schwieg nicht einfach so. Jeder seiner stillen Momente war ein Wehklagen, in dem die stärksten Worte in qualvollem Brennen schmelzen würden. Deshalb erzählte er alles besser durch sein drohendes Schweigen. Und wessen Verstand Augen hatte und einen Mund, der es ihm in die Sprache des Verstandes übersetzen und verständlich machen konnte, mochte jenem dürren Schatten sein ganzes Geheimnis und seine Forderung entlocken.

So wurde Mechele der Erste, der seine Aufmerksamkeit in dessen Richtung lenkte.

Es begann eines Tages um Mitternacht, als alle in der Baracke in Tiefen abgesunken waren, in die nur ein solider Tiefschlaf führt. Ein leises nahes Murmeln flatterte über Mechele hinweg, schob den Nebel beiseite, der das Gehirn ins Ungefähre abdriften lässt, und er wurde wach. Es war ein mädchenhaftes leises Flüstern auf dem untersten Bett gegenüber. Was machte ein Mädchen mitten in der Nacht hier in der Baracke?

Noch nie hatte sich ein Mädchen länger zwischen den elenden Schatten aufgehalten. Wenn es welche gab, die Fröhlichkeit und Vergessen im Lager suchten, gingen sie dorthin, wo diejenigen waren, die besser aßen, gut gekleidet umhergingen, zu denen, die gute Stellen in der Fabrik und im Lager innehatten. Dort lächelte in den Gesichtern ein zufriedenes Gemüt, die menschliche Gestalt eines Lebendigen. Aus deren Fenster drang an ruhigen Abenden noch das Gelächter eines

Mädchens und eine feste, satte Männerstimme begleitete es, bis alles sich zu zärtlichem Flüstern verflocht, das leiser und leiser wurde, bis es in der Stille der Nacht verstummte, obwohl es einem so vorkam, als blieben in der Luft glühende Atemzüge stecken, die niemals verlöschen wollten.

Dagegen verschlug es in die düsteren Baracken der Trotyler und Pikriner[15] nur geplagte Frauengestalten. So eine stellte sich an die Tür und fragte verschämt mit schwacher Stimme, ob jemand etwas kaufen wolle: eine Knoblauchzehe, ein Viertel Brot oder ein Stück Stoff zum Flicken der Kleidung. Dann wartete sie eine Weile, erledigte ihre Angelegenheit und ging schnell weiter.

Ein Mädchen, mitten in der Nacht, bei Frydland in Baracke zwei? Mechele richtete sich ein wenig auf seinem Lager auf und beobachtete.

Jener blasse, dürre Bursche lag ausgestreckt auf seiner Pritsche. Das kranke gelbliche Lämpchen, das eine Hand aus dem Schlaf erweckt hatte, übergoss ihn mit nächtlich schmutzigem Wachs, als sei ein Jahrzeitlicht auf seinem Gesicht zerlaufen. Er lag und sein Schmerzensblick schaute in die Luft, als suche er einen Fluchtweg, um nicht die Gestalt neben sich sehen zu müssen.

Auf dem Rand des gegenüberliegenden Bettes saß eine mädchenhafte, leicht füllige Silhouette. Ihr Körper war halb über ihn gebeugt und sie sprudelte Wörter hervor, erstickte, aber gleichzeitig so brennend heiße, als schieße sie auf ihn mit ihrem Atem, der sich wie in Flammen von ihren Lippen löste.

Mechele stockte der Atem. Die umgebende Stille trug ein Wort heran, das aus jener Ecke heiser angeflogen kam und wie eine gejagte Taube sich einen Ort zum Verstecken suchte, wenn es sein musste, sogar in Mecheles Ohr: Geh!

Das Wort schlängelte sich so ärgerlich und mit zornigem Gift verwoben, so widersprechend und fordernd, so gereizt

---

15 Damit sind die Arbeiter gemeint, die mit Trotyl (TNT) und Pikrin (Pikrinsäure) gefüllte Granaten und Minen herstellen mussten.

und gequält aus ihm heraus, dass es Mechele vorkam, als habe sich sein ganzer ausgedörrter Groll von diesem einen Wort mitziehen lassen.

Eine leise Singstimme begann unter diesem Wort, sich mit trockenem Weinen bittend zu winden und zu krümmen, wie unter einer hämmernden Last, als habe eine Peitsche sie mit heiserem Pfiff geschlagen. Die Stimme sang und bat um Mitleid, und genau wie in einem Stoßgebet versuchte sie erneut, an verschlossene Türen zu schlagen und zu drängen: Aber Henech! Antworte mir, versteh mich doch, Henech!

Sie legte auf seinen Namen eine besondere Betonung, zog ihn fordernd in die Länge. Es machte den Eindruck, als beschwöre sie vornehmlich den Klang des Wortes »Henech«. Ob jemand anders ihr antworten müsste, wusste sie nicht. Aber Henech musste es sehr wohl, mit Henech war es doch etwas anderes.

Die ausgestreckte Gestalt des blassen jungen Mannes drehte sich störrisch auf die andere Seite, mit dem Gesicht zur Wand. Er erhob seine Stimme jetzt mit würdevoller Ausgeglichenheit, wie ein Richter, der ein herbes aber doch gerechtes Urteil aussprach: Geh weg!

Seine Stimme klang gereizt, trotz der zurückhaltenden Beherrschtheit. Aus jedem Zittern in seinem Ton, das es schaffte, zwischen der kalten Verachtung seiner kurzen Rede hervorzubrechen, hörte man ein verborgenes Begehren und eine Rachgier heraus. Das Mädchen stand auf und beugte sich über den Liegenden: Henech, ich gehe weg, aber dreh dich für eine Weile zu mir um. Sag mir gute Nacht, Henech!

Jener aber blieb hartnäckig zur Wand gedreht liegen und begann provozierend, ein Schnarchen vorzutäuschen. Sie ging etliche Schritte und blieb mitten in der schlafenden Baracke stehen. Sie drehte den Kopf in Richtung des Zimmers und Mechele versetzte die plötzliche Überraschung einen Schlag. Es war das Mädchen, das mit ihm in Halle 58 arbeitete. Auf welche Weise war sie mit diesem dürren jungen Mann verbunden, bei dem das Gesicht ausgelöscht und nur die Augen noch nicht erschlagen waren, sondern noch glühten?

Wie bei jeder Überraschung kamen viele Gedanken gleichzeitig, purzelten einer über den anderen. Wie koboldhafte Spaßmacher, die zufrieden waren, wenn sie auf einen Tumult im Gehirn trafen und sie dabei allerlei Späßchen ausführen konnten. Mechele konnte das Gefühl von Neid auf jenen dort unten, das ihn durchströmte, nicht packen und verbergen. Er erinnerte sich, wie er sie damals – war es vor nur drei Tagen? – mit dem Blick zwischen den marschierenden Mädchen suchte. Obwohl er sich vor sich selbst geschämt hatte, hatte er doch versucht, ihr nahe zu sein, mit ihr zu reden und ihren warmen Blick zu spüren. Und jetzt stand sie hier, in einsamer Verlorenheit, eine Zurückgewiesene.

Mechele fragte sich: Wie kann er das tun? Wenn sie über ihn gebeugt steht und um einen Blick, um ein Wort bittet, wie kann er sie fortjagen? Was geschieht hier? Er wollte vom Bett springen, zu ihr hingehen und sie etwas fragen, sie zumindest noch für eine Weile aufhalten, sie hören. Hier, in der Einsamkeit der Baracke, war die Sehnsucht noch stärker, noch magischer. Eine verdeckte Macht hielt ihn aber auf seinem Lager zurück. Es war wohl so, dass jener mit seiner bösartigen Zurückweisung und dem anschließenden Schweigen einen geheimen Bann auf dieses sehr junge Mädchen gelegt hatte, und Mechele fühlte den Zwang von dessen Schweigen auf sich.

Das Gesicht des Mädchens erhellte die Baracke für einen Moment. Sie ließ ihren Blick über alle Pritschen gleiten, als riefe sie stumm um Hilfe. Für einen Moment kam es Mechele vor, als berührte sie mit ihrem Bitten auch ihn, und ein scharfes Ziehen durchbohrte sein Herz. Dann aber legte sich eine resignierte Härte auf sie. Auf ihrem Gesicht waren kein Ärger, keine Beleidigung und keine Aufregung wegen Henechs hastigem Sich-Abwenden zu erkennen. Es war nicht einmal Überraschung bei ihr zu sehen, eher ließ sich ein erwartetes

Erstaunen bemerken. Solch einen Ausdruck konnte man bei denen antreffen, die mit stillem Erzittern in den verborgenen Winkeln des Herzens geradezu auf etwas warteten. Es war bei ihr nur ein hartes, trockenes Mitgefühl für jenen geblieben, ein Mitleid, das sich nicht aus Tiefe speiste, sondern von der Gewöhnung an etwas herrührte, mit dem man schon sehr lange zusammen war. Es war jetzt schon überflüssig, nicht wichtig. Nur die lange Zeit des Zusammenseins verband irgendwie. Man musste der letzten Chance eine Gelegenheit geben, die Verbindung weiter fortzusetzen, sich nicht zu verlieren und getrennt zu werden, obwohl man es heute durchaus wollte.

Sie näherte sich wieder seinem Bett und sagte mit trockener Rührung: Gute Nacht, Henech!

Ein böser, wohlüberlegter und berechnender Schnarcher antwortete ihr. Sie hatte das offensichtlich erwartet und deshalb konnte es ihr nicht wehtun. Sie stieß einen Seufzer aus, aus dem Mechele mit wachsamem Sinn eine Art zufriedener Erleichterung heraushörte, und ging zur Tür. Sie tat das so übereilt, als habe sie Angst, er drehe sich womöglich um und rufe sie bittend zurück. Seine Verbissenheit hatte sie von etwas Schwerem und Verpflichtendem befreit, durch das sie sich im Herzen gebunden gefühlt hatte. Jetzt lief sie schnell, mit dem Glück seines Zorns, wie mit einem gefundenen Los, das durch eine Klage oder einen Ton von ihm zerplatzen und zerreißen konnte.

Erst als es nach ihr in der Baracke wieder finster geworden war, sah Mechele, schon im Dunkeln, wie jener sich wieder zurück umdrehte, sich aufsetzte und sehr lange in das dunkle Zimmer schaute, mit Selbstbeherrschung ihren Schatten suchte. Dann hörte Mechele einen schweren Seufzer, danach fiel sein Körper zurück und schlug auf die Bretter des Bettes auf.

Wenn Mechele nicht dessen ausgebranntes trockenes Gesicht gekannt hätte, das keine Feuchtigkeit hervorbringen konnte, wäre er bereit gewesen zu schwören, dass er in jener

Nacht bis zum frühen Morgen ein leises, unterdrücktes Weinen gehört hatte.

III

Ist es noch nicht genug, Mechele? Warum forschest du weiter, mit Auge und Ohr? Du wirst wieder so vielen Tragödien begegnen, sowohl im Lager als auch in der Fabrik, und auch in deinem unterbrochenen Schlaf. Verschließe und blockiere alles in dir! Nimm nicht zur Kenntnis, dass hier ein Schatten des vormaligen Henech umhergeht, der verloschen ist und es selbst nicht glaubt, genau wie der zweite Schatten hier, Starobinski, sich damit nicht abfinden kann. Sie klammern sich noch an das Vergangene, sie sind bei sich noch die alten und fordern von ihrer glänzenden Vergangenheit eine erworbene Schuld ein. Warum also willst du sie umfassend ergründen? Lass sie zurück in ihrer Illusion, die sie über das Meer des hiesigen Graus hinwegträgt! Schlafe auf der ausgebreiteten Matratze von tausendfachem Unglück unter dir und denke nicht darüber nach, woraus die Werk-C-Mauern gebaut worden sind!

Stundenlang grübelt Mechele in jener Nacht, lauscht diesen Überlegungen, die in der Stille in ihn hineinströmen. Vielleicht hat ein Engel sie ihm zugeworfen, der über seiner Ruhe wacht, der etwas in ihm stillen will, ihn schützen und warnen? Er aber weiß, dass er dem nicht gehorchen kann.

Alle Menschen um ihn herum leben mit einem Schleier vor den Augen, sind versunken in ihr Unglück, das alles vor ihnen verbirgt, und sie werden hier schon nichts mehr sehen und hören. Sie könnten hier Jahr um Jahr zubringen, könnten das Inferno in menschlichen Herzen brennen sehen und sie würden es nicht erkennen. Sie werden fortwährend hungrig umherjagen, mit erhaltenen Schlägen, werden das Lechzen nach einer Kartoffelschale spüren und weiter gar nichts.

Wird man sie später in die freie Welt hinauslassen und werden sie erzählen müssen, was sie gesehen und gefühlt haben, werden sie alle dieselben wenigen Worte haben: Man war hungrig … es wurde geschlagen, geschossen … Frau und Kind wurden fortgenommen, Bruder und Schwester …

Dann werden ihnen die Wörter ausgehen. Mehr haben sie nicht gesehen, sie konnten nicht und womöglich durften sie nicht mehr sehen. Das eigene Herz war angefüllt, wie ein Bettelsack, mit sich selbst und dem eigenen Schmerz. Der Kummer der anderen fand darin keinen Platz, wo er sich hätte hineinquetschen können, blieb außen hängen und breitete sich unbeachtet jedermann zu Füßen aus.

Wirst du es auch nicht wahrnehmen, Mechele? Kannst du dich auf die Jagd begeben nach einem Bissen Essen, dich forttragen lassen vom Bangen um die eigene, aufgedunsene Haut? Du willst es, deine Glieder verlangen danach, aber darfst du es? Denkst du gar nicht an die Zeit, als du dagesessen bist und das Geheimnis des Menschen erforscht hast, seine Vervollkommnung? Willst du dein ganzes Ich von früher hier sterben und ersticken lassen, um einen unerkannten Leichnam, ein Stück Fleisch in deiner ehemaligen Form und Gestalt hinauszutragen und allen zu zeigen: Dies hier habe ich mit mir hergebracht?

Leben willst du! Dein Leben wird zusammengestückelt werden aus Stücken Almosenbrot, das Chropicki dir zuwerfen wird. Du wirst das Stück Fleisch und Knochen retten, das sie mit der Abwassersuppe begossen haben und mit Lehmbrotstücken. Das wirst du durch den Stacheldraht tragen, aber das, was du mit dir gebracht hast, wirst du verwerfen wie eine unnötige Last. Willst du hinausgehen ärmer, als du bist? Dann wirst du sowieso, im besten Fall, nicht am Leben bleiben, sondern irgendein anderer, der deinen Namen tragen wird.

Es ist schmerzhafter, aber doch besser: Sammle sie ein! Schlepp die Steine, die man ihnen nachgeworfen, und Schläge, die man ihnen gegeben hat. Wenn du übervoll bist? Nähe dir einen Sack an die Seele und lege alles dort hinein. Diese Leiden werden keine Wunden verursachen, wie in einem Herzen, sie werden nur das Tragen erschweren, sie werden gesammelt und aufbewahrt werden. Du wirst vermutlich auf regelrechten Bergen liegen, wirst mit soviel Geschrei, Aufbäumen und Erschütterung eingedeckt sein, dass das deinen kalten Tod selbst erwärmen wird, ihn in seiner Knebelung des Lebendigen erschüttern wird. Anders wirst du sowieso nicht können, Mechele! Verkrieche dich nicht in dein eigenes Sorgenbündel, weil du aus ihm herausfallen wirst, wie es schon mehrmals geschehen ist. Das ist dein Fluch – zwischen so vielen ohnehin Verfluchten – für die sich dein Herz vor langer Zeit erwärmte. Also trage jetzt deine natürliche Last und lass dich von ihr tragen.

Und Mechele spürt, dass die zweite, die innerste Stimme die Oberhand behalten wird. Sie wird manchmal müde werden, ihn einnicken lassen. Sie wird aber mit der Zeit jene Kraft zu Hilfe rufen, die aus der Neugier erwächst. Diese hat mehr Möglichkeiten, auf den Saiten des menschlichen Nervs zu spielen und mehr Kraft, ihn anzustoßen und zu bewegen. Beide zusammen werden dann kommen, auf das träge Ruhekissen des eigenen Schmerzes einschlagen und ihn hinaustreiben in den Wirbel der Unrast, der die Seelen seiner Mitmenschen in dieser ihn umgebenden verfluchten Welt zerpflückt.

Kapitel acht

I

An einem der rotglühenden, sommerlichen Abende ging Mechele hinaus aus der Baracke. Einige Momente vorher hatte sich dort diese Szene abgespielt: Der Kommandant der Baracke, Frydland, platzte mit seiner schwungvollen Nervosität herein und begann zu schreien: Was sitzt ihr alle hier in dem Gestank? Draußen ist eine Luft, die Gold wert ist! Ein bisschen Wald ist da, der Duft dringt in alle Glieder – warum also sollt ihr hier auf den Brettern verfaulen? Keine Angst, eure Lungen werden sowieso aufgefressen werden, aber bis dahin könnt ihr ein wenig Luft atmen.

Niemand rührte sich vom Platz. Henech lag und fixierte mit den Augen die Decke. Starobinski blickte in die Ferne, über Frydlands Kopf hinweg und sah und hörte ihn nicht einmal. Die anderen, die in der Baracke waren, gruben sich noch tiefer ein, aus Angst vor dem, der ihnen das bisschen Ruhe auf den Brettern rauben wollte. Frydland fing an, vor Zorn mit den Füßen zu stampfen: Mit Stöcken muss man euch treiben, faules Pack! Banditen! Ihr beraubt euch doch selbst. Gleich pack ich was und zerschmettere euch die Köpfe!

Aber niemand rührte sich vom Platz. Frydland wollte in Henechs Ecke gehen, von wo es am leichtesten war, sie hinaus zu scheuchen. Aber Henechs Blick richtete sich plötzlich auf ihn und er unterbrach sein Geschrei abrupt.

Nur der verblüffte Starobinski schnappte ein Wort auf und erhob sich vom Platz. Er schaute zum goldübergossenen Fenster und etwas dort lockte ihn. Er murmelte sogar vor sich hin: Wirklich schön! Und er lief zum Fenster. Draußen spazierten Menschen umher. Jemand dort bemerkte

Starobinski und kam her. Das war einer seiner Freunde, der fröhliche Baruch Szapiro, ein Aktivist der Poale Zion[16] im damaligen Warschau. Frydland griff ihn sich: Panie Szapiro, sagen Sie selbst: solch ein goldener Abend und die Menschen hier verschimmeln. Ist es ein Wunder, dass alle hier in Depression versinken? Sie hier zum Beispiel, warum ziehen Sie Ihren Freund nicht mal mit nach draußen? Wecken Sie ihn auf, bringen Sie ihn in den Wald. Sie werden sehen, dass es ihm gut tun wird.

Szapiro überlegte ein Weile, dann zog er Starobinski ernsthaft mit: Kommen Sie eine Weile mit!

Und Starobinski folgte ihm, wie man der eigenen Vergangenheit nachgeht, die er in seinem Freund von damals erblickt hatte. Als aber die blutigen letzten Strahlen begannen, seinen Kopf zu liebkosen, war es schwer zu entscheiden, wer ihn mitgezogen hatte: Szapiro oder die rotübergossenen Bäume im Wäldchen.

Frydland schaute noch einmal umher. Alle duckten sich weg und es kam einem vor, als machten sie die Augen extra deshalb zu, damit das Gesehene nicht auch sie von ihrem Lager zog und mitriss. Sie hatten Angst vor der Schönheit draußen. Frydland bemerkte Mechele und seufzte: Nun, ich weiß selbst nicht mehr, wen ich hier anschreie. Das sind doch alles schon Tote! Sie liegen in ihren Gräbern und ich erzähle ihnen auch noch, dass die Welt immer noch schön ist, sogar hier in Werk C. Weißt du was? Lass uns einfach ein wenig hinausgehen!

Draußen schmiegte sich ein Sonnenstrahl wie ein müdes Kätzchen an ihre Schritte und Mechele fühlte sich wie jemand, der durch ein Friedhofstor hinaustritt und das Leben wieder erblickt, nachdem er sich in der Stille der Todesstarre befunden hatte. In der Ferne sahen sie, wie eine Ansammlung von Menschen in den Wald zog, wie sie eilten und

16 Zionistische Bewegung in Europa, Palästina und Nord- und Südamerika seit 1901.

liefen. Zwischen den Bäumen stand schon ein dichter Kreis aus Menschen, die etwas mit angehaltenem Atem verfolgten.

Als sie sich näherten, kam ihnen eine zarte Stimme entgegen, die die dichten Baumkronen mit ihren dunkelgrünen Fingern versuchten aufzuhalten. Bald aber beugten sich die Zweige ehrfürchtig und ließen das Lied durch, das mit der Zerstreutheit eines Vogels umherflog, der sich kürzlich aus seinem Käfig befreit hatte. Mechele erzitterte: Man singt! Man singt jiddische Lieder!

Die Wörter hallten in der Luft nur schwach wider. Ihre Kraft war noch nicht geweckt und sie zitterten scheu und wankten im Raum, als sei ihnen kalt und bang. Sie drangen aber schnell in die abendliche Stille ein und jedes Wort trug eine große Sehnsucht mit sich, ein spannungsgeladenes Beben, das herbeilockte. Mechele griff die Wörter mit den Lippen auf:

Dan hat zwei schwarze Pejes[17]
und Donia – zwei goldene Zöpf' ...

Es schwebte eine verwunschene, vergessene Vertrautheit herbei, die den Herzen einen Stich versetzte: Pejes und Zöpfe! He, ihr Jungen und Mädchen von Werk C! Hört doch, woran man euch erinnert! Seht nur, wen die sehnsüchtige Mädchenstimme als Gast hergebracht hat:

Dan ist das Wunderkind des Schtetls
und Donia die Königin der Steppe ...

Von allen Seiten kommen gelbe Schatten gelaufen. Braune ausgezehrte Gesichter werden plötzlich von einer lebendigen unruhigen Regung befallen und eine Brise fährt in die Glieder, man läuft! Mechele läuft, Frydland läuft, alle zieht es dorthin! Man meint, alle Baracken leeren sich. Man kann es kaum glauben, und doch dringt die Glockenstimme mit einer Aussage ins Gehör: Es singt der Wald in Werk C! Das begrabene jiddische Lied hat sich hier von irgendwoher aus seinem Grab gerissen, hat die Köpfe der Friedhofsbäume zerzaust

17 Schläfenlocken.

und sie gewarnt: Verstellt mir nicht den Weg! Ich lebe noch und werde jetzt wie eine Kohle Gottes auf verbrannten Lippen ausglühen!

Und der ganze Wald drum herum verstummt.

Nur die weite Leere, die sich vom nicht eingezäunten Wald bis zum Dorf hinzieht, wiederholt mit frommen unsichtbaren Lippen, unbeholfen, Wort für Wort, wie ein Unbelesener ein Gebet nachspricht, mit einem Echo:

... und Donia ... die Kö-ni-gin der Steppe!

Wie könnte es auch anders sein? Der Wald selbst sehnt sich doch auch nach jenen ruhigen, goldbezopften Mädchen, die stille Schafherden treiben! Hat er ihnen denn nicht einen grünen Schoß bereitet, auf dem sie haben liegen und träumen können und mit ihren blauen Augen in seinem Raum jene Wunderknaben mit den schwarzen Pejes aufschrecken, denen die Herzen über wachsame Blutgrenzen hinweg zuflogen? Nein, er ist noch nicht so abgestumpft, der Alte mit dem moosigen Bart! Da schnappt er aus der Luft die singenden Wörter auf, spielt mit ihnen wie mit gefundenen Perlen, die eine Zauberin ihm um seinen im Sonnenuntergang glühenden Hals gehängt hat. Und er ist zufrieden, der grün überwachsene Greis, dass der erste Triller, und nicht einmal der eines entflohenen Vogels, sich hier über sein ihm Todesqualen schaffendes Joch ergießt.

Ein Wort fällt, ein Klang. Der Wald lässt es aber nicht verlorengehen und ersterben. Von allen Seiten greifen die Bäume es auf, wiederholen es, als sei es ihnen schade darum, dass man es nur ein Mal hört. Sie schleudern die Wörter zurück, sprechen sie nach, als wollten sie sie sich einprägen.

Es hat den Anschein, als wolle die ganze Welt mithelfen zu singen, verstärken das Lied, wie etwas, nach dem man sich lange gesehnt hat. So verlieren alle die Furcht vor den umgebenden Schatten und verschmelzen zu seiner singenden Stimme.

Es begann ganz belanglos. Ein Mädchen mit schöner Stimme und mit einer verborgenen Sehnsucht hielt es nicht mehr aus. Sie ging mit einem Jungen spazieren und summte dabei irgendeine Melodie. Sie wurde davon selbst ergriffen und aufgerüttelt. Sie konnte nicht weiter so leise murmeln, sondern sie begann, laut zu singen, einen Schrei in die Welt und in die Luft zu schicken, man solle ihr die verlorene Freiheit zu singen zurückgeben.

Ihren Gesang trug es bis zu den nahen Baracken: Man singt im Wald eine jiddische Weise! Sofort kamen von allen Seiten Menschen gelaufen, stellten sich um das Mädchen und bestaunten ihre Dreistigkeit und diesen unerwarteten Ausbruch. Sie setzte sich ins Gras, unter einen alten Baum, etliche Jungen mit Chorstimmen setzten sich dazu und sie holten alles hervor, was sich in ihren Herzen angesammelt hatte:

Huljet, huljet, bejse wintn![18]

Von irgendwoher kam Feldman, der Vizekommandant der Polizei, gelaufen. Er selbst war ein ehemaliges Mitglied einer jüdischen Arbeiterorganisation und in seinem Gehirn rosteten noch ein paar Brocken eines jiddischen Liedes und eine verborgende Sehnsucht nach dem jiddischen Wort vor sich hin. Jetzt aber, da an seinem Hut zwei Polizeisterne funkelten, zupfte er an seinem schwarzen langen Schnurrbart und auf Befehl seines Vorgesetzten Wajzenberg ging er in den Wald, um Ordnung zu machen: Man musste schon ziemlich verwegen sein, hier so einen Auflauf zu veranstalten! Wenn die Deutschen das sahen! Juden sangen, obwohl niemand es ihnen befohlen hatte!

Als er aber aufgeregt angelaufen kam, die gezwirbelten Schnurrbartspitzen zum glänzenden Mützenschirm zeigend,

---

18 »Heult, heult ihr wilden Winde« von Abraham Reisen (1876–1953), vertont von Michl Gelbart. Das Lied bezog sich auf den sehr strengen Winter 1900.

fiel etwas von seinem gebieterischen Zorn ab. Er warf einen Blick auf das entflammte Gesicht des Mädchens, lauschte seinem dreisten Gesang – und er verlor sich völlig, wie ein Kind. Drumherum stand eine jubelnde Menschenmenge und lauschte. Das Mädchen und seine Mitstreiter sangen jetzt die Hymne des Bunds[19]. Den Umstehenden war schon egal, was man sang. Da stand seitlich ein andächtig frommes Gesicht, das sicher nie dem »Bund« angehört hatte, aber diese Melodie zog einst sehnsüchtig durch die Gassen seines Schtetls, und so war der jetzige Gesang ein Teil von jener Welt, die man ihm genommen hatte. Man hörte ein Lied, ein jiddisches Lied, das in der untergegangenen Vergangenheit gelebt hatte und das gesungen wurde, wen also interessierte es, was man sang und welche Politik man damals mit den Worten gemacht hatte?

Feldman schob schnell seinen Polizeiknüppel in die Seite seines ledernen Gürtels. Er blieb gerührt stehen. In seinen Augen lag ein warmer Glanz, in dem sich die untergehende Sonne ein letztes Mal spiegelte, bevor sie vom nächtlichen Abgrund verschlungen wurde. Er begann, sich umzuschauen, blickte auf die umstehende Menschenmenge, auf die Sängerin, dann weiter auf seine glänzenden Stiefel zwischen der barfüßigen Menge. Es war offensichtlich, dass er nicht mehr auseinanderhalten konnte, was hier Wirklichkeit war und was nur ein hereingeschmuggelter Traum. Bald vergaß er sich, schob das Gras zur Seite und ließ sich zwischen denen nieder, die da saßen und sangen. Alle rückten ein wenig zur Seite und machten ihm Platz. Sie fühlten sich gleich sicherer, als der zweite Polizeikommandant zwischen ihnen allen saß. Feldman selbst hatte, wie es schien, vergessen, warum er gekommen war: Nun, gibt es hier etwa eine geheime Versammlung im Wald, wie früher? Und er, ist er denn nicht gekommen, wie einer von allen, um mitzusingen,

---

19 »Allgemeiner jüdischer Arbeiterbund von Litauen, Polen und Russland«, gegründet 1897.

mitzuschreien und sich begeistern zu lassen? Die Stiefel an den Füßen werden schnell verdeckt von denen, die sich hinzu quetschen. Auch den Hut wirft er fort, soll er auf einem hervorstehenden Ast eines Baumes hängen! Nichts ist mehr da von jenem Feldman, der bald wieder einen Gummistecken in den Händen wird halten müssen. Jetzt sitzt er nicht weit von jenem Mädchen und singt, singt mit.

Alle drängen sich heran. Schon flechten sich ein paar weitere Polizisten in den Kreis. Nicht selten sehnen sie sich nach jenen Zeiten, als sie noch unschuldige Jungen in jüdischen Organisationen waren oder Kinder zu Hause. Dort hatte man gesungen, sich an jiddischen Worten erfreut. Jetzt haben sie es wieder! Sie werfen alles von sich, was einen Bezug zu übertriebener polizeilicher Wichtigtuerei und Aufgeblasenheit hat. Sie sitzen eingepresst zwischen den Trotylern, zwischen abgerissenen Fabrikskeletten und schreien sich die Lunge aus dem Leib. Schon kommen immer mehr Menschen von allen Seiten und man erzählt sich weiter von Mund zu Mund: Die Polizei sitzt auch hier.

Angst vor Schlägen und Wegtreiben herrscht nicht, also gehen auch diejenigen dorthin, die vorsichtig sind und selbst die geringste Gefahr meiden. Mechele kommt es vor, als liefen sogar die Baracken dorthin und als würde plötzlich alles aufbegehren und für die vergangenen Jahre und die bevorstehenden Tage singen. So steht Mechele da und denkt nach, bis sein Begleiter, der scharfsinnige Frydland an ihm zerrt: Hörst du? Die Polizei ist auch hier. Sogar Feldman hat sich hingesetzt, es gibt nichts, wovor man Angst haben muss. Komm!

Beide beginnen, in jene Richtung zu laufen. Es ist schwer, sich einen Weg zu bahnen. Jugendliche drängen sich, außer Atem, wie zu einem großen Abenteuer. Auch die mittleren Alters reißt es mit. Dort sieht Mechele Baruch Szapiro gehen, an der Hand zieht er Starobinski mit. Jener folgt ihm mit blinden Schritten. Seine vorstehenden Augen schickt er voraus, als sollten sie für ihn den Weg erkunden. Irgendwie ist es für ihn selbst schwer zu glauben, dass seine Augen etwas sehen. Er geht und bleibt immer wieder stehen. Szapiro muss ihm alle paar Augenblicke Mut machen: Kommen Sie, man singt doch dort. Junge Leute singen!

III

So wie man in einer großen, flammenden Feuersbrunst das erste Flämmchen nicht erkennen kann, das den Anfang gemacht hat, so kann Mechele jetzt nicht erkennen, welcher Mund in diesen ineinander verschränkten Menschenkreisen den Anstoß für diese Gesangslawine gegeben hat. Alle sind schon bis zur Selbstvergessenheit darin verwoben. Nur Feldman klammert sich noch für einen Moment an den Rand seiner polizeilichen Rolle: Ein bisschen leiser, Kinder, man wird es hören.

Es hört ihn aber sowieso niemand. Und seht nur, wer sich hier alles versammelt hat! Da ist der gelbe Schädel des aufgedunsenen Pikriners, Aron Czok! Ehemals Aktivist beim »Bund« in Radom, hat er es geschafft, monatelang beim Pikrin zu arbeiten und durchzuhalten, mit derselben ruhigen Gelassenheit wie seine damaligen Jahre in den Gefängnissen. Sein Gesicht ist aufgedunsen und angeschwollen. Der Kopf, die Hände, die zerrissene Kleidung und der schwere, klobige Körper sind schon vom gelben Gift zerfressen. Wenn er redet, muss man sein Ohr dicht an seinen Mund halten, um zu hören, was er sagt. Seine Stimme ist schon zerfressen und von ihrem Klang sind im Hals nur heisere Fetzen verblieben, die sicher noch dort hängen, wie die zerfledderten Streifen auf seinem Leib. Hier aber ist er der gleiche Teilnehmer am Fest wie alle. Er steuert seine zerstörte Stimme in ihrer heiseren, lobpreisenden Flüchtigkeit bei. Seine dicken blaurötlichen Lippen schmatzen vor Entzücken und die angeschwollenen, mit Bläue überzogenen Arme heben sich immer wieder zusammen mit ihm vom gräsernen Sitz. Er sieht jetzt nicht die sich wölbenden Hügel auf seinen Gliedern, genau wie er jetzt nicht sieht und nicht weiß, wo er sich befindet. Er brummt nur mit aller Kraft, damit alle es hören: Bim-Bam, Bam-Bam ...

Und da, neben ihm, sitzt der fröhliche Mendel Rubin. Er ist aus Krakau. Hier im Lager hat er, als guter Schlosser, eine bessere Position. Er handelt und steht in Kontakt mit der Außenwelt. Jeden Abend läuft er unermüdlich im Lager umher, sucht überall ein Geschäft, einen Handel. Die Gojim, mit denen er arbeitet, sehen in ihm einen Menschen, der alles wie aus dem Nichts organisieren kann, ihnen einen kleinen Gewinn verschaffen kann. Er ist bei ihnen sehr geschätzt, und das verschafft ihm auch bei den Herrschern[20] des Lagers Ansehen.

Jetzt aber sitzt er hier mittendrin. Er ist nicht mehr einer der Besonderen, die hier bis zum Sattwerden essen, der essen kann, was und wie viel er will. Eher ist er wieder der ehemalige Krakauer Blechschmied, der nachts Plakate geklebt und rote Fahnen über die Zäune gehängt hat. Hier bemerkt er nicht einmal, dass Aron Czoks Kleidung ihm den Ärmel seines noch anständigen Anzugs gelbfärbt. Aron sagt etwas und Mendel beugt sich zu ihm hin, seine flinken Augen wandern umher, daneben des anderen aufgeschwemmtes Gesicht, die wenigen Haare, die sich säumend um Arons glattrasierten Kopf kräuseln. Mendel hört respektvoll zu, was der andere sagt.

Da sitzt auch Bartman, der ruhige Zionist, neben dem Polizisten Trefer, dem Aktivisten des »Bund« von irgendwoher, mit seinem weizenblonden Schnurrbart. Beide sind eher zurückhaltend. Trefer läuft selten mit dem Stecken umher wie die anderen Polizisten. Er bewegt sich durch das Lager mit leichten Schritten, als spiele er hier verkleidet eine Rolle. Wegen seines Alters und seiner Erfahrung bei der Ghetto-Polizei wie auch wegen seiner gojischen blauen Augen und seinem blonden Schnurrbart hat er sich bei der Kommandantin den respektablen Stern des Polizeiranges verdient.

---

20 Gemeint ist die jüdische Lagerführung.

Trefer macht aber nicht viel Aufhebens darum. Er schreit nicht, streitet sich nicht und redet überhaupt selten etwas, sondern geht melancholisch und schweigend umher. Wie also kann so jemand der Leitung von Nutzen sein? Der Fehler zeigt sich der Führungsriege erst später. Die Warkowiczowa muss etliche Male schreien, damit ihr Befehl zum Prügeln Trefer aus seinen Gedanken aufweckt und er sich rührt. Keine der Polizeiarbeiten verrichtet er mit Eifer wie die anderen, sondern trödelt träumend, als sei er gar nicht dabei. Wenn er schreien muss, kommt der Polizeijargon wie künstlich von seinen Lippen und die Worte purzeln unter seinem Schnurrbart hervor wie Fremdkörper, die er nicht bei sich behalten kann. Es erweckt den Anschein, als wolle er noch zufügen: Bin ich das denn, der hier schreit? Ich selbst schweige doch! Sie ist es, die hier schreit, durch mich in der Rolle eines Polizisten.

Jetzt sitzt er neben Bartman, dem schweigenden Jungen und beide haben sich viel im Vertrauen zu erzählen. Beide melancholischen Gesichter lächeln, erhellt vom Funkeln der Augen. Was ist hier für ein Freudenfest? Man ist hier zusammengekommen wie auf einem fröhlichen Markt, wo man ein Lächeln bekommen kann, einen reinen Tropfen des höchsten Genusses, einfach so. Jeder kann sich nehmen, soviel er mag und die Polizei verhindert es nicht. Sie ist selbst damit beschäftigt, die ausgehungerten Gefühle mit einem Tropfen reiner Freude aus ehemaligen, unschuldigen Schtetl-Zeiten zu füllen.

Bald wird es wieder still. Eine mädchenhafte begeisterte Stimme erhebt sich über die Köpfe und ermuntert mit angestrengter Fröhlichkeit und aufgeregter Nervosität: Mehr Schwung! Singt alle mit! Alle!

Ihre Stimme flattert auf zu ihrem zwitschernden Flug. Bald aber beginnt jemand von der Seite, wie ein verborgener Jäger, das wilde freie Zappeln ihrer Stimme über den Bäumen zu stören. Der Widerhall eines Wortes trifft krächzend mitten ins Ziel: Treblinka!

Noch wehrt sich in der Luft und wetteifert um den Schein des abendlichen Lichts das Erbe jenes Krakauer Schreiners in kleinstädtischer, heiliger und naiver Sorglosigkeit:

Ich schlend're durch das Gässele
und knack mir Nüssele …[21]

Aber von der anderen Seite zieht schon eine drohende, fordernde Wolke heran:

Treblinka dort
Für jeden Juden der gute Ort[22]
Ich kann weiter nichts sagen
Wer dorthin kommt, der bleibt auch dort
dort in Treblinka …

Die fröhliche, singende Stimme auf dieser Seite wehrt sich in der Luft und will den Todesstoß nicht hinnehmen. Jetzt windet sie sich, will stärker werden, aber sie beginnt zu ersticken und wie ein geschossener Vogel wird sie immer leiser und leiser. Schließlich fällt sie, fällt und verlischt, wie ein Stück brennender Kohle, das seine letzte Glut in der weichen, ausgebrannten Asche begräbt.

Die Stimmen, die das Treblinkalied angestimmt haben, bedauern sofort, dass sie mit ihren Worten jenes fröhliche Gefühl abgetötet haben, das wie ein entfernter Gast, wie ein reicher Verwandter, in die armen, zerstörten Herzen gekommen ist, um später weiterzufliegen, vielleicht für immer. Sie klammern sich an den letzten Vers des Treblinkaliedes, wie mit einem Aufschrei, einem Protest gegen sich selbst, gegen die Trauer des eigenen Herzens, die mit der ganzen Aussichtslosigkeit des jüdischen Schicksals aufwacht und sich wie eine Katze auf jenen Vogelflug der Mädchenstimme stürzt und ihn mit den schwarzen spitzen Krallen erstickt. So wird der Schluss des Treblinkaliedes eine Art Gebet aus Verzweiflung:

Schweige, mein Herz, schweig!
Mein Herz, verrate nicht
dass du Jude bist

---

21 Aus dem Lied »Rejsele« von Mordechai Gebirtig (1887–1942).
22 »Guter Ort« ist ein Synonym für »Friedhof«.

Es ist aber schon zu spät. Alle wiegen sich im Rhythmus der hervorgerufenen Trauer, die sich in den anfänglichen Momenten des Singens in den Mundwinkeln versteckt hat, um nicht entdeckt zu werden. Jetzt ist sie mit Triumph zurückgekehrt und rächt sich für die Stunde des Vergessens.

Wie kann man denn später an das Herz appellieren, es möge schweigen? Es wird stiller. Es verbreitet sich nur noch ein fruchtloses Wehklagen, das herauszukommen und mitzureißen versucht.

Das Mädchen, das vorher gesungen hat, gibt sich einen Ruck, sie will die herabgesunkene lastende Angst ignorieren. Sie stimmt aufs Neue ein jiddisches Lied an, ein fröhliches von früher, mit der übertriebenen Begeisterung, die nötig ist, um jemanden zu übertönen. Alle Augen zieht es zurück zu ihrem wirren Haarschopf. Die Herausforderung eines wieder neuen, entgegengesetzten Tones macht neugierig: Wer will hier noch immer nicht nachgeben? Wer lässt sich von der Wirklichkeit nicht unterwerfen?

Mechele drängt sich näher heran. Er will sehen, wer da die Atmosphäre absichtlich durchkreuzt und mit aufgesetzt rebellisch erhobener Stimme zu dirigieren beginnt, um die letzten verbliebenen Klänge zurückzuholen. Ein heftiger Schlag aufs Herz versetzt Mechele in eine Art Fieber: Sie ist es, das Mädchen aus seiner Halle.

IV

Vor Mecheles Augen erscheint für einen Augenblick jene nächtliche Szene in der Baracke. Instinktiv fängt er an, mit dem Blick Henech in der umgebenden Menge zu suchen. Er ist nicht da. Vermutlich liegt er immer noch in der Baracke, genau wie vorher, mit gedankenverlorenem Blick. Oder vielleicht drückt er sich abseits zwischen den Baracken herum? Ihr Bild der Verlorenheit in jener Nacht verschmilzt mit ihrem jetzigen, und es bringt auch jene Szene mit, die Mechele zwischen den Bäumen bei der Halle 58 beobachtet hat, als sie ungeniert mit dem Kerl von der Halle dagestanden hat. Ihre drei Gesichter und Erscheinungsformen vermengen sich, es ist nicht zu erkennen, welches der dreien das echte ist, das richtige. Wieder taucht Henech aus dem Nebel in seinem Kopf auf: Was ist sie für ihn? Ist er extra nicht gekommen oder weiß er es nicht? Weiß sie, die trotz allem Feiernde und Fröhliche, wie er jetzt dort liegt und die umgebenden Schatten in seinem Blick umherschleichen und wie verzweifelte Giftschlangen in seinem Herzen umherkriechen?

Sie hat ihn bestimmt hier mit dem Blick gesucht, ganz sicher! Wenn er da gestanden wäre, hätten seine finsteren zornigen Augen sie bezähmt, womöglich ihre Stimme gelähmt und sie erschrecken lassen? Sie sieht ihn hier nicht – sie weiß vermutlich, welche Qualen er auf den harten Brettern aussteht. Wie kann sie nur, wo sie sich doch nahe sind? Und sie sind es doch! In jener Nacht, als sie bei ihm gestanden und ihn angefleht hat, hat Mechele es entdeckt, obwohl es weiterhin in einen hartnäckigen geheimnisvollen Schleier gehüllt bleibt. Wie kann er nur? Wie können sie beide es?

Mechele ruft sich sie und jene Nacht noch einmal ins Gedächtnis. Er lässt ihre Stimme von damals wieder erklingen, mit ihrer Bitte, ihrem verunsicherten Gang zur Tür: Nein! Das war keine Verzweiflung, keine erlittene gefühlte Hilflosigkeit einer Frau, die jemand Nahestehenden verliert und der der Boden unter den Füßen weggezogen wird. In ihrer Stimme damals hat ein Anklang von Gekränktsein gelegen, von beleidigtem Stolz. Gleichzeitig hat sie im Inneren aufgeatmet, weil eine schwere Last so unerwartet und leicht von ihr genommen worden ist. Bei dieser Art des Weggehens hat sie praktisch summen müssen vor Zufriedenheit darüber, dass sie so leicht, ohne sich selbst Schuld oder Reue aufzuladen, von einer schweren Pflicht befreit worden ist, einer Verantwortung, die sie jetzt offen vernachlässigen kann und an der man ihr keine Schuld geben wird.

Ja, hier ist sie jetzt in ihrer wahren Gestalt! Da steht sie, befreit von jener drohenden Last, glücklich, dass dieses unheimliche Joch sie zurückgewiesen hat und nicht umgekehrt. Denn das wäre mit Weinen und bitterem Schluchzen vonstattengegangen und sie würde einen ganzen Sack voll Gewissensbisse mit sich schleppen.

Aber als Mechele sie jetzt anschaut, die Strahlende, ohne das geringste Anzeichen von Trauer, sieht er, dass auch ihre Fröhlichkeit nicht echt ist, nicht natürlich. Irgendetwas verdeckt sie, sie simuliert.

Ihr ganzes Wesen strömt jetzt etwas Vielschichtiges aus, dass es Mechele vorkommt, als sei das Verdecken ihrer nagenden Traurigkeit auch nicht einfach nur Simulation, sondern wohlüberlegt, speziell für diejenigen der hier Stehenden, die sie kennen und um ihre ganze Geschichte wissen. Die Seele einer solchen Frau hat viele Kniffe und Falten und es ist schwer, in so kurzer Zeit alles zu durchstöbern und zu sehen, was sich dort im Verborgenen befindet. Vorläufig sieht er nur das, was direkt ins Auge fällt, wie ihr schelmisches Gesicht mit der frechen Nase und den weit geöffneten auffälligen Lippen. Diese scheinen gemeinsam mit den umherblickenden Augen etwas zu suchen. Die feinen milchweißen Zähne schauen scharf in die Welt hinaus, bereit, alles was ihnen gegeben wird, ausnahmslos anzunehmen und zu verzehren. Das wirkt aufreizend. Mechele spürt das ziehende Gefühl in sich jetzt schärfer und fordernder.

Heute macht sie erst den Anfang. Das entwickelt sich durch die Aufmerksamkeit ihr gegenüber, die sie hier hervorruft. Sie sammelt derweil alle Blicke ein, die auf sie fallen, die sie auf sich zieht. Wenn sie wieder allein ist, wird sie sie in ihrer Fantasie wie eine gefundene Perlenkette ausbreiten, wird jeden einzelnen auswählen, aussortieren und einschätzen. Sie hält alle ihre Sinne weit geöffnet und sie saugen alles in sich auf, machen trunken. Sie nimmt die Trunkenheit tief in sich auf, ihre Augen glänzen hungrig und geben zu erkennen, dass dies bloß ein kleiner Vorgeschmack von dem ist, was ihr zusteht, was sie einfordern wird, wie eine Schuld von Werk C und wieviel sie bereit und in der Lage ist, zurückzugeben.

Eine Mischung aus Trunkenheit, aus Kapitulation und einem scharfen Verdacht, aus Abscheu und aus Furcht vor Gefahr wirbelt Mechele durchs Gehirn. Kaum nimmt er wahr, was der raffinierte listige Frydland ihm zuflüstert: Das ist eine gefährliche Frau, die Kleine. Ich kenne mich mit so Sachen aus!

Frydlands Worte verfliegen aber rasch, können seinen abweisenden Gefühlen ihr gegenüber keine Kraft schenken, können sie nicht reifen und stärker werden lassen. Er schenkt dem Gedanken wenig Beachtung: Sie hat eine Kraft! Nicht besonders schön, vielleicht eher ausgelassen; aber sie besitzt etwas Edles, eine zarte Bescheltheit, die man ihr mit nichts nehmen kann.

Er würde gerne neben ihr stehen, ihr folgen, sie hören und sehen. Da stehen und sie aus der Nähe betrachten, ganz nahe!

In den Augen vieler »besserer« Menschen des Lagers, die dastehen, sieht Mechele einfältige Bewunderung aufflammen, wenn sie sie anschauen. Er schämt sich bei dem Gedanken, dass vermutlich alle dasselbe denken wie er und es ist ihm eine Demütigung, dass er bei sich einen Gedanken zulassen kann, der nur zu Leuten wie denen passt. Bei ihnen fällt er lediglich leidenschaftlicher und gröber aus, gerade als komme jeder fleischliche Gedanke bei einem korpulenten Menschen plumper heraus als bei einem knöchernen dürren.

Er hört aber doch in sich ein leises Verlangen nach ihr, eines, das sich nicht greifen und berühren lässt: Was will es? Was begehrt es? Es streunt verloren umher, ohne sich zu einem klaren Gedanken zu formen. Und sie? Er sieht, wie alle ihr so eigenartig applaudieren, mit lautem Klatschen und einem hintergründigen Lächeln auf den Gesichtern. Mechele fühlt sich plötzlich nicht mehr gut, dass er hier zusammen mit allen steht, dass auch sein Blick hinaufgeht zu ihr und auf ihrem Gesicht Röte hervorruft, genau wie die Blicke der Umstehenden. Es kommt ihm vor, als rufe jeder gesondert diese hervor, als teile jeder Blick, jeder Applaus ihr mit, dass ... nein, nein! Nicht nur, dass er ihre Nähe und ihre Fröhlichkeit begehrt! Mehr noch: Er verschlingt sie und begehrt, von ihr verschlungen zu werden ...

Das Mädchen nimmt flink alles in sich auf, wie ein Artist, der es schafft, alle ihm zugeworfenen Münzen mit der Hand zu fangen. Es brodelt in ihr und tritt als zufrieden schamhafte Röte auf dem Gesicht zutage, zeigt sich in der bewussten Ausdruckskraft jeder ihrer Bewegungen. Nach und nach verschwindet aus ihrem Gesicht jenes naiv schelmische und kindlich neugierige Lächeln. Es verbleibt nur das künstliche Lächeln, das nur jene Frauen aufsetzen, die von so vielen Augen gleichzeitig bewundert und offen begehrt werden. Hier ist das Wissen wichtig, weil sie bei ihnen dieses Gefühl schärfen und weiter aufladen muss. Sie ist vielleicht nicht darauf aus, denkt womöglich nicht so weit, aber sie muss es. Sie will derweil stärker aufrütteln, bei immer mehr Leuten im Gedächtnis bleiben, will mehr zeigen und mehr Verlangen nach ihr in den glänzenden Männeraugen hervorrufen, in immer mehr Augen ...

Mechele steht verzaubert da, eingezwängt wie in Eisen zwischen seinen zwei Gefühlen. Von einer Seite breitet sich ein weicher süßer Nebel über seine Seele, der ihn zu ihrer Stimme hinzieht, zu ihrem Beben, zu jeder ihrer Bewegungen, zu dem so Edlen und Feinen, das ihn schon damals bei ihrer ersten Begegnung berührt hat. Aber jetzt legt sie nach und nach jene Gestalt ab, die in ihm so rein geleuchtet hat. Eine andere – und doch dieselbe. Jene – und doch eine andere, eine Fremde! Er sieht, wie sie zu einem nüchternen Berechnen jeder ihrer Körperdrehungen, jeder ihrer Lippenbewegungen beim Hervorbringen der Töne übergeht. Das alles wird bei ihr in eine Sache verwandelt, die man einem Erregten entgegenschleudern muss, es solle ihn noch stärker gelüsten, sabbernd davon zu kosten und danach noch lauter zu brüllen vor jener Art von Hunger, den nur Satte in Werk C spüren konnten. Instinktiv sucht Mecheles Blick nach Henech und es ist ihm recht, dass dieser ihn jetzt hier nicht sieht, zusammen mit all den anderen. Es hätte ihm sicher weh getan, denkt er, selbst nicht wissend, warum. Ihm selbst hätte es auch den Schmerz seiner Anwesenheit hier verstärkt, er hätte sich vor ihm geschämt. Es ist besser, dass man ihn nicht sieht!

Ein Wille überkommt Mechele, ein regelrechter Eifer, in sich ein wenig Hass auf sie zu finden. Er muss sie verabscheuen! Er kann aber nichts Offensichtliches finden, woran er den Hass festmachen könnte. Hat sie auch schon über ihm ihre Fäden ausgeworfen? Er steht da und es kommt ihm vor, als sei er noch Herr über sich. Vermutlich hilft ihm dabei das Glühen von Henechs Augen, das sich ihm im Raum schwebend in Erinnerung ruft. Er vernimmt in sich plötzlich die Sicherheit, dass hier mit ihm gar nichts geschehen ist, wirklich gar nichts!

Kapitel neun

I

Ein dummer Junge, alles in allem, dieser Mechele! Er meinte immer noch, dass er über seine innere Welt befehligen könne, dass er tun und denken könne, wie es ihm gefiele. Nun gut, er hatte eben Lust, hier zu stehen! Er fragte nicht einmal seinen Willen, sondern zupfte seinen Nachbarn Frydland mit Entschlossenheit: Komm, lass uns zurück zur Baracke gehen!

Hätte er tiefer über seine Absichten nachgegrübelt, hätte er damals sicher erkannt, dass er Frydland damit ein wenig täuschen wollte, damit dessen scharfe Augen nicht bemerken sollten, wie auch er von diesem Spiel gefangen war. Er dachte aber nicht nach. Der vordergründige Gedanke war: fliehen! Weggehen – denn die jiddischen Fünkchen hier waren nur Vorspiel zu etwas anderem. Die reine Sehnsucht würde verglühen, würde sich mit Unruhe mischen und später würde sie sich in die gesetzlosen schmutzigen Stimmen von Werk C verwandeln. Wie sollte man aber das Feuer löschen? Ein wenig hatte er Angst, im Falle Frydland könnte einverstanden sein zu gehen, würde er nicht die Kraft finden, er würde sich von Frydland losmachen und danach hierher zurücklaufen.

Bei jenem aber gingen die Gedanken nicht so tief. Mecheles Drängen lehnte er rundheraus ab: Der Gestank bei mir im Palast wird mir nicht verloren gehen. Mechele war insgeheim zufrieden, dass er weiterhin hierbleiben konnte, auf seines Nachbarn Verantwortung.

Moniek, der Polizist und Bekannte von Mechele erblickte ihn von weitem. Er sagte etwas zu Bartman. Bald zogen etliche Hände an Mechele und setzten ihn mitten in ihren Kreis. Mechele fand sich plötzlich zwischen Feldman und einem blassen, molligen Mädchen wieder. Von weitem signalisierte Frydland seine Zufriedenheit. Es machte ihm offensichtlich Freude, dass sein Freund und Barackenmitbewohner von der Lageraristokratie wahrgenommen wurde und sie ihn zu sich einluden. Mechele fühlte sich unbehaglich und verloren. Das Mädchen in seiner Nähe hatte ein bleiches Gesicht und eine ausgeprägt gezeichnete Nase, als hätte sich jemand speziell damit abgegeben. In ihrem Blick lag eine befremdliche Ruhe, in deren Nischen eine nichtverloschene Trauer haftete.

Mendel Rubin, der hinter Mechele saß, flüsterte ihm vertraulich zu: Das ist Blumcia, ihr Vater war ein bekannter Drucker in Warschau. Er hat ein Buch mit Memoiren herausgegeben und ist in der Bewegung des »Bundes« sehr aktiv gewesen. Sie ist ein anständiges Mädchen, die Blumcia, und ein kluges. Sie schweigt viel, aber man kann gut mit ihr reden.

Bei dem Mädchen ging das kleine, edle Gesicht fast in der Masse an Haaren, die es umsäumten, verloren. Ihre Lippen waren fein und wohlgeformt. Wegen der faltenlosen Glätte glänzte die Unterlippe sogar ein wenig, als sei sie eingecremt. Wenn sie lächelte, traten die Lippen stärker hervor und die Unterlippe bog sich weit nach vorn. Sie leckte neugierig die Luft außerhalb des Mundes auf und zog sich sofort wieder zurück. Das Mädchen blickte ständig auf die, die eben gesungen hatte. Als wollte sie damit zeigen, dass sie nicht hier saß, weil sie sich amüsieren wollte; sie selbst war rundum traurig. Sie war nur jener zuliebe hergekommen, die eine ihrer Bekannten noch aus Warschauer Zeit war. Jetzt waren sie sich hier begegnet, und es wäre schade gewesen, an einem freien Abend nicht bei ihr zu sein.

Feldman hatte sich ganz nahe zu Blumcia gesetzt und begann, ohne Pause auf sie einzureden. Sie saß schweigend da, abwesend und ständig in die andere Richtung schauend. Es war nicht klar, ob sie überhaupt ein Wort von dem, was er sagte, hörte. Der schäumende, ständig umherlaufende Feldman war aber wie angeleimt an seinem Platz. Er überschüttete sie mit Reden, schrie, rechtfertigte sich für etwas, schwadronierte, als wollte er, dass etwas von seiner Hitzigkeit und seinem Aufbrausen in ihr stilles Gemüt einsinke und auch sie aufrührte.

Es war auch nicht klar, ob er hier und jetzt in ihr nur die Frau suchte, oder ob er in ihr auch diejenige sah, die in denselben Kreisen geboren und aufgewachsen war, denen er selbst so viele Jahre gewidmet hatte. Suchte er gar Läuterung seines Kommandanten-Daseins und seines polizeilichen Prügelns? Und womöglich wollte er sie gar in seine jetzige Welt hineinziehen, sie auf seine Art umarbeiten und umformen?

Wie aus dem Nichts tauchte Frydland neben Mechele auf und warf ihm ein paar Worte zu: Siehst du? Da schlüpft gerade eine neue Cousine für Feldman. Hier wird man sehr schnell zu Verwandten, besonders, wenn man von derselben ehemaligen Partei ist.

Er schaute sich um, ob auch niemand mithörte und fügte hinzu: Siehst du, wie sie schweigt? Sie hört gar nichts, he? Aber sie wird es zulassen, sie ist bereits darauf eingegangen, von der ersten Minute an. Ich kenne mich mit Gesichtern aus, ich …

Derweil redete Feldman und redete. Blumcia begann ihm zuzuhören, war sich nicht sicher, ob sie alles hören musste oder sich einige seiner Wörter herauspicken sollte. Im Gegenzug lächelte Feldman gelegentlich, nahm spielerisch ihre Hand.

Der Sonne wurde es inzwischen langweilig, über den Köpfen der Versammlung Wache zu halten und sie begann als Erste, sich zu ihrer nächtlichen Heimstatt zu begeben. Die langen Schatten der Bäume begannen, sich weiche Lagerstätten im Gras herzurichten und zurechtzuklopfen. Schon bald blieben sie liegen, verschmolzen einer in dem anderen, als feierten sie hier eine Liebesorgie im Schoß der anrückenden Nacht.

Von weitem drang die Stimme von Wajzenberg herüber, dem Kommandanten der Polizei. Irgendwie kam es ihm im

Lager ausgesprochen leer vor und Polizisten waren auch nicht viele da. Er donnerte deshalb aus der Ferne los, suchte seinen Stellvertreter: Feldman! Wo zum Teufel steckst du, Feldman?

Feldman riss sich von seinem Platz los. Seine Hand ergriff mechanisch die aufgehängte Mütze und warf sie mit gewohnter Wichtigtuerei auf den Kopf. Er zog auch seinen Gummistecken heraus und stand hastig auf. Um ihn herum entstand ein Gewühl. Die Leute begannen, sich in alle Richtungen zu entfernen. Feldman erinnerte sich an etwas. Nachdem er ein paar Schritte gegangen war, drehte er sich zu Blumcia um, lächelte flüchtig, wie bei einer Angelegenheit, die man möglichst schnell erledigen sollte und sagte: Nach dem Hineintreiben der Meute in die Baracken habe ich mehr Zeit. Kannst kommen, wenn du willst. Niemand wird etwas sagen. Wir können uns dann länger unterhalten.

Die Polizisten standen träge von ihren Plätzen auf, stampften mit den Stiefeln und schrien zu niemandem konkret: Schneller, zum Teufel! In die Baracken mit euch!

Werk C erwachte zum letzten verrückten Getümmel des Tages.

II

Die Menschen verliefen sich nicht alle. Nachdem die Furcht die größere Zahl der Machtlosen, die sich wie der Wind zerstreut hatten, abgeschöpft hatte, blieb ein kleine Gruppe zurück, die langsam und gelassen zu ihren Baracken ging. Jeder von ihnen hatte hier etwas Neues gefunden, von dem sich zu trennen schwer fiel und das man genau untersuchen musste, um sich das Gefundene herauszunehmen, damit es nicht mehr verloren gehe.

Mechele ging mit dem Grüppchen, unter denen sich auch Fredzia, die Hauptsängerin, befand. Mendel Rubin, der vor der Polizei keine Angst hatte, hielt die paar Menschen zurück:

Kinder, ich habe eine Idee. Man kann doch so Abende im Lager abhalten! Nicht Konzerte, wie sie es damals gemacht haben, sondern auf unsere literarische Art, in einem vertrauten Kreis. Ach, wie schön das wäre! Wir haben hier einige Leute mit Intelligenz, die einen Stift in der Hand halten können. Warum sollte man es also nicht machen?

Mendel fühlte sich ein wenig einflussreicher als die anderen. Er war Schlosser beim mächtigen deutschen Meister Korosta in der Werkstatt und stand unter seinem Schutz. Flink bei allerlei Geschäften hatte er beeindruckende Verbindungen nach draußen und auch die Kommandanten profitierten von Zeit zu Zeit von ihm. So konnte er reden und Pläne machen. Alle anderen schwiegen. Er begriff sofort, dass die anderen Angst hatten und fügte nach einer Weile hinzu: Ich nehme es auf mich.

Er ließ seine paar Begleiter zurück und folgte Bartman und einigen Polizisten. Fredzia zog er an der Hand mit: Komm mit, wir müssen etwas besprechen.

Fredzia, die in dem ganzen Durcheinander die Aufmerksamkeit eingebüßt hatte, die die Menschen ihr geschenkt hatten, lächelte zufrieden, dass man sie zu Beratungen über Pläne hinzuzog, über die nur die Stärkeren im Lager nachdenken konnten. Sie folgte Mendel.

Mendel tippte Bartman an, jener rief noch ein paar Leute dazu und sie stellten sich etwas abseits hin, um zu diskutieren. Fredzia stand mittendrin, gestikulierte mit den Händen. Als Mechele und Frydland vorbeigingen, schauten ihm alle nach. Von der Seite verbrühte ihn Fredzias Blick. Er hörte bloß, wie sie dort hastig ein paar Worte in die Runde sprach: Den kenn ich doch. Er arbeitet bei mir in der Halle und ihr könnt euch seinetwegen auf mich verlassen.

Mechele verstand, dass man über ihn redete, dass sie über ihre Bekanntschaft mit ihm Andeutungen machte und dass es um eine Mission zu ihm ging, die sie auf sich nahm. Was für eine? Das konnte er nicht gleich begreifen. Sein Herz tat einen seltsam freudigen und erschrockenen Sprung: Sie hat ihn gesehen! Sie hat über ihn geredet! Das schreckte ihn dermaßen auf, dass es seine Gedanken im Kopf in einer Geschwindigkeit durchmischte, wie der Wind, der über Buchseiten fährt. Frydland ließ ihn aber nicht in Träumereien versinken. Er stupste ihn in die Seite: Du Schafskopf, siehst du nicht, wie sich hier etwas entwickelt? Wenn man sich mit diesen Leuten anfreundet, ist es sicher nicht zum Schlechten. Ich sehe, sie planen etwas mit dir. Sieh zu, dass du wenigstens auch was davon hast.

Mechele brummelte etwas, aber Frydland hörte es nicht mehr. Er ging schon hinüber in jene Richtung und Mechele ging weiter. Die Polizei lief derweil wie verrückt umher. Wajzenberg war gereizt und schlug mit dem Stecken auf die Köpfe ein.

Nach Konzerten gelüstet es sie, unter freiem Himmel. Diese Hurensöhne! Ich werde es euch zeigen. Soll bei jedem Einzelnen im Hirn ein ganzes Orchester pfeifen!

Auch jene kleine Gruppe »besserer« Leute löste sich schnell auf und zerstreute sich. Mechele schaffte es noch zu sehen, wie mitten im Gehetze Frydland Fredzia bei der Hand packte, sich aufregte und wieder beruhigte. Er wollte sie von etwas überzeugen. Zwischen dem lärmenden Tumult trug es einige abgerissene Wortfetzen bis zu Mecheles Ohr: Eine Minute nur ... wichtig, ich bitte Sie, eine lebenswichtige Frage ...

Sie wollte sich zurückhalten, schnell antworten und fortgehen. Frydland aber kochte, schrie und überschüttete sie mit einer Sintflut von Worten, ein Gemisch aus Jiddisch, Polnisch und Ukrainisch. Das Mädchen wurde überwältigt von seiner Energie und hörte zu, dachte nach. Mechele wurde klar, dass Frydland sich hier schon mit seiner Wortgewalt hineingedrängt hatte und dass er das Unmögliche erreichen würde.

Der Schub der getriebenen Menschen drängte Mechele weiter, bis in seine Baracke hinein.

Henech lag immer noch mit offenen Augen, den Blick zur Decke gerichtet und jeden Einzelnen, der hereinkam, musterte er scharf. Als Mechele neben ihm vorbeiglitt, um auf seine Koje zu klettern, kam es ihm vor, als ärgere er sich hauptsächlich über ihn. Er wollte vor sich selbst nicht zugeben, dass er wusste, warum.

III

Am nächsten Morgen stand Mechele mit einem anderen Gefühl auf als sonst. Spät in der Nacht waren Bartman und Moniek bei ihm gewesen und hatten ihm mitgeteilt, dass er noch ein paar Tage in der Fabrik bleiben müsse, danach bestünden Aussichten, ihn zu einer anderen Arbeit zu bekommen. Er würde dabei niemandem seinen Platz wegnehmen. Gesagt – und weg waren sie mit geheimnisvollen Mienen.

Der Morgen war golden und hell. Die Arbeit in der Halle war dieses Mal leichter und für Mechele war es ein günstiger Tag. Chropicki brachte ihm einen großen Apfel und zwei Tomaten. Ein Junge vom zweiten Tisch, dem Mechele gestern geholfen hatte, eine Ladung in den Korridor zu schleppen, brachte ihm ein Stück Brot. Mechele wurde traurig. Die vergangenen Tage waren vergessen und heute sah es aus, als verbesserte sich seine Lage hier. Wer weiß, wäre es womöglich von Vorteil, hier zu bleiben? Wusste er denn, wie es an leichteren Orten aussehen würde? Allmählich tat es Mechele leid, aus Halle 58 fortzugehen. Es kam ihm vor, als wögen die Granaten gar nicht so schwer und wenn man nicht hungerte, hoben sie sich wie von selbst. Die Hände schmerzten nicht mehr so und hatten sich fast daran gewöhnt. Nein, es war nicht vorteilhaft, einen anderen Platz zu suchen! Er aber bestimmte hier nicht über sein Schicksal. Es konnte sein, dass er heute bereits zum letzten Mal hier arbeitete. Er hatte sich schon an die Atmosphäre gewöhnt. Gut möglich, dass er sich gar hierher zurücksehnen würde, zu Chropicki, zu den anderen groben, gewalttätigen Gesichtern, die er jetzt besser kannte und denen in die Augen zu schauen ihm daher leichter fiel.

Das war schon Teil seines Tages geworden, hatte sich in seine Gedanken eingeflochten. Morgen würde er sich vielleicht von Neuem an eine Umgebung gewöhnen müssen; wieder einmal: Reden, Nachforschungen, Misstrauen, Schläge, Hunger ...

Von der anderen Seite der Halle schaut immer wieder ein Augenpaar verstohlen zu Mechele. Er begegnet dem Blick. Es ist Fredzia. Sie arbeitet weit von Mecheles Tisch entfernt. Sie beobachtet ihn vielleicht das erste Mal. Es ist aber auch möglich, dass er es heute erst erkennt. Wie kann er das wissen? Dass sie ihm Funken von Wärme mit den Augen zuwirft, berührt Mechele, lässt ihm plötzlich die ganze Halle näher, anziehender und vertrauter erscheinen. Da hast du es! Genau dann, wenn sich Aussichten ergeben, das Trotyl loszuwerden. Er will sich darüber keine Rechenschaft ablegen, aber er weiß jetzt, dass er mit diesem Ort hier verbunden ist. Im Herzen wird ihm eng, bis zum Weinen. Ein Bedauern erstickt ihn, Selbstmitleid. Von jener Seite jagt es ihn mit solch unausgesprochenen Versprechungen, mit Bitten, von denen er gar nichts verstehen kann. Er kann der Unklarheit nur ein vages Wissen entnehmen, dass er hier etwas Besänftigendes, Warmes finden kann, durch das seine Tage sich ändern werden. Es hätte ihm sogar gut getan, aber er muss fortgehen! Die Tage danach werden trübsinniger und leerer werden und eine Sehnsucht wird das Letzte von ihnen abnagen.

Er will es nicht sehen, nicht erkennen, aber er weiß, dass er immer wieder einen Blick hier hereinwerfen kann und es wird ihm wohltun. Man kann es niemandem sagen, keiner würde das verstehen: ein verrückter Junge! Seine Verbundenheit mit der Halle 58! Aber er muss es jemandem gegenüber aussprechen. Am besten kann Chropicki das verstehen. Auch wenn Mechele ihm nicht sagen wird, warum. Er will es einfach nur aussprechen: Wissen Sie, Panie Chropicki, sie wollen mich aus der Halle herausnehmen, zu einer anderen Arbeit.

Chropicki überrascht das nicht. Aber er bedauert es: Nun, das ist nicht gut. Hier hast du dich schon an die Leute gewöhnt. Du arbeitest, aber du hast auch ein extra Stück Brot, ein wenig Essen. Und dort, weiß der Teufel, welche Schweinehunde du dort antreffen wirst.

Bald wird er sehr traurig: Ich will dir die Wahrheit sagen! Es tut mir auch persönlich leid. Hier stehen wir zusammen, wir hatten nie Streit miteinander. Man vertreibt sich die Zeit mit einem klugen Wort, mit einem Schwätzchen und bemerkt nicht einmal, wie der Tag vergeht. Und jetzt – ach, zum Teufel!

Mechele ist gerührt von Chropickis Verbundenheit mit ihm. Jetzt wird ihm auch das fehlen: ein Mensch, schlussendlich! Er ist tatsächlich vertraut mit ihm geworden, hat kein Unrecht von ihm erfahren. Er will sich vor ihm rechtfertigen, als habe er einen Verrat begangen: Sie wissen doch, mit Juden kann man machen, was man will. Befiehlt man ihnen, wegzugehen, helfen keine Tricks. Andere haben die Gewalt über dich.

Chropicki ist aber schon voller Eifer: Hör zu, wir werden Zielinski bitten, er soll es nicht zulassen. Die ganze Halle wird sich für dich einsetzen. Alle wollen, dass du hier arbeitest. Dort sollen sie sich einen anderen Dummen suchen. Ich werde es am Abend Zielinski erzählen.

Mechele ist gerührt von dem Funken Menschlichkeit in Chropicki, dass er sich für ihn einsetzen will. Hier hat das Bröckchen ungleicher Freundschaft die Wand Jude-Goj durchbrochen, wie kann er ihm jetzt sagen, dass seine Freunde ihm damit nur einen Gefallen tun, seine Situation verbessern wollen? Er bittet ihn: Nein, es ist noch nicht sicher. Vielleicht war es nur so dahergesagt. Man darf kein Gewese darum machen, bevor es nicht …

Alle Unterhaltungen während des Tages drehen sich schon darum, dass man kein bisschen Ruhe einkehren lässt, nicht einmal bei der schwersten Arbeit. Chropicki lässt nicht ab: Selbst wenn sie dich in eine andere Halle wegschleppen, werden wir dich zurückbringen. Sag uns nur Bescheid. Sie können Juden nehmen, so viel sie wollen – bei uns in der Halle aber wirst du fehlen.

Beim Beenden der Norm, als schon »Feierabend!« gerufen wird, kann er sich nicht zurückhalten und ruft Stach zu: Hast du gehört? Man will ihn aus unserer Halle herausnehmen.

Stach macht es einfach: Geh nicht, Moszke! Hier bei uns ist es besser und zwangloser.

Aber Chropicki schimpft mit ihm: Was redest du für Unsinn! Sagst zu einem Juden: Geh nicht. Hat er denn einen Einfluss darauf? Wir dürfen es nicht zulassen!

Und als er schon geht, um seine Papierschürze wegzubringen, fügt er noch hinzu: Für den Fall, dass man dich hier herausholt, sollst du wissen: Wir werden uns darum kümmern!

Mechele erkannte, dass er hier noch einen Freund hatte, den er nicht als solchen eingeschätzt und betrachtet hatte.

Beim Hinausgehen traf er auf die Gruppe Polinnen, die sich drängten, als Erste draußen zu sein. Er ließ alle vor, weil er keinen Unmut damit erregen wollte, dass er sich vordrängelte. Das wäre mehr gewesen, als man bei einem Juden durchgehen lassen konnte. Deshalb stellte er sich, wie immer, in eine Ecke. Als die Letzte hinausging, erblickte er auch Gucza und das andere Mädchen. Eine Unruhe veranlasste ihn, sich umzuschauen. Hinter ihm stand Fredzia. Ihre Blicke trafen sich. Mechele wollte weiterlaufen, aber sie hielt ihn mit der Hand zurück: Wenn Sie wüssten, wie böse ich auf Sie bin!

Mechele stammelte verwirrt: Böse auf mich? Warum?

Beherzt ergriff sie die erhoffte Gelegenheit, zupfte ihn am Ärmel, wie einen alten Bekannten und sagte: Nun, erstmal müssen wir weitergehen. Bis zu der Kolonne werden wir noch genug Zeit zum Reden haben. Wir gehen doch in derselben Reihe zum Lager.

Die Menschen der anderen Hallen waren noch nicht fertig. Man musste warten. So standen sie und Mechele wurde das eigene Schweigen unangenehm. Für Fredzia war es noch schwerer: Ein merkwürdiger Mensch sind Sie! Sie könnten Ihr ganzes Leben lang schweigen, wenn man Sie ließe.

Mechele lächelte flüchtig: Das wäre gar keine schlechte Idee.

Sie hatte damit aber etwas anderes sagen wollen. Deshalb ignorierte sie seine Antwort, als ob er nichts gesagt hätte, und fing an, geziert zu zürnen und zu flirten: Und ich bin böse auf Sie! Da arbeitet einer schon fünf Wochen mit mir zusammen und sagt gar nichts!

Mechele schaute sie erstaunt an: Was habe ich Ihnen denn zu erzählen?

Fredzia lachte: Erinnern Sie sich an den ersten Tag hier? Sie haben mir ein Wort zugeworfen: Hysterische Jüdin! Dann hat man Sie zusammengeschlagen und an einen anderen Tisch geschickt. Dabei hatte ich Ihnen doch gesagt, dass ich ein jiddisches Wort liebe, dass ich mich danach sehne. Und Sie haben mir nicht gesagt, dass Sie hier im Lager schreiben! Bartman hat uns gestern erzählt, dass Sie ihm schon einige Sachen zum Verstecken gegeben haben. Nun frage ich Sie: Sie arbeiten schon ein paar Wochen mit mir zusammen, ich sehne mich danach, während des Tages mit jemandem ein vernünftiges Wort zu wechseln – und Sie suchen sich sogar Gojim aus! Meinen Sie, dass ich davon nichts mitbekomme?

Sie wurde rot. Ihre vollen Lippen zitterten. Mechele verlor den Faden seiner Gedanken. Er sagte etwas, wenn auch nur, um überhaupt etwas zu sagen: Sie verstehen, ich bin in Baracke zwei, man beobachtet dort so viel, dass man später keinerlei Lust mehr auf irgendetwas verspürt.

Sie erschrak leicht: In der zweiten Baracke?

Mechele hörte aus ihrem Ton etwas heraus, das er übersehen hatte. Sie hatte aus seinen Wörtern eine Antwort herausgehört, eine klare Rechtfertigung und gespürt, was ihm auf dem Herzen lag: die zweite Baracke! Ihr musste man nicht sagen, was sich dahinter verbergen konnte. Er bereute, dass er bei ihr eine Wunde berührt hatte, deren Schmerz er noch immer nicht klar erkennen konnte. Ein aufrührerisches

Gefühl aber hetzte und argumentierte in ihm, er solle ihr weiter mit provozierender Neugier Salz in die Wunden streuen und sehen, welch einen Schrei es hervorrufen würde. Es war nicht nur Neugier, es war auch eine verdeckte Rache dafür, dass er aus seiner Lethargie aufgeweckt worden war und er womöglich durch eine unerfüllbare Sehnsucht neues Leiden erfahren würde. Genau dieses Fünkchen Boshaftigkeit trieb ihn dazu, sie zu ärgern und sogar weiter in ruhigem Ton zu ihr zu sprechen: Ja, in der zweiten Baracke! Ich habe sogar einmal bei Nacht gesehen ... zufällig bin ich damals aufgewacht. Sein Bett steht meinem gegenüber. Ich hatte keine andere Wahl. Ich hab nicht gewollt und doch hat es mich angezogen, zu sehen und zu hören.

Das Blut stieg ihr ins Gesicht, als hätte Mechele sie von allen Seiten geohrfeigt. Einen Moment kam es Mechele so vor, als habe er sie jetzt so schrecklich beleidigt, dass er es nie wieder würde gutmachen können. Er glaubte, sie würde sich jetzt auf ihn stürzen, schimpfen, schreien, wie auf einen, der sich zu jemandem in dessen Zimmer gestohlen und in dessen innerste Geheimnisse geblickt hatte. Sie aber tendierte eher zum gekränkten Weinen: So? Soll das heißen, Sie haben Angst gehabt, mit einer Frau zu reden, die sogar von einem dürren, abgerissenen Skelett davongetrieben wird wie ein Nachtgespenst, he? Schämen Sie sich nicht, auszusprechen, dass das Eindruck auf Sie gemacht hat? Idiot!

Mechele schwieg. Ihm kam es vor, als wäre ihm ins Gesicht gespuckt worden, was er auch verdient hatte. Sie aber war augenblicklich erschrocken über das eigene Wort. In dem Ausruf »Idiot« hatte sich die ganze überraschende Beleidigung entladen. Ihr Gesicht nahm wieder die gewöhnliche, ruhige Färbung an und sie war im Begriff, etwas richtigzustellen.

In der Ferne begannen die Menschen ihrer Gruppe herbeizuströmen, denen sie sich anschließen mussten. Deshalb beeilte sie sich: Nun ja, Sie wissen gar nichts. Ist schon gut. Wir werden uns im Lager treffen. Ich werde alles erzählen.

Damit werden Sie der Erste sein, der es aus meinem Mund erfährt. Aber – Sie müssen auch etwas sagen! Ihr Schweigen ist schrecklich nervtötend. Wir werden uns zusammensetzen und – mir ist schon alles egal! Ich werde Ihnen alles berichten. Möglich, dass ich vorher Bartman bitten werde, mich einen Blick in Ihre Manuskripte werfen zu lassen. Vielleicht wird es mich ansprechen und begeistern. Und ich werde Sie indirekt etwas besser kennenlernen. Dann werde ich mich mit leichterem Herzen Ihnen anvertrauen können. Ich werde durchaus erkennen, ob Sie in der Lage sind, mich zu verstehen. Also dann, auf Wiedersehen!

Sie wurde von der Mädchenreihe schnell verschluckt und Mechele beobachtete sie von der Männerreihe aus. Den ganzen Weg über scherzte und spaßte sie mit den Freundinnen in der Reihe und mit dem einfältigen Polizisten, der sie führte. Jetzt wusste Mechele aber, dass sie damit einen Teil ihres Lebens verdrängen wollte, von dem sie nichts mehr wissen und in ihrer Umgebung nichts mehr hören wollte.

Kapitel zehn

I

In Warschau war Henech ein fröhlicher, lebendiger Mensch gewesen. Sein spezifischer Humor und seine Ausgelassenheit machten ihn bei der Jugend der Warschauer bundistischen Kreise beliebt. Es gab keinen Abend, keine kulturelle oder gesellschaftliche Veranstaltung, bei der nicht auch Henech seinen Anteil Lebendigkeit ins Spiel einbrachte. Sicher, es gab Tage, viele Tage, die von großer Not überschattet waren. Er war dann traurig und verzagt wie alle. Es fehlte aber auch nicht an sorglosen Momenten von Liebe, Fröhlichkeit und Unbekümmertheit. Man wusste damals in jenen Kreisen, dass bald auch Henech auftauchen würde.

Auch in den ärmeren Quartieren des jüdischen Warschau wuchsen Kinder mit muskulösen Körpern auf, mit einem Lächeln, das zwischen roten Lippen und gesunden Zähnen strahlte. Sie suchten und forderten ihren Anteil am Leben ein. Sie streckten ihre gesunden, an Arbeit gewöhnten Hände und schöpften von der jungen Kraft, so viel sich nehmen ließ. Und tatsächlich saß man an einigen Abenden zusammen und betrachtete verschiedene schwere Probleme der Arbeit, der Arbeitslosigkeit und familiäre Sorgen. Dann wurden die Gesichter grauer und angespannter. Bald aber schien die Sonne eines Liedes auf die Gesichter, freundliche Blicke leuchteten auf und jener dunkle Kreis, in dem man sich traf, wurde einem lieb und vertraut.

Und er, Henech, ging überall hin, man schickte ihn. Hier referierte er, dort sang er mit und wieder woanders war er ein ruhiger Teilnehmer genau wie alle anderen. Man kannte und liebte ihn in allen Jugendkreisen.

Er war viele Jahre älter als Fredzia. Sie war noch fast ein Kind – und er ein junger Mann mit Erfahrung und Status. Er war aber immer noch der eher nachdenkliche als der gesellige Typ und dazu schüchtern und zurückhaltend. In seinem Umgang mit Mädchen bedachte er äußerst sorgfältig jede Bewegung und jedes Wort. Sich jemanden zur Frau nehmen und heiraten hieß damals für ihn: sein ganzes Leben zu teilen, für sich und für seine Partnerin. Und auch sie sollte ihn mitten in ihr Herz hineinnehmen. Was würde er dort finden? Henech war vorsichtig damit.

Deshalb war er, trotz seiner Zugehörigkeit und Freundschaftlichkeit gegenüber allen, sehr abgesondert und abgegrenzt. Wenn Mädchen in einem Kreis dabei waren, war er allen gegenüber natürlich, fröhlich und zugeneigt. Wenn er sich aber mit einer abseits befand, war er nicht mehr wiederzuerkennen, so steif und wortkarg wurde er, besonders in Bezug auf freundschaftliche Nähe, die man in die Worte legen kann.

Man wusste, dass er trotz seiner Verbundenheit mit der Gruppe in besonderen Momenten ein Mensch war, der seine Gedanken für sich behielt. Er trug zwei verschiedene Menschen in sich und niemals ließ er es zu, dass der eine mit dem zweiten in Berührung kam.

Manchmal ergab es sich, dass Henech ein Stück Weg mit einem Mädchen ging. Man ging, redete und lachte über die Welt – für Henech gab es genug, worüber er lachen konnte! Dann war er so frei und vertraut wie nur möglich. Wenn aber das Mädchen dem Spaß eine unvorsichtige Wendung gab, wurde er plötzlich todernst, verlor den ganzen Humor und sie beendeten ihren Spaziergang wie zwei Fremde.

Die Verpflichtungen und die große Verantwortung für sich selbst lagen auf ihm wie eine schwere Last und sein eigener Ernst wurde zum strengsten Wächter zwischen ihm und den Mädchen seines Umfeldes. Es half auch nicht das Zureden seiner Familienmitglieder, selbst das seiner Mutter nicht, die er so liebte, er solle ein wenig weicher, zugänglicher werden.

Was brachte es denn, wenn ein Mensch in jenen Jahren so war? Also blieb er, wie er war, und Schluss.

Sie, Fredzia, war ein Kind der Armut, das laut allen ungeschriebenen Gesetzen ihres Viertels am Morgen in den Straßen heiße Bagel verkaufen musste. Aber ein Zufall trieb sie in die jiddische Schule. Ihre Ausnahmesituation, durch Anstrengung in die Schule gekommen zu sein, führte zu einer engen Verbundenheit mit der Lehre und mit allen, die mit ihr lernten. Sie wurde der jiddischen Sprache tief verbunden, gewann alles lieb, was in dieser Sprache geschrieben wurde und nahm viel davon in sich auf. Sie gewann diejenigen lieb, die Jiddisch mochten, und sie begeisterte sich für die Organisation, die die Sorge für die jiddische Sprache auf sich genommen hatte, als würde diese für sie sorgen und wäre ihr treu ergeben.

Das Lernen fiel ihr nicht schwer. Die jiddische Sprache, die sie als Kind durch Flüche kennengelernt hatte und durch Ausdrücke des Hungers, erwies sich ihr durch die Literatur als eine andere, eine schöne, eine sanfte und sehnsuchtsvolle, mit vielen Schmeicheleien und Versprechungen für die kommenden Zeiten. Es kam ihr vor, als habe man ein Kellerkind mit schönen Kleidern herausgeputzt und alle müssten sich daran erfreuen.

Die schönen jiddischen Lieder trafen sie beim ersten Hören ins Mark. Die Überraschung, dass sie in der Schule einem anderem Jiddisch begegnete, machte sie reich und verzauberte sie, als wäre jemand in ihre düstere Wohnung auf der Niska gekommen und hätte sie mit Seide und frischen Blumen geschmückt. Wie sollte man denn so jemanden nicht gern haben?

Jiddisch war ihre Heimat, ein Schatz von Geburt an. Schon als Kind hatte sie eine Leidenschaft für Schöneres. In ihrem Hof schimpfte man, redete Gossensprache und hungerte auf Jiddisch. Das verschreckte sie. Sie suchte und erträumte sich eine Tür, die man ihrer vertrauten Sprache öffnen sollte zu schöner Rede, schönen Träumen und zu herrlichen Klängen.

In der Schule gab man ihr Bücher. Mit ihren Gerechtigkeit suchenden und die Schönheit besingenden Leitmotiven bereicherten die Schriftsteller ihr ärmliches Sprachgebäude und machten es reicher und heller.

Sie las nicht deshalb, weil man sich da durchquälen musste, Zeit verlieren musste, um intelligenter zu werden. Sie tat es mit Vergnügen, sie spürte das Gute, das jene ihr taten, indem sie mit ihrem großen Reichtum an Gedanken und Bildern in ihre ärmliche Umgebung hinabkamen. Sie erinnerte sich an jeden Einzelnen, nicht wie an einen Namen, den man sich wieder und wieder vorsagen musste, um sich an ihn zu erinnern, sondern wie an einen guten Bekannten, der sich von selbst ins Gedächtnis einprägte. Sie überraschte viele ihrer Lehrer mit ihrem Wissen und ihrem Interesse an der jiddischen Literatur und dem jiddischen Wort. Man schickte sie sogar nach dem Beenden der jüdischen Grundschule in eine ferne Stadt auf ein jüdisches Gymnasium. Man unterrichtete sie, las mit ihr und lud sie zu ernsthaften Zusammenkünften. Sie sog alles in sich auf, ohne die gereizte Stimmung eines Studenten, sondern mit Freude, buchstäblich großem Vergnügen an dem, was sie las und hörte.

II

Als Henech ihr begegnete war sie noch ein junges, springendes Zicklein. Sie fand zu allen einen forschen, offenen Zugang. Ihr angeborenes Temperament eilte ihr voraus, das man bei anderen als Chuzpe bezeichnet hätte. Bei einem jungen, schönen Mädchen aber nannte man es liebliche Vertrautheit, enge Kameradschaft. Mit allen von der Organisation war sie vertraut, war bestrebt, alle zu lenken, sich in alles einzumischen. In dem Jugendkreis des »Bunds« sah und hörte sie viel und nahm es in sich auf. Die Not zu Hause hatte sie früh reif und selbstständig werden lassen. Im Allgemeinen behielt aber die Jugendlichkeit die Oberhand. Sie flatterte und lief so fröhlich und unbedarft zwischen der Gruppe der Jungen umher und gab sich dabei so offen und natürlich mit ihren dreisten Spielereien, dass man darin nicht mehr als kindische Unschuld erkannte.

Sie hatte aber starke, reife Ambitionen, hervorzustechen und mit angesehenen Menschen verbunden und befreundet zu sein. Sie konnte die kindische Seite in sich stärker hervortreten lassen, als sie tatsächlich war, und zwar dann, wenn sie spürte, dass sie dadurch hervorstechen und alle Blicke auf sich ziehen würde. Sie verstand aber, es nicht zu übertreiben. Sie zügelte die aufgesetzte Pose, damit sie nicht erkennbar war. In jenen Momenten war sie ein echtes Kind, voller kindischer Streiche, Gelächter und Launen. Und das noch mit sechzehn Jahren, als sie schon an der Grenze zwischen Jugendlicher und Frau stand. Sie schaffte es aber, einen Teil der Wege kennenzulernen, die auf beiden Seiten der Grenze lagen. Sie konnte ihre Nase scharfsinnig-herausfordernd rümpfen, wenn ihr ein charmanter kleiner Zorn hilfreich erschien.

Man begann, ihr alles von vorneherein zu verzeihen. Sie konnte jemandem ins Hühnerauge seiner Seele stechen und er konnte ihr nicht böse sein, selbst wenn er es gewollt hätte. Ihr Reden ging von beißenden verbalen Angriffen unvermittelt in Schmeicheleien über, sie lehnte ihren Kopf an seine Schulter und überschüttete ihn mit drängenden Worten und mit Haaren, was alle Spuren der vorhergehenden Verletzung milderte und verwischte. Wenn das nicht half, nahm sie jenen sogar bei der Hand, mochte es sein, wer wolle, und begann, mit ihm durchs Zimmer zu hüpfen. Es schien, dass ihre Rede, genau wie ihr Alter, sich zwischen zwei Grenzen bewegte, anstatt bei einem normalen Charakterzug zu verharren. Sie wurde zur selbstgekrönten Prinzessin, die in ihrer Umgebung alles tun und lassen konnte. Das geschah nicht wegen ihrer Beherztheit oder aufgrund indirekter Bewunderung für sie, sondern wurde durch ihre bizarren Verhaltensweisen hervorgerufen, die sie gezielt einsetzte.

Sie konnte aber auch anders sein.

Das geschah, wenn sie sich unter ernsten Menschen befand, die sich gemeinsam mit einer Sache befassten. Mit ihrem geschärften Gespür begriff sie schnell, wann das streitlustige, spielerische Kind nicht mehr nötig war. Dort, wo man Kinder nach draußen schickte, damit sie die Reden der Großen nicht störten, nahm Fredzia vom ersten Moment eine ernste Miene und Stimmung an. Sie wollte überall dabei sein und ihr Gesicht nahm jenen übertrieben ernsten Ausdruck an, der ihre Anwesenheit in dieser Umgebung rechtfertigen sollte. Sie saß und hörte zu, worüber geredet wurde, und bereitete sich vor, gelegentlich ein passendes Wort einzuwerfen, damit man ihr auch hier zuhörte. Sie wollte sich nicht zu sehr anstrengen, so legte sie sich ein Repertoire an Wörtern und Gedanken zu, die nicht zu schwer zum Tragen waren, die aber sicher ins Ziel treffen konnten und sie zu einer Gleichen unter ihnen machten. Den Rest konnte sie mit nachdenklichem Schweigen und stillem Zuhören ergänzen. Und selbst wenn das Gesagte nicht passte, wurde es doch aufgenommen, schon allein deshalb, weil ihr Gesicht unter den vielen zerknautschten männlichen Gesichtern die allgemeine Unterhaltung versüßte.

Das wusste sie aber nicht und wollte es nicht wissen. Sie hatte schon damals alle Eigenschaften einer Künstlerin, einer guten Schauspielerin von Charakterrollen. Aber auch das erkannte sie erst sehr spät, nämlich in Werk C. Dort musste sie sich mit ihrem Darstellen in den nackten ungeschmückten Gassen bewegen und sich auf ein jahrelang sich hinziehendes Spiel einlassen. Sie erwarb schnell die nötige Sprache, das Wissen und die Umgangsformen, die sie in die Reihen derer führen sollten, die sich schon Positionen erworben hatten.

Fredzia versuchte ständig, eine Rolle zu spielen, die wahrgenommen werden sollte. Mehr noch, sie wollte jemand sein, dem man solch eine Rolle zuschrieb. In ihren jungen Jahren hatte sie sich schon einen tiefgründigen Charakter ausgearbeitet und sie besaß jene Frühreife, mit der sie spielte, die sie zeigte und verbarg, je nach Bedarf und Situation. Sie studierte die Kreise der Älteren, drang immer tiefer in deren Mitte ein, weil sie dort besonders hervorstach, und wann immer es ihr gefiel, schlüpfte sie in die andere Haut, setzte ihr Lächeln auf und voilà – wieder war sie das tanzende Mädchen von siebzehn Jahren!

Es zog sie zum Mittelpunkt der Gesellschaft, in die sie kam. Das Zentrum ihrer Gruppe war damals – Henech. Sie pflegte den Umgang mit allen Jungen des Kreises, ließ sich necken, liebkoste auch selbst jemanden, aber immer bemühte sie sich, Henechs Blick einzufangen. Er aber bewegte sich in anderen Welten, war in Politik verwickelt, organisierte, schrieb in den Parteiorganen und nahm solche Kleinigkeiten nicht recht wahr. Sie schob sich in sein Blickfeld, zwang sich ihm regelrecht auf, damit er sie wahrnähme. Sie stellte sich neben ihn, lachte lauter, wenn er es hören konnte, versuchte ernster und gescheiter zu reden, genau dann, wenn er schwieg und den Reden der anderen zuhörte. Sie spann ein ganzes Netz beherzter Vertraulichkeit, das sie ihm unvermittelt überwerfen konnte, in dem sie sich verfangen konnten und aus dem er sich nicht mehr würde lösen können, wenn sie es nicht wollte.

Näher kamen sie sich auf ganz einfache Art: Einmal, nach einer Versammlung, ging sie direkt auf ihn zu: In welche Richtung gehst du, Henech?

Der Schlüssel zu vielen Herzen war das Übergehen zum Duzen. Das ersparte einem eine Menge an Reden, Überlegungen, Versuchen und Zweifeln. Man übersprang in einem Zug etliche Mauern und stand direkt vor dem Haus. Dort fand man die Tür und konnte bald eintreten oder wenn nicht, hatte man sie aus unmittelbarer Nähe gesehen.

Und von einem jungen, schönen Mädchen, noch dazu in einer proletarischen Organisation, hörte man es sicher gern. Wenn man es genau nahm, wollte man sich keine Rechenschaft darüber ablegen, warum man damit einverstanden war. Man erklärte es sich damit, dass es so herzlich und einfach, so kameradschaftlich, so berührend schön war. So ging Henech an jenem Abend mit ihr. Danach gab es viele weitere Male. Fredzia hatte im Sinn, mit ihm zu gehen und alle sollten es sehen. Er dagegen bemerkte es nicht einmal, wie sie ihn führte und vor wessen Augen sie sich mit ihm zeigen wollte. Er ging mit ihr, denn sie kam von sich aus an seine Seite, wie als Partner, er brauchte sie nicht zu suchen. Wenn sie herankam, nahm er sie wahr, redete und ging mit ihr und er begann, sich an sie zu gewöhnen. Ihm gegenüber machte niemand Anspielungen und wenn einmal vor ihr über ihre Freundschaft etwas zu hören war, war sie sehr stolz darauf und hätte gern, dass es solche Reden über sie möglichst häufig geben und sie sich überall verbreiten sollten.

Schrittweise drang sie immer tiefer in sein Herz ein. Zu dieser Annäherung trug er nichts bei, unternahm keinerlei Anstrengungen. Sie bereitete alles vor und führte es durch. Nicht einmal das Verliebtsein erwuchs aus ihm selbst, sondern durch ihr Eindringen in seine Gefühle, wie eine Pflanze, die sie dorthin gepflanzt hatte, weil sie es so wollte.

Mit der Zeit wussten es alle, und es gab faktisch nichts, wofür man sich schämen musste: Er war ein einsamer Mensch, sie eine aufmerksame Freundin. Sie würde ihn verstehen, denn sie hatte gewusst, wie sie ihm näher kommen konnte. Was also sollte daran unnatürlich sein?

Henech hatte auch noch eine Mutter. Sie setzte Himmel und Erde in Bewegung und akzeptierte es nicht: Kinder, schrie sie, das passt doch nicht! Hilfe, das ist doch kein Paar! Warum »das nicht passt« wusste sie selbst nicht. Aber das Herz einer Mutter, klagte sie, sei verlässlicher als alle guten Reden. Aber es war schon zu spät. Man brachte ihn aber dazu, zu einem Rabbiner zu gehen und eine jüdische Hochzeit auszurichten. Fredzia überredete ihn. Sie brauche es nicht, sagte sie, aber für seine Mutter, warum ihr Kummer bereiten?

Danach gingen sie weg, wohnten zusammen und vereinigten ihrer beider Leben. Sie ging mit auf seine Sitzungen, wusste mit der Zeit über seinen Tagesablauf gut Bescheid und er ließ sich manchmal mitziehen auf Wege, auf die sie ihn führte.

Henech mochte billiges Theater nicht, wo man sich schminkte und herausputzte in allerlei Farben. Wo man sich laut küsste, donnernd lachte und weinte, als wollte man Steine erweichen. Ganz zu schweigen davon, worüber man lachte! Aber er ging manchmal hin, weil Fredzia es wollte. Sie wiederum ging, weil ein Mensch, sozusagen, alles sehen sollte, man konnte seine Gedanken ausruhen lassen, etwas anschauen, bei dem der andere arbeitete und du selbst deinen Verstand nicht zu bemühen brauchtest. Sie saß wie alle auf den Bänken, lachte laut und hatte Spaß. Er saß dabei und schaute nicht einmal auf die Bühne. Es interessierte ihn nicht. Er wollte über etwas nachdenken, und der Tumult um ihn herum ließ das nicht zu. Eine Art Übelkeit ermüdete ihn und schlug ihm aufs Gemüt. Aber sie waren zusammen, waren schon eins und er konnte nicht anders, konnte das Triviale nicht meiden. Währenddessen stupste Fredzia ihn immer wieder in die Seite: Henech, sieh nur, ihre Art zu reden, und ihre Tricks! Und der Dummkopf glaubt ihr noch!

Henech dachte sehr viel, er wusste und verstand, dass Fredzia sich auch häufig so fühlte wie er jetzt in dieser Situation. Auch sie konnte nicht alles mit ihm gemeinsam tun, und doch ertrug sie geduldig ihr Zusammensein, war zufrieden damit. Das gemeinsame Leben musste auf Kompromisse und verständnisvolle Toleranz gebaut werden.

Noch dazu war er zielstrebig und sehr selbstbeherrscht, also hielt er aus, zahlte sein Zeitopfer geduldig, aufmerksam und mit einem klugen Lächeln auf den Lippen. Er wusste, dass es bald ein Lebewesen geben würde, das seinen Ursprung in ihm hatte, das sich in ihr entwickelte, mit eingeprägten Charakterzügen. Von ihrem Blut würden sie in die gestreckten Glieder übergehen und bald mit dem Geschrei neuen Lebens erscheinen. Sie trug es und würde es ihm bringen, bereit, die ganze Welt und ihn als Vater aufzunehmen. Er, Henech, schwieg und war zufrieden. Musste oder wollte er zufrieden sein? Darauf wollte er keine Antwort finden, sie wiederum versuchte, sich die Frage gar nicht zu stellen. Es gab Dinge, für die der Mensch ständig dunkle Nebel suchen würde, damit sie ihm so lange wie möglich nicht klar würden.

III

Jetzt, da das Kind da war und sie in aller Augen wie mit einem schönen, hoch geschätzten Rahmen umgab, interessierte es sie schon nicht mehr. Sie hatte sich vor aller Augen und Gedanken schon damit geschmückt und es präsentiert, so hörte es auf, für jemanden etwas Neues zu sein. Auch für sie. Es war zu etwas Gewohntem geworden, das man nicht mehr wahrnahm. Sie aber suchte ständig das Kribbeln des Stolzes, wenn sie sich im Zentrum befand, wenn sie ein Teil von ihm und seinem Ansehen wurde.

Henech war ein Ruhiger, ein Höflicher. Sie war für ihn zum Endresultat seiner Bemühungen in der Welt der Frauen geworden. Eine zweite Rechnung neu anfangen, oder eine Ziffer irgendwo aus der Mitte aussuchen, konnte er nicht. Bei Fredzia hingegen war es nur eine Laune gewesen, der erste Schritt eines Anfangs, den sie in die Länge ziehen wollte, sehr lang. Mit ihren neunzehn Jahren konnte sie noch darüber nachsinnen: hab ich ihn eigentlich lieb gehabt? Erst in Werk C war sie reif genug, festzustellen, dass nicht, niemals. Ja, damals fand sie sein Ansehen anziehend, dass sein Wort in seiner Umgebung Gewicht hatte, dass er die Aufmerksamkeit auf sich zog. Der Respekt, der ihn umgab, zog sie an. Er selbst? Sie achtete anfangs nicht darauf, sondern erkannte erst später: ein blasser, kränklicher Bursche. Selbst seine großen Augen stachen mehr, als dass sie liebkosten! Nimm ihn fort von den ehrfürchtigen Blicken, stelle ihn abseits hin, weit von dort, irgendwo hin, wo nicht einmal ein Hauch dieser Blicke ihn erreichen konnte, wo ihm nicht auf einem luftig-seidenen Kissen sein Glorienschein nachgetragen wurde, was würde von ihm bleiben für sie?

Dort, im Lokal, zerzausten sich seine Stirntolle und die dünnen, ausgezehrten und gedankenversunkenen Haare so kampfeslustig, so lehrmeisterhaft und dominierend, dass sie etwas mitteilten, jemanden symbolisierten. Dort, im Zentrum der Freundesgruppen, stellte seine magere Gestalt jemanden dar, den alle suchten, den alle brauchten, um ihn etwas zu fragen, um ihn zwischen sich zu haben. Dort stand er auf dem Gipfel ihrer Verehrung. Dort war er höhergestellt, erhabener und es tat gut, sich neben ihn zu stellen und zu fühlen, dass du genau diesen besaßest! Er gehörte dir. Du konntest ihn mitnehmen, mit ihm gehen und ihn führen, wohin du wolltest. Du konntest dich auch auf den für ihn ausgerollten Teppich der Hochachtung stellen. Mochten es alle wissen! Mochten sie dich als Teil von ihm betrachten, auch bewundern und dich zusammen mit ihm sehen.

Sie liebte die Atmosphäre, die ihn umgab. Damals sagte sie auch nicht die Unwahrheit, wenn sie vor allen betonte, dass sie ihn liebte, weil sie ihn begehrte, ihn lieb hatte, zusammen mit all den Teilen, die in den Gedanken seiner Freunde verteilt waren, in den Vorstellungen, die diese von ihm hatten. Den Henech, mit all seinen Widerspiegelungen in den Köpfen seiner Bekannten, liebte sie ganz sicher. Der Henech hatte sie verzaubert und ihr imponiert. Nähmest du aber alle seine Freunde fort und all die Menschen, denen man zufällig begegnete, und stelltest ihn hin, irgendwo in die Wüste, einsam und verlassen, stelltest dich dann neben ihn und schautest euch beide an und stelltest deinem Herzen die Frage, ob es etwas für ihn übrig hatte, für ihn selbst – würde es auch dann erzittern, um seinetwegen klopfen?

Das fragte Fredzia sich damals aber nicht. Sie nahm das Leben, ohne zwischen dem Kern und der Schale zu unterscheiden. Sie nahm Henech und die Atmosphäre, die ihn umgab, als Ganzes wahr. Sie meinte, oder machte sich absichtlich etwas vor, dass man das Liebe nannte. Die Menschen um sie herum glaubten dasselbe. Und lieb hatte sie ihn doch tatsächlich! Sie war so glücklich, ihn leidenschaftlich inmitten eines Kreises zu sehen, der sich von ihm mitreißen ließ. Der Anblick, wenn seine Haare zornig und energisch in der dumpfen Feuchte des Raums zitterten und sich alle Haarschöpfe aus Überzeugung mitbewegten. Gewiss, das liebte sie.

Selbst wenn der Körper Teil ihres begehrten Henechs war und Teil ihres ganzen, umfassenden Liebesgefühls, nahm sie dieses Detail nicht war. Sie versuchte nicht, ihr Gefühl für jenes Stück, das ihn selbst ausmachte, die Leere, die aus ihrer Begeisterung hervorstach, zu betrachten. Auch Henech wollte die Einzelheiten der Rechnung nicht kennen. Beide suchten in ihren Gefühlen die allgemeine, breite Summe und den kleinen Bruchstücken in ihrem Wesen schenkten sie keine Aufmerksamkeit.

IV

Fredzia nahm von Henech nur, was sie konnte. Und geben konnte er ihr nur eins der von ihr begehrten Dinge. Sie suchte das Leben, wollte hinter alle Aspekte des Lebens schauen und alles, was cs gab, in vollen Zügen genießen. Aber viele ihrer Gelüste konnte sie gerade in den nicht beachteten Ecken des Lokals entdecken. Dort sah sie Kameraden, die sie mit ihrer Einsamkeit anzogen, gerade weil neben ihrer jugendlich frischen Erscheinung niemand da war. Sie besaßen Geschicklichkeit, fröhliche Jugendlichkeit und rosige Gesundheit. Sie ging und nahm, wenn es sich ergab. Sie tat es ohne jegliche Bestürzung über sich selbst, ohne Reue oder ein Gefühl der Sünde. Sie hatte nicht die Absicht, die gärende Erregbarkeit in sich zu ersticken, das siedende Kochen mit jenem kalten Etikett auszulöschen, für das Menschen solche Namen wie Treue und Familienpflicht ersonnen hatten. Sie tat es aber nicht offen. Es sollte ihm nicht wehtun. Nein, ihm wehtun wollte sie nie! Damals mit Sicherheit nicht. Sie empfand für ihn sogar viel Dankbarkeit. An eine Trennung von ihm dachte sie nicht. Jenes erste Gefühl, das sie einander nähergebracht hatte, band sie an ihn. Es hatte nur seine Magie verloren, hatte aufgehört, etwas zu sein, das sie anzog, das sie mit aller Anstrengung erreichen wollte. Im Übrigen suchte sie nicht überall die kühle Berechnung. Sie wusste, dass sie mit Henech zusammen sein, weiterhin als Paar mit ihm gehen sollte, womöglich sogar musste. Das aber konnte nicht ihr ganzer Lebensinhalt sein, ihr Ein und Alles. Sie suchte auch das andere. Und sie fand schnell Wege, es zu finden, mit ihren katzengleichen Schritten dorthin zu schleichen. Die, die es wollten, wussten von ihrer offenen Bereitschaft und sie musste sich nicht anstrengen, sie demjenigen, den sie wollte, durch Andeutungen und verstohlenes Lächeln zu signalisieren, was nur langsam zum Ziel führte. Alles lief mit Leichtigkeit ab, ein Wind trug sie fort und stellte sie später wieder zurück an ihren Platz.

Es besonders verheimlichen gegenüber Henech tat sie aber nicht. Sie wollte nur nicht, dass es zu offensichtlich war. Es könnte sich in ihn einfressen wie eine Beleidigung, wie ein scharfer Schmerz. Manchmal dachte sie sogar, es wäre gut, wenn er es auf Umwegen erführe. Sie selbst würde es ihm aber nicht sagen. Er sollte aber wissen, dass er für sie nicht die ganze Welt war und alles, was sie ausfüllte. Er sollte besser eine Ahnung davon haben, denn sonst könnte es zu einem Ausbruch mit zu starkem, unerwartetem Knall kommen.

Mochte er also anfangen zu verstehen, dass sie in ihren Handlungen frei war, dass sie voller Begehren war, welches sie hin und wieder befriedigen musste. Wenn er fragen würde, würde sie ihm die Wahrheit sagen, dass sie nicht die Absicht hatte, auf das Geringste zu verzichten, was sie erreichen wollte und konnte. Das Leben hatte für sie nur einen Sinn, wenn sie es auskosten konnte. Sich quälen, verzichten, sich bezähmen, in sich den Drang zum Vergnügen ersticken und ihre große Gelassenheit verlieren, das wollte sie nicht.

Sie konnte überhaupt nicht verstehen, warum man es sollte, welche vorgefasste Meinung das Recht hatte, das von einem lebendigen Menschen zu verlangen. Er musste sie nehmen, wie sie war, mit all ihren Fehlern und Tugenden, wenn er sie erkannte und es ihn trotzdem an sie band!

Sie konnte bei ihm aber nie sicher sein, ob er es wusste oder nicht. Es gab Momente, wenn ihr das Herz klopfte: nach diesem Mal wird er Bescheid wissen, wird von allem erfahren! Vor der ersten Begegnung mit seinem Wissen fürchtete sie sich, legte sich tausend Mal die Rede zurecht, suchte nach Ausdrücken, die es abmildern und sanfter machen würden. Aber Henech blieb immer derselbe. Oftmals schwieg er bis zum Verrücktwerden, oder er redete auf eine indirekte Art, dass ihr das Herz heraussprang: So kann nur ein Mensch reden, der alles weiß! Da war jedes seiner Worte ein spitzer Stein, begossen mit vagen Vermutungen, mit allerlei verdecktem Verdacht, der sich hinter jedem Ton hervordrängte. Sie war schon so angespannt, dass sie herausplatzen wollte: Nun sag schon, sprich es aus! Rede offen und klar.

In solchen Momenten warf er einen Blick auf sie, verstand plötzlich irgendetwas, was er vorher übersehen hatte und lenkte das Gespräch unvermittelt in andere Bahnen. Womöglich wollte er sie genau damit quälen und an ihr Rache nehmen, dass sie niemals wissen sollte, ob er es weiß oder nicht. Es war ihr nicht möglich, das herauszubekommen. Während einer galligen Rede nahm seine Stimme plötzlich einen milderen, zarteren, einen vollständig anderen Ton an, als könnte man die menschliche Stimme in sich austauschen. Dann überkam sie ganz plötzlich ein Mitleid mit ihm, ein solch warmes Gefühl, dass es sie stärker traf als die bitterste Rede: Er hat mich doch noch lieb! Ach, und wie lieb!

Sein veränderter Ton entwaffnete sie, machte sie klein und nichtig. Erst in diesen Momenten fühlte sie sich wie eine Sünderin. Dann liebkoste sie aufrichtig seinen Haarschopf, küsste seine schmalen Wangen und war bereit, alles für ihn zu tun. Aber auch das hätte sie nur für sich selbst getan. Sie kaufte sich damit los und schläferte ihre eigenen Vorwürfe ein. Sie schützte sich damit vor dem heftigen Widerwillen, der sich in ihrem Herzen und ihren Gedanken so brennend breit gemacht hatte.

Solche Krisenstunden befreiten sie von aller Reue und Niedergeschlagenheit. Sie verhielt sich zärtlich ihm gegenüber und tatsächlich spürte sie deutlich, wie sie damit die verstreuten Schmerzen wegstreichelte, die in ihr umhergeisterten und an den Gedanken zerrten. Sie heilten mit jeder Minute, in der sie ihn an sich drückte. Hatte sie gezielt die Absicht, sich damit loszukaufen? Gefühle hatte sie ja tatsächlich. Aber selbst in den Minuten des Sündenbekenntnisses wollte Fredzia immer noch nicht zugeben, dass sie sich damit selbst täuschen wollte, sich von den Taten freikaufen, die sie aus persönlicher Sicht für rechtmäßig hielt. Es war nur ein Fakt, mit dem sie sich rechtfertigen musste, dass ihr in den Momenten die Gefahr einer Schwäche, ja man konnte sagen einer Krankheit, drohte, wenn sie spürte, dass sie mit sich selbst im Reinen war, aber zusammen mit ihm war sie eine Verlorene. So sind jene Stunden mit Henech ihr Rettungspunkt geworden, in denen sie die Lasten abwarf, die über ihr schwebten. Genau wie jedes Unglück, das jeden unschuldigen Menschen treffen kann, lasteten diese Überlegungen auf ihr, weiter nichts. So wurde er zu ihrem Fluss, zu dem sie lief, um ihre Steine abzuwerfen und sie in den Tiefen versinken zu lassen. Danach konnte sie, wie erneuert, weiter das tun, was sie anzog und lockte.

Im Laufe der Jahre, die sie mit Henech zusammenlebte, wurde sie reifer und erfahrener. In ihr bildete sich eine Art Zwischengefühl, das man Treue nennen konnte, der Funke einer Schuld, um in ihm etwas Eigenes und Vertrautes zu bewahren, das ihr gehörte. Bei diesem Gefühl war sie ehrlich, diese Ehrlichkeit entwickelte sich bei ihr aber auf eine ganz besondere Art. Er gehörte ihr, das wusste und begriff sie, sie dachte aber nie darüber nach, dass auch sie ihm gehörte, vollständig ihm.

Sie nahm alle ihre Begegnungen in der ganzen Zeit aus ihrer Perspektive wahr. Nie wollte sie ihre Neigungen aus einem anderen Blickwinkel sehen. Überhaupt war die ganze Welt ihre und sie hatte das Recht zu nehmen, was sie wollte und wann es ihr beliebte. Wenn sie hin und wieder scheiterte, wenn jemand sie beleidigte oder nicht auf ihre lächelnden Signale aufmerksam wurde, neigte sie zum Weinen. Sie war dann schrecklich beleidigt, als hätte jener gar kein Recht, eine eigene Meinung oder Neigung zu haben. Sie hätte sogar, wenn sie es hätte beweisen können, mit ruhigem Gewissen angeordnet, ihn sehr hart zu bestrafen, wie jemanden, der eine Sache entwendet, die rechtmäßig ihr gehört. Sie fragte sich sogar: Wie kann man es ihr abschlagen, wenn sie es doch will?

Was wäre gewesen, wenn Henech sich eine andere gesucht hätte, Zeit mit ihr verbracht hätte und ihr vor aller Augen Aufmerksamkeit geschenkt hätte? Sie hatte nie darüber nachgedacht. Es war nicht möglich, mit Henech sehr vertraut zu sein und sich so etwas vorzustellen. Er war mit seinem ganzen Wesen so weit davon entfernt, dass es lächerlich gewesen wäre, auch nur daran zu denken. Sie hüllte ihn mit ihrem Schutz ein, umgürtete ihn, sodass er wie ein Eingeschlossener aus dieser Umzäunung nicht mehr heraus konnte. Überall war sie dabei, und das machte jeden Versuch, sich ihm zu nähern, unmöglich.

Und wenn das geschehen wäre? Sie hätte es ihm niemals verzeihen können! Sie hätte gewiss jene geschlagen, sie mit Fäusten vertrieben. Ihn hätte sie an den Haaren gerissen, hätte geschimpft und ihn wie jemanden behandelt, der ihr Eigentum in ein fremdes Haus fortträgt. Wie konnte sie das jetzt wissen? Wäre es ihr womöglich sogar angenehm gewesen? Es wäre ihr leichter gefallen, die geringste seiner Sünden der ihren gegenüberzustellen. Sie hätte sich neben ihm nicht wie ein geschlagener, vertriebener Hund fühlen müssen, der darauf wartete, man solle ihn zu Recht hinausjagen. Nein, darüber dachte sie nicht nach, sie wusste es tatsächlich nicht!

Sie war nicht falsch oder verdorben. Es war bei ihr nur eine Art unverhohlenes Kreisen um sich selbst. Mit der Zeit bekam die raffinierte Methode den letzten Schliff, wie sie das bekommen konnte, was sie sich wünschte. Wie sie ihr Begehren dem anderen gegenüber ausdrückte und es gleichzeitig verschleierte, sodass es bemerkt, aber mit dem Verstand nicht nackt und präzise erfasst wurde. Wenn jemand es begreifen wollte, so verstand er es. Wenn er nicht wollte, musste es so aussehen, dass er glaubte, er habe sich geirrt. Immer traf sie auf ihre Art nur den, den sie meinte. Für außenstehende Augen blieb es unter sieben schweren Steinen versiegelt.

Die Jahre ihres Zusammenseins mit Henech verfeinerten bei ihr das Verständnis und die Liebe zum Schönen und Reinen der jiddischen Kunstschöpfung und des jüdischen Kampfes für Verbesserung und Gerechtigkeit.

Zusammen mit der Freizügigkeit, bei der sie in Bezug auf sich selbst nichts dem Zufall überließ, sondern nur das erreichte, was sie wollte, kam in ihr eine angeborene, subtile Ausstrahlung zur Reife. Es war solch eine Raffinesse bis zum völligen Sich-Verlieren, welche mitriss und fesselte und nicht zuließ, dass die abstoßende Verderbtheit sich mit lauten Warnrufen bemerkbar machte, wenn man sich ihr näherte.

Wusste er von ihrer Art zu leben, hinter ihrem anderen Erscheinungsbild bei ihm? Bei solch einem starken Charakter wie seinem war sie nicht in der Lage, sich darüber klar zu werden. Mit der Zeit interessierte es sie auch nicht mehr. Sie hörte auf, ein Wesen um Henechs Schweigen zu diesem Thema zu machen. Und er selbst? Vielleicht fühlte er sich ihrer zweiten, naiven reinen Seite verbunden, und vielleicht wollte er einfach keinen Skandal machen, keinen tiefen Riss hervorrufen, der jedem ins Auge sprang? Und er konnte schweigen, ein Thema regelrecht totschweigen, das durch einfaches Verschweigen geradezu offenkundig als Tragödie zutage getreten wäre. Im Übrigen hatte er genügend Aufgaben, in die er sich vertiefen und durch die er alles um sich herum abstreifen konnte, selbst die Begleitumstände seines Lebens, die tief mitten im Herzen steckten.

Seine Gedanken aussprechen würde solch ein Henech mit Sicherheit nicht.

Kapitel elf

I

Mit Ausbruch des Krieges gerieten beide in eine neue Wirklichkeit. Es begannen die schlimmen Tage der Angst, der Suche nach einem Zufluchtsort, der Unentschiedenheit, ob man auf die andere Seite der Grenze in die von den Sowjets gehaltenen Gebiete fliehen sollte oder nicht. In den Tagen des großen Chaos während der Bombardierung von Warschau[23] kam es vor, dass Menschen für einen Moment mit der Absicht aus dem Haus gingen, gleich zurückzukommen, auf der Straße aber von der Massenpanik ergriffen wurden und zur Grenze liefen. In jenen Tagen verschwand auch Henech plötzlich. Er war zu einem Freund gegangen, auf dem Weg war ihm ein Verwandter begegnet, dann noch einer, und so kam es, dass er mit der Gruppe lief, ohne Fredzia Bescheid zu geben. Damals ging es Tausenden so, aber ihr gab, mitten in dem großen Schreck, der Verdacht einen Stich ins Herz, er habe mit seiner Rache auf einen passenden Moment gewartet, damit sie das Leiden aufwiege. Jetzt, da das Elend und der Wahnsinn die Welt ergriffen hatten und sie hilflos und einsam war, sollte sie wissen, dass sie den ihr Vertrautesten fortgetrieben hatte.

Zu seiner dagebliebenen Familie zu gehen, fiel ihr schwer. Sie wussten, wenn auch nicht alles, so doch einiges. Im Übrigen hatten sie sie niemals gemocht. Damals dachte sie viel darüber nach, wie ehemalige Geschichten so viel später

23 Die ersten Bomben des Krieges fielen am 1.9.39 auf Warschau. Der Kampf um Warschau endete am 27.9.39 mit der bedingungslosen Kapitulation.

strafen konnten. Und nun war sie im großen, chaotischen Warschauer Kessel völlig allein, mit einem Kind.

Aber Henech war schließlich Henech. Auf dem Weg, nicht weit von der vorläufigen Grenze zwischen den Deutschen und den Sowjets entfernt, besann er sich: Ich gehe zurück nach Warschau.

Alle schauten ihn an wie einen Verrückten. Man hätte noch verstanden, wenn selbst ein so klarer Kopf wie Henech auf solch einem Weg den Verstand verloren hätte. Er schwieg aber so gefasst, nachdem er das gesagt hatte, dass es unsinnig gewesen wäre, sich auf solch einem gefährlichen Weg hinzustellen und mit ihm zu diskutieren. Im Übrigen erklärte ein kurzer Ausdruck alles: Das Kind ...

Alle weiteren Worte waren überflüssig. Man verabschiedete sich wortlos. Aber die Tränen bei einigen in den Augen drückten auf ihre Art ihre Trauer aus. Niemand mochte ihn fragen, was ihn fortgetrieben hatte und was ihn zurückzog. Vermutlich hatte er selbst genug mit seinen Überlegungen zu kämpfen. Als er zurückkam war er abgerissen und in düsterer Stimmung. Als sie ihn sah, warf sie sich vor Glück, das niemand auch nur um ein Haar hätte mindern können, weinend auf ihn. Er floh nicht noch einmal. Von dem Weg kam er verändert und erneuert zurück. Auch sie fühlte sich wie eine völlig andere.

Mit der Ideologie jener Seite der Grenze hatte er noch eine ganze Liste innerparteilicher Rechnungen offen, die mit der Zeit zu seinen persönlichen wurden. Auch wenn andere geflohen waren, trotz der ganzen Rechnungen, er konnte es nicht mehr. Das Fieber hatte er beim ersten Mal auf dem Weg zurückgelassen. Die ganze Bewegung, die Freunde, in deren Kreis er sich gewärmt und mit denen nur gemeinsam er seinen Lebensinhalt gespürt hatte, das alles war verschwunden, zerronnen. Einige eilten in dem Chaos zur Grenze, andere waren auf der Jagd nach einem neuen Ort, sich niederzulassen, und wieder andere nach einem Stück Brot für den Tag.

Um Fredzia herum wurde es beunruhigend kalt und leer. Von all dem Schönen, das die Kreise und die Menschen in ihnen ihr gegeben hatten, blieb nur ein hohler Widerhall, der in einem wilden, zerrissenen Sturm wogte. Beide fühlten sich mit einem Mal verlassen und einsam. Fredzia vergaß, auf welche Weise alles im normalen Leben sie gereizt und amüsiert, ihr Vergnügen verschafft hatte. Sie war in jenen Tagen auf das Doppelte gealtert. Es war ihnen nur geblieben, sich aneinander zu klammern, wie an die letzten Pfosten einer überschrittenen Grenze, solange das Heimweh noch anhielt. Erst jetzt erkannte sie, dass sie in Wahrheit, in der nackten Realität, eigentlich nur ihn hatte. Er war ihrer, hieran konnte sie sich klammern wie an einen Schutz gegen das Alleinsein im rechtsfreien Raum. Er war ihr Begleiter in dieser finsteren Warschauer Welt, wo nichts mehr in Freiheit existierte, außer den grün uniformierten wilden Tieren.

Und ja, es gab auch noch das Kind! Erst damals erkannte sie, womöglich zum ersten Mal, spürte sie intensiv und freudig, dass ihr noch etwas, sogar sehr viel, geblieben war. Es war ihres und es konnte ihr Inhalt und Trost werden. Sie war plötzlich bereichert worden mit einem Teil ihres Leibes, für das sie sich vorher nie die Zeit genommen hatte, es wahrzunehmen. Sie hatte es immer bei sich, vermutlich hatte sie es auch gestreichelt und liebkost. Das Hintergrundrauschen, welches sie ständig begleitete und sie sogar in den stillsten Ecken umgab, lenkte sie aber selbst in den mütterlichsten Momenten teilweise ab. Sie sah es und nahm es nicht wahr, sie besaß es und auch wieder nicht. Es war ihres, sie hatte aber noch viele andere Dinge: Verwandte, Freunde, Spiele, Nischen, Gesellschaft – eine ganze Welt! Jetzt, da alles zerronnen war, musste sich ihr Blick auf das begrenzen, was es noch gab und wohin auch immer er in der Abgeschlossenheit der Wohnung fiel, traf er auf das Kind.

Henech und das Kind. Und an dem Kind hatte er den gleichen Anteil. Er und sie – einzeln hatte jeder von ihnen gar nichts, nicht einmal sich selbst. Gemeinsam aber hatten sie

einer den anderen und dazu noch ein bezauberndes Mädchen, welches nicht wusste und nicht wissen wollte, was
dort auf der Straße passierte, ob man die Erde verwüstete
und Menschen gingen und fielen. Es lächelte, es lachte, man
musste eins damit werden, um mitzulachen und mitzulä-
cheln, man musste das eigene verlorene Lächeln verstecken
und es wie einen vererbten Schatz auf die Lippen des Kindes
aufprägen.

Später kamen schwere Tage, Wochen und Jahre. Ja, Jahre
im Warschauer Ghetto lassen sich nicht so leicht erzählen,
besonders Jahre für Henech und Fredzia, mit dem Sorgen für
das Kind im Ghetto. Henech wurde noch ernster und nachdenklicher. Auch sie wurde von schweren, ernsten Pflichten
durchdrungen. Sie suchte Milch und Lebensmittel für das
Kind. Welche Wege war sie nicht alles gegangen! Es ergaben
sich auch wieder einige Kontakte mit Freunden, man kam
zusammen, ertrug die schwere Zeit als Gruppe, tauschte sich
aus. Als der Tag kam, an dem man zum Umschlagplatz[24]
musste, lähmte Panik ihre Hände. Es vergingen Tage des sich
Entziehens, des Zitterns in verrückten Verstecken vor jedem
Lichtschein und vor jedem Rascheln, bis zum unausweichli-
chen Ende.

Sie ging ohne Henech dorthin. Er war gerade irgendwohin
unterwegs und schaffte es nicht, zurückzukommen, bevor der
Wirbelsturm des Zusammentreibens wieder begann. Solch ein
merkwürdiges Schicksal bei ihnen, dass sie sich immer wieder
trennen und sich wiederfinden mussten. Sich wiederfinden
und sich wieder trennen, als hätten die innerlichen, gemisch-
ten Gefühle sich auf das mysteriöse Verhängnis des Schicksals
ausgewirkt. Sie ging, mit steifgefrorenen Fingern das Kind
festhaltend, bis zwischen die tausenden zum Abtransport

---

24 Am 22. Juli 1942 begann die erste Welle der Deportationen der
Ghettobewohner. Sie dauerte bis zum 21. September 1942. Die Deutschen trieben die Menschen zum Umschlagplatz, von wo die Züge nach
Treblinka abgingen. Die endgültige Räumung fand im Mai 1943 nach
dem Ghettoaufstand statt.

Versammelten. Erst dort begriff sie das Grausame der Situation: Von hier schickt man uns in den Tod! Hätte es nicht auch sie betroffen, ihre eigene Haut, hätte sie sicher laut aufgelacht, mitten auf dem Platz, über diese Absonderlichkeit: Hier sitzen junge und gesunde Menschen, mit frischer Gesichtsfarbe und doch werden sie bald alle tot sein! Heute oder morgen? Wo ist der Unterschied! Und auch sie.

In jungen Jahren dachte sie mehr als nur einmal darüber nach, wie Menschen sterben. Sie hatte von je her Angst vor dem Tod. Deshalb dachte sie über ihn nach, stellte ihn sich in Gedanken vor, um ihn wegzustoßen auf längere Zeit oder wenigstens die Angst vor ihm zu mildern. Sie stellte sich vor, wie man alt und müde würde, wie die Glieder allmählich nicht mehr gehorchten, wie man krank würde, wie alle Glieder wehtäten, wie es uberall knackte und krachte, wie schrecklich schmerzhaft das sein würde! Und wenn aus den Gliedern die Lebenskraft verlöschte, wenn die letzten Kräfte verrönnen, begänne man zu flackern, zu vergehen, alles verdunkelte sich, bis man stürbe!

Aber sie ist erst zweiundzwanzig Jahre alt! Alle Körperteile sind voller Gesundheit, nur leicht gequält. Gar nichts tut weh, wie also kann es sein? Wie kann sie in den Tod gehen? Ist das denn möglich? Immer, wenn sie darüber nachgedacht hat, hat sie sich so fern dem Zustand des Sterbens gesehen, dass es ihr auch jetzt wie eine böse Lüge vorkommt. Wenn es wirklich wahr sein sollte – kann sie es von sich weisen! Sie muss das tun! Der Tod steckt nicht in ihr, ist nicht so in ihre Gliedmaßen eingeprägt, als dass man ihn nicht mehr hinaustreiben könnte. Er schwebt derweil noch in der Atmosphäre, fern und abgesondert. Bis zur letzten Minute wird er nicht die Frechheit besitzen, sich in solch gesunden Kräften einzunisten und sein Vorspiel der widerwärtigen Schwächung zu beginnen. Vor solch einem Tod kann sie sich noch in die vor ihr liegenden, gesunden Jahre retten! Diese Art des Sterbens ist in dir völlig abwesend, oder es gibt dir einen kurzen Stoß – und aus, alles verloren!

Es schaudert sie. Kann denn der Tod so nah bei ihr sein? Wo sie doch nicht einmal die geringste Berührung auf ihrer Haut spürt, außer der Furcht, die von ihm ausgeht und sie bis an die Grenze der physischen Wahrnehmung umschlingt! Ja, sie muss etwas tun. Das Wort, der Gedanke, dass sie es muss, ergreift vollständig von ihr Besitz. Ihre Gedanken sind zerrissen: die eine Hälfte ist verrückt, durcheinander, ohne Kontrolle und die andere Hälfte überlegt, denkt nach und sucht einen Ausweg. Sie konzentriert ihre Gedanken in eine Richtung, bis zu dem Punkt, an dem sie an nichts anderes mehr denken kann, als unkontrolliert und wie betäubt über den Platz zu laufen, die Polizei[25] um Rettung zu bitten, ihnen Hände und Stiefel zu küssen. Wen hätte sie denn nicht angebettelt in solchen Momenten? Wenn man hier ein Leben erbitten kann, das sich noch sehr lange hinziehen mag! Sie hat erst dort begriffen, zwischen diesen ganzen Menschen, welche schon mit kalten, geronnenen Tränen weinen, welche gleichgültig sind und erstarrt, gerade wegen des starken Wunsches zu leben, dass gerade dieser Lebenswille alles in ihnen bis zu Unmöglichkeit ausfüllt und ihnen die letzte Möglichkeit, die Glieder zu bewegen, versperrt. Es hat sie noch nicht so weit fortgetragen, sie sieht noch deren Gefangenheit in der Sehnsucht, die sie nicht mehr daran glauben lässt, dass solch eine teure Sache ihnen noch geschenkt werden könnte! Sie aber begreift noch, was es heißt zu leben oder nicht zu leben. Sie läuft, kämpft, schreit, bittet, ohne die mindeste Überlegung, ohne zu wissen, was mit ihr und den Umstehenden geschieht, wie viele man auswählen und wer hierbleiben wird.

Bis sich alles als vergeblich erwies. Die Verzweiflung drängte erst dann mit aller Macht hervor und löschte ihren Zorn vollständig aus. Danach kam die kalte, blasse Nüchternheit des Zu-Spät. Die Augen begannen zu registrieren,

---

25 Mit Polizei ist der Jüdische Ordnungsdienst gemeint, der zur Mithilfe bei der Deportation gezwungen war.

was sie tatsächlich sahen. Das Gesehene fing an, bis zum Verstand vorzudringen. Sie erkannte, dass sie ging, dass sie mit allen in die Waggons ging, und dass sie allein ging – das Kind? Sie wusste nicht einmal, an welchem Ort sie es verlassen hatte, wo es geblieben war und wie lange es schon nicht mehr an ihrer Seite war.

Später erfuhr sie, dass Henech auf dem selben Platz gewesen war wie sie. Sie wusste es nicht, aber sie hatte den Verdacht, dass der kluge Schweiger sie womöglich sah, wie sie vorbeilief, wie sie kämpfte, sich zu dem Hauch einer Rettung drängte. Wollte er sie vielleicht nicht zurückhalten? Möge sie allein sein, möge niemand sie in solchen Minuten an sich binden! Mit seinem philosophischen Lächeln, gerade in den unglücklichsten Momenten, wollte er vielleicht ihren Impuls verstehen, ihren Drang, am Leben zu bleiben: Nun denn, soll sie sich retten! Und zum Todeszug ging er gesondert von ihr, womöglich in der selben Minute wie sie. Auch darüber redete er später nicht.

In Majdanek, als man sie in das Frauenfeld brachte, wurde sie sogar von einem wilden Gefühl der Freiheit beherrscht. Sie ging in dünnen Kleidern, mit nackten Füßen in den Schuhen. So viele Geschehnisse drängten sich in jede Minute, eines das andere überschlagend, dass man viele Jahre des vorherigen Lebens vergessen konnte.

Hat sie einst einen Mann gehabt, einen Henech, und ein Kind? Nein, das hätte schon sehr lange vor diesen vielen Ereignissen gewesen sein müssen! Und ist es womöglich nur ein Traum, entfernt und diffus, von Zeiten der Ruhe und einem satten Leben? Denn wenn es einst vor langer Zeit gewesen sein sollte, warum ist sie dann jetzt so jung? Ein Mädchen ist sie doch noch, mit schmaler Taille und allein. Vermutlich lebt sie schon immer in diesem Majdaneker Alptraum und es ist nie anders gewesen. Sie kann hier dem Magazin des Todes nur einen um den anderen Tag abringen. In den freien Minuten verirren sich Bruchstücke eines Lebens in ihren Kopf, von dem jemand ihr erzählt hat. Die Fantasiebilder fügen sich zu einem Ganzen zusammen, weben in den Gedanken ein eigenes Leben, das ihres gewesen sein soll.

Sie zieht die Tage heraus, stiehlt deren Leben für sich und nur für sich. Für niemand anderen muss sie es nehmen. Sie hat auch niemals jemanden gehabt, oder doch? Natürlich nicht! Wie soll es denn auch möglich sein, dass dieses junge, schlanke Mädchen schon Jahre mit einem Mann gelebt hat, dass aus ihrem Körper ein neues Leben, ein Kind aus Fleisch, Blut und Sprache entstanden und gewachsen ist? Warum sieht man es ihr nicht an?

Diese Sinnestäuschung, ihr waches Leben vom ehemaligen zu trennen und eine junge, alleinstehende Gefangene zu werden, der Verlust der scharfen Konturen des Bewusstseins in den ersten Tagen, haben sie vermutlich gerettet. Wie wäre es gewesen, wenn sie in den ersten Minuten nach dem Hineingeraten in diese lebende Hölle bei klarem Verstand gewesen wäre? Sie weiß es nicht? Wenn doch, will sie es auch nicht wissen. Es ist das Einzige, wofür man sich schämen könnte! Alle müssten sich schämen, die so beschaffen sind. Dann aber tragen ihre Gedanken sie woanders hin: Ein Kind? Das muss sie träumen! Wenn nicht, warum ist es nicht bei ihr? An etwas erinnert sie sich doch, dass sie jemanden an der Hand, die Finger einer weichen Hand gehalten hat, oder kommt es ihr nur so vor? Aber nein, sie hätte es sicher nicht losgelassen! Wie mit einer Zwinge hätte sie es an sich geklammert, es nicht weggeworfen, nicht nur ihr eigenes Kind, selbst einfach ein warmes und zutrauliches kindliches Händchen nicht. Sie erinnert sich, dass sie in den Waggon schon allein hineingegangen ist, ganz sicher! Man kann verrückt werden zwischen den wahren Erinnerungen und den untergemischten Halluzinationen! Man muss die Wahrheit nehmen, wie sie gegenwärtig ist. Das ist besser und leichter zu überleben, wie schrecklich diese Wahrheit auch immer sein mag.

Verrückt war sie in den ersten Tagen in Majdanek nicht! Es waren nur der Verlust und die Vermischung eines Teiles ihrer Erinnerungen. Und etwas im gesunden Teil ihres

Gehirns, welcher nicht vollständig vergessen ließ, sondern Zweifel weckte, war zufrieden damit, dass sie allein war. Hier in Majdanek war es besser so. Insbesondere wenn man sich einbilden konnte, dass es immer so war. Sie war mit niemandem verbunden, sie konnte sich allein durchs Leben schlagen. Und wenn nicht, würde sie niemandem verloren gehen und sie würde in niemandes Kummer und Sorgen feststecken.

Später, selbst bei vollstem Bewusstsein, bemühte sie sich, in diese Richtung zu denken, keine Sünden von früher, keine Freuden von früher, sie war allein, ganz für sich allein.

Aber hier in Werk C, am zweiten Tag ihres Aufenthaltes, wurde sie von einem Augenpaar mit scharfer Bosheit, Liebe und, oder kam es ihr nur so vor, Ironie ins Herz getroffen. Etwas lang Vergessenes stürzte auf sie ein, mit etwas Liebem und Fremdem, mit schrecklicher Freude und mit einem Widerwillen, wieder zu der Einstmaligen zu werden. Der Schrei löste sich unwillkürlich: Henech!

II

Ihre erste Reaktion war eindringlich, instinktiv freudig. Nicht sie hatte geschrien, eher war es die Überraschung, die sich Luft machte. Die Ereignisse hatten hier aber mehr Raum als die Freude. Später gab es Tage, an denen es ihr einfach gut tat, dass sie in dem Meer an fremden Menschen, in das sie jeden Abend von der Fabrik zurückkehrte, einen vertrauten Menschen hatte, den sie schon so lange kannte. Mehr nicht, nur einen Menschen, den sie von früher kannte. An das Übrige erinnerte sie sich nicht mehr und sie wollte es sich nicht klar ins Gedächtnis rufen. Nein, es durfte überhaupt nicht so sein, dass dieser Ausgezehrte mit dem eingefallenen Gesicht mit ihr vertraut und mit ihr eins gewesen sein soll. Falls doch, müsste sie sich jetzt, gemeinsam mit ihm, wie ein Skelett fühlen. Und das konnte sie nicht wollen! Wie hätte sie ohne Widerwillen die Berührung und die Zärtlichkeiten solch schwarzer knöcherner Finger auf ihrem Körper spüren können, ohne dabei aufzuschreien? Gab es tatsächlich einst solche Zeiten, ganze Jahre? Das war doch eine Lüge, die sie sich aus dem Kopf schlagen musste, selbst wenn es in anderen, nebelhaften Zeiten wahr gewesen sein sollte! Niemand durfte davon erfahren, sie selbst auch nicht. Sie könnte in den Augen der anderen einen Widerwillen wecken, sie selbst würde anfangen, ein abstoßendes Gefühl gegenüber ihren Gliedern zu bekommen, die gerade angefangen hatten, sich schön zu entwickeln. Wehe, welch ein Aussehen der Mensch hier angenommen hatte!

Aber sich mit ihm treffen wird sie, muss sie. Er bedeutet ihr weiterhin etwas. Ja, er ist der Einzige, der mit seiner schwachen, leisen und gebrochenen Greisenstimme so zu fragen weiß: Erinnerst du dich, wie wir am ersten Mai bei Nacht gesessen haben, in welchem Jahr ist das gewesen? Und man hat gesungen. So schön hat man damals gesungen! Du hast Leivick und Reisen deklamiert. Am schönsten hast du »Huljet, huljet bejse wintn« gesungen.

Es wird ihr warm und eng. Tränen ruft es bei ihr hervor. Sie kommt jeden Abend in seine Baracke. Gleich in den ersten Tagen schafft sie es, für ihn ein Stück Brot aus der Fabrik zu bringen. Er nimmt es mit seiner ausgedorrten Hand und kaut es sehr lange mit den wenigen schwärzlichen Zähnen, die ihm geblieben sind. So bringt sie ihm jeden Tag welches.

Sie fühlt sich gut, dass sie ihm Brot geben kann, dass sie zuschauen kann, wie er jeden Brocken in den Mund nimmt, wie der knöcherne Adamsapfel sich mit zufriedener Unruhe bewegt, wenn die Bissen dort hindurchlaufen, eine Weile verharren und dann in die Tiefe gleiten. Es ist eine Zufriedenheit, für die es sich lohnt zu hungern, um ihm das Stück Brot zu bringen und das Vergnügen zu haben, ihm und seinem Glück beim Kauen zuzuschauen. So hat sich vermutlich jenes Mädchen in Sodom gefühlt, wenn sie im Krieg verdeckt dem Armen ihr Brot brachte. Es ist eine Art von Vergnügen, für das man sich hin und wieder Gefahren aussetzt.

Wenn er das Brot nimmt, zittern ihm ein wenig die Hände. Es ist vor Aufregung! Oder ist es vielleicht von zu frühem Altern? Oder möglicherweise vom überraschenden Glück beim Erblicken des Brotes? Sieh nur, wie runzelig er ist! Und er ist doch noch lang keine vierzig. Sie hat jetzt Angst, sich zu erinnern, wie alt er ist. Nein, sie erinnert sich nicht genau. Sie will die zu enge Bekanntschaft mit ihm leugnen. Sie will sich vorstellen, dass hier ein ausgehungerter Greis vor ihr stehe, dem sie ein Stück Brot als Almosen gegeben hat, das er zahnlos kaut und ihr dabei seinen stummen Segen für ihr gutes Herz gibt, weiter nichts. Genau wie einst in einem der schmutzigen Warschauer Innenhöfe. Wenn etwas plötzlich in ihrem Gedächtnis auftaucht, lässt es sie erschaudern. Sie denkt auch, mit einer nicht vollständig begriffenen Furcht, dass es doch gut ist, dass dieser abgemagerte schwache Mensch hier in einer gesonderten Baracke übernachtet und sie gleich nach dem Hereintreiben der Menschen zu sich gehen muss, wo sie mit so vielen Mädchen zusammen ist. Was würde sie tun, wenn es hier anders wäre? Wenn es wäre wie damals, sehr lange zurück? Sogar in ihrem Bett kommt es ihr bisweilen vor, als drücke sich ein schwarzer bleicher Schatten an sie, dann erzittert sie mit einem Schauder, stößt vor Schreck der Nachbarin mit dem Ellenbogen in die Seite und manchmal schreit sie im Schlaf auf!

Henech ist jetzt allein hier. In seiner abgerissenen Kleidung geht er zwischen den Pritschen von Frydlands Baracke unter. Niemand bemerkt ihn, niemand sieht ihn, schaut ihn nicht einmal an. Wenn er sich nur ein wenig aus der Reihe bewegt, hagelt es sofort Schläge von Polizeigummiknüppeln. Was ist er denn hier? Wer könnte ihn hier denn ins Licht rücken, ihn interessanter machen? Er arbeitet tagsüber beim Trotyl, wie alle Glücklosen hier, und sein Gesicht wird aufgefressen und trocknet ein. Seine Knochen beginnen, immer stärker hervorzustehen. In dem Knochengeflecht treten nur seine

Augen, gehalten von gelben knöchernen Klammern, jetzt erschreckend und abstoßend hervor. Warum nur schauen sie derart auf Fredzia? Sie bringt ihm Brot, steht neben ihm. Aber jedes Mal, wenn sie ihm etwas bringt, wächst sie ihm und seinem traurigen Aussehen gegenüber immer mehr. Da ist ein Mensch, der mit seinem gebrochenen Körper ruft, man solle Mitleid haben! Wenn nicht, wird er böse, zerfrisst alle mit dem Rost in seinem Blick. Auch sie hat Mitleid mit ihm. Sie hungert, um so das Gefühl von Mitleid in sich ruhigzustellen. Das verstärkt ihre Machtstellung ihm gegenüber, ihre fortschreitende Entfremdung. Es kann sein, dass sie ihm das Brot bringt, um sich an seiner Erbärmlichkeit zu sättigen. Das wird vermutlich im Laufe der Zeit in ihr jedes Bindungsgefühl ersticken, das sie jeden Abend beinahe mit Gewalt hierher zieht.

Es wird ihr unangenehm. Sie überlegt sogar schon, dass sie nicht so oft kommen sollte! Ja, sie könnte es ihm mit jemandem zuschicken! Wenn sie selbst kommt, streitet er mit ihr, besonders in der letzten Zeit! Und sie ängstigt sich vor seinen Reden. Sie fordern etwas von ihr ein, verlangen es, ohne es klar zu benennen. Und auch seiner Stimme, die gedämpft, heiser und undeutlich ist, wird sie überdrüssig, als legte sie sich auf sie und saugte ihr die Wärme aus dem Fleisch. Warum also kommt sie immer wieder her?

Weil sie nicht zugeben will, dass sie damit einer Verbindung, einem Ring aus dem Wege gehen will, der in jedem Augenblick auf ihr liegt und obwohl niemand ihre Verkettung mit ihm kennt, kommt sie! Sie tilgt ihre Vergangenheit mit dem Brot Stück für Stück aus, wie man eine Schuld abbezahlt, von der man nicht weiß, wie man in sie verstrickt worden ist. Nicht kommen? Damit würde sie sich nicht erleichtern und die ganze Last bliebe in ihrer vollen Schwere auf ihren Gedanken liegen! Mit jedem Tag, an dem sie ihn sieht, wird ihr leichter, obwohl es ihr gleichzeitig schwer fällt. Sie weiß sehr wohl, dass sie ihm etwas schuldet. Mit jedem Tag, an dem sie ihm einen Happen Nähe und Wärme schenkt, selbst wenn er glaubt, die Wärme sei für ihn, wenn seine Illusion es ihm größer und reicher erscheinen lässt, verringert sich ihre Schuld. Je öfter sie jetzt kommt, umso geringer wird sein Anteil an ihr. Sie kommt, weil sie nicht kommen will. Es trieft Tropfen um Tropfen aus ihr heraus. Sie weiß es, deshalb sieht sie ihn jeden Abend, bis sie wird aufhören können.

III

Sie hatte eine arme, schwere Jugend. Zu Hause konnte sie von keinerlei Freude oder Vergnügung träumen. Als sie älter wurde, verstand sie, wo man das Glück finden konnte, selbst in der größten Not: Man konnte lieben und geliebt werden. Das konnte man in den ärmsten Ecken genau wie im größten Reichtum erreichen. Es geschah ihr mehr als einmal, dass der Windhauch seiner Flügel sie in einem verräucherten armen Lokal streifte. Sie erkannte und fühlte es. Sie musste nur dafür sorgen, dass all diese Glücksmomente nicht blind waren, sondern ihre Augen auf sie gerichtet hielten. Das entsprach am ehesten ihrem Wesen und war erreichbar, deshalb wurde es zu ihrer Taktik.

Henech wurde der Schlüssel, sie dort einzuführen, wo sie mehr Möglichkeiten hatte, die Aufmerksamkeit auf sich zu ziehen. Jene Tür aber, zu welcher er der Schlüssel war, war jetzt aufgebrochen und im Raum war es wüst und leer. Was also konnte sie dort noch halten? Das Gewebe vieler Jahre vielleicht, in dessen Mitte schon ein Fluss entstanden war, den man mit Löffeln der Gewohnheit nicht leerschöpfen konnte?

Sie hätte sicher das warme Gefühl ihm, einem Nahestehenden und Vertrauten gegenüber aufrechterhalten. Es hätte sicher lang gedauert, bis sich davon etwas abgerieben hätte. Aber er sah sie zu oft, redete mit ihr und aus jedem seiner Worte war das Bewusstsein klar herauszuhören, dass sie zusammen waren, dass sie zu ihm gehörte. Er erbat kein

Mitleid, wie sie es verstanden hatte. Und es war bemerkenswert, wie dieser Mensch mit den aderübersäten ausgedorrten knöchernen Beinen noch so stolz reden und fordern, so selbstbewusst sein »Ich« auf sie werfen konnte! In seinem Gedächtnis war gar nichts ausgelöscht worden und das drückte er in jedem seiner Worte durch seinen Tonfall aus. So wurde sie ihm feindlich gesinnt!

Feindlich? Zuerst erschrickt sie vor diesem Gedanken. Wie? Warum soll sie Henech zum Feind haben? Er ist doch immer so gut zu ihr, so fein und edel! Und jetzt, was sagt er denn? Er hütet sich doch davor, ihr mit dem geringsten Wort wehzutun! Was kann sie gegen ihn haben?

Sie sieht ihn aber ständig. Von Woche zu Woche, von Tag zu Tag zehrt die Arbeit mehr und mehr an seiner Kleidung und an seinem Körper. Zwischen den dreckigen löchrigen Fetzen schauen Teile des schmutzigen knöchernen Leibes hervor. Ihr kommt es vor, als schleppe auch seine Rede den Dreck seiner verbrannten schwarzen Zähne in sie hinein, den mit Schweiß vermischten Staub seiner Kleidung und seines Körpers. Sie hat leichtere Arbeit, sie kann gesondert leben und sie wird wieder schön, jugendlich schön. Sie spürt noch gar nichts von Werk C an sich. Wenn doch, würde sie es an sich nicht erkennen. Ihn sieht sie mit den Augen, wie er jetzt ist. Sich selbst aber sieht sie eher als die ehemals Aktive, deren Erinnerung noch voller Sehnsucht nach jenem anderen Erscheinungsbild ist. Es kocht in ihr hoch: was will dieser Mensch von ihr? So einen wie den, der er jetzt ist, hat sie niemals gesucht, nie gewollt! Er aber will sie, mit seinen Augen, damit, dass sie seinen Reden zuhört, als Schicksalsgenossin an sich binden, an den ganzen Schmutz, an sein ganzes Leben, welches verlischt, flackert und ausgeht. Mit ihm verbunden zu sein, hieße, zu dem zu werden, was er ist, selbst wenn sie ihr geflicktes Kleid jeden Tag wüsche.

Sie steht mit ihren jungen dreiundzwanzig Jahren in voller Blüte – junge Mädchen wirken gerade durch maßvollen Hunger jünger und schöner – und sie wehrt sich, sie regt sich auf. Er aber hält sie, mit jedem »Fredzia!«, das er spricht, an sein Schicksal gebunden. Er bürdet ihr die Last der schicksalhaften Jahre auf, die sich damals hinter der Maske einer großen Strahlkraft verbargen und die ihr jetzt lachend die ausgebrochenen Zähne zeigen und die gealterten Glieder. Sie drohen ihr mit den verloschenen Blicken, die in ihrer Nähe immer noch aufleben können: Du trägst meinen Namen! Du bist ich! Genau das bist du! Sieh mich an und erkenne dich selbst in mir!

Auch ihre Feindseligkeit ist eine eigenartige. Sie ist bereit, ihm alles zu geben. Wenn sie ihn anschaut, kommen ihr noch die Tränen und schnüren ihr die Kehle zu. Sie möchte weinen. Sieht sie doch, bewusst oder unbewusst, die Ruine des ehemaligen Henech, die Ruinen von hunderten um ihn herum, welche fort sind und in ihm ihre Spuren zurückge lassen haben. Henech, das war für sie ein Gebäude, umstellt von so vielen Fassaden, von menschlichen Fassaden und Säulen. Jetzt steht vor ihr nur ausgebrannte schwelende Asche, welche sich mit unheimlichem Rauch in die Augen setzt und ihr jenen muffigen Geruch zuträgt, vor dem sie so weit fliehen möchte.

Mag sein, sie lehnt nicht so sehr ihn selbst ab, als vielmehr ihr eigenes Schicksal, von dem sie durch ihn in Stricke gelegt wird. Und das sie, nicht einmal für eine Weile, unter den schützenden Schirm ihres gesunden, jungen Körpers und einer schönen Sorglosigkeit fliehen lässt. Er ist das Echo ihres Unglücks, das ihr nacheilt und ihr die Wege zu verstellen sucht, das in ihr einen Hass auf das, was von ihm ausgeht, weckt. Ist es auch er selbst? Bedeutet es tatsächlich, dass sie ihm selbst Schlechtes hätte antun wollen? Nein, das sicher nicht!

Sie hat es ihm schon etliche Male sagen wollen. Das heißt, nicht alles kann sie aussprechen, aber so viel sie kann, will sie sagen. Eine Frage würde sie ihm klar stellen: Wie kann man es? Die ganze Welt ist ausgelöscht worden, ihr ganzes »Früher« ist vernichtet. Jetzt muss man sich retten, sich durchschlagen durch diesen qualvollen Wirbel. Hand in

Hand mit ihm wird sie das nicht können. Allein ist sie in der Lage, sich auf einen Hügel zu retten; zwar umgeben von einem Strom aus Blut, aber sie wird auf dem Hügel im Trockenen stehen. Vielleicht wird sie sich ein wenig beflecken und schmutzig machen, aber dafür wird sie ihm von dort etwas Hilfe zuwerfen können, ein wenig Schutz. Kann sie denn anders? Aber ...

Mit Henech kann sie so nicht reden. Sie kann es nicht! So wächst in ihr eine Feindschaft gegenüber dem Menschen, den sie am liebsten in jedem Augenblick beweinen möchte. Sie ist auch deshalb böse auf ihn, weil er weiterhin derjenige geblieben ist, mit dem sie nicht bereden kann, was sie muss. Und wenn er hieran keine Schuld hat, so ist seine Schuld nur noch größer! Sie hasst den Teil an ihm, der ihr den Mund verstopft und ihre Hände bindet, und dabei geht er selbst umher und weiß davon gar nichts. Warum kann er es ihr nicht selbst sagen? Sieht er es tatsächlich nicht? Fühlt er nichts?

IV

Fredzia arbeitete in Halle 58 und Henech schickte man in eine andere Fabrikabteilung. Ihn nahmen die polnischen Aufseher vom ersten Tag an aufs Korn, schlugen ihn mörderisch und demütigten ihn. Warum? Vielleicht provozierten seine ungewöhnlichen Augen sie, sein Schweigen, seine merkwürdig gelassenen Bewegungen und das ständige argwöhnische Umherschauen. Sein ganzes Wesen drückte ein tiefes Misstrauen und einen furchtsamen Argwohn gegenüber allen aus. In seiner Stimme lag etwas Böses und Gebrochenes. Die Stimme war nicht laut und nicht sehr leise. Eigentlich sprach er leise, es kam aber heraus wie eine starke Stimme, bei der vor dem Herausbringen der Töne an beiden Seiten das Schreien abgetrennt und im Hals stecken geblieben war. Nur der große Zorn aus der Mitte der Stimme kam ohne die Kraft eines volltönenden Geschreis durch einen schmalen Spalt in der Gurgel heraus. Sie trug aber den Ärger, der sie wie das Krächzen eines Echos begleitete, das sich mit einem Pfeifen um die Stimme legte. Auch Fredzia regte das auf. Seine Reden zu ihr waren leise, mit der Anstrengung, sanft zu sein. Das Weiche in ihnen kam aber so unehrlich heraus, als hätte er schreien und seine eigene Sanftheit verspotten wollen. Seine Stimme floss gemächlich, aber mit solchen Untertönen, die sie hinausdrängten und zur Eile trieben. So war seine Stimme in den letzten Monaten geworden. Ein Gemisch aus seiner Angewohnheit, gemessen zu sprechen und aus dem Zwang, hier in Werk C, schnell zu antworten, noch ehe man fragte, noch ehe die Frage beendet war.

Man durfte nicht die Aufmerksamkeit der Aufseher auf sich ziehen. Man musste einer wie alle sein. Bemerkten sie einen, blieb man schon das tägliche Opfer. So geschah es, dass er jeden Abend mit angetrockneten blauen Zeichen auf Gesicht und Nase zurückkehrte.

Fredzia dagegen hatte ein anderes, ein glückliches Los. Als Erstes fand sie ihr jugendliches gesundes Lächeln wieder. Es kam zu ihr aus irgendwelchen fernen, verlorengegangenen Zeiten, setzte sich fröhlich flatternd auf ihre herabhängenden bleichen Lippen und meldete: Da bin ich wieder! Gerade so, als wäre das Lächeln ohne einen festen Platz umhergeflogen, hätte irgendwo in der Nähe gewartet, bis es sie aufsuchte und wie ein lieber Gast nach einer langen Wanderung sich auf sie warf, um ihre Lippen zu küssen. Bald begann man in der Halle, sie anders anzuschauen als viele der anderen Mädchen.

Da war zum Beispiel das andere Mädchen, das mit Fredzia an einem Tisch arbeitete. Sie wollte auch lächeln. Es kam bei ihr aber eine so traurige mürrische Grimasse dabei heraus, eine solche Weinerlichkeit, dass es Fremde abschrecken musste. Selbst ihr jugendlicher Reiz, ihre vollen Brüste und der mädchenhafte Charme wirkten an ihr wie belanglose, bei jemandem geliehene Sachen, die ihr nicht passten und nicht ihrem Wesen entsprachen.

Dagegen war Fredzias Fröhlichkeit eine offene, eine anziehende. Selbst wenn sie traurig war, glänzten ihre Augen ungewollt mild in ihrem Gesicht, dass es ihr schmeichelte. Sie war eine Fröhliche, nicht wie all die Juden von hier, erkannten die jungen Polen bald, selbst die jungen und alten Nichtjüdinnen. Nachdem sie sie in der ersten Zeit provoziert und gekränkt hatten, wie man es mit jeder Rekrutin tat, begannen sie, ihr Stücke Brot, Suppenportionen oder gar einen Apfel zu bringen, oder eine blutrote Tomate, die bald mit ihren Lippen verschmolz. Sie wägte niemals ab, wer ihr etwas brachte, sondern lächelte und nahm es an.

Was sie nicht aufaß, wickelte sie in Papier, damit es vor dem Trotyl geschützt war und nahm es mit ins Lager. Sie war sehr hungrig, hatte einen aufgeweckten Appetit und deshalb aß sie bedenkenlos, was man ihr gab. Erst, als sie ein wenig satter wurde, erinnerte sie sich an noch jemanden: Henech! So nahm sie das Übrige, das sie schon auch noch hätte essen mögen, wickelte es ein und versteckte es an ihrem Busen. Die jungen Männer in der Halle wussten von dem Versteck und gingen immer wieder wie zufällig hin, um sich zu amüsieren und das versteckte Brot zu berühren. Sie aber dachte hauptsächlich daran, was für eine Miene er machen würde, wenn sie es ihm brachte, wenn sie zusehen würde, wie er ohne Berechnung seine paar Zähne darin verbiss so wie sie, oder vielleicht gar mit einer versteckten Rachsucht, sich in der Vorstellung in jene Hand hineinzubeißen, die es ihr gebracht hatte.

Nach den ersten zwei Wochen erkannte Fredzia in jedem seiner Bisse einen verborgenen Verdacht. Es bereitete ihr Vergnügen, dass nach dem Essen eines Stückes Brot, manchmal mit Butter, Henechs Augen in ihren blauen Höhlen ein wenig stetiger wurde. Eine Ruhe breitete sich über dem gereizten Nebel in seinem Blick aus. Die eingefallenen Wangen versuchten, wie aus eigenem Antrieb, sich zu glätten, als schämten sie sich wegen ihrer Hohlheit. Es bereitete ihr Vergnügen, so stand sie da und wartete, bis er das letzte Krümelchen hinuntergeschlungen hatte, und fragte mit zartem, ehrlichem Mitgefühl: Nun, bist du noch hungrig, Henech?

Henechs Augen dankten ihr sanft, aber etwas musste er sie fragen: Fredzia, wenn du mir das Brot gibst, was isst du dann?

Sie hatte völlig vergessen, dass sie ihm letztendlich irgendwann sagen musste, dass sie genug für sich hatte. Jetzt lächelte sie: Mach dir keine Sorgen, ich hungere nicht!

Henech konnte es nicht begreifen. Wenn man so hungrig war wie in Werk C, war im Hirn kein Platz für Zweifel, für Überlegungen und dafür, sich Sorgen zu machen. Wenn man aber aß und der Magen sich beruhigte, kamen all die Überlegungen, die der Hunger nicht zugelassen hatte, und fingen an zu quälen. Bald begann seine Stirn, sich in Falten zu legen, wie bei der Suche nach der Lösung für ein gewichtiges Problem, das man nicht völlig verstand, bis die Falten bis zu den abgeschorenen Haaren reichten. Sein Blick erwachte aus dem gesättigten Schlummer und bohrte sich in ihr rosig gewordenes Gesicht.

Woher nimmst du so viel Brot, Fredzia? Geld hast du doch keins und du isst ja auch. Ja, du isst doch auch!

Im ersten Moment kam sie in Verlegenheit, fing sich aber wieder. Sie wollte ihm schon erzählen, dass die Schicksen, die alten Bäuerinnen ihr das gaben. Dann aber regte es sie auf: Was fragt er mich aus? Warum quält er mich? Will er mir womöglich bis zu den Stunden in der Fabrik nachspionieren und eine Art Recht an mir einfordern? Und das nur deswegen, weil ich noch Verbindung mit ihm halte, mich an seinen Hunger erinnere?

Sie antwortete ihm deshalb kurz und trotzig: Ich hab es halt!

Solch kurze Reaktion auf seine Rede versetzte Henech in seine typisch ruhige und doch gereizte Aufregung. Zwischen einem Wort und dem nächsten sagte jeder von ihnen sich vieles im Stillen und hörte vieles heraus. In den Atempausen führten sie in Gedanken ihre Rede weiter fort. Das später

Gesagte bezog sich eher auf die Gedanken als auf den vorher gesagten Satz. Henech merkte daher plötzlich an: Weißt du was? Ich will dein Brot nicht!

Henech war selbst fast erschrocken vor seiner Aussage. Ha, hat er das tatsächlich gesagt? Er will kein Brot? Er will nicht?

Trotz seines eigenen Erschreckens wiederholte er deshalb: Hörst du, Fredzia? Ich will das Brot nicht, das du mir bringst.

Wie immer, wenn man ihr etwas ausschlug, das sie wollte, wurde ihre Stimme weinerlich. Eigentlich brachte sie das Brot für sich, wie alles, was sie tat, nur ihrer eigenen Befriedigung diente, weil sie es so wollte. Sie war sogar bereit, das Recht, ihr Schuldgefühl beruhigen zu können, bei ihm zu erbetteln! Sie war aber auch stolz, und das überwog und ließ sie nicht klein beigeben. Sie antwortete ihm kühl und trocken: Wenn du nicht willst, dann eben nicht. Wenn ich etwas übrig habe, gibt es so viele Unglückliche, denen ich es geben kann.

Henech hörte schon nicht mehr genau, was sie sagte. Er hatte sich hier in einen Konflikt hineingesteigert, und er wusste nicht, wie sie beide so weit dort hineingeraten waren. Er wegen seines Ehrgefühls, das wie er selbst skeletthaft geworden war, aber noch nicht abgestorben. Und sie wegen ihres Stolzes, der viel mächtiger war als jenes stille Gefühl, das sie selbst vor dem Tageslicht verbarg.

Er schnappte noch ein Stück ihres Satzes auf, kaute es wieder und wunderte sich: »Übrig haben«! Wie kann man in Werk C Brot übrig haben? Wie kann Brot denn überzählig sein?

Die Frage stellte er leise, als wollte er einen Gedanken zu fassen bekommen, ohne dass sie es bemerkte. Er kaute ihn durch, wie einen verirrten Krümel zwischen den Zähnen, als sättigte ihn auch das oder gäbe ihm die Kraft, weiter zu hungern: Übrig? Womit kauft man hier Brot? Woher nimmt man, um zu kaufen und etwas übrig zu haben?

Fredzia fühlte sich schlecht. Sie erkannte, dass alle Worte, die sie in Gedanken für ihn gesammelt hatte, von seinen paar vorgeblich arglosen Fragen zerschlagen worden waren. Sie erinnerte sich, dass sie noch irgendwo hin musste. Sie fühlte auch, dass sie sich von seinen Fragen entfernen musste und fliehen, damit sie nicht hängenblieben. Sie unterbrach ihn: Henech, ich muss heute noch jemanden treffen. Gute Nacht! Wir sehen uns morgen.

Sie ließ ihn seine Gedanken für sich beenden. Aber ihr kam es vor, als schickte er ihr etwas nicht Fühlbares nach, das sie an der Schulter streifte.

So zog es sich über einige Wochen hin.

Kapitel zwölf

I

Als Mechele das erste Mal am Tisch in der Halle mit Fredzia zusammentraf, konnte er sich kein genaues Bild von ihr machen, ehe er nicht Einzelheiten ihres bisherigen Lebens gehört hatte. Erst jetzt konnte er sich an alle Kleinigkeiten ihrer Begegnung erinnern, sie von Neuem in seinen Gedanken durchgehen, die Fredzia von früher mit dem, was er von ihr erfahren hatte, abgleichen. Ihre erste Verärgerung ihm gegenüber, genau wie das spätere sich Aussprechen, entsprang der verdeckten Unzufriedenheit einer Frau, die wollte, dass jeder sie bemerkte, sogar er, der am Tisch wie ein gejagtes Tier zwischen so vielen Jägern stand. Sie war gar nicht so sehr darauf aus, dass *er* sie bemerkte, als vielmehr, dass sie *bemerkt werden würde*. Sie wollte noch ein Fünkchen Sicherheit besitzen, dass man sie bemerken musste, dass sie alle reizte und dazu bewegte, über sie nachzudenken.

Als Mechele ihr, ohne sie anzuschauen, das Wort an den Kopf geworfen hatte, sie sei eine hysterische Jiddene, war sie in Tränen ausgebrochen. Minuten später aber hatte sie ihn mitten ins Herz getroffen. Mechele aber unterdrückte dieses Gefühl, zeigte es ihr nicht.

An jenem ersten Abend hatte er auch gesehen, wie sie mit jemandem von der Halle hinausgegangen war, sich hatte von ihm umarmen lassen, bei ihm ein Päckchen genommen und gelacht hatte! Er hatte damals einen schmerzenden Schnitt im Herzen gespürt. Vor sich selbst hatte er es nicht wahrhaben wollen, wollte ein Gefühl der Scham davor bewahren, was hier passieren konnte. Es war aber schwer, die Eifersucht und den Neid auf jenen Bengel zu leugnen, der ihr so nahe kommen konnte. Den Schmerz in seinen Gefühlen konnte er aber nur zulassen, wenn die Fäden seines selbstbezogenen Mitleids sich mit der Sorge um ihre Moral verwoben.

Er war nicht verliebt in sie, nicht mit jener Liebe auf den ersten Blick, die einen schnell in eine verzehrende Eifersucht treiben kann. Nicht verliebt, trotz seiner fast dreiundzwanzig Jahre, und in Werk C sowieso nicht. Sie passierte die Stille seiner Gedanken, versetzte ihnen einen Stoß und lief weiter. In seinem Gehirn ruhende Schatten von Gedanken regten sich schwach bei ihrem Anblick, wurden aber nicht vollständig geweckt und schliefen wieder ein. Sie ließ dort aber eine Sehnsucht zurück, ein bitteres feines Ziehen, einfach so, wie ein Traum, den er in seiner angeborenen Zurückhaltung sowieso nicht zu nahe an sich herangelassen hätte, selbst wenn sie es gewollt hätte. Dieses hingeworfene Körnchen in ihm schwächte aber den möglichen Widerwillen gegen sie bei einer zweiten Begegnung ab. Die kaum wahrnehmbaren Spuren ihres Vorbeischwebens waren so dünn, dass sie nicht zu etwas Scharfem und Kantigem führen konnten. Sie waren aber auch nicht so oberflächlich, als dass er sie wie etwas Überflüssiges und noch nicht in seinem Gefühl Verankertes aus dem Herzen wieder hätte hinauswerfen können.

An den Abenden, an denen sie früher ging, liebte er es, dem Bedauern zu lauschen, das ihn begleitete, wenn er traurig die Halle verließ und er sich schlecht fühlte, weil er sie nicht sah. Danach streifte er ziellos im Lager umher, man könnte auch darin die unklare Hoffnung erkennen, sie zu treffen.

Vor jener Nacht, in der sie über Henechs Bett gebeugt stand, waren mit ihr schon etliche Dinge geschehen. Sie hatte im Lager schon Bekanntschaften geschlossen, ging hier mit diesem, dort mit jenem durch die wenigen Lagergassen und lachte laut, während Henech durch die verschmutzten Lagerscheiben zusah. Es kam ihm plötzlich so vor, als ob alle es sähen, als ob aller Augen auf sie schauten und auch ihn dabei erblickten. Sie wussten, dass er früher ihrer gewesen war, sie sahen und registrierten mit verborgenem Verdacht sein Zuschauen und Schweigen. Denn alle sahen auch, dass sie ihm abends Brot brachte.

In dem geschwächten, klugen Henech erwachte eine Kraft, die Entschlossenheit, eine Entscheidung zu treffen: Soll sie ruhig! Aber nicht mit ihm! Er sieht und kennt sie nicht mehr! Er wird ihr nicht einmal aus der Ferne nachschauen. Es gehen hier mehr als tausend Frauen im Lager umher – jetzt ist da noch eine. Er beachtet keine von ihnen, auch sie wird in jenem Strom aufgehen. Er wurde plötzlich hart, begann mit energischen Schritten zu gehen, als würde das feste Auftreten auch ihn selbst stärken. Er zwang sich, jedem direkt ins Gesicht zu schauen, obwohl er sich sehr schämte, denn jeder in der Baracke wusste, dass jene junge Frau seine war.

Fredzia wurde voller und reifer. Die Farbe kehrte in ihr Gesicht zurück, als wollte sie die verlorene Zeit zurückerobern. Sie kam voller Sehnsucht zurück, setzte sich fest, ließ nicht mehr von ihr ab.

Die satten Jungen fingen an, sie zu umschwärmen, wohlgenährte Polizisten und Leute mit guten Stellen und Geld. Sie verbrachten ihre Zeit mit ihr und Henech sah, dass sie wieder fröhlich war, mit ihnen Arm in Arm umherging und wie zum Spaß ihre Gesichter liebkoste. Später lag er grollend im Bett, krümmte sich im Schmerz und gab keinen Laut von sich. Er hatte seinen Entschluss gefasst. Sie kam aber sowieso nicht mehr. Schon seit Tagen schien sie seine Existenz vergessen zu haben. So verlor er allmählich die Entschlossenheit und das Vergnügen, das sein Herz beim Durchspielen des Momentes verspürte, wenn er ihr seinen Starrsinn an den Kopf schleudern würde. Sie kam nicht. Und zusammen mit ihr zögerten sich auch jene Minuten süßer Rache hinaus, die Henech sogar hier auf seinem harten Brett noch finden konnte. So wurde er noch finsterer, noch verhaltener. Die schwere Arbeit richtete ihn zugrunde, fraß an ihm mit wildem Eifer. So wurde das Lechzen nach den Worten der Rache seine Nahrung, verdrängte alles andere aus seinen Gedanken.

Aber in jener späten Nachtstunde hatte etwas sie geweckt und sie bis zu ihm in die Baracke geführt. Vielleicht war seine Fokussierung auf diesen Punkt der Feuerfunke, der in der Stille der Nacht davonflog und sie mit Gewalt herzog: Komm! Sie spürte nur einen spontanen Schreck, der sie befiel, als sie sich schlafen legte: Was ist mit Henech? Vor ein paar Tagen hat er doch so schrecklich ausgesehen!

Als Mechele sie erblickte, eine Fortgetriebene, hielt ihn etwas zurück. Er wäre hinuntergegangen, hätte ihr eine Frage gestellt, was die Zunge aus dem hätte formulieren können, was in seinen Gedanken über sie bereitlag. Aber der, der dort mit dem Gesicht zu Wand gedreht dalag, ließ es nicht zu. Das unerwartet Neue und die Entdeckung, dass sie mit diesem Schatten verbunden war, der in dem Bett unter seinem lag, lähmte Mechele in jenen Minuten. Erst als sie weg war, entdeckte Mechele seine Unruhe, wie einen verstohlen weggeworfenen Gegenstand in einer Ecke.

Im untersten Bett lag ein Mensch und Mechele war sich sicher, dass er weinte. Mechele ahnte es, obwohl in Werk C sich das Weinen auf eine andere Art und Weise bemerkbar machte, wie ein Tränengemurmel, das nur aus den unruhigen Bewegungen der Gliedmaßen bestand. Mechele führte jenes kaum hörbare Geräusch mit seinem Gefühl für sie zusammen, und mit einem Mal fühlte er sich mitschuldig, oder sehr schuldig gegenüber jenem, welcher sie gerade eben fortgeschickt hatte. Nur sie? Damit hatte er doch seinen letzten Rest Ruhe, seinen letzten Brocken Illusion mit ihr zusammen hinausgetrieben! Und sie? Wie gleichgültig sie ihn mitgenommen hatte, weggetragen in die Stille ihrer nächtlichen Schritte, als wäre es ein gestorbenes Kind, das man bei Nacht herausnehmen und wegtragen musste, an den einzigen Ort für Tote, zum Friedhof.

Nahebei lag ein Mensch, ein Stock höher als Henech, den Henech weder kannte noch sah, und der hielt sie im Herzen, wärmte sie in einem Raum getrennt von seiner Sehnsucht! Ein Glück nur, dass auch sie es nicht wusste, denn in solch einem Moment hätte sie aus einer Laune heraus ihm einen Blick zuwerfen können, ein stummes Lächeln. Mechele wusste nicht, ob er sich in jenen Minuten hätte abschirmen können, als die blinde Nacht finster draußen umhertrottete und gleich müde hereinkommen und mit ihren kalten Knöcheln in seine Lagerstatt eindringen würde. Möglich, dass aus seiner Regung heraus ein Funke untertänig auf ihre weißen, begehrlichen Zähne gefallen wäre. Er hätte seinem Nachbarn sicherlich weh getan damit, ihm einen Schlag auf den Kopf versetzt, obwohl er gar nichts gegen ihn hatte, gar nichts gegen ihn haben konnte.

Mechele wusste nicht einmal, ob er jenem ins Gesicht hätte schauen können, wo dieser ihn nicht kannte und nichts wusste ... es war gut, dass es in der Baracke finster war und die Blicke sich nicht treffen konnten.

Mechele lernte damals die erste psychologische Herausforderung kennen, eine der Versuchungen, in die Werk C einen einfachen, ehrlichen Burschen wie ihn verstricken konnte. Konnten sich hier auch Liebestragödien abspielen? Die Nacht hinderte ihn daran, eine Antwort zu finden und warf ihn hinüber in einen lärmenden Tag.

II

An einem der Abende, als Mechele von der Arbeit zurückkam, suchte Bartman ihn mit einer Nachricht auf: Morgen bleiben Sie im Lager. Sie werden eine Weile nicht in die Fabrik gehen müssen.

Es gab einen richtigen Plan. Wenn er gelang, würde Mechele da bleiben zum arbeiten. Bartman wunderte sich, dass Mechele sich gar nicht freute. Mechele schämte sich. Es kam ihm vor, als würden alle erkennen, warum es ihm so gleichgültig war. Er wiederholte, was er gestern Chropicki gesagt hatte: Verstehen Sie, dort in der Halle hab ich mich schon eingelebt, durch die Gojim mehr Essen gehabt. Ich habe gewusst, dass ich soundso viel arbeite, aber ich werde nicht hungrig sein.

Bartman lächelte: Nun, das ist nichts. Sie werden nicht verloren gehen. Erinnern Sie sich doch, was es heißt, leichte Arbeit! Möge es bloß klappen.

Bartman ging weg. Mecheles Freunde wussten bald die Neuigkeiten. Frydland machte gleich Pläne. Er ging weg und rief Mechele später in eine Ecke. Im Dunkeln erkannte Mechele nicht gleich die zweite Gestalt, die dort abseits im Winkel stand. Bald aber tat sein Herz einen Sprung: Er kam mit Fredzia. Was wollten sie von ihm?

Frydland pflegte noch förmliche Umgangsformen. Er war vermutlich der Einzige hier, der vor einer Frau noch den Lumpen vom Kopf zog, sich bei der Begrüßung galant verneigte und noch die Sprache der höflichen Komplimente benutzte. Als er näher zu Mechele kam, fing er an vorzustellen: Darf ich vorstellen, dies ist die prächtige Frau Głaz, deren Tugenden man so hoch lobt.

Unbeabsichtigt lächelte sie kokett: Frau, was sagen Sie? Sie können genauso gut Fräulein sagen. Übrigens kennen wir uns schon.

Frydland brach in Lachen aus: Nun, das bin ich nicht verpflichtet zu wissen. Ich weiß nur, dass es hier bei mir in der Baracke einen Bekannten von Ihnen gibt. Weiter werde ich keine Berechnungen anstellen.

Innerhalb weniger Sekunden wurde ihr Gesicht böse und ernst: An ihn bindet mich gar nichts. Der ist nur ein Freund von mir, unter vielen Freunden. Wenn ich mir die Namen von jedem Bekannten merken müsste …

Sie blieb mitten in der Rede hängen und schwieg. Auch Mechele schwieg. Er sah, dass der zerstreute Frydland mit seinem Geschwatze eine Wunde bei ihr angerührt hatte, die einen Aufschrei hervorrufen musste. Der pfiffige Frydland begriff aber sofort, suchte nach einem Wort, um aus dieser Verwicklung herauszukommen und geriet noch weiter in den Sumpf der schmerzenden Rede: Nun, man kann zwar sagen, Blut ist dicker als Wasser, aber ein Mann, mit dem man jahrelang zusammenlebt und dessen Namen man trägt, ist schon etwas mehr als ein Freund. Das lässt sich nicht mit der Hand fortwischen. Im Übrigen wollen wir uns nicht in Ihre privaten Angelegenheiten einmischen.

Fredzia wurde nervös. Sie unterbrach ihn in gereiztem, zornigen Ton: Dafür haben Sie mich daher geschleppt, um mit mir über solche Sachen zu reden? Überlassen Sie es ruhig mir, darüber nachzudenken. Ich bin schon volljährig. Sie hatten mir hier etwas anderes sagen wollen.

Frydland begann, verloren zu stammeln: Entschuldigen Sie, ich habe das nur so gesagt. Es ist mir einfach rausgerutscht. Nun lasst uns endlich mit dem eigentlichen Thema anfangen.

Fredzia wollte nicht mehr in seine Richtung schauen. Sie suchte mit dem Blick, mit wem sie eine Unterhaltung anfangen könnte, damit sie kein einziges Wort mehr zu Frydland sagen müsste. Sie drehte sich mit beleidigter Pose weg und erinnerte sich an den Dritten, der etwas verloren still neben ihnen beiden stand. Ihre Miene klarte augenblicklich auf, wurde wieder fröhlich, als wäre hier gar nichts gesagt worden, was sie kränkte. Mit natürlicher Heiterkeit in der Stimme wandte sie sich an ihn, wie an einen engen Vertrauten: Soso! Sie verlassen die Halle, ohne sich zu verabschieden! Warum haben Sie mir gestern nichts davon erzählt? Nun, jetzt werden Sie mehr Zeit für etwas anderes haben und mir zeigen … Aber nein, zuerst müssen Sie sich dafür entschuldigen, dass Sie mich einmal beleidigt haben.

Ihre Stimme trug das Zittern einer frischen Kränkung und Beleidigung, als sei es erst kürzlich passiert. Mechele wollte etwas antworten. Sie ließ ihn aber nicht. In ihrer Stimme trat jener vertraute Ton hervor, gemischt mit kapriziöser Befehlsgewohnheit, der alle Grenzen überspringt, der alle Einführungsrede und Vorworte erspart, die gar nichts aussagen, sondern nur die Rede verlängern.

Schamhafte und zurückhaltende Menschen benutzen sie wie einen Schutzschirm, hinter dem man sich verstecken kann, bis man die Menschen und die Situation, mit der man es zu tun hat, gut einschätzen kann, bis man anfangen kann über das zu reden, was man möchte. Sie wollte ihn aber nicht nachdenken lassen. Sie musste ihn überraschend einnehmen, damit sie das ganze Gespräch unter Kontrolle hatte. Deshalb fing sie einfach gleich an: Hör zu, junger Mann, was ist das für ein Gesieze? Ich weiß nicht, ob ich älter bin als du, was gibt es also, sich zu zieren: Sie und Sie? Wir sind hier nicht in einem Salon, du sollst wissen, dass ich böse auf dich bin. Man sagt, du hast eine Menge gelesen, du schreibst, und vor mir stellst du dich dumm. Ist das in Ordnung? Sag selbst!

Durch ihre unerwartete Nähe und ihre Rede fühlte sich Mechele so verschämt gut und fröhlich, dass er über und über rot wurde. Er spürte aber einen verdeckten Schrecken davor, etwas Geheimnisvolles, ohne in dem Moment zu begreifen, warum.

Frydland wollte aber an der Unterhaltung weiter teilnehmen und platzte heraus: Mechele, es gibt einen richtigen Plan. Man will ein Hilfskomitee schaffen und bei den Reicheren ein wenig Geld einsammeln und Gefühle wecken. Die Menschen sterben doch wie die Fliegen! Bartman, Starobinski und Szapiro wollen, dass hier Kulturabende stattfinden. Man braucht Material zum Vorlesen und Vorstellen, aber etwas, das sie aufrüttelt! Die Frau will, dass du mit ihr einige Male deine Sachen durchliest und einstudierst, sie wird sie dann aufführen. Du wirst sehen, das wird eine wichtige Sache werden. Was meinst du?

Mechele hatte nichts dazu zu sagen. Alles, was er hier geschrieben hatte und was ihm noch auf dem Herzen lag, war ein Angriff gegen die Polizei und die Lagerherrscher. Er hatte den Frauen des Lagers glühend heiße Kohlen ins Gesicht geschleudert. Wie sollte er ihr das zeigen? Was würde die Polizei sagen? Und sie lächelte jetzt, fühlte sich aber durch jedes Wort beleidigt, wie würde sie Zeilen vortragen können, die sie selbst angriffen, am Hals packten und würgten, sie stark verletzten?

Fredzia hatte aber schon der Ehrgeiz gepackt: Hör zu, ich will die Sachen so früh wir möglich sehen, hast du verstanden? Ich fühle, dass mir das viel bringen wird. Ich bitte dich.

Sie blickte ihm mit brennender Ungeduld in die Augen: Wann sehe ich es? Ich muss etwas haben, durch das ich alles aus mir herausschreien kann. Eine Menge hat sich bei mir angesammelt und die ganzen alten Wörter, an die ich mich erinnere, schöpfen nur den Schaum ab, das kompakte Ganze bleibt. Wenn du doch für mich Wörter finden könntest! Nein, nicht nur für mich, für alle hier! Vielleicht würde sich hier etwas ändern. Ich selbst brauche es nötig. Man muss Wörter von hier haben!

Sie redete theatralisch aufgeregt, aber doch klang ein reiner bittender Ton heraus: Sie brauchte tatsächlich Wörter. Vielleicht würden sie bei ihr etwas klären und vielleicht würden sie die Wunde soweit vertiefen, dass sie sie nicht vollständig würde vergessen können.

Mechele war durch ihren Anblick verwirrt und er konnte nicht verstehen, was wie meinte. Aber im Herzen stimmte er zu, für sie zu schreiben, ihr vorzulesen. Er nickte wortlos mit dem Kopf. Sie wurde fröhlich, lächelte und spielte mit dem verlorenen Ausdruck in seinen Augen. Erst als sie gegangen war, schaute Mechele Frydland böse an, als hätte dieser ihn heute in einen furchterregenden Kessel getrieben.

III

Die frühere Fredzia erwacht aus ihrem Schlaf. Da hat sie einen jungen Mann in der Halle getroffen, einen verloren wirkenden, hilflosen, der nur in ganz unerträglichen Momenten die Faust ballt und danach wieder still wie ein Lämmchen wird. Solche haben sie niemals interessiert. Er aber zeigt von der ersten Minute an eine merkwürdige Angst und einen Widerwillen gegen sie. Wie oft geht ihr Lächeln, das sie zu ihm hinüberwirft, verloren, weil er es nicht bemerkt?

Warum lächelt sie ihn an? Nicht wichtig. Sie fühlt ihren Reiz bedroht: Kann sie so einen naiven Jungen nicht mehr anziehen? Wenn er solche Kraft hat, muss etwas an ihr abstoßend sein. Wie kann man bei ihm etwas erreichen? Sieh nur, wie er sie meidet! Die größte Strafe für ihn würde sein, ihn mit einer Sehnsucht zu infizieren und es ihm dann mit gleicher Münze heimzuzahlen. Aber wie macht man das, wenn ihn bisher noch nichts anrührte?

Sie beginnt, seine Nähe zu suchen, mit allen Mitteln Illusionen in ihm zu entzünden – vielleicht nimmt er sie später wahr. Bald bemerkt sie aber, dass dieser Junge, der so viel schweigt, allen gegenüber so unfreundlich und misstrauisch ist, und doch bringen alle ihm eine ungewöhnliche Sympathie entgegen! Was sehen sie in diesem Jungen? Ist nicht auch sie selbst von einer unerklärlichen Schnsucht ergriffen, auch wenn sie es sich mit der Absicht erklärt, ihn zum Narren zu halten und ihn zu verwirren?

Sie muss ihm näherkommen und erfahren, warum er sie nicht einmal anschaut, warum viele Polizisten ihm gegenüber Respekt bezeugen, warum so viele Menschen im Lager ihm freundlich zuwinken und warum man von allen Seiten dafür sorgt, es ihm leichter zu machen, obwohl er es bei niemandem erbittet und er so wenig redet, so wenig?

Noch dazu gibt es ein Geheimnis: Er schreibt, der Junge! Wann und wo, das sieht niemand, aber man sagt es. Und Fredzia spürt instinktiv, dass es mit ihm hier nicht so einfach ist. Wenn er will, hat er durchaus Einfluss. Er kann hier geachtet werden und sicherer sein als andere. Wer weiß? Mit solch einer verdeckten Wirkung kann er womöglich das Schicksal beeinflussen und sich bis zu einem befreiten Leben durchschlagen! Weiß sie es? Wo sie doch selbst in ihm nichts Besonderes sieht, das sie anzieht, wie es ihre Gewohnheit ist, und doch spürt sie, dass es gut wäre, wenn sie neben ihm stehen könnte, mit ihm reden und ihm zuhören.

Eines Nachts, als sie mit Moniek, dem Polizisten, spazieren ging, wurde er plötzlich ernst und sagte: Weißt du was? Wir werden noch in die zweite Baracke hineingehen und Mechele treffen!

Sie wurde rot und Moniek fing sich gerade noch: Entschuldige, ich habe es vergessen. Aber ich würde ihn so gerne etwas fragen. Obwohl – er schläft sicher schon.

Als sie einmal mit dem dicken, gutgenährten Goldhändler Redlman spaßte und scherzte, einem Menschen mit allerlei Neigungen und Gelüsten, sagte dieser: Weißt du, ich pfeife auf alle Intelligenzler, aber wenn ich ein Wort mit diesem Schreiberling rede, bin ich an dem Tag so zufrieden, dass ich nicht weiß, wie mir geschieht.

Und er war nicht der Einzige. Also beschloss sie, all ihre Möglichkeit einzusetzen, um ihn kennenzulernen, in seine Kraft einzudringen, die erst begann, sich zu entwickeln. Konnte sie möglicherweise dabei sogar etwas lernen?

Offen gesagt spürte sie bei dem ersten Treffen nichts, was sie besonders angeregt hätte. Eins nur: sie fühlte eine gewisse sanfte Sehnsucht, ihn wieder zu sehen, ihn einfach nur zu sehen! So wartete sie und dabei nahm sie den ganzen Tag lang wahr, dass sie wartete.

Aber Mechele verspürte keinen Drang, die Kammern seines niedergeschriebenen Zorns zu öffnen. Für sich selbst hatte er auch nicht geschrieben, bis etwas ihm einen Stoß versetzte. Wem zuliebe schreiben? Für wen? Will er durch die Buchstaben seinen Kummer ausgießen, den heraustriefenden Zorn all derer, die jeden Tag fallen, sich zu Grunde quälen und sich später so gleichgültig zum Mistkasten tragen lassen? Oder will er ausgerechnet hier die Scherben auf den Augen derjenigen herunterreißen, die hier fressen, ein lasterhaftes Leben führen und befehligen? Warum sollen sie hier betrunken, mit Geld und die Kräfte von Schlägern nutzend, herumlaufen und mit den glänzenden Stiefeln auf die Rücken der Umhergehenden und Sterbenden treten? Jetzt fühlte Mechele, dass er trotzdem etwas hervorbringen würde, dass er laufen und es vorlesen würde. Das musste sein!

Warum hatte er die ganze Zeit, die er schon in Werk C ist, so wenig übers Schreiben und Wachrütteln nachgedacht? Wo war bis jetzt jene Antriebskraft, die bei ihm die geschriebenen Blätter herausreißen sollte?

Und warum bricht bei ihm jetzt das Fieber aus und die Finger zittern geradezu in der Erwartung, sich auf das Stückchen Bleistift zu stürzen und aufs Papier zu werfen, was herausdrängt? Wirkt womöglich dabei mit, dass sie dasteht und ihn mit warmem Blick bittet? Hilft vielleicht jener kleine verdrängte Gedanke, der ihn so aufwühlt, ihn anzutreiben? Ist es dieses leichte Ziehen zu dem Moment, wenn er sich mit ihr hinsetzen wird, sich über die Papiere beugen, vorlesen und es mit ihr einstudieren wird?

Er will es nicht erkennen, genau wie er seinen Drang nicht völlig aus seiner Hülle hervorholen will. Er will nicht wissen, und doch weiß er, dass die Begegnung ihm einen Stoß versetzen wird, seine bequeme Resignation zu vertreiben, das herauszuschreien, was bei ihm in den Gedanken liegt. Ist es tatsächlich nur ihretwegen? Henechs gekrümmte Gestalt erscheint ihm in Gedanken und schaut ihn drohend an, wirft ihm seinen unausgesprochenen Seufzer zu. Mechele fasst sich selbst bei der Hand, wie einen Dieb, und will sich anschreien: du darfst so nicht denken! Du darfst es nicht tun, einzig und allein deshalb, damit du ihr nicht nahekommst, nicht ihr Lächeln auf dir spürst, ihre Stimme, ihren Atem. Sie steht aber bei ihm und jener ist so weit entfernt, ohne Kraft, ihn zu beeinflussen. Er fühlt sich gut, auch wenn er glaubt, dass das nicht seine Absicht ist. Jetzt gleich wird er ihr sagen, dass er nichts schreiben, nichts mit ihr einstudieren wird! Gar nichts, er will sich nicht in ihre Angelegenheiten einmischen.

Er, der harterprobte dreiundzwanzigjährige Einsiedler zerfließt aber unter ihrem bittenden Willen wie eine weiche, geschmolzene Masse. Er kann nur ein Wort herausbringen, das nicht vollständig seinem Wollen und Wissen entspricht: Sonntag.

Als hätte sie es aus ihm herausgezogen.

Bald bemerkt er die tiefe Scham, die ihn befällt und er läuft mit unsicheren Schritten weg, als brenne die Erde unter ihm. Andererseits freut sich jemand in ihm und er denkt mit süßer Zufriedenheit: Sonntag werden wir uns treffen.

Kapitel dreizehn

I

Aus den Erbauungsbüchern erfuhr Mechele einst von der Taktik der Begierde. Sie füllt den Menschen mit Sünden, bis er übersättigt ist. Es bleibt kein Raum für weitere Sünden. Was also tut die Begierde? Sie beginnt plötzlich, mit den guten Instinkten zu konkurrieren, und rät dem Bösewicht zu guten Taten. Und sie kann es besser als alle Moralvorstellungen und guten Geister zusammen. Ihr folgt er. So wird es in dem bösen Menschen allmählich ein wenig leerer. Die Seele hat schon eine neue leere Nische, in die man neue Sünden stopfen kann. Dann kehrt der Satan zurück und führt den Menschen zurück auf seinen früheren Weg.

Ein Gleichnis von einem Pächter wird dazu angeführt, der für Pessach[26] eine gestopfte Gans braucht, diese aber schon zu Chanukka[27] schön fett ist. Was tut er also? Er beginnt, sie langsam abzumagern und erst kurz vor Purim[28] fängt er wieder an, sie zu stopfen, damit sie zu Pessach fett ist. Genau so ist es mit Satan: Er braucht den Menschen vollgestopft mit Sünden am Tage seines Todes. Wenn er sich zu früh sättigt, wird es ihm langweilig werden und er könnte noch frühzeitig Buße tun. Also macht er ihm selbst ein kleines Loch in die mit Übeltaten angefüllte Seele, es fließt ein guter Teil der Bosheit ab und schafft Platz für weitere abscheuliche Taten.

26 Das Pessachfest fällt in der Regel in den Monat April.
27 Das Chanukkafest fällt in der Regel in den Monat November/ Dezember.
28 Das Purimfest fällt in der Regel in den Monat März (30 Tage vor Pessach).

Genau deshalb kommt es von Zeit zu Zeit vor, dass der größte Bösewicht und Verbrecher plötzlich für Minuten oder Tage gutherzig und nachgiebig wird. Die Gelehrten und Philosophen führen das an, um darzulegen, dass der Mensch gut ist und manchmal der Funke Gottes in ihm erwacht, der Kernpunkt des menschlichen Gewissens. Aber in Wirklichkeit ist es mehr als nur einmal die Arbeit Satans gewesen, der damit eine Atempause einlegt und Platz für neue Sünden schafft. Daraus folgt, dass das Gute bei einem schlechten Menschen absolut gesehen nicht gut ist, denn wäre er ständig schlecht, würde es irgendwann dazu führen, dass er es ganz sein ließe.

Wenn Mechele später über die Hölle nachdachte, in der man eine ganze Woche lang gequält und am Schabbat in Ruhe gelassen wurde, steuerte das Fünkchen Ketzerei in ihm den Gedanken bei, dass hier genau Satans Methode nachgeahmt würde, dass der Tag der Ruhe nur eine besondere Art des Quälens sei. Da siedet man sie ständig ohne Unterlass und die Seelen sind schon daran gewöhnt, gerade als könne es nicht anders sein. Die Qual verläuft einförmig und monoton, sowohl für die Seelen als auch für die gefallenen Engel, dass es schon langweilig wird. Kommt aber der Freitagabend, braust es über die oberen Welten: Abschalten! Die Kessel mit Teer und die Brandherde werden verschlossen. Es breitet sich eine milde, warme und ruhige Gelassenheit aus, die niemand so wahrnehmen kann wie diejenigen, die im ewigen Feuer sind. Sie genießen die Ruhe Sekunde für Sekunde. Aber nach den ersten Minuten des Erlebens dieser Wohltat begreifen sie erst recht, wie groß ihre Qual ist, wenn sie nicht diese Erholung haben. Und den ganzen Tag des Glückes begleitet sie die große Angst, wenn sie daran denken, dass gleich die schwarzen kochend heißen Tore wieder aufspringen werden und ein Geschrei einsetzen wird: Los ihr Gauner! Zurück in den Kerker! Erst durch den Ruhetag können sie die Hölle wahrnehmen, wie es sich gehört. Man gibt ihnen die Schabbatruhe, um die Qual zu vergrößern und zu vertiefen.

Erst in Werk C konnte Mechele seine ehemaligen jugendlichen Gedanken hervorholen und sie von Neuem erkennen und verstehen.

Warum wird es manchmal irgendwie ruhig im Lager? Es vergeht ein Tag, an dem man keinen Deutschen sieht, die jüdische Polizei geht ruhig und wie überflüssig im Hof umher. Am Abend gehen die Menschen spazieren, vergessen alles, lärmen und treiben Handel. Was ist geschehen? Sind ihnen dort die Herzen der Grausamkeiten müde geworden? Ist ein Fünkchen Menschlichkeit in ihnen erwacht und sie haben eingesehen, dass man die Gequälten wenigstens ein wenig zur Ruhe kommen lassen muss, dass sie selbst auch nicht immer quälen können?

Nein, eher ist es Teil eines tiefergehenden mörderischen Plans. Vielleicht müssen sie den Tod hier zu einem bestimm ten Zeitpunkt herbeiführen. Bis dahin muss er zurückgehalten werden. Man muss denjenigen kleine Atempausen gönnen, die dieses Leben nicht so lange durchhalten können. Auch in sich selbst muss man in dieser Welt des wüsten, stumpfsinnigen Tötens Platz für Gefühle schaffen.

So gibt es manchmal Tage, an denen das Lager im Schoß einer eigentümlichen Ruhe einschläft, von der niemand weiß, womit man dafür zahlen muss und wie viel.

An dem Sonntag, den Mechele festgesetzt hatte, war das Lager aber von frühmorgens an in Aufregung. Die Bauarbeiten hatten unvermittelt mit gewaltigem Tempo wieder angefangen und wurden für die Sonntagsruhe nicht unterbrochen. Es kam wieder der ganze Trupp polnischer Arbeiter und Vorarbeiter. Sie begannen, die Wege zu pflastern, das Lager mit Hilfe von Gassen zu unterteilen, und es wurde davon geredet, dass sogar Decken und Matratzen gebracht würden.

Die Selektionen waren schon seit etlichen Wochen eingestellt. In der ersten Zeit hatten die Menschen trotzdem Angst, krank zu werden, bis sich die ersten paar Mutigen fanden, die beschlossen, es zu riskieren und im Lager zu bleiben. Dieses

Mal war man nicht mehr so streng. Von Majdanek waren einige Mediziner gekommen. Man rief sie plötzlich in die Verwaltung und teilte ihnen mit, dass sie von jetzt an offiziell als Lagerärzte nominiert waren, Medikamente gab es aber keine. Von irgendwoher kamen Gerüchte auf, dass in Krakau der ehemals bekannte jiddische Regisseur Dr. Michał Weichert[29] aufgetaucht sei, und er hohes Ansehen bei Generalgouverneur Dr. Hans Frank genösse. Er trage kein jüdisches Abzeichen und lebe frei im judenreinen Krakau. Dieser nämliche Weichert habe ein Hilfskomitee für Juden geschaffen und es sei ihm erlaubt worden, aus dem Ausland Geld und Medikamente zu beziehen und sie in den Lagern zu verteilen. Man redete davon, dass in Kürze ganze Wagenladungen mit Speisen und Medikamenten nach Skarżysko gebracht würden, wodurch das ganze Lager gesättigt und alle Kranken geheilt würden. So habe Weichert selbst verlautbaren lassen.

So befahl man von deutscher Seite beizeiten, Ärzte bereitzustellen. Derweil aber hatten sie nichts zu tun. Sie betrachteten die Kranken und konnten ihnen nur eine Medizin verschreiben: ein Tag Schonung, zwei Tage, fünf Tage. Und sogar die deutschen Meister begannen, die Verordnungen der Ärzte gelten zu lassen, und forderten die Aufgelisteten nicht zur Arbeit an. Das reizte diejenigen, die sehr wohl zur Arbeit gingen und die Zahl Kranker und die Nachfrage nach Schonungszetteln wuchs entsprechend der Anzahl der Nicht-Arbeitenden. Anfangs blieben Dutzende, später Hunderte in den Baracken. Es gab welche, die sich einfach nur einen oder zwei Tage ausruhen wollten. Sie suchten die Bekanntschaft

---

29 Michał Weichert (1890–1967) hatte in Jura promoviert und danach als Theaterproduzent gearbeitet. Während der deutschen Besatzung zunächst Vorsitzender der »Jüdischen Sozialen Selbsthilfe« leitete er nach deren Schließung die »Jüdische Unterstützungsstelle« in Krakau. Im Juli 1944 tauchte er mit seiner Familie unter. Nach dem Krieg klagten die Polen ihn wegen Kollaboration an, sprachen ihn jedoch im Januar 1946 frei. Ein Ehrengericht beim Zentralkomitee der Polnischen Juden sprach ihn im Dezember 1949 als Kollaborateur schuldig. Weichert emigrierte 1958 nach Israel.

des Arztes ihrer Baracke. Die jüdische Polizei musste sich mit solchen Arztzetteln abfinden und der Betreffende konnte sich im Lager frei bewegen und sogar seinen Geschäften nachgehen. Und die Deutschen nahmen es überhaupt nicht mehr wahr.

Man legte auf dem neuen Barackenplan fest, dass die letzte Baracke, zum Wald hin, speziell für Kranke bestimmt sein sollte. Dort würde es auch spezielles Personal von Ärzten und Sanitätern geben. Was geht hier vor? Will man die Leute zum Narren halten? Es vergehen ganze Wochen, ohne dass irgendetwas Wichtiges geschieht. Und da es nicht einmal einzelne Erschießungen gibt, wird die Menge noch unruhiger: will man womöglich alle auf ein Mal …? Auch in den Hallen wird weniger geschlagen. Menschen sterben vor Hunger, wie gewöhnlich, aber sie sterben immerhin gemäß der Natur der Werk-C-niks und nicht auf einen Befehl hin, der ihnen das Leben entreißt. Ist es ein teuflisches Spiel oder eine Veränderung? Eine Antwort kann niemand geben. So schaut man nur zu, wie das Lager sorgfältig herausgeputzt und sauberer wird, und die Sonntagsruhe, zwischen dumpfen Hammerschlägen, ist eher unruhig und voller Erwartung.

II

Der Spätsommer 1943 senkte sich zufrieden und lächelnd herab und kräuselte sich mit seinen goldenen Locken um die Baracken. Selbst die alten griesgrämigen Bäume steckten sich goldene Ringe auf die schwarzen Finger und schauten ganze Tage lang kokett zum blauen Himmel hinauf. Wenn frühmorgens die Toten still aus den Baracken hinausgetragen wurden, schauten sie wortlos weg, damit sie es nicht sahen und die Sommerpracht der letzten Tage nicht zerstört wurde.

Die polnischen Ingenieure und Techniker machten allerlei Pläne, wie das Werk C verschönert werden könnte. Die deutschen Meister betrachteten die ganzen Projekte nicht einmal, sondern brummten nur schnell ihre Zustimmung und die Verschönerungsarbeiten gingen weiter und weiter. Man zog eine große Anzahl Juden aus den Hallen zu den Hofarbeiten ab und es war beim besten Willen nicht zu verstehen, wie die Meister das erlauben konnten, da es doch in den Hallen immer weniger Hände gab, obwohl sie immer mehr brauchten. Es war auch nicht zu begreifen, wie sie damit einverstanden sein konnten, Geld für Material für jedes verrückte Projekt auszugeben, das irgendjemandem einfiel.

Aber Juden wissen alles. So redet man davon, dass eine Kommission von sehr weit herkommen werde und man das ganze Theater ihretwegen veranstalte. Hoffnung kommt auf: Man interessiert sich noch für uns! Das heißt doch, dass man in diesem gottvergessenen Wald noch nicht verloren ist! Das heißt doch, dass man dort über uns nachdenkt, wie über Geschöpfe, die man nicht einfach so sterben lassen kann.

Wegen der Bauarbeiten öffnete man an einer Stelle die Zäune. Sand und Bretter wurden mit Waggons bis zu der Öffnung gebracht und dort ins Lager entladen. Auf diesem Weg begannen die Polen verschiedenerlei Dinge zu schmuggeln. Einer von draußen stellte sich auf einen bewaldeten Hügel und schleuderte von dort ein Päckchen Schnapsflaschen und Wurst über den Zaun. Dafür warfen die Polen von drinnen einen Anzug, einen Mantel und andere Sachen hinaus, welche sie beim Magazinverwalter oder bei den Leuten der Verwaltung gekauft hatten. Zwielichte Typen trugen es zum Veräußern fort in die Stadt und kamen danach wieder. So weitete sich der Lagerhandel über die Grenzen hinweg aus.

Hunderte Menschen begannen, sich an den Zäunen herumzutreiben, tuschelten mit den Arbeitern und versuchten, bei ihren Geschäften ein Stück Brot zu ergattern. Gajda und Kopernik hatten bei der ganzen Sache ihre Finger im Spiel. Sie hatten ihre Makler, die ihnen allerlei Waren zuschanzten, und sie rieben sich fröhlich die Hände. Sie hatten Informationen über einen großen Judentransport, der gebracht werden sollte. Dafür wurde das Lager vergrößert. Gajda schlug mit einem listigen Zwinkern seinem Partner Kopernik auf die Schulter: Das wird ein hübsches Geschäftchen werden, du wirst sehen! Gott ist mir wohlgesonnen! Und Kopernik stimmte dem zufrieden brummend zu.

Die Kommandantin lebte auf. Das Neue im Lager weckte sie aus ihrer absurden Lethargie. Sie begann wieder, mit ihrer großen, ledernen Schlange umherzugehen, die Frauen mit den ärgsten Worten zu beschimpfen und ständig mit ihrer angegriffenen, grellen und doch melodischen Stimme zu schreien: Schneller, das baut ihr doch für euch selbst!

Von irgendwoher hatte sie den Befehl bekommen, das Lager schöner zu machen, und zwar schnell. So lief sie am Sonntag lärmend umher, befahl der Polizei, die Leute zur Arbeit herauszubringen, und füllte den Hof mit ihrem Geschrei. Sie wählte einige Unteraufseher von den Lagermenschen, gab ihnen neue Aufgaben, damit Werk C den gelben Schlamm und das Aussehen von verzerrten Gesichtern, das allen Wänden zu eigen war, verlieren solle. Es wurden sogar Blumensamen aus der Stadt gebracht und an den Ecken ausgesät. Bald blühten sie rot und blau auf. Werk C bekam das Aussehen einer ausgemergelten, leidenden jungen Braut, die kein schönes Kleid besaß und der man stattdessen eine rote Blume in die Haare steckte, um sie herauszuputzen.

In den Ecken des Lagers, bei den Zäunen, stellte man kleine Schuppen auf, wo das Werkzeug nach der Arbeit aufbewahrt werden konnte. Dort richteten sich Gajda und seine Leute ihren Sitz ein. Dorthin wurden über Seitenwege allerlei Waren gebracht und Geschäfte wurden abgewickelt, der geschmuggelte Schnaps und die Lebensmittel für die Reichen wurden entgegengenommen und Gajda und seine Partner saßen dort und sprachen mit ihren jüdischen Zuträgern dem Alkohol zu.

Alle hungrigen Augen zog es mit Neid dorthin. Pędzel, Gajdas Vorarbeiter, musste immer wieder hinausgehen und die Leute mit einem Stecken fortscheuchen: Wenn ich euch noch ein Mal hier sehe, werdet ihr nicht lebend davonkommen!

Stattdessen sah man an den Abenden eine andere Art von Schatten herumschleichen. Später haben es alle natürlich schon vorher gewusst. Gajda hatte während seiner umtriebigen Gänge durchs Lager ein Auge auf etliche Mädchen geworfen. Er passte sie ab, ging mit ihnen umher, damit es nicht so auffiel, und zeigte sich als freundlicher Wohltäter. Eine von ihnen, ein großgewachsenes, dickes Mädchen mit vollem Gesicht, rief er zu sich in den Schuppen. Es reichte, ihr zu sagen: Willst du vielleicht mal etwas richtig Gutes probieren?

Die vorderen zwei Naschzähne in ihrem geöffneten Mund äugten überrascht hervor. Sie schaute ihn mit ihren großen grünen Augen an und konnte nicht begreifen, was er ihr geben wollte. Sie war ein gesundes, schönes, aber einfaches Mädchen aus einem kleinen Schtetl, das einst viel gegessen hatte, sehr viel. Und hier arbeitete sie in einer schweren Halle und hungerte, den Werk-C-Hunger, der so sehr quälte. Jetzt, als Gajda ihr sagte, er habe etwas Gutes, kam ihr als erstes Essen in den Sinn. Es zog sie blindlings zu ihm hin. Es wunderte sie nur, warum er es ihr nicht hier gab, sondern sie dorthin in seine Hütte rief. Er aber lachte mit seinem derben Gesicht, der Abend lachte auch noch im Tageslicht und auch bei ihr in Gedanken lachte es: Essen. Und der Goj, so sagte man, habe Würste, weißes Schabbat-Brot und Pflaumen ... So folgte sie ihm, wie gezogen von einem fleischlichen Strick und jeder ihrer Schritte wurde von dem Fieber angetrieben, sich den Mund vollzustopfen, zu essen und zu kauen und für alle Zeiten satt zu werden.

Sie war eine der Ersten, die begann, sich gegen Abend der Gesellschaft in dem Schuppen anzuschließen. Später gab es von ihnen schon etliche. Meistens geschah das in der Zeit zwischen den beiden Schichten. Gajda kam selbst sonntags und sorgte dafür, dass sie auch mitten am Tag den Weg dorthin fanden. Schon stand jemand und gab Acht, dass sich niemand zufällig näherte. Man konnte von dort nur ein feines, trunkenes Gelächter aufschnappen, als feierten dort Kobolde in einer Ruine.

III

Sonntag. Alle wuseln umher, treten sich gegenseitig auf die Füße, versuchen, sich einen Weg zu bahnen zwischen denen, die in die andere Richtung drängen. Hier wollen alle wahrgenommen werden. Der Tag weckt zum Leben, zum Sich-Vergnügen. Aber dazu muss man satt und gut gekleidet sein. Dabei siedet es ohnehin in der Seele: Sonntag im Lager! Wenn herausgeputzte Polizisten und gutgekleidete Händler und Vorarbeiter umhergehen, fühlen viele erst recht ihre Verwahrlosung und die Nichtigkeit, hier ein Wurm zu sein und von allen getreten zu werden. Es wächst das Bedürfnis heran, gegen die eigene Machtlosigkeit zu revoltieren, mit allen Mitteln und um jeden Preis vor der hungrigen Abgerissenheit zu fliehen. Nicht nur eines der Mädchen im Lager ist nach dem Sonntagsspaziergang wie ausgewechselt: gereizt, traurig oder übertrieben fröhlich. An einem sonntäglichen Tag spürt jeder in Werk C, dass eine Hoffnung auf etwas in ihm auflebt, das er nicht klar erkennen kann.

Das wiederholt sich schon seit Wochen und Monaten. Mehr als nur einer hat Wege gefunden, auf denen er alles verloren oder gewonnen hat. So geht es den Burschen, und so geht es den Mädchen. Aber auch das wird langweilig. Es existiert keine Außenwelt, in der man immer wieder neues finden kann, so muss man es im kleinen engen Kreis suchen. Deshalb regt jedes Entdeckte an, man versucht, neues zu entdecken und man will sogar die alten Realitäten verändern, sie sollen anders erscheinen, verkleidet, Hauptsache, man kann sich selbst mit der Illusion täuschen, dass man hier etwas Neues sieht, dass man etwas für das ewig neugierige Interesse findet.

An solch einem Sonntag beschlossen ein paar kluge Menschen, zusammenzukommen und ein geheimes Komitee zur Unterstützung der Menschen in Werk C zu gründen.

In der schmutzigen Wäscherei erschien als Erster Bartman. Es kamen auch Dr. Wasersztein, ein gutmütiger, nicht übermäßig kluger Mensch, der melancholische Starobinski und der Vizekommandant Feldman. Es stießen noch Mendel Rubin, Baruch Szapiro und der Zyniker des Lagers mit dem scharfen Verstand, Ingenieur Kurc, dazu. Die Menschen schauten lange durch die Scheiben, sahen die Leute, wie sie umherwimmelten; einer ging noch stolz, aufrecht und satt, ein anderer kroch kraftlos auf allen Vieren. Sie schauten und schauten und sahen, dass hier etwas anders werden musste. Man musste helfen! Wem? Wie? Das musste man überlegen. Der erste konkrete Vorschlag war, in einer abgelegenen Baracke Konzerte und Vorträge zu veranstalten und Eintrittsgeld zu nehmen. Damit es etwas gab, womit man anfangen konnte, musste das Komitee tätig werden. Außerdem brauchte man allerlei Mittel und man musste Vorkehrungen treffen. Als Erstes musste die Kommandantin solche Sachen erlauben. Zweitens musste man Kräfte finden, die das Programm ausführten. Drittens brauchte man Leute, die ein Programm zusammenstellen konnten, dessen Worte auf das gesteckte Ziel hinwirken konnten. Lange wurde diskutiert und durch Verhandeln versucht, alle Zweifel an der Zweckmäßigkeit der Sache zu beseitigen. Danach verteilte man unter sich die Rollen. Einer sollte »sie« beeinflussen, dass sie nicht nur nicht stören, sondern auch mithelfen sollte. Die anderen sollten dafür sorgen, dass es etwas und jemanden zu hören gab.

Bartman hatte auf sich genommen, alle Kräfte zusammenzubringen, die hier an der Vorstellung mitwirken konnten. Kurc übernahm die Aufgabe, die Kommandantin zu »bearbeiten«. Er war der einzige Mensch, vor dessen beißender Zunge sie zitterte. Die Übrigen warteten auf eine konkrete Aufgabe. Auf diese Art wurde der erste Versuch unternommen, etwas im Lager zu organisieren.

Bartman lief bald auf dem Platz und im Wald umher und trommelte alle zusammen, die er nur kannte: Mechele, Fredzia, den Polizisten mit der schönen Stimme und noch ein paar Mädchen, die sich an etwas aus früheren Zeiten erinnerten. Man plante, dachte nach und beschloss, alles zu Papier zu bringen, was man konnte. Das größte Problem gab es mit Mechele. Er hatte etliche Gedichte und Satiren, die die wichtigen Persönlichkeiten des Lagers in Aufruhr versetzen würden! Was würde geschehen? Es könnten alle Unternehmungen verboten werden! Aber er blieb stur: anders konnte er nicht. Es blieb also dabei, dass man es versuchen würde und sehen, wie es wirkte. Vielleicht würde es nicht so tragisch sein.

Später setzte man sich in einer Ecke zusammen und studierte die Schriften sehr lange ein. Fredzia übernahm die Hauptrolle der Rezitatorin, welche alle beißend scharfen und anklagenden Satiren vorlesen würde. Sie hatte keine Angst! Der Polizist kannte Lieder und auf diese Weise war man bereit, den Abend festzusetzen. Fredzia fieberte vor Ungeduld. Sie konnte den Tag nicht erwarten, wenn sie auftreten würde und schreien, Mecheles Galle und Zorn hinausschreien würde. Etwas hatte sie gepackt und gefesselt. So ging sie etliche Abende nicht hinaus, Spaß zu haben, sondern saß über die düsteren Papiere gebeugt und kam immer wieder aufgeregt und mitgerissen zu Mechele: Hören Sie mir zu, ich bitte Sie, noch ein Mal, nur noch ein Mal.

Und Mechele sah, dass sie von dieser Rolle völlig eingenommen war.

Im Lager verbreiteten Frydland und noch etliche weitere Menschen das Gerücht von Mund zu Mund, dass es am kommenden Sonntag im Lager etwas geben würde, was »noch keiner im Leben je gehört hatte«. Die Menschen wurden nervös, gespannt und neugierig. Selbst die, die nicht mehr als Essen im Sinn hatten, wurden von der aufgeregten Erwartung eines Ereignisses mitgerissen. Immer wieder hielten sie jemanden an und fragten: Wann wird es sein? Was wird man dort aufführen? Ein schönes Programm?

Die, die daran beteiligt waren, schwiegen aber. Sie lächelten nur geheimnisvoll und warfen ein paar spärliche Wörter hin: Sehr wichtig. Eine Überraschung.

So waren die Leute noch mehr gespannt. Sogar die Kommandantin selbst wurde von dem Fieber mitgezogen. Derweil wusste niemand, dass Mechele dabei der Hauptbeteiligte war. Er war weiterhin der abgerissene Junge, der zwischen den zerstörten Menschen umhergehen und mithören konnte, was sie einander erzählten: Man sagt, dass sich hier ein bedeutender Mensch versteckt hält. Er hat hier einen anderen Namen. Er hat Sachen geschrieben, wie die Welt sie noch nie gehört hat. Sonntag auf dem Konzert wird die Frau Głaz sie vorlesen.

Auch bei Mechele in der Baracke wurde das kommende Konzert das Gesprächsthema ganzer Abende. Mechele stand dabei und schwieg. Bloß Henech lag wie immer in der Ecke, schaute mit großer Traurigkeit an die Decke und nahm nichts wahr von dem, was hier geschah.

Kapitel vierzehn

I

In jenen Tagen zeigte sich, dass alles hier leichter wurde. Die Menschen, welche die paar Wochen ausgehalten hatten, begannen, sich nach Möglichkeiten umzuschauen, wie sie einen weiteren Tag überstehen konnten. Die Mädchen fingen an, sich mit unterschiedlichen Kleidern herauszuputzen, die aus vielerlei Flicken zusammengenäht waren. Die, die sich keinen Cousin ausgesucht hatten, der sie unterstützte, begannen, mit etwas zu handeln und sich durchzuschlagen. Es sah aus, als würde sich alles mit der Zeit normalisieren und das Leben würde sich hier ewig so hinziehen. In der Fabrik gab es Säckchen mit verschiedenen Farben, es wurden so viel wie möglich gestohlen und die Mädchen waren die ersten, die sie ins Lager brachten. Dann sammelten sie allerlei Lumpen, hefteten sie zusammen und kochten sie in der Farbe, damit es wie ein einfarbiges Kleidungsstück aussah. Auch in den Lumpen wollte eine die andere übertrumpfen und es entstanden Moden. Durch den Wettbewerb, mit der schöneren Kleidung hervorzustechen, erwachten in vielen Mädchen Erfindungsgeist und besondere Fähigkeiten.

Es stellte sich heraus, dass die ganzen Theorien von der Luxusmode in der Welt bloßer Schwindel waren. Eine Frau brauchte nur ein Kleid, das schöner war als das der anderen. Wenn alle in fadenscheinigen Säcken umhergingen und bei einer der Sack oder der Flicken besser gefärbt war und schöner aussah, war sie glücklich und zufrieden und stolzierte damit vor allen herum.

Abends, wenn man von der Arbeit heimging, konnte man jetzt in den Mädchenreihen Gesang hören. Zuerst war es nur vereinzelt. Später ergriff es ganze Reihen. War ihnen fröhlich im Herz? Sicher nicht. Es gingen aber an der Seite zwei Polizisten, die die Gruppen führten. Man musste nur einem besser gefallen, schon würde man besser behandelt und nicht so angetrieben werden. So begann eine, ihre Stimme über die der andren zu erheben, damit speziell sie gehört würde. Sobald ein Lied von mehreren Mädchen aufgegriffen wurde und alle es sangen, ging das Interesse daran verloren. Jetzt konnte sich nicht mehr eine speziell hervortun und die Aufmerksamkeit auf sich ziehen. Gleich erhob sich eine Stimme, die ein anderes Lied kannte, ein schöneres, aber eines, das nur sie kannte. Das zog für einen Moment die Aufmerksamkeit in ihre Richtung. Sie spürte sehr schnell, dass dieser Moment ihr gehörte und sie ihn ausnutzen musste. Das fesselte teilweise auch die anderen Mädchen. Ein nie gehörtes Lied gab auch ihnen ein wenig neuen Inhalt in der Eintönigkeit.

Wenn eine sehr auffiel, trugen die Begleitpolizisten es umgehend der Kommandantin zu. In den frühen Abendstunden langweilte sie sich schrecklich und machte damit alle in ihrer Nähe verrückt. Das Beste war dann, wenn einer verkündete: Oj, heute hat ein Mädchen in der Reihe ein Lied gesungen! Das war ein Lied! Das Herz könnte einem vergehen!

Bei der Warkowiczowa glänzten die Augen mit erwachter Lebendigkeit auf: Ein schönes Lied, sagst du? Wirst du die Sängerin wiedererkennen?

Schon am nächsten Abend brachte man sie in die Baracke der Lagerleitung. Alle umringten sie und warteten. Die Kommandantin saß steif und böse da. Sie verschlang das Mädchen mit ihren Blicken: Sing!

Bei dem Mädchen begann das Herz stärker zu klopfen. Allerlei Hoffnungen kamen ihr in den Sinn: Hier war doch die ganze Elite des Lagers! Möglicherweise würde sie gefallen. Selbst »sie« saß doch hier! Vielleicht würde sie nachgiebiger werden und ihr eine bessere Arbeit zuweisen. Möglicherweise würde die Kommandantin sie als Dienstmagd zu sich in die Stube nehmen. Eine Chance durch einen glücklichen Zufall war es ganz sicher. Gelegentlich konnte es gelingen.

In den meisten Fällen endete es aber damit, dass das Mädchen ihr unbekanntes Lied wieder und wieder singen musste. Sie konnte an weiteren Abenden gerufen werden, bis auch dies der Warkowiczowa langweilig wurde. Das Mädchen bekam dann ein Stück Brot, manchmal auch einen Zettel für das Magazin für ein neues Kleid und damit war die Sache beendet. Irgendwann sagte sie der Polizei, man solle sie mit den Sängerinnen in Ruhe lassen. Sie wolle keine mehr haben. Wenn aber wieder eine entdeckt wurde, befahl sie wieder, sie zu rufen. Und so setzte es sich ständig fort.

Es gab Zeiten, in denen sie forderte, man solle ihr nur traurige Lieder bringen, von »Aktionen«, Massakern und verratenen Geliebten, die sich jahrelang ausweinen. Sie saß dann mit feucht glänzenden Augen traurig da. Wenig später wurde sie nervös und war ungehalten: Sie sollen etwas ganz Fröhliches singen! Das Traurige habe ich hier vor Augen. Sie sollen etwas bringen, dass die Füße von selbst anfangen zu tanzen. Ich kann die traurigen Ränkespiele, die das Herz auffressen, nicht mehr ertragen.

Ihr wurden alle und alles schnell langweilig. Die Mädchen aber, die es für einen oder zwei Tage nach oben gespült hatte, konnten diesen Glückstag so schnell nicht vergessen. In der Nacht, in der man sie zur Kommandantin gerufen hatte, erzählten sie es zum wiederholten Male allen Mädchen mit glücklichem naivem Stolz. Und später, wenn sie zurückkamen, berichteten sie von den tausend Wundern, die sie dort gesehen und gehört hatten, davon, wie »sie« sie gelobt hatte, wie »sie« von ihnen gerührt gewesen war. Die anderen Mädchen in der Baracke lagen mit vor Neid blitzenden Augen da und hörten zu.

Deshalb übten einige, die es ihnen nicht gönnten, ein wenig Rache für deren Stolz auf die wenigen glücklichen Tage der Illusion. Sie führten einen Wortwechsel, der darauf ausgelegt war, bis zu dieser durchzudringen: Was denn? Bei »ihr«

dauert keine Sache ewig. Sie ruft herein, sie hört zu, bis sie es auswendig kennt. Sie hat schon genug solcher Künstlerinnen gehört. Und sich zu brüsten gibt es da gar nichts.

Das Mädchen fühlte sich dadurch aber sehr gekränkt. In dem Lied, das sie gesungen hatte, hatte sie eine Kraft entdeckt, die sie herausheben und sie in eine andere Reihe stellen konnte. Es zeigte sich, dass sie es nicht genutzt hatte, wie sie hätte können, und sie klammerte sich an das Liedchen, versuchte, es überall im Lager zu singen. Sie bat praktisch darum, dass man es anhörte, war dankbar für jedes lauschende Ohr. Es schien ihr, als erkenne man ihr Lied, wenn man es hörte, und erinnere sich auch an sie, dass sie anders war als alle, dass sie aus dem hiesigen Menschenmeer hervorstach.

So war es kein Wunder, dass dieser Drang immer mehr und mehr frische Bewerberinnen um Popularität hervorbrachte. Es tauchten allerlei Sternchen auf, die bald vergessen waren, und der Neid zog weiter von der einen zur nächsten.

II

Eine von denen, die populär wurden, war Halinka, eine ehemalige Tänzerin in Gertner's Warschauer Ghetto-Restaurant. Sie hatte als Fürsprecher den Sekretär des Büros, Marek. Er hatte ihr geholfen, auf dem Konzert aufzutreten, das Mechele damals gesehen hatte.[30] Nicht alle aber hatten die Möglichkeit, auf einer voll ausgestatteten Bühne aufzutreten. So versuchten sie verschiedene Wege, um ins Rampenlicht zu treten. Fredzia tat es mit einem spontanen Ausbruch im Wäldchen und andere versuchten es, während sie in Reihen von der Fabrik zurück ins Lager marschierten.

Unter denen, die als Erste hervortraten, waren zwei Schwestern aus einer Warschauer Gasse. Die Ältere war ein dickes,

---

30 Dieses Konzert wird am Ende des zweiten Bandes der Tetralogie *In den Fabriken des Todes* geschildert.

fülliges Mädchen mit tiefroten Lippen und einer gesunden Sopranstimme. Ihre Schwester war größer als sie, aber dünner, mit eingefallenem Gesicht, das mit kleinen blauen Pusteln übersät war.

Als sie einmal in der Reihe gingen und die ganze Kolonne ein deutsches Soldatenlied zum wievielten Mal sang, gab die Ältere der anderen wortlos ein Zeichen: Jetzt.

Die Schwester wusste, worum es ging und hatte nur auf die Ältere gewartet. Sie stieß aus ganzem Herzen und mit voller, mächtiger Glockenstimme hervor:

Meine liebe Marion

Ihre Stimme kam so überraschend, dass alle für eine Weile aufhörten zu singen. Da begann die zweite mit ihrem Auftritt:

Meine liebe Marion
Treffen werden wir uns
Am Rande der Kanone ...

Das Neue des Liedes interessierte alle Mädchen. Es wurde still. Auf die zwei Mädchen gab es diesmal keinerlei Neid. Von allen Seiten richteten sich die Augen voller Bitten auf sie. Da stimmten sie ein solch merkwürdiges Lied an, das gleich von den ersten Tönen an traurig war, gerade, als sei es hergekommen, alle hier zu beweinen. Die Schwestern setzten ihren Choral fort:

...Und ganz geschwind – nimm eine Scher'
Schneid ab die Zöpf'
Zieh an den Mantel mit Soldatenknöpf'
Umarme mich, küss mich –
Und komm ...

Ein sprachloses Staunen ergriff die Mädchen. Bei allen füllten sich die Augen mit Tränen. Genau hier, noch nicht lange zurück, war es doch allen von ihnen passiert: Er musste gehen – und sie bleiben. Auch wenn »er« es so nicht gesagt hatte, zeigte das Lied aber, wie er hätte reden können und bestimmen können, wo sie sich begegnen würden, was sie tun sollte, damit sie weiter zusammen sein könnten. Alle begannen mitzuweinen und mitzusingen:

Meine liebe Marion
Treffen werden wir uns
Am Rande der Kanone
Wie ein Gebet, wie ein Testament, welches jede von ihnen erst jetzt, so spät, geöffnet hatte. Die zwei Schwestern bemerkten ihren Sieg. Und so sangen sie schmetternd weiter:
Und wenn du wirst
Mich finden tot im Schnee
Einsam. Bedeckt
Mit ein wenig Heu
Sollst du nicht schreien wie ein Weib,
Sondern nehmen einen andren, aus unsrer Armee ...
Wenn bei den ersten Strophen die Trauer alle umfing, sie hineinzog in die Welt der äußerst starken, nicht zu beherrschenden Macht des Todes, so rief die letzte Strophe dazu auf, sich gegen die Resultate des Todes zu wappnen, das Leben so gut es ging von Neuem aufzunehmen und nicht auf den Berg an Toten hinter sich zu schauen.

So wurde das Lied für eine gewisse Zeit das tägliche Gebet der Mädchen in Werk C.

Lieder im Lager bekommen, durch die Luft, in der sie gesungen werden, eine zweite und doppelte Bedeutung. Kurze, einfache Wörter erlangen eine andere Bedeutung und Auslegung. Sie werden anders gehört und gefühlt, je nach dem Sinn, den das Herz ihnen gibt. Sie verlassen die Deutungshoheit desjenigen, der sie nackt in die Welt setzt. Jeder Mund und jedes Herz fügt ihnen eine eigene Hülle aus Wärme und Klage hinzu. Sie graben sich in die Herzen ein und wenn sie wieder herauskommen, bringen sie ein Stück des Herzens und der Seele mit. Sie kommen mit Zweifel und Qualen beladen heraus, mit neuer Substanz und neuem Unausgesprochenem und Unbeabsichtigtem, mit Mitgefühl.

Man war ihnen dankbar, den Schwestern, dass sie diese Flut an Wörtern brachten, die sich singen ließen, die man einfach so singen konnte.

An allen Ecken wurde zum wievielten Male wiederholt:

Bei den Kanonen werden wir uns treffen,
Hinter den Kanonen werden wir uns trennen,
Gewehr an Gewehr und Feuer zu Feuer,
Bei den Kanonen, hinter den Kanonen
Eins, zwei, drei …

Das Lied fesselte die Gemüter. Es sangen die Skelette, die Polizei, die Mädchen und selbst die Kommandantin konnte nicht davon lassen. Die Wörter fraßen sich mit einer unnatürlichen Unruhe in sie ein:

Bei den Kanonen, hinter den Kanonen, eins, zwei, drei …

Das Lied wurde zur Lagerpsychose. Die Schwestern wurden nicht müde, es mit allen zu wiederholen. Die Polizei brachte den »zwei Kanonen«, wie die Mädchen gerufen wurden, Brot und Suppe, und sogar die anderen Mädchen nahmen sie freundlich und warm als jemanden auf, der ihnen eine Art Kommando, eine Botschaft brachte:

… Sondern nehmen einen andren, aus unsrer Armee …

III

Etliche Wochen hielt das Lied sich bei allen auf der Zunge. Den Mädchenreihen wurde es auf dem ganzen Weg nicht übel. Seine Stimme trug sich laut und deutlich bis zu den Männerreihen und jene griffen es mit einem Zittern auf.

Deshalb war das Auftauchen des anderen Liedes, das gekommen war, um sich mit ihm zu messen, so unerwartet und markant, dass es allen mehr oder weniger die Sprache verschlug. Entweder war jemand auf die Kraft der ersten Sängerinnen und den Zauber jenes Liedes neidisch, oder jemanden langweilte die Trauer des Geliebten, der die Liebste zu den Kanonen rief und sie darauf vorbereitete, dass er irgendwo fallen würde. Über solche Sachen spricht man nicht.

Es passierte, als alle vom Singen ein wenig müde waren, dass ein kleines, blondes Mädchen mit traurigen Augen unerwartet anhob:

Obwohl wir es hier schwer haben
Will man doch leben!
Zumindest bis zum Ende
Ist es noch lang genug ...

Die Melodie, ein fröhlicher Jazz-Rhythmus, brach in jene sehnsüchtige Trauermelodie ein, die zum Schluss nur noch wie der Triumph eines verwundeten Tieres geklungen hatte. Dieses Lied bestand nicht aus schönen Worten und drang nicht sofort ins Herz. Dafür aber besaß es die Kraft vogelfreier Fröhlichkeit, des Ausmalens eines solch guten »Danach«, das man erleben würde, und es erzählte, worüber sowohl er als auch sie fantasierten. Und was könnten sie denn nicht alles erreichen in ihren Träumen von einer späteren Zukunft?

Eigene Häuser würden sie haben, über breite Straßen würden sie gehen, frei zusammen herumspazieren. In großen Restaurants würden sie essen gehen, das schönste, das beste, und dazu würden Saxophone spielen. Das würde doch so gut sein.

Zu gehen zusammen
In die Restaurants
Wenn du bist ein netter Kerl
Und ich hab dich – so lieb

Nicht nur umhergehen würden sie, sondern schweben, herumfliegen beim Tanz und beim Spielen der Musik. Die Arme würden sie glücklich heben –

Wie zwei Flügel –
Von Aeroplanen
Das wird sein so gu-u-ut
Das wird sein so gut!

Das wird gut sein! So drängt die neue Melodie die andere in den Schatten. Diese versucht noch, durch den Mund der zwei Schwestern zu kämpfen. Sie spüren, dass hier eine Gefahr entsteht, und sie fangen an, sie mit neuerwachtem Fieber und Eifer zu singen, als täten sie es zum ersten Mal. Eine Woge aus Stimmen schleudert die Stimme aber zur Seite.

Man hört sie kaum, wer braucht noch die Kanonen, die Toten im Schnee? Das ist doch das Heute, das Jetzt! Und hier singt schon das Morgen! Und es umfängt zwei lebendige, flatternde Wesen.

In Restaurants gehen! Auf die, die gänzlich ausgehungert sind, übt das schon keinen Reiz mehr aus. Es ist schon zu weit von ihnen entfernt und so ein allgemeines Wort wie »Restaurant« verzaubert nicht mehr und regt nichts in ihnen an. Für sie muss alles in nackte Worte gekleidet sein. Das scharfkantige Wort »Brot« hat die Kraft, wild an den verwaisten Resten ihres Willens zu zerren. Die Polizei dagegen hat etwas, um den nackten Hunger zu bedecken. Bei ihnen ist er in einen Brotsack gekleidet. Und er bekommt hin und wieder das Maul mit Fleisch gestopft. Das macht sie aber blind dafür, dass ihnen etwas fehlt, dass sie Gefangene eines Umstandes sind, der zwar ihre Mägen nicht beraubt, der sie aber wie leere Leichentücher dastehen lässt, die für einen Leichnam vorbereitet sind, den man schon lange ohne Leinen und ohne einen Kasten begraben hat.

Wenn aber die Vision aufkommt, gemeinsam durch lebendige Straßen zu gehen, vorbei an Saxophonklängen aus Restaurants, kocht und gärt es in ihnen, schreit heraus durch den vom Essen verschlossenen Mund und sie spüren eine Sehnsucht. Sie verspüren auch wieder Lust, in ihrer übersättigten Gleichgültigkeit die Nähe von Mädchen zu suchen, um wenigstens mit etwas die abgrundtiefe Blöße in sich zu verdecken. Die Sehnsucht kommt und verleiht ihnen einen neuen Tonfall, eine neue Aufregung, welche das bloße grobe Beben hin zu einem molligen warmen Körper übersteigt. Deshalb wird solch ein Lied für sie zum Anreiz und zur Leidenschaft.

Zwei Lieder wetteiferten darum, das andere zu bezwingen. Eine Gruppe wollte an dem ersten festhalten, eine andere wollte das zweite. Bis beide gesungen wurden und es so aussah, als habe man eine stillschweigende Übereinkunft getroffen, welches zu einer bestimmten Stunde Wache in den

Herzen halten solle. Und das eine übergab das beißend zittrige Gewehr dem zweiten, wenn die Stunde des Wachwechsels schlug.

Selbst die ukrainischen Wachleute riss es mit. Sie kannten inzwischen die Lieder und während sie mit den Kolben schlugen, stellte sich einer von ihnen hin: Jetzt, singt die »Kanonen«!

Und die Reihen sangen. Sogar die, bei denen auf der Zunge ein anderes Lied bereitlag, loszulegen.

Es reichte aber aus, dass ein Wachmann sich wegdrehte, und der größte Teil der Menge riss sich los, wie um sich selbst und die ganze heutige Welt zu provozieren, und hänselte den dräuenden Wald an der Seite:

Wie gut es sein wird!

Wie gut das wird …

He, Leute! Wenn ihr doch verstehen könntet, warum Juden in Werk C Lieder über trauriges und fröhliches sangen!

Kapitel fünfzehn

I

Lieder spielten in Werk C eine große Rolle. Es gab nur wenige Lieder im Lager. Darum wanderte jedes Lied von Mund zu Mund, bis man es kannte und es langweilig wurde. Daher wurde erwartet, dass die neuen Konzerte neue Frische und Lieder zur Aufmunterung bringen sollten. Es gab auch Leute, denen ein fröhliches Spiel fehlte, das Kabarett, das ihnen ihren satten Tag abrunden sollte. Sie hätten einen Spaßmacher engagiert, der für sie tanzen und springen würde und ihnen ein neues Maß an Fröhlichkeit verschaffen würde, damit sie gegen die täglichen Bilder der sie umgebenden Gräuel gestärkt wären.

Aber wenn im Lager die Menschen knapper werden, wenn sie wegsterben oder bei einer Selektion fortkommen, beginnen die Bessersituierten, es zu bemerken. In der Fabrik gibt es genügend schwere und wichtige Aufgaben, für die man immer mehr Juden benötigt. Man wird an die leichteren Plätze die Polen schicken müssen und die Juden nur noch am Pikrin und Trotyl einsetzen. Dort wird es nicht lange dauern, und die Bessergestellten werden dasselbe Aussehen annehmen wie die Leute vor Ort. Sie denken aber nicht viel darüber nach. Es werden sich schon neue Opfer finden. Und wenn nicht? Wenn das hier bereits die letzten Juden sind und einer nach dem anderen das giftige Schicksal in den Kabinen wird annehmen müssen?

Diejenigen, die noch anständig angezogen sind, die leicht arbeiten und gut essen, sehen das nicht und wollen das nicht sehen. Ihre rosigen Gesichter leuchten vor Zufriedenheit. Passiert es ihnen, dass sie an einem Gefallenen, an einem an seinen Schwellungen Verendeten vorbei müssen, gehen sie vorbei wie an einem Stück Holz, wie an einem Wurm, der so hat enden müssen und nicht anders. Als sei es das Allernatürlichste. Wie soll denn auch so jemand leben, wenn der Körper schon kein Körper mehr ist, sondern ein dreckiger Haufen Knochen, wenn er schon mehr auf allen Vieren kriecht, als dass er geht, und wenn das dürre Gliedergeflecht mit schmutzigen Stücken Papier umgürtet ist? Es kommt ihnen vor, als lägen hier zerfetzte Lumpen herum, die noch leben und die Aufrechtgehenden ständig mit tierisch ausgehungerten Augen anschauen, die sich auf den widerlichsten Mist werfen und Verfaultes, Dreck und Erde in den schwarzen Mund stopfen. Was wollen sie noch von der Welt und vom Leben?

Nein, diejenigen, die Stiefel und gutgeschnittene Hosen tragen, sind bestimmt andere Menschen, ihnen wird sicher ein anderes Schicksal zuteil und sie haben verdient, anders auszusehen. Sie, das sind die Polizisten, die Kommandantin, die Protegierten – eine besondere Kaste! Sie sind höhergestellte Leute, wie zum Beispiel die Deutschen, vor deren Stiefel sich jetzt ganz Europa verneigen und für deren Bequemlichkeit ihnen zu Füßen sterben muss. In Werk C geschieht es, wie ein kleiner Tropfen eines großen Meeres. Die Umgebung besteht aus ein paar Tausend Versklavten und hier werden Stiefel und Absätze des Herrn kopiert. Vermutlich will der Herr es so und ist zufrieden, dass seine Speichellecker ihn nachahmen und er deshalb nicht der Einzige ist.

Erwacht in ihnen manchmal Mitleid? Durchaus möglich, still und leise. So jemand müsste es aber ersticken. In dem Moment, wenn er sich vom Mitleid beherrschen ließe, wäre es vorbei mit allem! Er müsste selbst die Last übernehmen und abwarten, dass man mit ihm Mitleid habe. Er kann es auch nicht. Denn Mitleid bedeutete, die Skelette nicht mehr in die Fabrik zu treiben, daran zu denken, dass sie dort vergehen, dass sie verlöschen. Aber man muss sie treiben, damit die Fabrik existiert und funktioniert. Deshalb ist ein Lager mit Polizisten und Kommandanten nötig, werden Werkstätten gebraucht, wo man es leichter haben kann, wo man zusätzliches Geld und damit Rückhalt verdienen kann für ein jüdisches Leben, über das schon das Urteil der Vernichtung gefällt ist.

Es kann bei ihnen kein Mitleid geben, denn das würde bedeuten, den Platz der Skelette einzunehmen, weil man gesünder ist, oder sie alle sind sowieso überflüssig. Kann man zu ihnen kommen und verlangen, dass sie sehen und hören, dass hier immer noch Menschen leben, die dieselben Lebewesen sind wie sie? Unmöglich! Man kann sie nur warnen und auf eine ganz andere Art dazu bewegen, den anderen zu helfen: Sie dazu anspornen, die Hungrigen zu unterstützen, weil man sie braucht! Wenn nicht, werden sie wegsterben und die Satten werden an deren Platz gehen müssen, werden eingestäubt und gelb werden. Die Maschine versteht keinen Spaß. Alle sind Juden für sie. Und wenn es niemanden mehr gibt, dem es schlecht geht, wird es auch keine Möglichkeit mehr geben, besser dran zu sein. Es ist rabiat, es ist eine zynische Rechnung, aber es ist das einzige, was jene noch bewegen kann.

Wenn Mechele für das geplante Konzert schreiben wird, kann er nicht ihre Ignoranz aussparen, ihr Verhalten, ihre satten Augen vor dem ganzen Hunger und der Qual zu verschließen. Er zählt die Gestorbenen, macht eine Rechnung auf, wie lange die Hallen dieses Sterben noch geduldig ertragen können, ehe sie losbrüllen und ihre Vernichtungsarme nach denen ausstrecken werden, die hier so sicher umhergehen. Was haben sie zu erwarten? Dasselbe, wie die vor ihnen Verhungerten! Bei ihnen wird es womöglich noch ärger zugehen, weil sie schon nicht mehr daran gewöhnt sind. Sie müssen also dafür sorgen, dass die armen Skelette etwas Fleisch ansetzen und durchhalten, nicht aus Mitleid, sondern in ihrem eigenen Interesse!

Bei Mechele wächst das Poem. Die Zeilen kommen von selbst hervor. Die Worte lagen schon lange in den Fingern, nicht nur bei ihm, sondern bei allen hier. Die Worte von den Hallen, von den vergifteten Bohrkabinen – möge also das Gift in den Herzen wenigstens einmal die verbrennen, die ihnen befehlen und sie verhöhnen. Wenigstens mit einem Wort, wenn es ihnen schon gelungen ist, sich beim realen Schicksal loszukaufen! So trieft es bei Mechele mit Gift, Galle und Schaum. Er schreit hier wie völlig aus der Fassung geraten. Er beschuldigt die Satten schon allein dafür, dass sie hier satt sein können. Womit verdienen sie es? Wie können sie Feste mit Frauen und Schnaps organisieren, wenn andere neben ihnen sterben? Wer hat den Befehl gegeben, dass gerade jene sterben sollen? Man hat sie doch nicht zum Vergasen gebracht. Die Deutschen haben sie hergebracht, damit sie noch etwas leben, und sie würden es auch schaffen. Es müsste nur ein Tropfen von der Sattheit der anderen zu ihnen herabfallen. Wer ist ihr Mörder? Der, der im Lager übermäßig frisst. Er frisst nicht Brot, sondern das Fleisch der anderen! Er trinkt nicht Schnaps, sondern das Blut von dem, den man gestern mit dem Mistkarren weggebracht hat.

Mögen euch die Zungen am Gaumen kleben!
Ihr sauft nicht nur – ihr löscht aus damit Leben!

Wenn Mechele schreibt, sieht er niemanden vor sich. Er führt die Hand, wirft hinaus, was sein Inneres ihm befiehlt. Er denkt nicht einmal an die, die später über sein Schicksal bestimmen und Rache nehmen können. Schon entfaltet sich ein langes Wehgeschrei aus Gebet und Fluch, das morgen hier über Köpfe geschleudert wird. Mögen es die Kaufmans und Wajzenbergs hören! Wird sie, Fredzia, nicht zurückschrecken?

II

Mechele sitzt und hört, wie Fredzia sich darauf vorbereitet, vorzutragen. Er sitzt da und kann seinen eigenen Ohren nicht trauen. Alles an ihr, das abstößt, ist jetzt so weit weg und vergessen. In der kleinen, abgesonderten Baracke ist nur noch ihre zitternde Stimme da, die einnimmt und bezwingt. Sie liest, und jedes Wort von ihren halb kindlichen Lippen ist so rein, so weinend, bittend und drohend, dass Mechele gefesselt ist von seinen eigenen Worten. Er ist mitgerissen worden. Und sie auch. Mechele kann nicht verstehen: Wie kommt so eine, nun ja, solch eine flatterhafte, leichtherzige junge Frau dazu, diese Dinge zu übernehmen? Er schaut auf ihre halb herabgelassenen Lider, ihr gerötetes, von Trauer überschattetes Gesicht und sieht, wie die Wörter auf ihren roten Lippen tanzen, als hätten diese die kalten Papierwörter angeglüht. Er hört, wie ihre Stimme zittert, wie sie oftmals unter der Last eines Klanges zusammenbricht, gerade als sei in ihr etwas geschlagen worden, mit Hämmern beklopft, die sie selbst von irgendwoher mitgebracht hat. Sie peitscht sich selbst mit den chiffrierten Wörtern, wie mit einem verklausulierten Sündenbekenntnis, mit dem sie sich quält und das sie, mehr oder weniger bewusst, gleichzeitig genießt, da sie sich dabei von etwas sehr Sündigem und Abstoßendem löst, das an ihr haftet.

Für eine Sekunde nur durchdrang ihn eine zurückgehaltene Freude, eine blinde, tief verborgene Zufriedenheit darüber, dass er hier etwas gefunden hatte, eine Sache, die er schon aufgegeben hatte. Und da, ohne dass er suchte, völlig unerwartet, war sie da! Bald legte sich ihr anderes Bild darüber, von niemandem gerufen zeigte es sich gerade jetzt, wie der Aufseher Sadza seine Hand auf ihre Schultern legte, und sie lächelte. Lachte sie ihn an? Oder das Päckchen, das er ihr reichte? Ruhe jetzt! Aber da tauchte Henechs erstarrter Blick auf, dass er am liebsten wegen des deutlich spürbaren Schmerzes aufgeschrien hätte.

Fredzia spürte es und verstummte plötzlich. Sie sah aus wie eine, die sich in einem rauschhaften Übergang von einer Welt in eine andere befand. Aber inmitten dieses anstrengenden Ganges fehlte ihr der Atem. Sie schaute sich um wie ein Reisender mitten auf dem Weg: Wer kam mit? Wer ging auch den selben Weg?

Der Polizist, der mit ihnen zusammensaß, ging für eine Weile hinaus. In der Baracke wurde es trüb und leer. Mechele saß in der bedrückenden Stimmung und dachte über etwas nach. Wie unvermittelt bemerkte sie ihn wieder und konnte irgendetwas nicht glauben. Sie blickte noch einmal in den Text, stöberte in den Zeilen und heftete erneut mit erwachter Forschheit ihren Blick auf Mecheles verschämtes Gesicht. Schnell sagte sie etwas, mehr zu sich selbst als zu Mechele: Wie ist das möglich, he? Du bist doch nicht älter als ich, oder? Wie also hast du das hier gemacht?

Sie unterbrach sich aber noch rechtzeitig: Ich kann keine Komplimente machen. Vor allem, was gibt es hierzu zu sagen? Ich kann es nur nicht glauben. Sie sind noch ein Junge und doch haben Sie mir solche Zeilen gegeben, die mich erschüttert und ergriffen haben. Ich habe doch einiges mitgemacht in der letzten Zeit, ich bin nicht so eine Zarte. Aber hier spüre ich, dass es mich aufwühlt, wer weiß, für wie lange. Wissen Sie, ich habe Angst, ich habe Angst vor Ihnen.

Sie brach in Lachen aus. Dieses Mal war es aber nicht ihr kindliches klares Gelächter mit der natürlichen Frische. Etwas Verborgenes, Hysterisches zitterte darin. Sie wurde wieder ernst: Wissen Sie, es tut mir leid. Nun, Sie kennen ihn ja nicht, Henech …

Sie war wie verloren, die Sätze erstarben in ihrer Kehle, als habe der Name ihr die Zunge verbrüht.

Der elektrisierende Freudenschauer, den Mechele bei ihrer Rede gespürt hatte, war verflogen. Er sah sich plötzlich in einer Situation, in der man ihm ein Rettungsseil zugeworfen hatte, das ihn aus der Machtlosigkeit, in die ihre Rede und ihre Blicke ihn getrieben hatten, retten konnte. Henech! Und Mechele stürzte sich mit masochistischem Genuss auf das eine Wort, klammerte sich daran, sich selbst zum Trotz, um die Gedanken unter Kontrolle zu bekommen und sie damit zu warnen. Er nahm einen gleichgültigen Ton an, wie um sich in solch einem Moment mit der schärfsten Waffe zu verteidigen: Ach ja, Ihr Mann. Er ist doch mein Nachbar in der Baracke.

Er sagte es so naiv und kaltblütig, obwohl er sah, wie sie zusammenzuckte, sich wand und aufschreien wollte, getroffen vom Schmerz. Im letzten Augenblick hielt sie sich aber zurück und schluckte das Gehörte schnell hinunter.

Mechele! Suchst du hier eventuell Rache? Kommt bei dir womöglich manchmal ein versteckter Funken Sadismus zum Vorschein, eine Eifersucht? Sie sitzt dir hier gegenüber, du hast eine Nähe zu ihr gesucht und du wirst sie niemals bekommen, selbst dann nicht, wenn du sie erlangen könntest. Dein angeborenes Gefühl für Dinge, die du immer noch mit Moral ausschmückst, wird es dir nicht erlauben. Also bist du böse und nimmst an ihr Rache, dafür, dass sie anfängt, deine Gedanken zu beherrschen, dass sie so spät in dein Blickfeld geraten ist, als sie für dich bereits unerreichbar war, und sie weiß nicht einmal, warum du so bissig, so unzugänglich bist. Erkenne, Mechele, auch in dir selbst die Neigung, Menschen weh zu tun, dann wirst du vielleicht weniger schneidend sein und weniger versuchen, denen Moral zu predigen, die ihre Sünde mit offener Blöße tragen. Erkenne wenigstens, dass du nur ein Gefangener bist, gekettet an deine Moral. Warum also hast du ihr zum wievielten Mal das scharfe Wort »Ihr Mann« hingeschleudert?

Diese Gedanken Mecheles prallen aber von ihm ab. Er denkt sie, als würde ein anderer neben ihm sie denken. Er selbst sitzt schon auf den peitschenden Flügeln seiner Worte, die ihn noch weiter von dem kleinen Gedanken forttragen, der ihn zwar gepiekt, es aber nicht geschafft hatte, seine Gehässigkeit aufzulösen: Er kommt so sehr erschlagen von der Arbeit zurück. Eine Art verdeckter Gedanke quält ihn. Was ist mit ihm?

Fredzia erfasst und verdaut seine Worte noch nicht vollständig: Mein Mann? Er ist es nie gewesen. Ein Freund, ja. Aber jetzt finde ich es schade, dass er nicht mit mir mitlesen kann. Es ist gut gewesen, mit ihm Sachen das erste Mal zu lesen, sehr gut! Er hat damals sein ganzes eigenes Pathos, seinen Willen, selbst etwas zu schaffen, in seine Worte gelegt. In solchen Momenten bin ich immer von ihm begeistert gewesen. Teilweise hat er es gewusst und versucht, in mir diese Begeisterung hervorzurufen. Er hat in mir die Gefühle derart aufgewühlt, dass ich nicht gewusst habe, ob nur sein Ton mich begeistert oder er selbst. Ich weiß nicht, vielleicht ist es auch nur ein böser Verdacht, dass ich alles von mir abwerfen will, was von ihm in meinem Gedächtnis noch leuchtet, weil ich ihm im Moment wirklich sehr böse bin? Wirklich, wie ich es mir bis zum Schluss nicht vorstellen konnte.

Vor Mechele offenbart sich ein verborgenes Herz, das sich selbst betrogen hat, vielleicht ist der Betrug auch schon damals geschehen, beim Eingehen der Verbindung. Jetzt hat sie sich nur von etwas befreit. Nicht das Schlechte, das alle sehen, ist die eigentliche Sache, die nicht zu vergeben ist, sondern das, was alle sehen und für gut und natürlich halten. Aber gerade darin liegt der furchtbare Anfang. Die Auflösung von solch verwickeltem und kompliziertem Geschehen ist vielleicht für menschliche Augen nicht schön, sie ist aber das sauberste von all diesem Verborgenen.

Aber etwas von seinem Wesen ist noch in ihr haften geblieben. Das will sie damit austreiben, dass sie bei jeder Gelegenheit unterstreicht, dass gar nichts sie an ihn binde, wirklich gar nichts. Aber er ist noch vorhanden in ihr, unter allen Schleiern. Sie verrät sich selbst, wenn sie seufzt: Er wird nicht kommen, nicht zuhören, wenn ich es vortrage. Ich kenne seine Sturheit.

Sie sucht noch etwas, das sie führen und ihm näherbringen soll. Gleichzeitig wehrt sie sich, sucht Hilfe in ihrem Hass, damit es sie nicht weiter an ihn bindet. Sie ist bereit, sich gegen den kleinen Rest Erinnerungen mit allen möglichen Tricks zu wehren, sie wird das geringste bisschen Glanz bei jemandem ergreifen, Hauptsache, es soll sie fortziehen von dort und von ihm entfremden.

Und Mechele beginnt, sie zu begreifen. Verstehen? Nein. Später erst wird er in die Abgründe von hunderten wie sie vordringen und sehen, wie sie in Werk C mit beiden Beinen auf der Erde umgehen.

III

Zunächst bereiten sich die drei Menschen mit konspirativem Eifer auf die ganze Angelegenheit vor. Bartman will nicht, dass die Kommandantin vorher erfährt, was dort aufgeführt werden wird. Sie könnte sich daranmachen zu zensieren, sie würde die »traurigen Sachen«, wie sie die Ghetto-Lieder nennt, die man von allen Seiten herbringt, zurückweisen. »Es soll fröhlich sein« ist ihre neueste fixe Idee. Was würde sie wohl zu Mecheles Aufschrei über die Hungrigen und die Satten sagen? Ist denn die Drohung an die Satten nicht in erster Linie gegen sie gerichtet? Und die Hungrigen, die Bleichen und Toten, die er zur Revolte ruft, ist es nicht gegen sie? Aber hier bestimmt die Polizei.

Der Polizist Bejman, der seine Nummern vorbereitet, kennt ein paar polnische Couplets, die ihren Zorn besänftigen sollen. Jedenfalls sitzt er da und versucht, Strophen auszufeilen und einzupassen, die ihm noch fehlen oder sich im Gedächtnis versteckt halten, dass es nicht leicht ist, sie herauszufischen. Er will ihnen auch einen aktuellen Lagerbezug geben. Es fällt ihm schwer, er bleibt hängen und wiederholt halblaut das schon Vorhandene. Er will auf Polnisch besingen, wie die Mädchen aus dem Lubliner KL ins Werk C gestürmt kamen und die Herzen der Jugendlichen bezauberten, die Eifersucht auf sie, auf ihre Schönheit und Fröhlichkeit. Er kommt aber nicht weiter und singt zum wiederholten Mal:

KL-Mädels, ach KL-Mädels!
Ihr Renjas, Lilkas und ihr Dankas
sobald ihr seid an die Schwelle gekommen

habt ihr unsere Herzen eingenommen
ach KL-Mädels!

Er tüftelt und deklamiert Bruchstücke zu weiteren Versen und kann keine Reime finden. Die Betten mit dem verschimmelten Stroh schweigen dazu. Sie wollen sich nicht einmischen. Es kommt einem vor, als sei überhaupt niemand da. Plötzlich bewegt sich auf einem Bett ein Hügel wie in Krämpfen. Dann streckt sich ein skelettartiger Kopf heraus. An seinen fiebrigen Augen ist erkennbar, dass sein Lebenslicht flackert. Möglich, dass es bald verlöschen wird, dass es schon seine letzten Augenblicke sind. Wer kommt denn in die Baracken, um nachzusehen, wer im Todeskampf liegt und bald sterben wird? Es reicht, dass er später steif und erstarrt hinausgetragen wird. Es gibt viele solche in jeder Baracke. In diesem Fall aber bemerken die drei es instinktiv und das lässt eine Verbindung zu ihm entstehen. Ruft er sie her für etwas, hat er einen Wunsch, ruft er ihnen etwas entgegen? Aber es ist nicht möglich, es im ersten Moment zu erkennen.

Man bemerkt nicht einmal das Läusegewimmel, den Gestank, den es von dort herüberträgt. Irgendetwas ruft zum Hügel geschwollener Glieder. Er schaut um sich wie ein Betäubter, der plötzlich etwas hört, eingewickelt in seinen Berg Lumpen, Stroh und Papier. Er ist als einziger der Barackenbewohner hier. Bis jetzt lag er unbeweglich da, wie ein Teil all der toten Dinge hier. Aber Bejmans Vers-Deklamationen rüttelten ihn auf. Sein zerzauster Haarschopf hob sich unmerklich, als wolle ein Leichnam scheu einen Ausgang aus dem Abgrund ausspähen. In seinen erloschenen Augen entzündete sich ein kleines Feuer und die Lippen zitterten. Bald fiel er zurück, aber mit einem Mal setzte er sich hastig auf, als ob eine mächtige Kraft ihn drängte: Panie Bejman!

Alle drei schauten sich erschrocken an. Es schien, als habe ein Gespenst hier seine Stimme hineingeworfen. In der Stimme konnte man die zähe Festigkeit spüren, welche nur in sich selbst stark ist, ohne Lebenskraft aus einem lebendigen

Glied zu ziehen: Herr Bejman, sagen Sie mir, was wollen Sie hier singen?

Sein Gesicht ist purer Schmutz und Kot, schwarz und eingeschmiert mit einer Flüssigkeit, die einen verdächtigen Geruch verbreitet. Seine dürre Hand, welche er aus dem Berg Lumpen hervorstreckt, ist purer Schlamm, mit schwarzen Fingern und Nägeln. Ein erwachter, aufgerührter Gestank verbreitet sich in der Atmosphäre, wie ein Fliegenschwarm aus einem aufgestöberten Nest. Bei ihm flammt ein erstaunliches Begehren auf. In einem reinen, weichen Polnisch beginnt er schlicht zu bitten: Ich bitte Sie, kommen Sie für eine Weile her zum Bett.

Alle verstummen. Auf Bejmans Gesicht hängt ein Fragezeichen. Mechele sagt leise: Wir sollten hingehen.

Und schon stehen alle an seinem Lager. Das Skelett freut sich sichtlich darüber. Sein Gesicht ist schon soweit im Schmutz begraben, dass man nicht einmal das schwache zufriedene Lächeln darin erkennen kann. Bloß seine Stimme ist rein. Der Schmutz und der Rost haben über sie noch keine Macht. Je mehr er redet, desto mehr hat man den Eindruck, dass man hier einen ungewöhnlich intelligenten Menschen vor sich hat. Mit seiner Rede vertreibt er den ganzen Ekel und er wird klar und durchsichtig, wie das leuchtende Blau seiner Augen. Er schluchzt: Meine Herren, ich habe gehört, wie Sie hier etwas vorbereiten. Ich verstehe nicht gut Jiddisch, aber doch höre ich heraus, dass Sie ein Konzert für das Lager vorbereiten. Oh mein Gott! Ein Konzert! Und ich werde nicht hingehen und zuhören können. Schon jetzt höre ich Ihr Reden wie benommen, wollte ein Wort sagen und konnte nicht, bis es plötzlich in mir aufgebrochen ist. Schon bald werde ich nicht mehr reden können. Ich bin selbst Poet, ein polnischer Dichter. Fragen Sie jetzt nicht nach meinem Namen. Ich bitte Sie, lassen Sie mich schnell zu dem Thema improvisieren, mit dem Sie, Bejman, sich beschäftigen! Kamerad Bejman, summen Sie geschwind die Melodie, bloß einmal, damit ich sie aufnehmen kann. Und dann notieren Sie die Wörter, schnell!

219

Sie schauen ihn näher an und erkennen seinen getrübten Blick. Möglich, dass er schon nichts mehr sieht, sondern Bejman an der Stimme erkannt hat. Aber er fängt an, glühende sehnsüchtige Verse hervorzustoßen, mit eigenartiger Inspiration, als hätten sie schon lange bei ihm im Bett gelegen. Er will wenigstens sie vor den Händen des Todes retten, die ihn schon im Würgegriff haben. Bejman schafft es kaum, dessen traurig begehrliche Romanze aufzuzeichnen, die Sehnsucht nach Jugend, Freude und Genuss, so wiederholt er indessen den Refrain mit aufgeregter Stimme:

KL-Mädels, ach KL-Mädels!
Renjas, Lilkas und ihr Dankas

Wer weiß, welcher Renja, Lilka oder Danka dieses Skelett hier einst verbunden war und sie jetzt in seiner letzten Vision herbeiruft? Warum sollte dieser Schatten auf dem Sterbebett nicht noch die Gestalt eines schönen Mädchens erblicken können, sich begeistern, streben und sich sehnen nach ihr? Wie hat wohl so jemand vor wenigen Monaten noch ausgesehen? In seinen Versen sammelt sich die ganze tränenerfüllte Sehnsucht, die Herausforderung, noch einmal die verlorene Welt wenigstens mit einem Wort, mit einem Seufzer zu berühren. Bei den letzten Worten weint er, weint, wenn auch ohne Tränen. Wie soll denn auch ein Bündel eingetrockneter Knochen einen feuchten Glanz hervorbringen?

Plötzlich unterbricht er sich: Herr Bejman, es ist schade, sage ich Ihnen. Sie sind in meinen Augen nur ein Polizist gewesen. Jetzt tut es mir leid. Ich hätte Ihnen eine Menge meiner Lieder übergeben können, dann könnten sie weiter in der Welt zirkulieren. Jetzt ist es zu spät. Ich werde nicht einmal hören können, wie diese paar Zeilen von mir gesungen werden. Es sei denn, mich trägt jemand hin. Aber wer wird mich in diesem verfaulten Zustand tragen wollen? Auch möglich, dass man mich vorher an einen anderen Ort wegtragen wird.

Er wollte noch etwas sagen, aber seine Kraft war aufgebraucht und er blieb liegen, die aufgerissenen erstarrten

Augen auf irgendjemanden gerichtet. Seine Lippen bewegten sich noch. Aber niemand konnte verstehen, was er sagte. Sie hatten sogar vergessen, ihn nach seinem Namen zu fragen und später war es schon nicht mehr möglich. Er war wieder unbeweglich und ohne Besinnung wie vorher.

Nachdem Bejman die benötigten Verse bekommen hatte, konnte die Rührung nicht die Pflicht verdrängen, die Lieder einzustudieren. Die gekrümmte Gestalt lag da und hörte gar nichts mehr. Aber einige Tage später, als das ganze Lager schon seine Wörter summte, die der Schlager geworden waren, erinnerten sich die drei an den namenlosen Schreiber und gingen, ihn in seiner Baracke zu besuchen. Er aber lag schon unter einer dichten irdenen Decke und vielleicht war er mit den wenigen Vögeln gekommen, um zu hören, wie der letzte Aufschrei seiner Seele gesungen wurde.

Sie standen an dem leeren Bett wie an einem Grab, das wiegend den Gesang von Werk C hervorbringt. Alle verstummten. Nur Fredzia fand noch die Kraft, mit einem Nicken zu den verschmierten paar Brettern zu sagen: Wer weiß, vielleicht sind wir alle so? Wir singen unser letztes bisschen Gefühl hinaus. Es treibt uns, drängt aus uns heraus, denn morgen werden wir schon für immer verstummen – und unsere Konzerte!

Und ein leiser Schauer legte sich anstelle des Verschwundenen in das verwaiste Bett.

Teil zwei

In Herrscherkreisen

Kapitel sechzehn

I

Der Polizist Kac war einer der Ersten in Werk C. Seine Karriere hatte er stufenweise gemacht und auch dank seiner großen Grausamkeit. Die Menschen, die schon länger im Lager waren, zitterten bei seinem Anblick. Man erzählte sich schauderhafte Geschichten über seine früheren Handlungen. In jüngerer Zeit, als Mechele ihn traf, war er schon ein ruhiger Polizist, einer wie alle, die gelegentlich schlugen, er war nicht mehr und nicht weniger aktiv als die meisten, die den schwarzroten Hut trugen. Doch sein Auftauchen rief immer noch Schrecken hervor.

Durch einen Zufall wurde er gleich bei seiner Ankunft zum einzigen Sanitäter des Lagers bestimmt. Das gab ihm die Möglichkeit, seine eigenen Selektionen unter den Kranken durchzuführen, auszuliefern oder zu verstecken wen er wollte. Er zielte auch darauf ab, diejenigen loszuwerden, deren Vermögen er erben wollte. Als der Stab der Sanitäter vergrößert wurde, wechselte Kac auf eine andere Stelle. Er hatte niemals etwas mit dem Sanitätswesen zu tun gehabt und so war es ihm zuwider geworden. Besonders, als solch hartherzige Sanitäter wie Melech Goldberg und der großgewachsene Alek dazukamen, die auch wussten, welcher der Kranken Geld oder goldene Zähne besaß. Die behielten sie im Auge und Kac spürte, dass seine Alleinherrschaft über die Kranken vorbei war.

Deshalb wurde er Vorarbeiter in einer Halle. Bald zeichnete er sich durch das Quälen in seiner Abteilung aus, außerdem kannte die Kommandantin ihn von früher und er wurde einer der ersten Polizisten in Werk C.

Er war ein Dürrer, ein Blasser, wie ein überstrapazierter Student. Sein Gesicht hatte noch die bleiche Röte eines schüchternen Jungen, aber in seinem stechenden Blick offenbarte sich die ganze Mordlust, die sich in ihm angesammelt hatte. Viele Juden hatte dieser Mensch dem Tod nähergebracht.

Niemandem brachte der 24-jährige Kac ein Gefühl von Liebe oder Nähe entgegen. Man erkannte in ihm keine Minute der Trauer um seine Familie, die umgekommen war. Er lachte auch nie. Er war eine Mumie, die verbissen prügelte, aber ohne besondere Aufregung und Hass. Es war einfach ein Schlagen, wie jemand, für den das eine natürliche Arbeit war und er führte sie aus, tagein tagaus, ob es ihm gefiel oder nicht. Wie ein Automat.

Es gab nur einen Menschen bei Kac, der ihm aus der Zeit vor seiner Lagerperiode gefolgt war. Das war seine jugendliche Frau. Sie war ein stilles und blasses Mädchen, das er zu Beginn der Ghettozeit, wie versehentlich, geheiratet hatte, als im deformierten jüdischen Leben alles durcheinandergeriet. Während er im Lager im Einsatz war, sah man sie praktisch nicht. Auch er selbst hatte für sie keine Zeit und schaute nicht nach ihr. Plötzlich begann sie zu kränkeln. Sie wurde von Tag zu Tag grauer und ausgedörrter, bis sie sich ins Bett legte und nicht mehr aufstehen konnte. Da geschah etwas mit dem Burschen. Mit jemandem über seine Gemütsverfassung zu reden, lag nicht in seiner Natur, so ging er ungewohnt schweigend umher. Es war aber offensichtlich, dass er einen plötzlich über ihn gekommenen Schmerz mit sich umhertrug. Die, die ihn von früher kannten, wussten, dass er seine schweigsame blasse Frau lieb hatte. Seine Liebe drückte sich auf andere Art aus als bei gewöhnlichen Menschen. Er schenkte ihr keine Aufmerksamkeit, dachte nicht darüber nach, was ihr wehtat, ob sie mit seiner Art zufrieden war oder nicht. Er ging gewöhnlich an ihrer Seite. Das war aber alles, solange mit ihr nichts Außergewöhnliches passierte, das seine Aufmerksamkeit erfordert hätte. Als die Gewohnheit durch ihre Krankheit unterbrochen wurde, wurde etwas in seinem Innern aufgerüttelt. Er nahm sie plötzlich wieder wahr. Er sonderte sich ganze Tage vom Lagergetümmel ab, saß an ihrem Bett, saß und schwieg.

Reden war nie seine besondere Stärke. Er besaß nicht viel Rüstzeug für Reden. Solche Menschen wie Kac besitzen überhaupt keinen großen Wortschatz. Möglicherweise müssten sie nicht so viel mit Stecken und Schlägen wüten, wenn sie den ganzen Sumpf nach und nach mit Zornesgeschrei und auch mit Flüchen aus sich hinausschwemmen könnten. Ein großer Teil ihrer Grausamkeit entsprang tatsächlich der sprachlichen Unbeholfenheit, die heraussprudeln wollte, aber keine andere Möglichkeit hatte. So saß er da, streichelte ein ums andere Mal ihre bleiche kränkliche Hand und versank in Gedanken. Die Mädchen und Frauen in der Baracke hatten danach lange Gesprächsstoff, um über das merkwürdige Wunder zu tuscheln, dass so jemand wie Kac seiner kranken Frau treu ergeben sein konnte, selbst in Werk C.

Zuerst setzte er alle Hebel in Bewegung, schleppte die wenigen Ärzte, die es im Lager gab, herbei, sie sollten sie anschauen und ihm sagen: Was ist mit ihr geschehen? Was kann man tun? Aber die paar Doktoren konnten auch nicht hineinkriechen, nicht in sein Herz und nicht in ihrs. Sie konnten bloß gemäß dem, was sie aus den alten Büchern gelernt hatten, diagnostizieren: Verloren! Ihr konnte nichts mehr helfen. Allerlei Krankheiten fanden sie in ihr, dass es geradezu ein Wunder war, wie sie sich alle ausgerechnet solch ein stilles Geschöpf aussuchen und sich an sie hängen konnten. Seit damals erfüllte ihn eine nüchterne, schwere Melancholie, die nicht von einer tiefen Sehnsucht nach etwas oder von einem großen Kummer herrührte. Es war eher eine Art verborgener Zorn eines Machtlosen und Furchtsamen, der des Todes treuester Knecht hatte werden wollen, Hauptsache, es sollte seine eigene Haut nicht berühren, aber all das hatte nicht geholfen. Solange sich der Tod in der Ferne versteckt hielt und sich darauf verließ, dass seine uniformierten Diener seine Aufträge ausführten, war es möglich, vor diesen demütig aufzutreten, zu salutieren und ihnen zu schmeicheln, damit sie einen selbst schonten und nicht anrührten. Man konnte sie sehen, bemerken, wenn sie kamen und ihnen beizeiten mit hündischem Polizeilächeln entgegenliefen, bereit, alles auszuführen, was sie auch befehlen würden oder andeuteten, dass es ihnen gefallen könnte. Gerade Kac konzentrierte all seine Sinne in diese Richtung und glaubte, dass er sich damit gegen alles gesichert hatte, sich und das Wesen, das ihm doch nahestand, trotz seiner ganzen tierischen Abgestumpftheit.

Vermutlich hat er nie in seinem Leben viel nachgedacht, deshalb kann er nicht vorausahnen oder wissen, dass auch der Tod seine Launen hat. Manchmal ist diesem alles zu wenig, gerade als sei es nicht gut, sich nur auf Schurken und Mordgesellen zu verlassen. Mögen auch Ströme von Blut fließen, will er von seinem nicht ablassen, als verdrieße es ihn, dass man ihn zur Seite stößt und man ihn, den natürlichen Tod, bald völlig vergessen wird. Er schiebt sich leise zwischen den Massenschlachtungen hindurch, stiehlt sich heran wie ein Dieb und fällt leise gerade die an, auf die niemand lauert, nicht der Hunger und nicht die Kugel. Niemand bemerkt ihn dabei. Er verbeißt sich unbemerkt in ein Glied, in die Eingeweide und verbreitet sich überall hin, nimmt das ganze Leid und das Leben mit sich. Man bemerkt ihn zu spät, denn in der Massenpanik weiß niemand, dass man mit ihm rechnen muss. Bei ihm hilft auch kein Schmeicheln, kein großspuriges Einprügeln mit dem Stecken auf die Leiber anderer. Es scheint, als lache er plötzlich auf, aus allen kranken Gliedern heraus: Was? Man hat mich völlig vergessen? Als sei ich nicht mehr da! Sieh her, ich bin gekommen und ich nehme mir meinen Teil. Da hilft alles nichts!

Das verstand Kac erst sehr spät, als seine Frau schon dalag und nicht einmal mehr seufzen konnte, ihn nur fiebrig mit ihren feuchten Blicken anschaute. Gar nichts konnte er mehr tun. Er passte nur auf, dass die Frau, die er bestellt hatte, das bisschen dünne Graupensuppe pünktlich kochte, und er saß am Bett und reichte der Kranken immer wieder ein wenig. Wenn er gebeugt die paar Stunden dasaß, sah er aus wie jemand, der dazu verurteilt war, einem weiteren Mächtigen zu dienen, den er noch nie gesehen hatte und von dem erst jetzt ein erster Widerschein sich zeigte. Danach richtete er sich auf, putzte die Stiefel ab und ging auf die Straße hinaus, wieder derselbe Kac wie vorher. Wie ein Mensch, der zu bestimmten Zeiten zwei verschiedenen Göttern diente, und der eine durfte im Gesicht keine Spur davon entdecken, dass man auch dem anderen hörig war.

II

Sehr gut möglich, dass auch Doktoren nicht alles wissen. Gerade hatten sie festgestellt, dass sie sich nicht mehr lange quälen wird, sondern eine oder zwei Wochen liegen wird und dann für immer einschlafen. Derweil lag sie so Woche um Woche. Eine Zeit lang hatte sie schon die Sprache verloren und die Kraft, sich zu bewegen. Plötzlich ging es ihr wieder besser, sie hatte keine Schmerzen mehr und begann zu reden und sogar in der Baracke umherzugehen. Bald streckte es sie aber wieder nieder und sie lag, lag benommen und abwesend da. Ein Feigling war er immer schon gewesen. Sein ganzer Heldenmut beim Schlagen, genau wie bei anderen von seinesgleichen, kam doch nur von dem Bangen um sich selbst, vor dem mindesten Kratzer auf der eigenen Haut. Er begann, in dem Spiel die andersgeartete Macht einer Warnung zu sehen. Wenn sie plötzlich gestorben wäre, hätte er mit einem Mal einen Schlag versetzt bekommen. Das hätte ihm vermutlich weh getan, aber er hätte es bald vergessen, wie es vielen anderen geschah. Hier aber lag sie, übergoss ihn tropfenweise mit ihren Leiden. Dabei stahlen sich jeden Tag kleine Brocken Furcht mit, vor etwas so unbegreiflichem, das mit jeder Stunde dichter und fester wurde.

So begann er, sich zurückzuziehen. Es vergingen ganze Tage, an denen er den Gummiknüppel eines Polizisten nicht einmal benutzte. Er hörte sogar, dass es im Lager ein paar fromme Juden gebe, so ging er von einem zum anderen und bat sie, sie mögen Gebete sprechen und gelegentlich vorbeikommen, um am Bett seiner Frau Tefillin[31] anzulegen. Das erbat er kurz und nüchtern, mit der erstickten Stimme eines Schuldigen, der vermeiden wollte, dass man aus seiner Stimme die Schuld heraushörte.

Aber nachdem sie eines Tages vom Bett herabgekrochen und sich sogar hinaus auf die sonnenbeschienene Gasse geschleppt hatte, kam sie herein und legte sich das letzte Mal nieder, lag ein paar Tage im Todeskampf und schlief ein.

Es geschah gerade in den ruhigen Tagen in Werk C, als das Lager begann, sich auf das Konzert vorzubereiten. Es fehlte schon das Gefühl für den Tod im Lager. So begann man sofort von Mund zu Mund die Nachricht weiterzugeben: Die Frau von Kac ist gestorben.

Tatsächlich wirklich gestorben!

Die Mädchen begannen schon, unter sich zu diskutieren und sich zu zanken, ob »er« sie schnell vergessen würde oder nicht. Es gab welche, die wussten ganz sicher, dass, obwohl er so einer war, er es nicht aushalten würde. Gerade so jemand kann sehr stark lieben, bis zum Wahnsinn! Und der Beweis: die ganze Zeit ihrer Krankheit … Andere hatten gelernt, überall dieselben kalten Berechnungen anzustellen: Alles Quatsch! Jetzt ist er von einer Last befreit, und das war's! Ist es denn bei ihm anders als bei anderen, selbst bei den Intelligenzlern?

Kac hörte aber an jenem Tag die Diskussionen über ihn nicht. Er lief umher wie verwirrt, suchte Menschen. Nichts weniger als einen Minjan[32] wollte er jeden Abend haben, beten sollte man in der Baracke, wo sie gestorben war, und Kaddisch[33] sollte man sagen.

Am selben Abend brachte ein Wagen die Toten zum Schießstand hinaus und nahm auch sie mit. Kac ging mit und

31 Gebetsriemen.
32 Anzahl von zehn Männern, die zum Gebet nötig sind.
33 Totengebet.

begleitete sie bis zum Grab. Da er Polizist war, ließ man ihn zum Tor hinaus und als er zurückkam, war er finster wie die Erde, mit welcher man sie zugeschüttet hatte. Er konnte kein Wort herausbringen. So schlich er sich nur in die benachbarte Baracke und bat den frommen Lamit, er möge hinausgehen und einen Minjan zusammenstellen zum Beten.

Lamit traf Mechele abseits und bat ihn: Kommen Sie, einmal können Sie mitbeten. Sie war doch eine stille Taube und sie ist es wert, dass man ihr so viel Aufmerksamkeit schenkt, selbst wenn Sie nicht beten mögen.

In der Baracke war es finster und trübselig. In einer Ecke standen etliche Frauen, zwischen ihnen auch Lamits Frau, die Mechele von Halle 51 kannte, und wehklagten laut unter sich, als passierte solch ein Unglück dort zum ersten Mal. Am Tisch stand Kac und schaute betäubt und gerührt auf die zwei brennenden Kerzen, die Frauen geschafft hatten aufzutreiben. Man konnte erkennen, dass innen in dem Burschen etwas passierte. Er hatte aber so ein dickes Fell auf dem Herzen, dass von dort nichts hinausdringen und aufschreien und erzittern würde.

Einer der Juden warf sich einen Mantel über die Schulter und begann, Abschnitte von Gebeten in dem verdunkelten Raum anzustimmen, in die die Umstehenden flüsternd einstimmten. Nur Kac stand die ganze Zeit in der selben Pose und hatte Angst, das kleine Gebetbuch, das jemand in sein Blickfeld gelegt hatte, anzurühren. So wurde das Beten unheimlich und unangenehm und der Jude am Lesepult spulte schnell eine Maariw[34]-Passage nach der anderen herunter.

Das Kaddisch sprach Kac dann doch, aber er brachte die Wörter so trocken und distanziert heraus, als habe er Angst, dass womöglich ein Unbekannter erkennen könnte, dass da tatsächlich er die Wörter gesprochen hatte, dass sie von ihm kamen. So wollten sich alle nach dem Gebet leise aus der

34 Abendgebet.

Baracke hinausschleichen. Aber da begann Kac umherzu-
schauen, sein Blick war jetzt ein anderer, ein klarer. Als sei
ein Wunder geschehen, begann er zu reden und schaute allen
direkt in die Augen. Seine Stimme wurde dabei menschlich
bittend, als hätte sie niemals einen anderen Ton gehabt. So
stimmig waren seine sanften Worte: Warum eilt es euch so?
Ihr wisst doch, was für ein Abend es heute für mich ist. Ich
kann nicht allein hier bleiben, wenigstens einen Abend will
ich Schiv'a[35] sitzen, auf die Gasse will ich nicht hinaus, so
lasst uns ein wenig reden.

Und, oh Wunder: Alle verstanden ihn und kamen, setzten
sich auf die Bettkante oder lehnten sich an. Kac selbst ließ
sich auf einer umgedrehten Bank nieder und blieb still. Es
war offensichtlich, dass der heutige Tag ein ganzes Knäuel
an Überlegungen in ihm angehäuft hatte, woran er nicht
gewöhnt war. Ihm fiel es schwer, dafür eine Sprache zu finden. Aber reden musste er heute. So überlegte er eine Weile,
nach Worten suchend.

Schließlich sagte er: Ich bin heute auf dem Schießstand
gewesen. Das erste Mal war ich dort, als man mich zum
Sanitäter gemacht hat, und heute wieder … versteht ihr?

Speziell was zu verstehen gab es da nicht, aber alle verstanden, dass seine Zunge sich jetzt gelöst hatte und dies nur der
Anfang von dem war, was er erzählen würde. Also wartete
man, bis er weiterredete. Und das war das einzige Mal, dass
der Mensch in ihm sich offenbarte.

III

Er kam als bleicher junger Mann ins Lager, mit einer Frau,
die er erst kürzlich geheiratet hatte, und er wollte leben. Da
die Herrscherin des Lagers ihn kannte, aus derselben Stadt
war, konnte er Protektion suchen, um es leichter zu haben.

---

35 Siebentägige Trauerzeit.

Wenn sie sagt: Sanitäter! Dann soll es so sein. Hauptsache, er würde nicht schwer arbeiten müssen und könnte so die Zeit überstehen. Was er tun musste, wusste er selbst noch nicht. Die Kranken wurden sowieso erschossen und niemand war daran interessiert, sie zu retten. Wie mit ihnen umzugehen, wusste er nicht. Man gab ihm ein Fläschchen Jod, um die Wunden damit einzupinseln, wenn es sein musste, und das war's. Am dritten Tag kamen etliche große Lastwagen mit Werkschutzbegleitung. Werkschutzleiter Kiesling verlangte, dass man alle Kranken des Lagers unverzüglich zu den Fahrzeugen bringen sollte. Erst da verstand er, was ein »Sanitäter« in Werk C zu tun hatte.

Beim Anblick der geladenen Revolver wurde er wild vor Schreck. Er tat alles, was man von ihm verlangte. Wie betäubt zeigte er, wo sich die Kranken befanden, stöberte sie auf in ihren Verstecken und zerrte sie heraus! Und ja, wie es aussah, schlug er auf die, die sich sträubten und nicht heraus wollten, ein. 175 holte man damals zusammen.

Im Vorbeigehen ergriff man noch ein paar Gesunde, sie sollten helfen, die Kranken aufzuladen. In der Eile warfen sie die menschlichen Knochenbündel wie Abfall, wie unnötige Säcke, einen auf den anderen. Als alles aufgeladen war, befahl der Wachführer den paar Gesunden und auch ihm, auf den Wagen zu klettern. Auch einige uniformierte Begleiter fuhren mit. Er, Kac, konnte überhaupt nicht wissen, ob er genau wie alle in den Tod fuhr oder nicht. Derweil gefror ihm das Blut in den Adern, während der Verstand nur in eine Richtung dachte: Wie sich retten ... Mit allen Mitteln!

Die Aufgegriffenen waren in der Hauptsache Menschen, die vor Hunger aufgedunsen waren. Auf seinem Auto fuhr der Ukrainer Iwanejko mit, der während der ganzen Fahrt den Menschen erzählte, dass man sie zum Erschießen brachte. Er nahm dabei seinen Revolver vom Gürtel und zeigte, wie man einen Menschen erschießt. Die Kranken um ihn herum lagen ruhig da, ohne ein Wort herauszubringen, verschlossen und erstarrt. Iwanejko zeigte und demonstrierte derweil, wie man eine Serie Patronen einlegte und wie man schneller schießen konnte, um keine Sekunde zu verlieren. Als handelte es sich hier um eine lange, spannende Erzählung, guckten alle dem schwarz-uniformierten Ukrainer auf den Mund und verschlangen mit unbegreiflicher Aufmerksamkeit jedes seiner Worte. Erst jetzt versteht er, Kac, dass das nicht bloße Zerstreutheit war, sondern eine tiefe, letzte Neugier des Menschen, die Einzelheiten des eigenen nahen Todes bis ins kleinste Detail zu kennen. Die Neugier im Menschen lebt, selbst dann noch, wenn alle Gefühle in ihm schon vor Schreck oder Resignation abgestorben sind.

Iwanejko gefiel hauptsächlich das Reden darüber. Er nahm die Menschen gar nicht mehr wahr. Auf diese Art redete er zu sich selbst und schöpfte Vergnügen daraus. Seine stechenden Augen vereinigten sich mit dem schwarzen Hitler-Bärtchen und ihm lief der Speichel vor der Freude, die ihm vergönnt war: Euch werde ich erschießen. Gott, dass mir das vergönnt ist! Ihr werdet ja sehen.

Dabei brach er in ein Gelächter aus, das Kac wie geschleuderte stechende Eisnadeln in die Glieder fuhr.

Neben dem Schießplatz blieben die Lastautos stehen. Jemand gab das Kommando: Runter! Als Erste sprangen die paar gesunden Männer von den Wagen. Der Selbsterhaltungstrieb jagte sie hinunter, um damit unbewusst ihre Lebenstauglichkeit und ihre Bereitschaft, Befehle auszuführen zu beweisen. Sie gingen näher zu der vorbereiteten Grube. Der Wachführer Kiesling betrachtete das große Grab und stellte fest, dass für 175 Körper die Grube noch breiter und tiefer sein musste. Das sagte er so laut und offen, dass alle auf den Autos es hörten.

Wie ein stark aufgeblasener Ballon platzte die erstarrte Menge. Weinen setzte ein. Andere begannen zu schreien, sich die Haare vom Kopf zu reißen, versuchten, von den Autos zu springen. Eine merkwürdige Sache ist das mit den Menschen: So viele Stunden des Hörens von ihrem sicheren Tod ist nicht in der Lage, sie so aufzuregen wie eine Minute des deutlichen Sehens. Starke Schläge mit den Gewehrkolben bringen sie dazu, sich wieder hinzusetzen und zu verstummen. Ohne die geringsten Berechnungen hat der Körper die besondere unbewusste Absicht, auch beim Tod das Weinen zu unterdrücken, um nicht noch einen zusätzlichen Schicksalsschlag zu erleiden. Diese Überlegung stellt die menschliche Intuition ohne Hilfe des Verstandes an.

Die Spaten arbeiteten derweil mit teuflischer Gewandtheit. Die Schreie: Schneller, ihr Hurensöhne! von heiseren, blutrünstigen Stimmen und die Peitschenschläge erfüllten die Grabenden mit rauschhafter Angst. Auf den Autos waren inzwischen alle zu einem leisen Jammern übergegangen, das kein Mitleid erweckte, da es alle Grenzen der Verzweiflung überschritt und wie ein letzter Ausbruch von Lebenszeichen erschien und das Blut in den Adern der Zuhörer erstarren ließ.

Kiesling wurde das einfache Warten derweil langweilig. Er begann, seine lockeren Sprüche hinüberzuwerfen: Wie ich sehe ist es euch dort auch langweilig. Das macht aber nichts, lang wird es nicht mehr dauern.

Und etwas später fügte er hinzu: Daran sind eure Brüder schuld, weil sie so langsam arbeiten. Mit deutschen Arbeitern wäre so eine Grube schon lange fertig.

Ein Rabbiner aus der Nähe von Chmielnik[36] fand derweil Zeit, seine Schlussbilanz vor dem Schöpfer der Welt zu machen. Entledigt seiner schmutzigen Lagerkleidung sah er aus wie entkleidet vom ganzen Weltenschmutz, er hatte sogar sein gestriges Gesicht eines Suppensuchers und abgerissenen

36 Anmerkung des Verfassers: In Werk C gab es, laut der Erzählung von Leuten, einige Fälle eines erhabenen Todes. Leider konnte ich nicht die genauen Namen und Umstände in Erfahrung bringen. Die Geschichte mit dem Chmielniker Rabbiner erzählten mir später in Werk C einige Menschen, wie gewöhnlich in verschiedenen Varianten. Sie nannten mir auch seinen Namen, der mit der Zeit meinem Gedächtnis aber entfiel. Beim Übergeben dieses Buches zum Druck, 1949, erzählte mir ein Augenzeuge, dass es ein Warschauer gewesen sein soll (David Neuman von Staszów).

Werk-C-niks abgelegt. Jetzt führte er seine eigene Rechnung, mit buchhalterischer Ruhe, als gebe er hier vor dem Weltenrichter eine Art Geschäftsbericht:

We'al chataim sche'anu cha'jawim karet wa'ariri [37]

Kiesling gefiel aus irgendeinem Grund diese Art Stimmung eines Juden am Grab und er schrie gutgelaunt speziell zu ihm hinüber: Du, mach ein bisschen schneller mit deiner Litanei. Das Grab ist schon bald fertig und man wird für dich nicht extra einen Revolver laden.

Aber jener hatte sich schon völlig von der Welt entfernt, war an einem Ort, wo solche Würmer wie der Wachführer mit ihrer Macht zu morden und ihrem Spott nicht hingelangen konnten. Wie ein Schwarm Vögel begannen klare, scharfe Worte von ihm zu strömen, eins nach dem anderen:

Lo tira mipachad laila, mechez ja'uf jomam [38]

Selbst Kiesling erschrak und brummelte wie zu sich selbst: Der Mann ist doch verrückt! Zu wem betet er denn? Zum Judengott! Haben die noch einen? Iwanejkos Kolben ließ sich derweil auf dessen Schädel herab und die Rede verlor sich, begann, sich mit dem Keuchen zu vermischen. Die letzten Wörter versuchten sich noch zu retten:

We'achschaw sche'nozarti, ke ... ilu lo nozar ... ti [39]

Fertig!, ertönte es aus sechs Mündern gleichzeitig. Die Werkschutzleute regten sich und begannen abzuzählen: eins, zwei, drei, zehn ... vierzehn ... zwanzig! Stopp. Zwanzig dürre, entkräftete Körper bewegten sich von der Masse fort. Ihre Blicke waren schon von jenem Nebel umhüllt, der kein Sehen und Fühlen mehr zuließ. Wie Automaten blieben sie vor der Grube stehen. Neugierige Köpfe von den Autos

---

37 Die Sünden, darauf wir schuldig, wären Ausrottung und Kinderlosigkeit (aus dem Al Chet, dem Sündenbekenntnis des Versöhnungstages).

38 Dass du nicht erschrecken musst vor dem Grauen der Nacht, vor dem Pfeil, der des Tages fliegt (Psalm 91,5).

39 Und nun, da ich erschaffen wurde, [bin ich] als wäre ich nicht erschaffen worden. (Bab. Talmud Berachot 17a).

blickten in ihre Richtung, als schauten sie einer Parade oder einer Prozession zu. Konnten die Menschen sich tatsächlich nicht ausrechnen, was mit denen geschah? Oder vielleicht wollten sie sehen, was die Ersten in solch einem Moment tun würden? Es ist ein Fakt: Bis zur letzten Minute des Todes selbst glaubt niemand, dass er tatsächlich ausgelöscht wird. Wie ist es möglich, wo er doch jetzt noch lebt, noch fühlt, sieht, hungert und hört! Wie also wird er gleich aufhören zu leben, buchstäblich nicht mehr auf der Welt sein? Mit Staunen schauen sie deshalb auf die Ersten, die schon ein paar Schritte näher dorthin sind. Jetzt gleich wird man sehen, wie sie, die jetzt noch Lebendigen und Gehenden, gleich aussehen werden. Ob es tatsächlich so geschehen wird, wie gewöhnlich, wenn das Leben zu Ende geht.

Kiesling hat Zeit: In einer Reihe aufstellen! Genau so! Einer neben den anderen. Und jetzt: Abzählen! Ein Mund gibt die laufende Nummer weiter an den nächsten. Zwanzig! Ganz recht!, murmelt er, zufrieden und wie tief in Gedanken.

Nicht alle haben es geschafft, sich auszuziehen. So reißen Hände in der letzten Sekunde zerfetzte Hosen und Schuhe herab. Steht nicht rum, ihr Faulenzer!, wecken feurige Peitschen die sechs Gesunden, die beim Herunterziehen der abgetragenen Pantoffeln von den Füßen und beim Ausziehen der verlausten schwarzen Hemden helfen müssen. Alles türmt sich zu einem Hügel auf, auf den flatternde Stücke wie erschreckte Krähen von allen Seiten zufliegen. Zwanzig nackte Gestalten stehen am Rand einer nicht sehr tiefen Grube. Bald aber wird sie für sie zur abgrundtiefen Unendlichkeit werden. Etliche Schüsse zerstören die Reihe der Körper. Ein Körper nach dem anderen fällt, wie umgeworfene Garben. Nur auf den Autos erhebt sich wehklagender Lärm. Die wenigen Gesunden stehen und schauen, wollen erkennen, ob sich eine Kugel in sie hineinverirrt hat, haben aber Angst, einen Blick auf sich zu werfen. So stehen sie und warten, dass alles enden möge, damit sie wissen werden, ob man sie leben lassen wird oder nicht. Er, Kac, befindet sich zwischen ihnen. Er stellt seine eigenen Überlegungen an. Er fühlt plötzlich einen gewaltigen Drang, noch ein Mal außerhalb dieses Platzes zu sein. Nicht ums Weiterleben geht es ihm, sondern um ein unbewusstes Sehnen, noch ein Mal die Welt zu sehen, vor dem Weggehen in diese Grube hier, weiter nichts. Er ist bereit, dafür alles aufzugeben. Aber da knallt es weiter, man zieht die Menschen der Reihe nach von den Autos, man zählt sie ab und spielt mit ihrem Tod, und mit dem Schrecken der paar Gesunden, so lange, dass die Haarwurzeln zu frieren beginnen. Er wird im Herzen, mit jeder weiteren Sekunde, immer nachgiebiger, weicher. Jetzt ist er schon bereit, ein Wurm zu ihren Füßen zu werden, Hauptsache, noch einen Tag Leben geschenkt zu bekommen, oder nein, nur ein Anderssein: nicht wie alle hier in diese vorbestimmte Grube hineinzufallen! Mehr nicht.

Als er von dort zurückging, kochte in ihm ein Zorn gemischt mit Furcht, der sich schon in jedes seiner Glieder eingewurzelt hatte. Er war böse auf die ganze Welt, insbesondere auf die Juden. Wie konnte es dazu kommen, dass sie so geworden waren? Dabei braute sich bei ihm ein Stück weit eine Verherrlichung der Deutschen zusammen: Das ist ein Volk! Sie haben es geschafft, eine ganze Welt mitzuziehen. Sie haben in sich die innere Stärke, tun zu können, was sie wollen. Herrscher und Befehlshaber sind sie über Länder, die noch gestern über sich selbst geherrscht haben! Wie ist das geschehen? Es hat gereicht, auf ihre festen Körper zu blicken, auf die selbstsicheren Gestalten, um zu verstehen, warum. Für ihr Volk sind sie ein Glück, warum sollen sie darüber nachdenken, ob sie anderen Völkern Schlechtes tun? Sie haben beschlossen, nicht untertänig zu sein, deshalb herrschen sie, deshalb können sie erreichen, dass Menschen sich selbst ausziehen und ins Grab gehen, wenn sie es befehlen. Das muss man an ihnen bewundern! Wenn sie ihn als Mitglied aufgenommen hätten, hätte er damals sicher alles hinter sich gelassen, hätte genau wie sie gemordet, Hauptsache, einer von ihnen zu werden. Solch einer, der nicht an einem offenen Grab wie ein Schutzloser zittern müsste, und jede Minute denken, dass er jetzt gleich fiele! Solch ein Verlangen, nein, ein fiebriges Schaudern packte ihn und die einzige Möglichkeit, dem zu entrinnen, war das Verlangen, so stolz und stark wie sie zu sein. War das nicht möglich? War das nicht möglich? Gewiss nicht. Sie würden keine mageren jüdischen Bürschchen zu sich nehmen und sie sich gleichstellen. Das würde nicht geschehen. Aber auf eine Stufe niedriger als sie konnte man sich stellen. Stärker werden gegenüber noch Schwächeren konnte man. Es war noch möglich, sich ein wenig aufzurichten.

Das waren die neuen Überlegungen, die Kac mitbrachte von dort. Er wusste selbst noch nicht, wie sie ihn umformen würden. Aber die Zeit führte ihn, gebunden an die Stricke dieser Gedanken, und er ging, folgte den Deutschen und lernte von ihnen, sah, was sie taten, und äffte sie nach. Bis er zu dem wurde, den alle kannten.

IV

Aber leicht fiel es ihm nicht. In Werk C beobachtete er Dinge, die ihn mehr als einmal zum Nachdenken brachten. Es gab Fälle, die sich mit dem Verstand nicht erklären ließen. Ein Jude, der immer morgens seine Gebete verrichtete, wenn Kac üblicherweise kam, ihn zur Arbeit zu schleppen, warf ihm einmal ein Wort zu: Die Welt ist kein rechtsfreier Raum, Panie Kac. Sie werden sehen, denken Sie daran!

Eine Erklärung lieferte er nicht, sagte nichts weiter. Und doch gaben ihm die paar Wörter einen Stich: nicht rechtsfrei? Wo doch alles sich vermischte, auf dem Kopf stand? Aber sich an die Wörter erinnern – das tat er. Immer wieder einmal geschah ein kleiner Fall, der ihn aufrüttelte: Siehst du? Es ist doch nicht gesetzlos! Manchmal fand ein schlechter Werkschutzmann ein plötzliches gewaltsames Ende. Einmal kam ein Befehl und einer der größten Mörder im Lager wurde erschossen. Es waren Fälle, bei denen man deutlich die strafende Hand einer höheren Macht erkannte. Er konnte es nicht verstehen: Die ganze Welt ist gesetzlos und bei Kleinigkeiten zeigten sich manchmal die Merkmale einer Abrechnung!

Er hatte sich sogar seinen eigenen Leitgedanken geschaffen: Gewaltige Verbrechen, die sich wie eine Flamme ausbreiten und Tausende und Millionen umfassen, gehen verloren. Niemand fordert für sie eine baldige Bestrafung. Es ist nicht möglich, im nächsten Moment eine Antwort zu geben, in demselben Maß eine Strafe hinabzuschicken. So lässt man sie derweil durchgehen. Sie geschehen ohne Kontrolle und ohne Einhalt, weil es nicht möglich ist, sie zu bewerten, während sie geschehen. Dafür aber verfangen sich alle kleinen Verbrechen und Verbrecher. Auf sie wartet die Strafe nicht lang. Bei ihnen kann man gleich beurteilen, wieviel sie schuldig sind, und die Bezahlung lässt nicht lange auf sich warten. Für sie kann man die Rechnung sofort ausfertigen und sie auf ihre Köpfe herabschicken. Was ist er selbst denn, der gestandene Polizist Kac? Ein kleiner Wurm in dem großen Imperium der Verbrecher! Sein Arm reicht nicht weit und die kleinen Verbrechen begeht er mehr aus Furcht, als aus einer speziellen Neigung zu den Taten selbst. Er ist leicht aufzuspüren und er weiß nicht einmal, welches Auge über ihm lauert. Nein, ihn wird es nicht verschonen!

Seit seine Frau erkrankt war, hatte er angefangen, sich beim Schlagen zurückzuhalten. Für mehr hatte er keine Kraft. Aber auch das war nicht mehr als Feigheit. Er zitterte vor dem mystischen Beschützer der Schwächsten, der sich selbst so schwach und machtlos zeigte. Selbst Er konnte gelegentlich einen Schlag versetzen, der weh tat. So wollte er sich vor Ihm verstecken. Aber es war nicht möglich, Ihn zu verstehen. Wenn Er schon Berechnungen anstellte, hatte Er sie übertragen auf seine stille Frau. Wie konnte das eine Beziehung zu dem haben, was er, Kac, dachte?

Er war heute an demselben Ort, wo für ihn das trunkene Spiel angefangen hatte. Dieselben Gräber waren noch vorhanden. Heute kam nur noch eins dazu, jene Erde verschlang tatsächlich einen Menschen, der mit ihm in Beziehung stand. Damals zitterte er, er möge nicht in die offene Grube hinabfallen. Diesmal wunderte er sich, warum er ausgespart wurde. Wie sollte er sich das erklären?

Sein bleiches Gesicht rötet sich. Es ist bei ihm keine tiefe Erregung, sondern ein Unverständnis, eine Verwirrtheit: Wenn es wirklich nichts gibt, das die Schlechtigkeit auf der Welt aufrechnet, warum zittert er so? Warum hält er sich zurück und nutzt nicht sein bisschen Macht über alle Maßen aus, mehr als er kann? Nach dem Leben kommt eine irdene Finsternis, also muss man alles hinunterschlingen, solange man nicht mit jener gelben, fetten Erde zugeschüttet wird: zerren, schlagen, genießen um jeden Preis. Und falls doch, wie funktioniert hier die Ordnung? Er kann es nicht wissen. Er ist Polizist und ruft Juden her, damit sie Kaddisch sagen und beten. Welches von beidem ist richtig? Seine Augen blicken dumpf. Er kann es hier nicht auseinanderhalten. Eins hätte er von solchen wie Lamit, Mechele und den anderen wissen wollen, die neben ihm stehen: Was denken sie, während sie sich wie Menschen benehmen? Haben sie irgendeine Sicherheit, dass es sich später einmal für sie auszahlen wird, dass es lohnend ist?

Er kann nicht verstehen, dass Menschen, einfach so, das sind, was sie sind, weil sie nicht anders sein können. Es fehlen ihm die Wörter, das auszudrücken. So wird ihm das lange Erzählen und das Stillschweigen der Umstehenden plötzlich langweilig und er unterbricht sich für einen Moment: Es ist schon spät. Zeit, zur Kommandantin zu gehen.

Die Menschen dieses merkwürdigen Minjan warten nur darauf. Sie beginnen, sich in alle Richtungen zu zerlaufen, etwas verschämt, als seien sie hier die Trauernden und nicht Kac. An der Tür erreicht seine Stimme sie noch, die wieder krächzend geworden ist: Ach, Leute, Leute! Man betet hier noch, tut Fürbitte und man ist fromm. Weiß denn jemand, warum, wozu und wegen was?

Seine Stimme erlischt. Die zwei Kerzen flackern noch, bemühen sich, noch einen Augenblick zu flackern, bäumen sich mit rauchender Wachsamkeit auf und sinken wieder zu einem kleinen Pünktchen Feuer zusammen.

Niemand antwortet ihm. Erst hinter der Schwelle findet jemand einige Worte und teilt sie leise unter seinen paar Freunden: Ach du liebe Güte! Dem wird gar nichts helfen. Es reicht offensichtlich noch nicht, dass er so einer ist, er muss auch noch eine Rechtfertigung finden. Also los, gib ihm recht, dass er ein brillanter Geist ist. Ich versichere euch, morgen ist er wieder derselbe wie immer.

Kapitel siebzehn

I

Kac war nur einer von denen, die um das Machtzentrum kreisten, sich mit der Illusion speisten, dass sie mächtig waren, weil es noch Schwächere als sie gab. Seine Psychologie war eine einfache, eine offene, obwohl er schon geschafft hatte, sich einen Begriff davon zu machen, mit seiner eigenen Dekadenz zu kokettieren. Das machte »interessanter«. Es gab aber einige der Lagermächtigen, bei denen tatsächlich etwas in Verwirrung geraten war. Bei ihnen hatte es mit einem Haar, einer Kleinigkeit angefangen, die dann weitere Kreise zog. Dies offenbarte sich Mechele nach und nach und er sah sich immer mehr in die Abgründe der menschlichen Werk-C-Probleme eintauchen.

Mechele wollte sie nicht verstehen, wollte sie nicht zur Kenntnis nehmen und sich damit beschäftigen. Es war ganz einfach besser, bloß mit sich selbst beschäftigt zu sein und nur über sich nachzudenken. Die Umstände waren aber derart, dass er in alle Richtungen geschleudert und in den großen Kessel der menschlichen Schicksale hineingeworfen wurde. So sahen die Augen und das Herz vieles, und der Verstand musste zwangsläufig alles in sich aufnehmen. Besonders, nachdem in Mecheles Leben eine ganze Reihe von Veränderungen eingetreten waren, die ihn bis ins Herz des Chaos im Lager führten.

Das geschah, als das Lager wieder einmal aufgerüttelt worden war. Man begann, die Baracken, die man halb fertig stehen gelassen hatte, fertigzustellen und es wurden wieder etliche Wege trockengelegt. Der Umtrieb auf dem Hof wurde stärker und von allen Seiten schleppte man Menschen zur

Arbeit heran, als würde hier auch eine neue Fabrik entstehen. Die Kommandantin lief von Ort zu Ort, trieb die Polizisten an, sie sollten die Arbeiter bewachen und sie selbst fluchte fortwährend auf die ganze Welt. Ihr gefiel die geschaffene Ordnung noch nicht und sie rümpfte ständig die Nase: Mein Gott, wieder derselbe Gestank, derselbe Schmutz!

Sie stellte sich immer wieder zu dem jungen, lächelnden polnischen Ingenieur mit dem hellen Sommermantel, flirtete mit ihm, lachte ihm ins Gesicht und versuchte, ihn in eine längere Unterhaltung zu verwickeln: Wie steht's? Auch dir ist es beschert, ganze Tage in diesem engen Hühnerstall zu sein. Du musst dich zwischen den verlausten »Muselmännern«[40] und den schmutzigen Jiddenweibern bewegen, genau wie ich. Glaub mir, das sind alles Rindviecher! Wie bin ich in solch einen Mistkasten geraten? Hoffnungslos, aber so sind die Zeiten. Zumindest ich hab keine Wahl! Aber dich, siehst du, bedauere ich. Du bist ein freier Mensch, hast deine Wohnung und kannst freie Luft atmen. Es ist schade um jede Minute, die du dich plagen musst, bloß deshalb, weil du ein gebildeter Mensch bist, dessen Schicksal dich auf diesen Posten geschickt hat.

Sie hatte eine besondere Schwäche für diejenigen, die hier ein wenig Macht und Einfluss auf die Deutschen besaßen. Es war hilfreich, mit ihnen in Frieden zu leben und nähere Freundschaft zu schließen. Der junge Ingenieur war bestimmt worden, die ganzen Umbauarbeiten hier im Lager zu befehligen, man musste ihn in den Bekanntenkreis mit einbeziehen. Schon mehr als nur einen der Fabrikmeister hatte sie mit dem dunklen, schmeichlerischen Blick ihrer grünen feuchten Augen gefangen, mit ihrer geschliffenen Höflichkeit, die sie wie eine weiche Kette über diejenigen werfen konnte, mit denen sie näher bekannt werden wollte.

Mit solchen Menschen umzugehen, war immer besser als mit den eigenen. Sie hatte bewährte Mittel. Als Erstes

40 In der Lagersprache, auch unter den Häftlingen selbst, die Bezeichnung für einen Menschen im letzten Stadium des Hungertodes.

musste sie zeigen, dass sie anders war als alle Juden. Über die Würmer, die hier umherkrochen, musste sie das Schlimmste sagen, musste zeigen, dass sie unglücklicherweise mit ihnen zusammen war, dass sie aber eine andere war, eine völlig andere. Deshalb fügte sie noch ein paar Wörter hinzu: Ich selbst wohne auch in einer Baracke. Bei mir ist es aber sauber. Wenn du etwas Zeit hast, komm herein zu mir, du kannst ein Glas Tee trinken und ein wenig durchatmen, ein entspanntes Wort reden. Auch hier im Lager gibt es ein paar intelligente Menschen.

Dem jungen Ingenieur gefiel aber genau hier diese Arbeit. Er ging zufrieden im Lager umher, hatte Freude daran, dass hier etwas wie eine neue Welt erwuchs. Er eilte von einem Ende des Lagers zum anderen, war in Gedanken versunken und hörte nicht genau, was man zu ihm redete. Unterwegs begegneten ihm immer wieder Mädchen, bei denen sich Teile des jungen Leibes unter den Lumpen hervorstahlen, lockten und sich übermütig von dem goldenen Spinnennetz liebkosen ließen, das sich begehrlich von der Höhe herabließ. Dann blieb er eine Weile stehen, ließ seinen Blick zu allen Seiten schweifen und lächelte. Das Lächeln nahm er mit von Ort zu Ort, wie eine Münze, mit der man hier nur eine sehr teure Sache kaufen konnte, nicht, um sie jemandem zu schenken, der darum bat.

Die Augen der Mädchen um ihn herum schauten mit Blicken auf ihn, in denen mehr lag als Angst oder Respekt vor einem Menschen mit Befehlsgewalt. Für sie war er eine Art Wunder aus der anderen Welt. Durch ihn spazierte die Freiheit selbst hier umher, in einem weißen Regenmantel, ob bei Regen oder bei Sonne. Und ihm kam es vor, als richteten sich aller Augen mit Sehnsucht auf ihn. Es gefiel ihm gut, hier ein Prinz zu sein, der zwischen Knechten und Untertanen umherging. Was war er draußen denn? Ein grauer Mensch, genau wie alle! Hier aber, zwischen den Gebeugten und Verfluchten, betrachtete jedes Auge ihn als eine legendäre Figur, die das Freiheitsland ohne Grenzen repräsentierte. So bereitete ihm das Umhergehen auf dem Lagerhof Vergnügen.

Als die Warkowiczowa ihn deswegen bedauerte, setzte er an, etwas anzumerken, schaffte es aber mit seinem schüchternen Lächeln nicht, es deutlich auszusprechen: Nein, nein, es ist nicht bedrohlich, Frau Kommandantin! Es gibt nichts, sich wegen solch schöner Mädchen zu schämen, wie es sie hier gibt. Selbst hier sind sie schöner als jene, unsere städtischen, die sich herausputzen ...

Bei der Warkowiczowa verdüsterten sich die Augen ärgerlich grün. Der Ingenieur geriet in Verwirrung unter ihrem Blick. Er konnte nicht begreifen, warum sie verärgert war. Wer weiß? Womöglich war sie gar böse, meinte, dass er die jüdischen Mädchen belästigte, wie seine Gehilfen es taten! So wurde er auch ernst und ging zu einem anderen Thema über, das eine Beziehung zu ihrem angefangenen Gespräch hatte: Sie werden sehen: Es wird auch hier anders werden. Man wird es hier so sauber machen, dass das Lager nicht wiederzuerkennen ist. Die Meister haben angeordnet, ganze Fässer mit Farbe zu besorgen. Man wird die Baracken innen weißeln. Die Außenwände wird man mit allerlei Farben streichen, mit Aufschriften und Malereien versehen. Sie werden sehen, was hier entstehen wird! Ja, man sollte ernsthaft nach einem guten Schriftenmaler suchen, der die farbigen Aufschriften auf den Wänden machen kann.

Bald wussten der Wachführer und die Meister von dem Projekt. Man musste einen Maler finden. Wartman, der sich um die Hofarbeit kümmerte, erinnerte sich an Mechele und er suchte ihn auf: Ich gehe melden, dass Sie es machen werden.

Mechele nickte und Wartman meldete der Kommandantin und dem Ingenieur, dass er so jemanden gefunden hatte. Am nächsten Morgen in der Frühe, als die Gruppe zum Abmarsch in die Fabrik aufgestellt dastand, zog sein Polizist Mechele heraus: Du bleibst heute im Lager.

II

Es war das erste Mal, dass es Mechele vergönnt war, an einem Arbeitstag, nach einer durchschlafenen Nacht, im Lager zu bleiben. Es war ein gutes Gefühl, zu wissen, dass die Hände heute nicht von dem Gewicht schmerzen würden, gleichzeitig zog es aber zu der Gewohnheit des Schuftens, die schwere tägliche Arbeit hatte den Anschein eines geregelten Ablaufs bekommen, einer gewissen Ordnung, die die Illusion eines normalen Lebens verströmte. Wenn es plötzlich anders war, zitterte das Herz von selbst und man hatte das Gefühl, als würde der feste Boden unter den Füßen weggezogen. Zeit, viel darüber nachzudenken, gab es aber nicht. Gleich kam Wartman atemlos angelaufen: Kommen Sie! Der Ingenieur wird bald hier sein, er will Sie prüfen, ob Sie es machen können, so wie er es will. Sehen Sie zu und bemühen Sie sich, dass es ihm gefällt. Das ist für Sie eine Überlebensfrage, denken Sie daran!

Mechele ließ sich ohne ein Wort in eine abgelegene Baracke führen. Bald saß er an einem Tisch, auf dem schwarzgestrichene Bretter und Pinsel und Farbe lagen. Der Ingenieur stand da und schaute zu, wie Mecheles zögernde und gequälte Finger sich zu dem kleinen Schüsselchen mit der weißen, dichten Ölmasse bewegten. Es erschienen die ersten Buchstaben auf der schwarzen Tafel. Der Ingenieur murmelte zufrieden: Das ist vorerst genug. Man sieht, du bist ein Fachmann. Ich kann auch Schriften malen, aber ich habe nicht die Geduld dazu. Aber du wirst bei mir nicht herumtrödeln. Denk daran.

Die Warkowiczowa und die Polizei kamen gelaufen. Sie suchten Aufregung, Neuigkeiten und Änderungen im Lager. Insbesondere der Wachführer hatte ihnen schon etliche Male vorgeworfen: Ihr sagt ständig, dass alle Juden Fachleute sind, und wenn es darum geht, etwas zu machen, muss man einen lächerlichen Maler mit der Lupe suchen.

Deshalb kamen sie, um zu sehen, ob man schon jemand Geeigneten gefunden hatte. Sie waren auch neugierig zu erfahren, wie ein Mensch mit ein wenig Farbe solch ein schmutziges Lager verschönern konnte, wie der Ingenieur sich das vorstellte. Sie wandte sich an den Ingenieur und fragte mit ihrer ständig nervösen Ungeduld: Nun, kommt etwas dabei heraus?

Jener musterte sie gelassen und antwortete: Es ist in Ordnung! Man muss nur darauf achtgeben, dass er sitzt und seine Arbeit macht.

Nachdem er das gesagt hatte, ging er hinaus zu den Aufgaben, die draußen auf ihn warteten. Die Kommandantin näherte sich dem Tisch und warf einen Blick auf Mechele, der über die frisch eingefärbten Bretter gebeugt saß. Eine unterwartete Überraschung erheiterte sie: Seht nur! Das ist doch der abgerissene Schreiberling. Jedes Mal gibt er sich als etwas anderes aus. Jetzt macht er sich gar zum Maler!

Mechele hob nicht einmal die Augen, um einen Blick auf sie zu werfen. Sie trat mit ersticktem Zorn näher an den Tisch, packte ihn am Kinn, hob sein Gesicht mit zwei Fingern an, sodass Mechele einen spitzen Stich ihrer gefeilten Nägel spürte und richtete seine Augen mit ihren aus. Dabei sagte sie mit Verachtung: He du! Unter den Talmudstudenten im Lager sagt man, du bist ein Lernender; wenn die Gruppe Intelligenzler bei der Polizei über dich redet, sagen sie, du bist sogar ein Schreiberling. Jetzt, wo man einen Maler braucht und du es leichter haben willst, nimmst du einen Pinsel in die Hand und schmierst etwas hin! Bald wirst du noch ein Doktor sein, der Teufel weiß, was noch. Nun sag schon, was du alles kannst, wenn man das erfahren darf!

Mechele führte verbissen weiter die Hand über das Brett. Er sah plötzlich, dass er auf sie keinen guten Eindruck machte. Was es hieß, von ihr abgelehnt zu werden, das wusste er von verschiedenen Menschen. Jetzt hörte er nur heraus, dass sie ihn noch wahrnahm, dass sie alles wusste, was über ihn geredet wurde. Sie hatte sogar Angst, dass er ein geheimnisvoller Mensch sein könnte, der Gott weiß was erreichen konnte. Es war besser zu schweigen, weil jedes Wort, das er antworten würde, ihren Zorn auflodern lassen konnte. So stand sie und überschüttete ihn mit Reden, bis es ihr langweilig wurde und sie ihren Redefluss unterbrach: Nun denn, sie wollen ihn als Maler, soll er pinseln! Was geht es mich an.

Sie erinnerte sich, dass unterdessen die Polizisten untätig herumstanden, so wandte sie sich ihnen zu und schrie: Was steht ihr da? Habt ihr so was noch nie gesehen? In den Frauenbaracken quillt alles über vor Schmutz, es ist schon nicht mehr auszuhalten! Und ihr steht hier und gafft. Kommt!

Sie ging als Erste hinaus und ihre paar Gefolgsleute folgten ihr. In der Baracke wurde es still. Nur aus der Ferne trug es das erschrockene Geschrei von ein paar Mädchen herüber, die in ihrer Baracke entdeckt worden waren und keine Erlaubnis zu bleiben hatten.

III

Aus dem Chaos im Lager begann sich eine gewisse Ordnung herauszuschälen. Es wurde befohlen, in der kleinen Waschbaracke die verrosteten Rohre mit hellblauer Farbe zu streichen. Die Wände strich man in roter Ölfarbe und die Baracke bekam auf einmal ein sauberes Aussehen. Die gekachelten Becken wurden mit Soda ausgerieben und eine Person wurde abgestellt, darauf Acht zu geben, dass nicht wieder alles eingeschmiert wurde, wie es vorher gewesen war. An der Seite des Waschraumes teilte man ein gesondertes Zimmer ab, in das ein kleiner, flinker Mann einzog, von dem niemand wusste, wer ihn zum Friseur des Lagers gekrönt hatte. Er trug Schüsseln für Seife her, Schermesser und Scheren. Dann stellte er sich neben die Tür, gekleidet mit einer Steghose, wie für diese Arbeit geboren. Bereits nach ein paar Tagen trug er schon einen gestutzten Backenbart und einen gekämmten Scheitel. Dazu hatte er sich von irgendwoher einen weißen Rock ausgewählt. Er betrachtete sich ständig im Wandspiegel und der Stolz auf sich und seinen Laden quoll regelrecht über.

Seine erste Aktion war, sich ein dekoratives Schild für sein »Geschäft« zu bestellen. Schnell diente es als Muster, überall solche Schilder anzubringen. Die Kommandanten taten es bei sich, das Büro, die Schneiderei, die Polizei und jeder, der nur irgendeine Beziehung zum öffentlichen Lagerleben hatte. Werk C nahm das Aussehen eines kleinen Schtetls an, bloß eingequetscht auf einem Liliput-Areal. Es wurden Schneider und Schuster ausgewählt, die jedem die zerrissenen Sachen richten mussten, genau wie der Barbier, der kleine Szlojme-Noah, das ganze Lager scheren und rasieren musste. Ohne Bezahlung. Aber auch hier entstand Handel und Protektion. Von all diesen Einrichtungen profitierte in erster Linie die Prominenz. In diesen Stuben begann man zusammenzukommen, bis sie sich in Lagerclubs verwandelten, wo alle Neuigkeiten besprochen wurden.

Neben der Polizeibaracke teilte man ein besonderes Zimmer ab, das in etliche fensterlose Kammern unterteilt wurde. Es entstand ein Lagergefängnis für Menschen, die verschiedene Verstöße begangen hatten. Das waren die ersten Zeichen dafür, dass in Werk C eine ganz besondere Autonomie entstehen würde, wie in den ehemaligen Ghettos. Man redete sogar davon, dass eine eigene Wäscherei eingerichtet würde, wo jedermanns dreckige Wäsche gewaschen würde und die Menschen nicht mehr ihre schwarzen Hemden im kalten Wasser der Waschbaracken durchschwenken müssten. Außerdem wurde über viele Erleichterungen und Einrichtungen im Lager geredet. Derweil aber passierte gar nichts. In der Hauptsache bestimmte man die Plätze und Räume für alles. Es wurde auch dafür gesorgt, dass die farbigen Schilder möglichst schnell überall aufgehängt wurden. Seit die großen Selektionen aufgehört hatten, tauchten immer wieder hohe Offiziere auf, die das Lager von allen Seiten inspizierten und von denen niemand wusste, was sie hier suchten. Gerade ihnen musste man zeigen, wie hier alles organisiert war. Mecheles Arbeit bekam auf einmal eine große Bedeutung. Mit seinen Schildern errichtete er eine richtige Ordnung für den flüchtigen Betrachter. Immer wieder kam jemand anderes von der Verwaltung gelaufen und sie rissen ihm die Schilder regelrecht aus den Händen. Selbst der ständig mürrische und grausame Wachführer Schumann gab verschiedene Projekte in Auftrag, wie, die äußeren Seiten der Baracken mit Aufschriften und farbigem Anstrich zu verzieren. Offensichtlich wollte man jemandem demonstrieren, dass »alles klappt« und dass die Menschen sich hier nicht in einer Fabrik des Todes befanden, sondern irgendwo in einer Feriensiedlung unter strenger, aber treusorgender Aufsicht.

Es musste eine Änderung gegeben haben. Man brachte große, schwarze Kessel, in denen ganz früh und nachts schwarzer Kaffee aus gebranntem Getreide gekocht wurde, den die Menschen sich zum Trinken mitnehmen konnten. Dafür wurde sogar neben dem Waschraum ein kleiner Raum bestimmt, wo Kaufmans Gehilfe, der stumme Diament, sich mit dem Kochen des Kaffees beschäftigen würde. Was war geschehen? Niemand wusste es sicher und genau deshalb, weil es keinen Grund für die neuen Einrichtungen gab, blühte bei allen die Fantasie auf und wurden verschiedenerlei gute Botschaften erfunden. Die Polizei selbst wusste auch nichts. Sie sah nur die ersten Zeichen eines neuen Kurses und passte sich stillschweigend an. Man konnte schon beobachten, dass die Polizisten alte Menschen mit verbindlichen Worten anredeten, die schon den höflichen Farbton der ganzen Umgebung angenommen hatten.

Ganz besonders wurde um die siebte Baracke herum Ordnung geschaffen, in der die Kranken des Lagers konzentriert waren. Das war die spezielle Krankenbaracke, wohin alle hoffnungslosen Fälle gebracht wurden. Von dort drang ständig ein gewaltiger Gestank heraus, nach Fäkalien und allerlei Abszessen an ungewaschenen Körperteilen, auf denen sich der Dreck sammelte. Bis jetzt hatte niemand auch nur daran gedacht, dass man diesen Kreaturen besondere Aufmerksamkeit schenken müsste, die dort so lange lagen, bis von ihnen nichts mehr blieb und sie sich ohne eine Bewegung und ohne Geschrei zum Abfallhaufen tragen ließen.

Eine der neuen Baracken wurde speziell für die Kranken ausgesucht. Anstelle der früheren kleinen Baracke mit einem Raum teilte man jetzt drei Zimmer ab, die alle Kranken aufnehmen konnten. Man stellte Betten aus neuen Brettern auf und mobilisierte einen ganzen Stab an Sanitätern und Ärzten, die sich um die Kranken kümmern sollten. Die Kommandantin selbst ließ ein Wort fallen, wonach hier etwas aufgebaut werden sollte, das sich gegenüber den größten Spitälern nicht schämen müsste. Das wurde von Mund zu Mund weitergetragen und alle freuten sich darüber, dass hier ein »echtes« Spital entstehen würde, obwohl nicht jeder daran dachte, sich dort hineinzulegen. Es klang aber zumindest nach neuem Wind und nach einem Arrangement von regem Leben. So schleppten die Menschen sich weiterhin durch die schweren Tage, aber mit der Hoffnung, dass es besser werden würde. Nicht bei jedem konnte die Fantasie so große Schritte machen, dass es für den Traum, den ganzen Krieg zu überleben, gereicht hätte. Das menschliche Gehirn brauchte nähere und einfachere Anzeichen für etwas, wovon es träumen konnte. Dafür erkannte man die Spuren der jüngsten Änderungen, über die man nachdenken und die man für sich selber deuten konnte: Es wird besser werden!

Alle hegten diese Wärme in sich. Mögen die guten Zeichen anderen gelten, den Kranken oder wem auch immer! Hauptsache, man spürte die Zeichen der Besserung in der hiesigen schrecklichen Luft. Das konnte bei denen, die unter denselben Bedingungen wie vorher leben mussten, schon dazu führen, dass sie sich getröstet fühlten und angeregt wurden, weiter zu laufen, sich zu rühren und ruhiger die kommenden Tage zu erwarten.

Nur die Frauen im nicht mehr ganz jugendlichen Alter hatten noch einen Ort für leise skeptische Seufzer: Oh, was mag sich dahinter verbergen? Der Schuss soll nur nicht nach hinten losgehen!

Kapitel achtzehn

I

Die Welt der Kranken in Werk C war von der normalen durch eine dicke, unsichtbare Wand getrennt. Für sie wurde ein gesondertes Register geführt, das sich von Tag zu Tag änderte. Zur ersten Kategorie gehörten Kranke, die schon fast tot waren. Zu Zeiten der Selektionen meldete sich sowieso niemand anderes krank. Als es ruhiger wurde, meldeten sich auch Leute mit kleineren Wunden und Krankheiten. Die Menschen der ersten Kategorie lagen in der Baracke sieben. Dagegen durften die leichter Kranken bei sich in der Baracke bleiben. Man registrierte sie nur und kontrollierte jeden Morgen ihren Erlaubnisschein.

Es gab auch welche, die im Simulieren allerlei Krankheiten ihre Rettung sahen. Sie legten sich aufs Bett, stöhnten, weinten und wollten nicht zur Arbeit aufstehen. Mit solchen hatte die Polizei eine schwere Bürde und mehr als nur einer brauchte nach einer Kontrolle durch seinen Polizisten nicht mehr zu simulieren.

Dazu kam noch eine vierte Gruppe reicher Simulanten, die die Leitung bestachen oder einen Arzt, man sollte sie ein paar Tage sich von der Fabrik ausruhen lassen.

Jetzt, als die Selektionen aufgehört hatten, erreichte die Zahl ein paar hundert täglich, die unter der Rubrik »krank« gemeldet waren. Das Essen für die ganze Abteilung wurde durch zwei spezielle Sanitäter ausgegeben. Sie bekamen von Kaufman etliche Fässer Suppe und verteilten sie nach Gutdünken.

Um sich die Arbeit zu erleichtern und um keine Zeit mit den einzelnen Arbeitern auf dem Gelände des Lagers zu vergeuden, teilte man diese der Krankengruppe zu, sodass sie von dort ihr Brot und das Essen bekamen.

Auch Mechele, der eine gewisse Zeit als Maler dableiben musste, geriet in die Zuständigkeit der Krankenaufseher. Jeden Tag musste er sich mit allerlei Kranken, Halbtoten und Simulanten in die Reihe stellen, die ununterbrochen planten, wie sie noch einen Happen Essen ergattern konnten. Es gab unter ihnen welche, die sich schon auf das »Kranksein« spezialisiert hatten. Sie wussten, wie man sich den Polizeihänden entzog, erahnten jede ferne Gefahr und richteten sich beizeiten darauf ein. Es schreckte sie auch nicht die Tatsache, dass viele solcher Schlauberger doch einmal aufflogen und dafür mit dem Leben bezahlten. Einen Teil von ihnen hielt die Polizei schon für verloren, bei denen keine Schläge mehr halfen, und auch der Kommandantin wurde die Jagd auf sie lästig.

Alle Menschen des Krankenreiches gingen mit der Miene von Spürhunden umher und das ständige Gefühl, gejagt zu werden, war ihnen buchstäblich wie ein Stempel aufgeprägt. Sie verkörperten das nackte Misstrauen. Jeden beschnupperten sie vorsichtig, ehe sie sich näherten, ständig darauf vorbereitet, einen Schlag einzufangen oder zu einer Selektion ergriffen zu werden. So waren all ihre Sinne nur darauf gerichtet, sich noch ein paar ruhige Stunden zu verschaffen und die Kräfte nicht umsonst weggeben zu müssen. Sie lebten davon, was und wo immer sie konnten zu stehlen, unnötige Schläge zu vermeiden, sie lebten zwischen den Menschen und gleichzeitig mit einem Bein im Grab.

Von der Leitung gab es den Befehl, alle Kranken an einem Ort zu halten. So schleppte man sie in der ersten Zeit alle in die schmutzige Baracke sieben. Dort drängte man sie zusammen, einen neben dem anderen, und sie steckten sich gegenseitig mit allerlei gefährlichen Krankheiten an. Jeden Morgen nach dem Abmarsch in die Fabrik gingen die zwei Aufseher Alek und Melech herum, um nach Zurückgebliebenen zu suchen. In ihrer Hand lag das Schicksal dieser Menschen. Wenn sie einsahen, dass dieser oder jener wirklich krank war, bekam er einen Zettel und konnte einen Tag bleiben. Mit dem Zettel ging er später zur Baracke sieben, um das Essen zu holen. Natürlich waren viele darauf aus, dass die beiden sie am Morgen nicht erwischten. Später trieb der Hunger sie, sich in die Reihe zu stellen und auf ein Wunder zu warten: Womöglich wird Alek heute nicht den Zettel verlangen, oder vielleicht wird er heute gerade ihm eine Portion eingießen. Solche Wunder gab es aber nicht. So war die Luft um die Mittagszeit regelrecht erfüllt von hungrigem Geschrei, schmeichelnden Bitten an Aleks Adresse und schauderhaften Stimmen der Geschlagenen.

Zu der Zeit, als Mechele auf dem Hof blieb, gab es schon etliche Ärzte, die aus dem Warschauer Ghetto hierher verschleppt worden waren. Und da keine Selektionen durchgeführt wurden, war die Siebener Baracke schnell voll. Aber weiterhin wollten Menschen dableiben, so registrierte man sie nur und ließ sie in ihren Baracken. Die Ärzte merkten schnell, dass sich hier eine Verdienstquelle bot und für eine Portion Brot oder Geld gaben sie Erlaubnisscheine aus, solange es ging. Die Sanitäter waren mit der Situation auch zufrieden. Den Kranken in Baracke sieben konnte man kleinere Portionen Suppe geben, einige konnten gar nicht mehr essen. Die Privilegierten kamen bald nicht mehr. Auf diese Weise blieb eine hübsche Menge Essen übrig, das sie verkauften, wodurch sie Geld hatten. Auch beerbten sie die Verstorbenen und deshalb hüteten sie die Kranken und alles, was ihnen gehörte, wie ihr Eigentum.

Es ärgerte sie, dass Leute zum Essenholen kamen, gerade, als nähme man ihnen etwas weg, das ihnen gehörte. Deshalb nutzten sie den kleinsten formellen Verstoß, um das Essen nicht auszugeben.

Tausende Werk-C-Menschen gingen auf ihrem Weg zum Stückchen gelber Erde auf dem Schießplatz durch ihre Hände. Nichts konnte die Sanitäter mehr rühren. Auf einen Kranken sahen sie wie auf einen Menschen, den man von dieser Welt vertreiben musste, je eher, desto besser, weil er sowieso zu gar nichts mehr taugte, und leben würde er auch nicht, dann sollte er Platz machen für andere. Da sie mit so vielen Menschen zu tun hatten, die man jeden Tag an den Haaren in die Siebener schleppen musste und von den Baracken zur Arbeit, wurden sie hart und verbissen. Das Zerren und Schlagen von Schwerkranken wurde ihnen zur Gewohnheit, sogar zum Vergnügen.

Zu diesem menschlichen Katalog der Hunderten kam jetzt noch einer dazu: Mechele.

II

Tiefer einzudringen in die Welt der Siebener-Baracke war sehr schwer, besonders für einen ruhigen, abgerissenen KL-nik wie Mechele. Und doch gelang es ihm gleich in den ersten Tagen. Es geschah aus reinem Zufall: Niemand hatte ihm gesagt, dass er sich jeden Morgen in der Frühe bei den zwei Sanitätern registrieren lassen musste, um sein Essen zu bekommen. Als er am zweiten Tag von seiner Arbeit als Maler zur Baracke sieben kam, stand dort schon eine Reihe von kranken und gebrochenen Menschen. Mechele stellte sich als Letzter in die Reihe und wartete ab.

Ein großgewachsener, riesiger Bursche teilte gelassen die Portionen aus und kontrollierte bei jedem den Krankenschein. Als Mechele an der Reihe war, fragte er: Was willst du denn? Wo ist dein Zettel?

Mechele begann, verwirrt etwas zu stammeln. Der riesige Kerl, der das Essen austeilte, ließ ihn aber nicht lange überlegen. Mit einem Schlag ins Gesicht schleuderte er Mechele aus der Reihe und Mechele hörte kaum seine Warnung: Wenn ich dich noch ein Mal hier sehe, lasse ich dich tot hier liegen! Du kannst die fragen, die da stehen, ob ich so etwas tun kann.

Mechele überkam eine Verzweiflung. Den Kranken teilte man ihr Essen später als überall sonst aus. Im ganzen Lager hatten sich die Menschen schon in die Baracken zurückgezogen, um vor der Nachtschicht ein Schläfchen zu halten. Er sah keinen seiner Bekannten und schon mehr als einen ganzen Tag hatte er nichts in den Mund genommen. Bei wem konnte er bitten?

Von dem großen Sanitäter ist kein Mitleid zu erwarten. Aber einen Rat weiß er auch nicht. Er will sich noch einmal der Reihe nähern, die sich erneut gebildet hat, um eine Zulage zu erbitten. Er ist bereit, ihn zu bitten, auf ihn einzureden. Wird er ihm vielleicht doch ein paar Tropfen in seine Blechbüchse gießen? Aber der warnt ihn schon von weitem: Komm nicht zu nahe, bei mir wird das nichts nützen. Ich kann dich noch umlegen.

Mechele sieht keinen Ausweg. Er könnte zu Wartman gehen, aber sein Herz lässt das nicht zu: Er hat ihn aus der Fabrik herausgeholt, ihm leichte Arbeit verschafft, was soll er denken, wenn Mechele jetzt auch noch zu ihm kommt und um Essen bittet? Er wird denken, Mechele wolle sich ihm aufdrängen, nur deshalb, weil er sich einmal für sein Schicksal interessiert hat.

Gestern hat Mechele sich bei der Arbeit angestrengt und sich deshalb zum Mittag verspätet. Sein Brot hat er nicht bekommen, weil er, da er nicht in die Fabrik gegangen ist, es bei diesem großen Jungen hätte bekommen müssen, der hier aufgebracht dasteht und schreit und irgendeinen Zettel will. Hätte er es ihm denn gegeben?

Bis heute hat Mechele es nicht gefühlt. Das Ausgeruht-Sein am Tag, das Neue seiner Situation, haben ihn alles vergessen lassen. Jetzt aber lassen sich die zwei Tage Hunger in ihrer ganzen Schärfe spüren. Er verliert seinen Stolz und fängt an zu bitten, fast unbewusst, genau wie alle hier: Geben Sie mir ein wenig Essen! Geben Sie mir!

Der Große wirft etwas Schweres in Mecheles Richtung. Mechele geht schweigend weg. Wie soll er heute arbeiten?

Ein sehr großgewachsener, merkwürdiger Mensch, mit samtener Hose, die in derben ledernen Stiefeln endet, ergreift unerwartet Mechele bei der Hand. Aus seiner seltsam heiseren Stimme hört man Mitgefühl heraus: Was ist los? Der da will dir kein Essen geben?

Mechele sieht an seiner Seite aus wie ein kleines Kind neben einem Riesen. Der große Mensch mit dem verbrannten Gesicht redet nicht weiter, sondern gibt Mechele heiser einen Befehl: Streck dein Gefäß hin!

Mechele streckt wie benommen seine Schüssel aus. Der Sanitäter schweigt düster und böse. Der Große lässt ihn aber nicht lange schweigen: Alek, gieß ein! Du siehst doch, dass er nichts gegessen hat. Gieß ein, sagt man dir!

Alek bleibt wie erstarrt stehen. Er will auf keinen Fall vor den Augen der Kranken klein beigeben, die verstreut zu allen Seiten dastehen und auf eine Macht warten, die ihn bezwingen möge. Sie können stundenlang so warten, solange das Fass nicht fortgetragen wird. Sie wissen, dass ihn jedes Wort reizt und seinen Zorn noch stärker erregt. Aber dieser sonderbare Mensch hat ihn mit einem Wort gebändigt. Alek will schreien, aber sein Ton klingt mehr nach Bitte als nach Widerstand: Szymon, was mischt du dich in meine Angelegenheiten? Es geht dich nichts an, wem ich etwas gebe und wem nicht.

Der dunkle Jude, den Alek Szymon nennt, bricht aber mit pfeifendem Ton in Lachen aus. Die dürren Knochen seines Gesichtes bewegen sich auf und ab, wie beim Kauen von etwas Hartem mit wenigen Zähnen: Ach ja? Nicht meine Angelegenheit, sagst du? Ist es denn etwa deine? Deine Siebener, dein Fass, deine Kranken – alles ist deins! Und doch befehle ich dir, ihm eine Portion einzugießen, hörst du? Danach wird man darüber reden. Nun, wenn du es nicht kannst, gib her den Löffel.

Alek schluckte einen Fluch hinunter und goss Mecheles Essensschüssel voll. Aber er wollte wenigstens ein Teil seines Prestiges retten, deshalb fügte er hinzu: Aber morgen, wenn du ohne Zettel kommst, wird es dein Tod sein.

Der große Szymon stand dabei, schaute Alek an und lachte eiskalt: Nun, morgen wird man sehen. Szymon Szapiro lebt auch morgen noch. Alek kennt Szymon besser als du, Kleiner. Szymon traut man auch ohne Zettel. Nicht wahr, Alek?

Alek sagte gar nichts, musterte ihn nur mit giftigem Blick. Beide schwiegen. Es sah aus, als gingen sie gleich aufeinander los. Der große Szymon lachte als Erster: Du Narr! Jetzt, wo der Junge seine Portion schon hat, ist es sinnlos, sich zu streiten. Wir können es besser auf morgen verschieben, oder? Einen guten Tag!

Mechele ging in Richtung seiner Baracke, aber der große Szymon folgte ihm mit seinen langen Stiefelschritten: He, wo arbeitest du? Mechele fürchtete sich noch immer vor dessen zerknautschtem knöchernen Aussehen. Es wehte von ihm auch ein merkwürdiger, erstickender Geruch, wie von verbrannten Leichen. Er sah in ihm jetzt aber seinen neuen Verteidiger. Aus seiner Kleidung war ersichtlich, dass er nicht zur Lagerleitung gehörte, sondern irgendwo arbeitete. Höchstens konnte er zu den »Starken« gehören, mit denen man auskommen musste. Der Große freute sich, als er Mecheles Antwort hörte: So? Du arbeitest hier auf dem Hof im Lager? Und kennst mich gar nicht? Eine schöne Geschichte, ist nicht möglich! Du bist jener Unglücksrabe, wie es aussieht. Aber macht nichts, heute Abend, wenn du Zeit hast, frag nach dem Großen Szymon. Alle können dir zeigen, wo ich bin. Wenn du kommst, können wir uns unterhalten. Vergisst du es auch nicht?

Er zog aus einer hinteren Tasche ein großes Stück Brot heraus und drückte es Mechele in die Hand: Das wird dir nützlich sein!

Ehe Mechele es schaffte, etwas zu sagen, war jener schon weitergegangen und hinter den Baracken verschwunden. Mechele schämte sich irgendwie dafür, dass er ein Stück Brot in den Händen hielt. Gleichzeitig blieb bei ihm eine Neugier, sich mit ihm wieder zu treffen. Nein, er wird von ihm gar nichts annehmen, keinen Brocken. Er hat ihn nur etwas zu fragen. Er kennt ihn noch gar nicht und hat schon einen Berg an Fragestellungen. Von dessen bloßem Gesicht hat er sie herabgelesen. Wann kann er ihn auf ein Gespräch treffen?

III

In Werk C existieren verschiedene Welten, die miteinander nichts zu tun haben. Jede Gruppe, jede Halle ist in sich geschlossen. Kommt ein Mensch und wird in sie aufgenommen, bekommt er dort Freunde und Vertraute, mit denen er ein Wort reden und von denen er einer sein kann. Geht er hinüber in eine andere Gruppe, werden jene, die früheren, ihm wieder fremd, als hätte es sie nie gegeben.

Außerhalb des kleinen Kreises der Vertrauten und Arbeitskameraden ist alles hier eine fremde und sogar feindliche Atmosphäre für einen einfachen Werk-C-nik.

Es gibt auch Polizisten oder einfach reiche Leute, die sich für jemanden interessieren, ihn unterstützen und ihm gegenüber Wärme zeigen. Das ist aber eher ein Gefühl gegenüber einer neuen, frisch kennengelernten Sache. Wenn einige Tage vorbeigehen, verliert sich das Interesse. Sie suchen sich etwas Neues und vergessen denjenigen, dem sie gestern so warm gegenübergetreten sind.

Das war Mechele schon etliche Male in der Fabrik passiert. Mal interessierte sich eine Gruppe für ihn, mal ein Einzelner, aber bald wurde er zu einem altbekannten Gesicht. Besonders dann, wenn er sich nicht mehr mit allen treffen konnte, kam niemand, ihn aufzusuchen. Das Gewühl, die ständige Angst in dem Durcheinander, verwischten hinter ihm alle Spuren der Bekanntschaften.

Auf dem Lagerhof bewegte er sich nur noch zwischen dem leeren Gerede der Machthaber und Vorsteher. Sein Freund Wartman war in seine Aufgaben eingespannt. Manchmal erinnerte er sich an Mechele, brachte ihm ein Stück Brot und schaute, wie die Arbeit bei ihm lief – und weg war er wieder. Aber Mechele fühlte sich danach noch mehr erschlagen. Ihn kränkte die eigene Hilflosigkeit, dass er nehmen musste, immer nur nehmen!

Es stimmte schon, solche zum Freund gewordenen Zufallsbekanntschaften halfen ihm, Tag für Tag am Leben zu bleiben.

Sie kamen mit ihrem kurzen Interesse und machten später Platz für andere. Währenddessen entging er dem Schicksal vieler seiner Hallenfreunde, die schon jenen Weg, mit dem alles endet, gegangen waren. So kann es aber nicht weitergehen. Wenn er leben will, muss er Rat suchen. Aber wie? All die Menschen, die ohne Gesicht und ohne Namen vorbeiströmen, werden es ihm nicht sagen. Vielleicht wissen sie selbst nicht, wie und warum sie leben. Deshalb erwachen in ihm viele Gedanken, wenn einer plötzlich aus der Menge ausschert, sich neben ihn stellt, argumentiert und fragt. Man nimmt ihn plötzlich wahr und er belegt die ganzen Gedanken.

Vor Mechele taucht jetzt die Gestalt des großen Szymon Szapiro auf. Ihn muss er aufsuchen und ihn fragen: Wie kann man hier die weiteren Tage durchhalten? Was muss man hier machen?

Am Abend, als der umtriebige Frydland in die Baracke kommt, erzählt Mechele ihm: Ich hab heute einen getroffen, Szymon. So ein Großer. Weißt du vielleicht, was das für einer ist?

Frydland kennt jeden im Lager. Alle Menschen teilt er in zwei Kategorien ein. Solche, die »Nullen« sind, ohnmächtige Versager, bei denen gar nichts zu holen ist. Ihnen ein Wort zu schenken, wäre Verschwendung. Ein wenig muss man ihnen helfen, wenn man kann. Man muss menschlich sein, aber mit ihnen zu diskutieren gibt es nichts. Keine halbe Minute können sie dein Leben verlängern, wozu soll es also gut sein?

Dagegen gibt es eine zweite Kategorie. Die, die dir mit irgendetwas helfen können, wenn sie wollen. Mit ihnen muss man in Frieden leben. Man muss sich in ihrer Nähe aufhalten, versuchen, mit ihnen ein Wort zu reden und mit allen Mitteln ihnen so nahe kommen, dass sie dich kennen, dich erkennen und etwas von dir halten. Es können Halunken sein, und du kannst bei deiner Geradlinigkeit bleiben. Aber hier darfst du solche Berechnungen nicht anstellen. Es ist eine Frage des Überlebens. Mit dem Festhalten an deiner Gerechtigkeit wirst du keinen einzigen Tag länger durchhalten. Sie aber können es sehr wohl machen, du musst vor ihnen Respekt haben, sie umschmeicheln. Du musst bei ihnen so viel wie möglich herausholen, und dann magst du in deine Ecke zurückkehren, sein, was du bist, und erst wieder vor ihnen auftauchen, wenn du musst.

Das ist Frydlands Lebensphilosophie in Werk C. Und da gab es nichts dran auszusetzen, er selbst befolgte sie getreulich. Er hielt sich so lange in der Nähe des Polizeikommandanten auf, bis er solch leichte Arbeit wie das Reinigen der paar Straßen in der Fabrik bekam. Bis zu diesem Erfolg hatte er den gojischen Aufsehern und Kommandanten eine hübsche Anzahl gepfefferter Witze erzählen müssen. Als er den Besen in der Hand hielt, verneigte er sich nur noch vor jedem Einzelnen und weiter nichts. Er wusste, dass zu viel Kontakt mit ihnen auch »ungesund« sein konnte. Hol dir deins, dann halte Maß!

Nachdem die Sache mit der Arbeit erledigt war, wandte er sich der nächsten zu: Essen! Jeden Werkschutzmann und jeden Polizisten begrüßte er mit eleganter Schmeichelei. Mit waghalsiger Dreistigkeit umwarb er sie und bewies Dienstfertigkeit. Er schlüpfte zu den Soldaten in die Wachstuben hinein. Und es war merkwürdig: niemand scheuchte ihn fort. Die ärgsten Banditen nahm er mit einem Lächeln und einer Anekdote aus der guten alten Zeit für sich ein. In den Wachstuben räumte und putzte er, bis sie ihm zuwarfen, was sie nicht mehr brauchten: eine kalte Kartoffel, ein Stück trocken Brot, Zigaretten. Alles war gutes Kapital. Sie ließen ihn sogar ihre Abfalleimer durchstöbern und sich dort ganze Schätze und wertvolle Dinge heraussuchen, die er jeden Tag in seinen Sack stopfte. Dort fand man ständig etwas: Einen abgebrochenen Löffel, den man noch herrichten konnte und einem Unglücksraben verkaufen, eine Konservendose, einen Messingknopf und ein Stück Uniformstoff für Flicken. Mit all den Sachen konnte man in Werk C einen guten Handel aufziehen und Frydland hatte das Handwerk eines Handlungsreisenden noch nicht völlig vergessen. Jedes Stückchen seiner zahlreichen Glücksfunde schaffte er einzutauschen und zu verkaufen, überschüttete seine Kunden dabei mit einer Flut an Wörtern.

Mit seinem alten Händlerspürsinn organisierte er sich von der ersten Minute an sein Essen. Unter der Strohmatratze seines Bettes befand sich ein ganzes Altwarenmagazin, das sich bei ihm schnell in Geld verwandelte. So lebte er ganz zufrieden.

Er wurde aber nicht brutal und unmenschlich. Obwohl er nicht so sensibel und gutmütig war wie andere, erlaubte ihm seine Situation doch vom ersten Moment an, den menschlichen Funken in ihm am Leben zu halten, Mitgefühl zu haben und sogar daran zu denken, anderen zu helfen. Das war weniger einem menschlichen Gefühl geschuldet, als vielmehr der Gewohnheit Frydlands aus jener Zeit, als er noch Händler war, in die Angelegenheiten anderer vorzudringen, schlechten wie guten, Freuden wie Leiden. Es war ihm zur zweiten Natur geworden, wissen zu wollen, was sich bei anderen tat. Sein angeborenes Interesse an den Angelegenheiten des anderen wirkte sich auch in Werk C aus. Sobald er sich interessierte und all die Menschen kannte, inspirierte es ihn gelegentlich, ihnen zu helfen oder zumindest sein Interesse zu bekunden. Besonders wenn es ihm die Gelegenheit verschaffte, geschäftig umherzulaufen.

Als er von Mechele den Namen des großen Szymon hörte, fingen seine Augen besonders an zu strahlen: Du kennst ihn? Wenn du wüsstest, wie viel der Mensch zu essen hat! Vom Besten und Feinsten.

Mit seinem Enthusiasmus wollte Frydland gegenüber Mechele dessen Wichtigkeit unterstreichen: Er gehört zu denen, mit denen man unbedingt näher bekannt werden muss. Solche Begegnungen muss man suchen. Vor ihm haben alle Angst. Er kann sich erlauben, im Lager das Maul aufzureißen. Er ist einst Chef in der »Siebener« gewesen. Wirklich, die Kommandantin hat ihn zu schwerer Arbeit getrieben, weil sie ihn für irgendein Vergehen bestrafen wollte. Aber gerade seine Arbeit hat ihn mit verschiedenen Menschen in der Fabrik zusammengebracht. Viele Meister kennen ihn, noch dazu hat er ein großes Maul, alle fürchten sich vor ihm. In den Brei wird er sich nicht spucken lassen. Außerdem hat er dort sein Geschick bei Geschäften bewiesen. In der Fabrik hat er verstanden, wie sich umzutun und auf allerlei Art Geld zu verdienen, man zählt auf ihn. Dazu ist er ein Mensch mit gutem Herzen. Mehr als einem im Lager hat er schon einen Gefallen getan. Das sollte Mechele wissen!

Draußen war es noch hell. Es ließ Frydland keine Ruhe. Bei seinem Temperament liebte er es, jeden Einfall gleich im selben Augenblick umzusetzen. Er ereiferte sich deshalb sofort an der eigenen Rede: Ich will dir sagen, Mechele, du bist ein Pechvogel, ein Esel! Hat man das je gehört: Ein Mensch trifft Szymon Szapiro! Und er versteht nicht, was er zu tun hat. Du wirst hier verrecken wie alle und wahrscheinlich schon bald. Wie ich sehe, hast du kein Geschick im Umgang mit Menschen. Komm mit, wir werden ihn aufsuchen, aber jetzt sofort! Man kann nie wissen, wann und wie man zu ihm vordringen kann. Es ist schade um jeden Tag, jede Minute. Komm!

Er zog Mechele aus der Baracke und ein Stück des Weges mit und ging dann los. Mechele konnte kaum sehen, wohin er ging. Bald tauchte er zwischen den hintersten Baracken wieder auf, dort, wo die Kommandanten und die Protegierten des Lagers wohnten, und winkte Mechele eilig mit der Hand: Komm schneller, er erwartet dich doch!

Mechele ging verwirrt näher hin, obwohl er nicht sicher wusste, was er eigentlich heute mit diesem merkwürdigen Juden reden sollte.

IV

Die Kommandantenbaracke stand nicht weit von den Zäunen entfernt. Der Baracke der Polizei am nächsten wohnten Menschen, die schon eine längere Zeit im Lager waren.

Zwischen den Baracken und den Zäunen befand sich ein freier Raum mit Bäumen, denen zu Füßen ein wenig dürres, gelbes Gras spross, auf dem die Menschen sich jeden Abend ausbreiteten.

Als Mechele dorthin kam, bot sich ihm dieses Bild: Unter den Bäumen lagen schmutzige, wattierte Decken ausgebreitet. Auf ihnen lagerten zusammengedrängt Gruppen von Frauen und Männern aus den umliegenden Baracken. Sie unterhielten sich, lärmten, schrien und lachten erstaunlich ausgelassen.

Neben einem Teil solcher Menschengrüppchen standen große Töpfe mit selbst gekochtem Essen auf den Decken. Von den Töpfen strömte ein dichter Dampf, der in der Luft kreiselte und die Gesichter aus der Ferne nicht erkennen ließ. Um jeden Topf herum war ein ganzer Kreis Menschen versammelt, die mit langen hölzernen Löffeln gierig von dort das Essen schöpften und dabei von großen Stücken Brot abbissen.

In der Mitte jeder dieser Gruppen saß jemand, der mit seiner Stimme alle kommandierte. Damit passte er vermutlich auf, dass niemand einen Löffel herauszog, auf dem sich mehr und dickeres Essen befand als beim nächsten. Das waren, wie es aussah, Partner, die sich zusammengetan und einen riesigen Topf Essen gekocht hatten. Jetzt saßen sie zusammen und hatten Freude an der Welt. Jeder Löffel wurde herausgezogen und genüsslich tropfenweise abgeleckt. Sie saßen angelehnt an einen Baum oder an einen zweiten und niemand steckte seinen Löffel in den Topf, bevor der in der Mitte nicht das Kommando gab. Beim Näherkommen erkannte Mechele die Stimme von einem, der über eine der Gruppen kommandierte, das war der große Szymon. Er saß zwischen Frauen. Ihm zu Füßen stand ein sehr großer eiserner Topf und die um ihn herum hingen an seinen Lippen. Szymon war fröhlich. Es eilte ihm nicht mit der Mahlzeit. Immer wieder streichelte er eine der Frauen, dann eine andere. Er umfasste und küsste eine, schob sie dann von sich fort, gab einer zweiten einen liebevollen Knuff und zwinkerte ihr mit den schwarzen, leicht schielenden Augen zu: Du hast heute gut gekocht. Man sieht, du bist eine Könnerin. Es riecht schon so gut. Es fehlen nur ein paar Zwiebeln, morgen werde ich mehr bringen.

Die Frauen schauten sich böse und eifersüchtig an. Szymon lachte still dabei, dass man schier seine großen verfaulten Zähne in seinem Mund sehen konnte. An seiner Seite saß ein schöner blonder Junge, der ein wenig in Gedanken versunken war und über die Frauenköpfe hinwegschaute, in Richtung der glühenden, mit Flammen übergossenen Sonne, die sich ein Versteck für die Nacht suchte. Szymon erinnerte sich plötzlich an etwas und stupste den Jungen mit dem Ellenbogen an: Was meinst du, Chaskele, bist du schon hungrig?

Der Junge schaute ihn mit großen Augen an: Ich weiß nicht.

Aber Szymon hatte keine Zeit, die ganze nachdenkliche Antwort des Jungen anzuhören. Inzwischen hatte er etwas entdeckt und regte sich über die Frauen auf: Warum habt ihr euch so dicht drumherum gesetzt? Er kann noch nicht einmal den Topf erreichen! Mann, was für ein Gedränge. Jetzt rückt schon auseinander!

Die Frauen begannen erschrocken, näher zusammenzurücken und Platz für Chaskiel zu machen. Eine von ihnen, eine dunkle Schönheit mit einem goldenen Zahn, der aus ihrem Mund hervorlächelte, fing sogar an zu bitten: Komm, mein Chaskele, kannst dich neben mich setzen.

Szymon streckte seine Hand aus und gab ihr einen leichten, zärtlichen Klaps ins Gesicht: Mir sagst du das nicht, he? Und wo bleibe ich, mein Töchterchen, was?

Die junge Frau wurde rot: Was reden Sie, Herr Szymon? Sie haben doch gerufen: Chaskele hier und Chaskele dort! Ich habe nur gesagt …

Szymon ließ sie aber nicht ausreden. Er schlug sich auf sein fülliges Knie und brummte: Ist schon gut. Zum Quatschen haben wir noch genug Zeit. Jetzt lass uns tun, was sein muss.

Nun, Chaskele, nimm dir als Erster. Aber, meine Damen, kein Gerangel. Essen muss man wie Menschen. Habt ihr verstanden?

Es wurde still wie vor einer feierlichen Zeremonie. Szymon hatte sich schon über den Topf gebeugt. Alle Frauen drumherum hielten ihre hölzernen Löffel bereit und wendeten die Augen nicht von der siedenden Speise ab. Da hob er unbewusst den Blick und sah Mechele still und verloren an der Seite stehen.

Szymon ergriff vor Entzücken die benachbarte Frau an der Hand und zog sie heran: Da ist es ja tatsächlich, das Lämmchen! Was steht du an der Seite, Dummkopf? Komm näher! Macht Platz, meine Damen! Ist ja gut, es ist nicht gefährlich, er wird Platz finden. Wer hat euch befohlen, von Szymons Kost dick zu werden, ich vielleicht? Es wird schon gehen. Und du, weltfremdes Bürschchen, schau, wie alle es machen! Warte nicht, bis man dich durchlässt, steig über die Köpfe der Leute und komm näher, neben Chaskele! Kein Problem, es wird auch für dich reichen.

Mechele schaute sich um. Bei allen Gruppen gab es viel Bewegung. Einige lagen ausgestreckt, andere gingen über sie hinweg, hin und her. Mechele machte vorsichtig einen Schritt in das Gewimmel, danach einen zweiten. Er fühlte sich eingeklemmt zwischen Körpern und wurde rot. Szymon ermutigte ihn: Nun komm schon, weiter. Es wird niemandem schaden. Du hast keinen Löffel? Weiber, einen Löffel für das Jüngelchen! Jetzt setz dich hin mit allen und tu, wie Raschi[41] uns geheißen hat: Wajochlu[42], steck es in den Mund.

Aus einer Ecke tauchte Frydland auf und drückte sich ohne zu fragen in die Mitte. Er blieb halb sitzend zwischen zwei Frauen hängen und wandte sich mit einem vertrauten Ton an Szymon: Einen guten Abend, Ihnen! Sie feiern hier, wie

41 Rabbi Schlomo ben Jizchak (1040–1105), maßgeblicher Kommentator des Tanach und des Talmuds.
42 und sie aßen.

ich sehe, ein Festmahl nach allen Regeln der Kunst. Sagen Sie mir, Reb Szymon, ist das schon Ihr ganzer Harem? Nicht schlecht!

Szymon lachte auf: Nein, es fehlen mir noch etliche. Ich muss ihn dieser Tage noch auffüllen. Und Sie, seien Sie so gut und besorgen Sie sich selbst einen Löffel. Ich sehe, es wird heute gemütlich werden.

Frydland hatte seinen Löffel schon parat, den er schon vorher aus der Tasche gezogen hatte. Er fügte deshalb nur hinzu: Sie brauchen mich nicht einzuladen. Ich kann es selbst tun. Ich will nur noch eins fragen: Worauf wartet man noch, he?

Szymon antwortete nicht, sondern tauchte seinen Löffel in den Topf, um zu schöpfen. Gleich senkten sich alle Löffel, selbst hergestellte aus Holzstücken, in den riesigen Topf. Sie stießen aneinander, schlugen einer an den anderen und trennten sich wieder, um für sich selbst zu schöpfen. Eine der Frauen konnte sich nicht zurückhalten und begann, über ihre Nachbarin zu klagen: Sie lässt mich überhaupt nichts herausholen! Sie verschüttet mir den Löffel, noch bevor ich ihn in den Mund stecken kann.

Szymons scharfe Augen warnten sie: Lass gut sein! Und sie verstummte unvermittelt. Alle vertieften sich ins Essen. Alle Köpfe neigten sich immer näher. Als habe dort jemand einen runden Kranz aus menschlichen Köpfen geflochten. Mechele hatte seine Arme herabgelassen, um sich nicht einen Weg zum Topf erkämpfen zu müssen.

In der Ferne erglühte die Sonne rot, wie ein Ofendeckel, den man gerade vom Feuer genommen hatte. Ein leichter Wind kam auf. Die Menschen schwitzten aber von der kochenden Suppe und spürten nur das hastige Verbrühen der Lippen. Der Topf leerte sich schnell. Aller Augen suchten noch eine Weile auf dessen Boden und die Arme sanken resigniert herab. Szymon stieß einen zufriedenen Seufzer aus und wandte sich an Mechele: Du hast mir, wie mir scheint, etwas zu sagen. Warte. Wir können uns gleich unterhalten. Aber gelernt hast du damals offensichtlich nichts. Wenn doch, hättest du gewusst, warum in der Gemara steht: Chatof we'echol[43]. Ach Junge, Junge.

Und zu den Frauen sagte er: Nun, Mädels, ihr seht doch, dass ich jetzt beschäftigt bin. Zieht Leine! Du, Beila, wartest hier. Ich werde mich mit dem Burschen hier unterhalten und dann komme ich zurück.

Er stieg mit seinen langen Beinen über die Frauen hinweg und rief Mechele: Komm ein wenig zwischen die Bäume. Bei den Weibern braucht man ein biblisches Alter, um sie zu verstehen.

Mechele konnte kaum seine Beine aus dem Gedränge herausbekommen.

43 Nimm und iss.

Kapitel neunzehn

I

Er war schon ein merkwürdiger Mensch, der Szymon Szapiro. Als Kind hatte er im Bet ha-Midrasch[44] gelernt, konnte sich sogar in einen Text der Aggada[45] vertiefen und auch mal ein Blatt der Gemara[46] studieren. Sein großer, schwerer Körper mit den kräftigen Händen zog ihn aber zu einer schweren Arbeit, bei der seine Kräfte die Gelegenheit hatten, sich zu entfalten.

Er wusste selbst nicht, wie genau es dazu kam, dass er Schächter wurde, aber so war es gekommen. Er fand eine Frau, eine kräftige Person, und sie schenkte ihm kräftige junge Männer. Gemeinsam mit ihnen zerlegte er die geschlachteten Rinder, trug halbe Ochsen auf den Schultern und ließ die eigenen Kräfte nicht einschlafen. Es gab eine Zeit, als das Geschäft gut lief und man auf der Weichsel ganze Tonnen Fleisch verschiffte. Die trug er allein mit seinen Jungen vom Laden bis zu den Schiffen. Es war ihm ein großes Vergnügen.

Es verstand sich von selbst, dass bei solch einer Arbeit getrunken wurde, und wie man becherte! Praktisch direkt aus der Flasche. Und unterwegs, wenn die Geschäfte ihn wer weiß wohin führten, tat man auch verschiedenes anderes. Der im Himmel konnte Zeugnis geben, was es hieß, wenn grobes Metzgerblut tagelang neben gewaltigen Ochsenhälften aufkochte. Wenn man in die Dörfer kam, bei Gojim

---

44 Lehrhaus.
45 Die Aggada (Erzählung, Sage) bezeichnet im Unterschied zur Halacha (Gesetz) die nichtgesetzlichen Inhalte der rabbinischen Literatur.
46 Die Gemara (Kommentar zur Mischna) bildet zusammen mit der Mischna (mündliche Überlieferung) den Talmud.

ganze Partien Vieh erwarb und man sommers auf stechenden Heuballen übernachtete, die kitzelten und anfachten. Dörfer mit kräftigen, temperamentvollen Bäuerinnen.

Aber am Schabbat trug er einen Kaftan und sogar einen samtenen jüdischen Hut. Nach dem Essen ging er ins Bet ha-Midrasch, zu einem Maggid[47], zu einem Rabbi, hatte Freude an einem guten Wort, an einem Buch, an ein wenig des einfachen, in jungen Jahren erworbenen Wissens! Er dachte nicht zu viel darüber nach. Es war bei ihm einfach ein Genuss, vielleicht besser als alle seine Vergnügungen. Er konnte bis heute nicht ermessen, was größer war: der körperliche oder der geistige Genuss.

Sein großer Körper zitterte oftmals vor Vergnügen, wenn er einem geistreichen Prediger lauschte. Dann ließ er ihn so schnell nicht in Ruhe. Das, was er im Bet ha-Midrasch gesagt hatte, war etwas Besonderes. Für ihn war es aber, wie alles, zu wenig. Man musste auch solch eine Sache zu genießen wissen. Er nahm ihn mit zu sich nach Hause und bewirtete ihn mit allem, was Gott erlaubte. Danach, wenn solch ein Maggid satt und gut aufgelegt war, gab er, Szymon, erst dem einen Sohn, dann dem zweiten durch Ohrfeigen gründlich zu verstehen, dass sie still sein sollten wie die Fische im Wasser und Respekt zeigen. Erst dann bat er ihn: Sagen Sie etwas, werter Meister.

Und jener redete, erzählte Parabeln und Sprichwörter. Er saß dabei und lauschte, verschlang jedes Wort. Manchmal zahlte er mit einem kleinen Thora-Häppchen zurück, das sich bei ihm seit den Kinderjahren im Gedächtnis bewahrt hatte, sodass der Maggid staunte: Oho! Ein Metzger, aber was für ein Metzger! In der Hauptsache aber naschte er von jenem, genau wie man eine Gelegenheit des Vergnügens ergreift, die bald nicht mehr da sein würde und bei der man nicht lange zögern und keine Zeit mit Kleinigkeiten verlieren sollte.

47 Wanderprediger der chassidischen Bewegung.

Mechele kann ihm ruhig glauben: Er hat nicht das Wissen wie andere. Wenn er einst in jener Welt ankommen und man ihn für seine Momente des Thorastudiums belohnen würde, wüsste er nicht, ob das gerecht wäre. Für ihn ist es einfach ein sinnliches Vergnügen. Dass er als Metzger, der mit dem Beil große Stücke Rippen hackt, sich in den Dörfern herumtreibt und … Nun ja, jetzt macht das keinen Unterschied mehr! Man hat gründlich seine Kultur verloren! Ja, er hat die Welt tatsächlich verschlungen in vollen Zügen, aber später ist dem Herzen ein wenig schwindlig geworden. Trotz alledem, Mechele soll sich einen Schabbat vorstellen, wenn er den seidenen Kaftan angezogen, den samtenen Hut aufgesetzt hat, völlig verändert war er dann! Sobald er sich setzt, kommen Sätze aus der Gemara, aus dem Tanach geflogen, Aphorismen. Sie erklären sich von allein, passen sich so kunstvoll an, dass sie von sich aus ins Herz gelangen und einen erfreuen, den Unrat der Woche reinigen, die Grobheiten glätten, wie soll er sagen? Egal, ein Genuss, ein Vergnügen, das sich nicht wiedergeben lässt! Warum also soll man dafür mit dem Leviathan[48] belohnt werden? Darum geht es doch gar nicht.

Sogar seine Söhne haben bei ihm ein wenig lernen müssen. Für den Ältesten hat er schon die Heirat vorbereitet. Wie Mechele selbst sieht, ist er kein junger Spund mehr. Aber wer sieht ihm das schon an? Auch dem Sohn hat er gesagt: Bei mir wirst du dich anständig aufführen. Der Schabbat, siehst du, ist ein Tag, an dem es kein Vieh gibt. Ein Mensch hat auch eine Seele und sie braucht – ein Buch. Da kann man nichts machen. Sie wird es jedes Mal bei dir anmahnen. Genau wie du kein Stroh essen kannst, sondern nur eine Mahlzeit, die etwas Wirkliches enthält, so kannst du die Seele nicht mit Nichtigkeiten abspeisen. Sie braucht etwas, durch das sie sich selbst spüren kann. In dich muss etwas hineinkommen, nicht bloß Zufälligkeiten. Anders wirst du nichts Gutes erfahren.

48 Der Leviathan wird, zusammen mit Behemoth und Ziz, nach dem Erscheinen des Messias, am Ende aller Zeiten, den Frommen im Jenseits zum Festmahl aufgetischt.

So habe er einen Plan gemacht, wie man die Kinder zu Menschen erziehen kann und auch selbst die paar Jahre, die Gott ihm beschert hat, zu beenden. Es sagt sich so: die paar Jahre! Als er noch bei Kräften war, hätte man das allen jungen Menschen sagen sollen! Aber ein Jude denkt doch darüber nach, was sein wird – das sagt sich so leicht.

II

Nun denn, der Mensch tracht' und Gott lacht. Ach, wären das bei seinen Kindern jüdische Haushalte gewesen! Für Gott und für die Welt. Den Herrn der Welt hätte es sicher nicht gestört. Wer weiß! Er hatte das tun wollen, was vernünftig gewesen wäre. Nun ja, schaff das mal, wenn Krieg ist!

Die Frau? Die Kinder? Nun, genau wie alle Juden. Gewesen und – nicht mehr da. Die ganze Familie hat es dahingerafft und aus und vorbei. Gott sei's geklagt! Aus mit Plänen und Überlegungen! Vergeblich das Pläneschmieden der Menschen für morgen.

Wenn er gesagt hätte: deine Seele und deinen Körper. Es gibt die Welt der Juden nicht mehr, wer braucht also einen Szymon Szapiro? Man mag meinen, die Lebensspanne sei schon vorbei. Was denn, hat er es denn besser gemacht als andere? Er hat sogar gedacht: mein Tod und ihrer! Eine Axt ist vorhanden, an Deutschen fehlt es auch nicht, also ganz einfach einen Deutschen schnappen und aus! Beenden das Leben! Sollen sie danach tun, was sie wollen. Es hatte sich aber der Junge des Bruders, Chaskele, in einem Keller versteckt und ist am nächsten Tag zu ihm gekommen: Onkel, ich bin hungrig.

Nun denn, was soll man machen. Ein Schwälbchen noch, wen hat er denn noch außer mir? Genau dieser Junge hat ihm die Hände gebunden.

So ist er losgegangen. Eine ganze lange Geschichte des Laufens: Dorf, Wald, Feld, Ghetto. Kann man es denn vollständig erzählen? Die Hauptsache: Er ist hier, in Werk C, einer der Ersten gewesen. Er und Chaskele. Ein Mensch, ein starker Mann ist er bis zum letzten Augenblick geblieben, so hat er zu Chaskele gesagt: Nichts. Es gibt nichts mehr. Keinen Vater, keine Mutter, keinen Bruder und keine Schwester, nichts! Nur eine Fabrik ist hier und Arbeit! Er dort oben will es so. Kann man ihm denn absagen? Vergiss es! Du bist mein Sohn und ich dein Vater, deine Mutter, dein Kindermädchen. So ist es immer schon gewesen. Wir werden es so machen: Wir fangen ganz neu an. Hast du verstanden?

Und hier hat er sich von Neuem die Ärmel hochgekrempelt. Eine Art Trotz ist es in ihm gewesen. Obwohl, wen er damit treffen wollte? Keine Ahnung.

Es waren gerade »jene« Tage. Typhus hatte das Lager heimgesucht. Die Menschen drängten sich zu dritt auf den Pritschen und es gab niemanden, der sie in die Siebener hinübergetragen hätte. Er hatte aber keinen Moment lang Angst. So hatte er zwei auf ein Mal genommen, einen auf diesen Arm, den anderen auf den anderen und auf ging es, wie kleine Kinder. Sollten wenigstens die anderen in der Baracke sich nicht anstecken.

Sie, die jüdische »Königin« des Lagers, hatte es bemerkt und sie entschied: Du bleibst Sanitäter bei den Kranken.

Und die Kranken hingen an ihm, wie Kinder in Gefahr an einem heldenhaften Vater hängen. Ja, fast jeden Tag holte man sie zum Erschießen. Er war doch auch nur ein Mensch! Was hätte er tun können gegen die Deutschen. Wenn er konnte, trug er einen auf den Dachboden, schob ihn unter die Baracke und rettete mehr als einem das Leben, für ein paar Tage. Aber *sie* höchstpersönlich kam und warnte ihn: Szymon, sieh dich vor. Immer wieder fehlen welche an der richtigen Anzahl.

Aber er spuckte darauf: Anzahl hin oder her! So viele hatte er, was wollten sie mehr! Es zerriss ihm das Herz, wenn die Clique ihm befahl, die Kranken auf den eigenen Schultern zu dem deutschen Auto zu tragen, das dastand und wartete.

Was gab es da viel zu erzählen? Als er sie auf den Armen trug und die Dämonen an der Seite standen, seufzten einige noch und baten: Reb Szymon! Oj wej, Reb Szymon, wohin tragen Sie mich? Sie werden mich erschießen!

Einer, ein Rabbiner aus einem kleinen Schtetl an der Weichsel, hat sogar noch gedacht: Was für ein Jammer. Vidui[49] werde ich auf dem Weg noch sagen können, aber Kaddisch? Jahrzeit[50]? Helfen Sie, Reb Szymon!

Warum, fragt Mechele? Löcher hat es ihm ins Herz gebohrt. Die Seele hat es ihm aufgefressen. Verrückt gemacht hat es ihn.

Richtig, vor gar nicht langer Zeit hat das ganze Leben ihm nicht gepasst. In dem kritischen Moment, als er als Einziger der Familie übrig geblieben war, wäre er zufrieden gewesen, wenn man ihn erschossen hatte. Aber – ein Mensch? Weiß denn jemand, was ein Mensch überhaupt ist? Einen oder zwei Tage kann er bereit sein, unter einem schrecklichen Eindruck das ganze Leben wegzuwerfen wie ein unwürdiges Spielzeug. Wenn das aber nicht sofort geschieht, in dem kritischen Moment, gewöhnt er sich wieder daran und gewinnt es wieder lieb. Er wird dafür kämpfen, obwohl es keinen Pfifferling wert ist. Ja, so redet Szymon Szapiro und man kann ihm ruhig glauben! Es ist bei ihm zu etwas ganz Natürlichem geworden. Er hat sie auf den eigenen Armen zum Tod hinausgetragen, weil er mit dieser Art Arbeit für sein Recht zu leben bezahlen wollte.

Er hat ihnen in ihren letzten Minuten zugehört, sie beruhigt, ihnen verschiedenes eingeredet. Was heißt eingeredet? Hat er ihnen denn Lügen erzählt? Was ist denn hier das Leben für sie? Ein Augenblick und – vorbei der Tanz! Eine wichtige Sache, wie du siehst, die es zu beklagen gibt!

Aber eines hat er doch getan: Von jedem Kranken hat er den Namen notiert, sobald er in die Siebener gekommen ist.

49 Jüdisches Sterbegebet.
50 Gedenkfeier am 1. Jahrestag des Todes.

Woher er kommt, vielleicht hat er Frau und Kinder. Ein ganzes Buch mit Notizen hat er schon gehabt. Danach hat er den Tag ergänzt, an dem er »mitgenommen« wurde, für die Jahrzeit. Nach jeder Selektion hat er einen Minjan zusammengeholt und man hat Kaddisch gesprochen. Währenddessen ist er in Gedanken bei diesem und jenem. Das geschriebene Buch, das muss unter uns bleiben, hat er hier irgendwo vergraben. Es ist schon eine Sturheit bei ihm, für den Fall, man bleibt am Leben. Obwohl unter ihnen sicher auch Juden gewesen sind, die sein Kaddisch nicht gebraucht haben. Sie werden dort ihren Weg auch ohne Szymon Szapiros Minjan und das »Jit'gadal We'jit'kadasch«[51] der jüdischen Gemeinschaft von Werk C gehen. Aber, wie es bei so einer Arbeit ist, versucht man, es sich selbst leichter zu machen. Lieber hätte er das Kaddisch für den Szymon von damals gesprochen, der bei jeder Selektion von Neuem gestorben ist. Dieselbe Geschichte ist es mit seinen Aufzeichnungen. Wenn er sie heute in die Hand nimmt und darin blättert, die Namen liest, sieht er alles wieder vor sich, bis ins kleinste Detail.

Warum er dort weg ist, um in der Fabrik zu arbeiten? Das ist wieder eine eigene Geschichte. Tatsächlich preist er den im Himmel für jeden Augenblick, den er nicht dort ist. Aber er ist nicht von dort weggegangen. Man hat ihn mit Schlägen hinausgetrieben, dabei ist er beinahe erschossen worden. Sie hat dahinter gesteckt und auch die beiden Spaßvögel der Sanitätsstation. Mechele wird es gleich zu hören bekommen. Kein Wort davon ist gelogen, so wahr er hier stehe. Die Geschichte ist ein Stück von Werk C. Ist es denn heute nicht dasselbe?

51 Beginn des Kaddisch: »Erhoben und geheiligt werde [sein großer Name]«.

III

Angefangen hatte es ganz einfach. Menschen wurden krank, kurz nachdem sie kamen. Jeder hatte noch ein paar Wertgegenstände, anständige Kleidung und Geld. Wenn man sie in die Siebener brachte, vergaßen die Todkranken mit Fieber nicht, die Sachen mitzunehmen. Einige hatten das Glück und starben dort wie Menschen. Es gab vielerlei Arten zu sterben. Manche mit Geschrei, mit viel Lärm, mit dem Herausschreien eines letzten Wortes. Andere lagen still da und warteten, dass die Krankheit ihnen den Tod bringen würde, genau wie man ihnen den Löffel Suppe brachte und man konnte ihn nicht früher erbitten, als es dem Sanitäter einfiel, ihn zu bringen.

Ja, er hatte sich bemuht, ihnen ein wenig Wasser zu reichen, jemanden aufzusetzen, wenn es ihm vorkam, dass es ihm damit besser ginge. Er hatte den Schmutz hinausgetragen, soweit es möglich war. Was konnte er denn sonst noch tun? Es geschah, dass solch ein Kranker ihn leise rief: Reb Szymon, seien Sie so gut, kommen Sie näher.

Er ging hin, der Kranke lag abwesend da. Das Fieber hatte ihm schon den Blick getrübt und vermutlich auch die Gedanken. Und er fing an, drumherum zu reden: Alles ist verloren, nicht wahr? Ich werde sterben, Reb Szymon, nicht wahr? Oder sie ... werden mich erschießen ... wahrscheinlicher ist, sie werden mich erschießen! Bis zum Sterben kann es noch dauern, was meinen Sie?

Was kann man so einem Menschen sagen? Also schwieg er. Der Mensch wollte aber etwas sagen. Es war nur seine Art, sich dem eigentlichen Punkt zu nähern. Die Kranken lagen Kopf an Kopf, jeder bat deshalb, Szymon solle sich noch näher zu ihm hinunterbeugen, bis zu den Lippen: Reb Szymon, ich habe etwas im Ärmel eingenäht, im linken Ärmel. Seien Sie so gut und nehmen Sie es heraus. Solange ich noch lebe, kaufen Sie mir etwas, um das Herz zu erquicken und später ... der Rest soll für Sie sein.

Etliche solcher Fälle hatte es gegeben. Nun ja, er holte es heraus. Gekauft hatte er, was möglich war. Aber solch ein Geheimnis gab nur ein nahezu Toter preis, der damit schon nichts mehr riskierte. Es gab dort Stücke Gold, Brillanten, Geld. Und er machte es so, dass keine Menschenseele davon erfahren sollte. Darf es denn den Mördern zufallen? Wie viele gab es, die nichts sagten und geschwächt ins Grab sanken, und ihre gehüteten Wertsachen begleiteten sie ins Grab oder waren fort für Schnaps in einer städtischen Schenke?

Aber die Menschen haben Zungen wie Brotschieber, bereit, jedem heißes Gebäck zu reichen. Es gab Kranke, von denen die Polizei wusste, dass sie etwas besaßen. Wenn diese starben, fingen die Mäuler an zu geifern: Sie hatten ein Vermögen bei sich! Schätze! Wer hat es geerbt?

Es kam immer wieder ein anderer Polizist herein und fragte die Kranken aus: Wer? Was? Wann? Und Neid gab es auch bei den Kranken in der Siebener. Wer Szymon Geld gegeben hatte, für den schaffte er es, einen Tropfen Milch zu kaufen, ein Töpfchen gekochten Reis, süßen Tee oder gar einen gegarten Apfel. Und die anderen? Nichts. Sie lagen und verdorrten. Die Suppe des Lagers konnten sie nicht verdauen. Nun, es endete, wie es enden musste. Deshalb, als die Polizei begonnen hatte, nachzuforschen, haben einige sich beklagt: Anderen bringt er all die guten Sachen, der Szymon, und uns lässt er sterben. Nur manchmal bringt er ein bisschen kaltes Wasser. Warum ist er zu denen so gut? Gerade hat er dem da hinten eine Orange gebracht, so eine dicke goldene. Sie hat regelrecht den üblen Gestank überdeckt!

Mehr brauchten sie nicht zu tun. In einer Ecke, zwischen dem Abfall, hatte man Reste von vielen guten Sachen gefunden. Man hatte ihn zu »ihr« geschleppt. Im Auge hatte man ihn schon länger, jetzt war die Zeit gekommen. Von allen Seiten überschütteten sie ihn mit Schlägen und Geschrei: So? Frisst du gar das Schönste und Beste? Woher hast du das, in Werk C? Hat es dir vielleicht jemand aus Płock mitgebracht, he?

Und geschlagen haben sie! Oj, die Schläge, die sie ausgeteilt haben! Und sie selbst? Wie eine Schlange hat sie sich mit ihren großen Augen in ihn gebohrt und jedes ihrer Worte, begleitet von Bissen ihrer Peitsche, war ein gezielter Stich ins Herz: Szymek, du Dieb! Das Gold und die Brillanten gehören hier auf den Tisch! Man hat dir eine leichte Arbeit gegeben und du hast es ausgenutzt und ein Vermögen gemacht. Auf eine Goldader bist du hier gestoßen, dass du es mit Sterbenden zu tun hast und du ihr Erbe bist, was? Bei mir aber wirst du verfaulen. Zuerst wird man dich zugrunde richten und dann wirst du zu deinen Patienten geschickt werden. Du wirst sehen: Morgen gehst du über in die Hände des Werkschutzes.

Aber da sind sie bei Szymon Szapiro an den Richtigen geraten! Das, was man braucht, hat sein Chaskele schon lang irgendwo versteckt. Und ihn selbst können sie verprügeln, so viel ihr Herz begehrt. Man hat ihn zu den Ukrainern gebracht. Alle haben geschlagen, geprügelt. Siehst du hier, Mechele? Das ganze Maul Zähne ist damals »ins Jenseits« – ausgeschlagen! Geblieben sind nur ein paar schwarze Stümpfe, wie ein Mahnmal der Zerstörung, wie abgeschlagene vereinzelte Stämme aus einem riesigen Wald.

Aber er ist am Leben geblieben. Das Urteil war kurz und knapp: Er wird zur Arbeit in die Fabrik geschickt, zu den schweren Kesseln, die die ganze Fabrik mit Wärme versorgen. Die ganze Nacht muss er mit noch einem Partner Steinkohle schleppen und sie in die mächtige Schnauze des Fabrikofens schaufeln, mehr nicht.

Mehr haben die Witzbolde der Kommandantin nicht gebraucht. Die beiden Sanitäter, Alek und Melech, sind häufige Gäste bei ihr und dadurch kann sie mit ihnen machen, was sie nur will. Jetzt können sie bei den Kranken wühlen, durchsuchen, was einer besitzt, und es wegnehmen. Man achtet auch darauf, bei wem sich noch ein goldener Zahn im Mund erhalten hat. Sie werden schon dafür sorgen, dass jener so früh wie möglich seine paar Tage beendet, damit die

Goldkrone für sie bleibt. Das gehört der ganzen Gesellschaft gemeinsam.

Ihm, Szymon, hat man gesagt: Nun ja, das, was er sich früher genommen hat, ist verloren. Aber von jetzt an soll er stumm und taub sein. Er weiß von gar nichts.

Also schweigt er. Nur manchmal muss er sich alles vom Herzen reden. Er erkennt schon, bei wem er das machen kann. Und wissen tut er eine ganze Menge. Was er nicht alles weiß! Was sich hier alles tut! Er wird Mechele schon zeigen, was sich hier alles zuträgt. Gott möge uns schützen!

IV

In einem Winkel der Fabrik stand ein großes geschwärztes Gebäude. Dort befanden sich große, schwarze Kessel mit offenen feurigen Mäulern, in die man Tag und Nacht ganze Berge von schwarzen Kohlen hineinwerfen musste. In den mächtigen Kesseln wurde es höllisch heiß und die Hitze wurde in die eisernen Adern getrieben, die sich über alle Wände der Fabrik zogen.

Im Sommer, wenn die Luft sowieso glühte, war es nicht möglich, einen ganzen Tag bei der Arbeit dort zu sein. Die Arbeiter standen mit nackten, verbrannten Körpern an den Kesseln und ließen die dicken Schweißtropfen kochen und die Leiber verbrühen, während sie ohne Unterlass große Schaufeln Kohle in das flackernde Inferno schippten. Dafür war es aber einer der besten Arbeitsplätze in Werk C, wegen des Winters. Ach, wie gut war es, auf dem Leib das heiße Liebkosen der nahen Flammen zu spüren! Es liefen dir heiße Rinnsale Schweiß hinab, während in der Finsternis draußen Mensch und Baum von Armen eisiger Starre umklammert wurden.

Hierher brachte man Szymon. Es arbeiteten hier schon drei Polen. Jetzt kamen er und einer seiner Landsleute dazu, ein fester Bursche mit viel Fettpolster auf dem Rücken, auch ein

Metzger. Auch von Chaskele wollte er sich nicht trennen, so brachte er ihn mit.

In den ersten Tagen meinte er, die Arbeit fresse ihn auf. Aber die Dickköpfigkeit, zu beweisen, dass man ihm nichts heimzahlen konnte, trieb ihn dazu, ganze Eimer Kohlen ohne Unterbrechung hineinzuschütten, mit der Verbissenheit eines vogelfreien Menschen, der schon nichts mehr hatte, wofür seine Kräfte zu schonen.

Die Polen begannen, ihn mit Verwunderung anzuschauen: Szymon, du schaffst was weg. Gerade, als wenn du kein Jude wärst!

So wurde im Kesselhaus eine Art Partnerschaft zwischen der jüdischen und der polnischen Gruppe geschlossen. Sie fingen an, Brote, Graupen und verschiedene andere Lebensmittel zur Arbeit mitzubringen. Szymon, Chaskele und der dicke Landsmann wussten schon, wie sie es am Körper verstecken mussten, um es ins Lager zu schmuggeln. Die Kesselabteilung befand sich nicht weit von den Zäunen. Die Bauern begannen, verschiedene Sachen herüberzuwerfen und der flinke Chaskele fing sie auf, damit niemand etwas sah und brachte es seinem Onkel. Drinnen hatte schon jemand das Geld dafür gesammelt. Es entwickelte sich ein Handel mit guten Einnahmen. Im Winter war es schlicht ein Vergnügen. Bei Nacht beeilte man sich und schleppte die Waggons mit Kohle wie die Teufel, füllte geschwind die Mäuler der Kessel und dann setzte man sich zu den Kesseln, wärmte sich und erzählte sich bäuerliche Geschichten von Tausendundeiner Nacht. An einer Seite des Feuers hatte man einen Topf ungeschälte Kartoffeln aufgestellt, die anschließend heiß verschlungen wurden, mit Salz bestreut, das die Gojim gebracht hatten. Es waren die besten Momente einer Nachtschicht, die man in Werk C erleben konnte. Draußen glotzte die Nacht mit ihren schwarzen Augen voll bösartiger Eiseskälte und hier war solch eine Milde, es gab etwas, das das Herz ergriff und ein wenig Handel gab es auch. Was also braucht ein sündiges Menschenkind mehr? Es war richtig gut. Und die schwere Arbeit? Solange es nichts Schlimmeres gab! Er zitterte nur davor, dass die Kommandantin sich an ihn erinnern könnte. Sie ließ manchmal ein Wort über den Schießplatz fallen und bei ihr ging nichts verloren. Manchmal kam es einem vor, als habe sie es schon vergessen, aber nach ein paar Monaten sah man, dass sie sich erinnerte. Und wie sie sich erinnerte!

Und es fing in der Tat an. Einmal erwischte der Werkschutz ihn mit fünf Laiben Brot. Er hatte sie gut versteckt: zwei oberhalb der Schuhe, wo die Hose drüber hängt; zwei hatte er an das Gesäß gebunden und einen vor der Brust versteckt. Aber dieses Mal hatten sie es erkannt. Gleich tauchte sie auf: Szymon, erinnerst du dich? Ich habe dich einmal gewarnt: Mach deine Geschäfte! Aber bereite dich beizeiten auf den Gang vor.

Man schlug ihn wieder und wieder, raubte ihn vollständig aus, aber er fuhr mit dem Schmuggeln fort. Es gelang ihm sogar, etliche Ukrainer an den Zäunen zu gewinnen und er handelte mit ihnen. Großen Reichtum besaß er nicht, aber er hatte die ganze Zeit so viel zu essen, wie er wollte, war satt zwischen so vielen Hungrigen. Aber das Herzklopfen jeden Tag erkannte nur Gott im Himmel. Die Kommandantin bekämpfte ihn, schlug ihn und setzte Wachleute auf ihn an. Aber er zahlte mit gleicher Münze heim. Dem Meister fiel ins Auge, dass er wie ein Pferd arbeitete und er schloss auch Bekanntschaft mit noch etlichen maßgebenden Leuten in der Fabrik. So gab er manchmal eine Warnung ab: Wenn er will, kann er eine lockere Zunge haben. Er, Szymon, weiß, mit wem zu reden und was er zu erzählen hat, man wird schon sehen. Bitte schön, wenn Krieg gegen ihn herrscht, er hat auch Mittel, zurückzuschießen!

Also schlossen sie mit ihm Frieden. Alek und Melech, die Sanitäter, riefen ihn einmal fort in eine Ecke und fragten: Was hast du gegen uns? Heute geht es dir besser als uns. Die Meister schätzen dich, setzen sich für dich ein und lassen nicht zu, dass man dir was tut. Man kann nicht wissen, wer das Spielchen am Ende gewinnt. Es ist besser, du vergisst und erzählst nichts, was nicht nötig ist!

An ihrer Rede erkannte er, dass sie Angst vor ihm hatten. Man konnte nie wissen, was für Ärger sein großes Maul noch machen konnte, so wollten sie ihn mit Brüderlichkeit »vergiften«. Er mimte den Starken, der wer weiß was für Macht und Kontakte hatte. Sollten sie es ruhig glauben und sollte ihre Haut wenigstens zittern. Danach kam »sie« und schmeichelte ihm: Szymon, die Cholera soll dich holen! Du bist ein Bastard, aber wenn du mal etwas Feines hast, Fleisch, Schnaps oder Naschereien, bring es mir. Ich werde zahlen, genau wie alle.

Auf diese Art schloss er mit den Lagerherrschern Frieden. Sie glaubten noch immer, dass er es jemandem heimzahlen konnte, dass er einer der Starken sei und sie berücksichtigten das, hielten ihn für einen Eigensinnigen und er hatte deshalb Ruhe. Der Kämpfer für Gerechtigkeit würde er nicht mehr sein. Sollte es in andere Hände übergehen. Er hatte genug.

Aber danach gab es kleinere Sorgen. Wenn der Kopf ruhig ist, denkt er mehr. Es passierte, dass man nachts ein Nickerchen bei der Arbeit machte, dann streckte der Tag sich lang hin. Man schlenderte umher, es war langweilig und man sehnte sich nach etwas zu essen. Einmal sprach er die erstbeste Frau von der Nachtschicht an, die sich gerade auf dem Hof aufhielt: Hör mal! Ich habe ein paar Kartoffeln und Graupen. Wenn du willst, kannst du es kochen und wir werden alle essen. Ich habe nicht die Geduld zu schälen und Feuer zu machen. Willst du?

Bei jener rollten die Augen vor Hunger, und wenn so jemand Wörter wie Kartoffeln und Graupen hörte, wie konnte man es nicht wollen? Er hätte nicht den Mut gehabt, das zu einem Mädchen zu sagen, aber so eine, eine Nachlässige, eine Müde? Gut! Er suchte sogar ein wenig Holz und Kohlen zusammen und sie kochte einen Topf Essen, an den er, der Junge und sie sich unter freiem Himmel setzten und aßen. In den folgenden Tagen sorgte er dafür, dass mehr

Lebensmittel da waren, Knoblauch, Zwiebeln und sogar ein Brocken Butter oder ein Knochen mit einem Stück Fleisch. Nun, der Duft verbreitete sich und es tauchten neidische Augen von allen Seiten auf. Den Leuten lief der Speichel im Mund zusammen.

Danach kam eine andere Frau dazu, eine junge und scheue: Reb Szymon, ich kann auch kochen. Sie werden sehen, was ich für Speisen zubereiten kann, wenn man mir etwas gibt.

Er konnte nicht verstehen: Worum geht es dir: Du willst auch etwas zu essen haben oder die, die gestern gekocht hat, soll nichts haben? Sag.

Die junge Frau begann zu stammeln. Aber er machte dem ein Ende: Hör zu, weißt du was? Ich kann jeden Tag Lebensmittel bringen, mit denen man einen ganz großen Topf Essen kochen kann. Wir machen es so: Einmal wirst du kochen und einmal sie. Ihr könnt es auch gemeinsam machen. Ich habe keinen Kopf für solche Kämpfe zwischen Frauen. Aber eines sag ich euch: Essen werden alle.

So begann es. Danach hängten sich jeden Tag weitere an ihn, mit Reden, Bitten, süßem Lächeln, das alles in der Welt versprach, und mit schon längst vergessener Koketterie: Reb Szymon, Panie Szymon, Sie werden sehen …

Kurzum, es sammelte sich auf die Art ein ganzer Minjan an. Einen ganzen Harem stellte er mit seinem dampfenden Topf Essen jeden Abend auf die Beine. Aber lass dich mit Weibern ein! Ständig waren sie eifersüchtig, immer bereit, sich zu streiten, sich zu schlagen. Es reichte aber, dass er einen Blick auf sie warf, dann wurden sie stumm wie die Fische. Er selbst ging zwischen ihnen umher wie ein Aufseher. Manchmal schenkte er seine Gunst der einen, manchmal einer anderen. Man war doch nur ein Mensch!

Er wollte hier in Werk C nicht mehr wissen, was eine gute Tat ist und was eine Sünde. Was ging es ihn an! Sollte man später Schläge bekommen! Er hatte vor nichts mehr Angst. Er wollte sich nur nicht mehr quälen. Wenn er einen Hungrigen sah, tat es ihm im Herzen weh. Er wollte nicht leiden vor

Mitleid, so gab er zumindest ein Stück Brot oder einen Löffel Essen und fertig! Er, Szymon, erfreute damit eher sich selbst als jenen. Weiter ging es ihn nichts an, das sollte er wissen, Mechele: Gar nichts!

V

Ein ganzer Redeschwall ergoss sich an jenem Abend aus Szymons Mund. Es war eine Mischung aus Zynismus und Eigenlob. Noch mehr aber hörte man zwischen seinen Worten eine Rechtfertigung für etwas heraus, das nur er selbst sah und spürte. Er versuchte, sich mit etwas von seinem Gewissen freizukaufen, das so viel Kraft hatte wie er selbst und das bis jetzt in seinem gesunden, kräftigen Körper noch nicht erloschen war.

Genau wie er weiterhin essen und Genuss im Leben haben muss, soweit das möglich ist, so muss er Menschen einen Gefallen tun und den strengen Mahner in sich beruhigen, der ihn im Innern für Verfehlungen peitscht, an denen er erstickt. Vielleicht drückt noch etwas in ihm aus jener Zeit, als er in der Siebener-Baracke gewesen ist und mit Menschen zwischen Leben und Tod zu tun gehabt hat? Wie kann man das jetzt wissen! Bisweilen scheint es, als erzähle er alles aus jenen Tagen, als verschweige er nichts, sondern gehe einen geradlinigen Weg. Aber dann verhakt sich seine Stimme und man spürt, dass er etwas übersprungen hat, ein blutiges Stück des Tages, das eine Beziehung zu ihm hat. Er schreckt erkennbar vor einigen Punkten in seinem Leben in Werk C zurück, welche er möglichst weit von seinem Auge und seinem Gedächtnis fernhalten will. Deshalb vertreibt er sie, indem er an nichts mehr glaubt. Er will ruhig leben und umschmeichelt sogar die Lagerherrscher, streift näher um ihre Baracke herum.

Das vermengt sich schnell in seinem Hirn und es wird ihm zuwider. Sein Zynismus strömt von ihm durch tote, nicht von

Herzen kommende Rede. In seinem Inneren kann er aber nicht jenes Gefühl ausräuchern, das ihn quält und nach einer Rechtfertigung verlangt. Szymon spürt es noch. In solchen Momenten wird er wild. Er lungert um »seine« ehemalige Krankenbaracke herum und lauert in einer Ecke, wie ein wildes Tier auf Beutezug, die geringste Ungerechtigkeit aufzuschnappen, die er dort sieht. Alek und Melech, die zwei Sanitäter, sind seine besten Freunde. Er spielt Karten mit ihnen, man flüstert über Vermögen, die die Kranken im Mund und in den Gedärmen tragen. Aber in solchen Momenten vergisst er das. Sieht er nur eine Kleinigkeit, eine schlechte Behandlung, die man jemandem antut, springt er dazu wie ein Leopard mit konzentriertem Blick, bereit, sich in eine Schlägerei zu werfen, Gurgeln zu durchbeißen.

Der raffinierte Alek oder der gewalttätige Melech verstehen sich schon auf solche Ausbrüche. Sie schachern eine Weile mit ihm und geben dann nach. Sie wissen, dass es in diesem Moment gefährlich ist, sich mit Szapiro anzulegen. Deshalb gehorchen sie. Er befiehlt zum Beispiel, Mechele das Essen ohne Zettel einzugießen. Sie wissen, dass später Tage und Wochen vergehen werden, in denen Szymon nicht einmal einen Blick in Richtung der Siebener werfen wird. Er wird sich beruhigen.

Er handelt und spekuliert auch, der Szymon. Allerlei Einfälle und Tricks kennt er, wie man Geld verdienen kann, bei wem es möglich ist. Er ist geizig und gibt keinen Millimeter nach. Er lächelt dabei mit seinen wenigen verbliebenen Zahnstümpfen und liebkost dabei mit seinen Lippen seinen Lieblingsspruch: Umsonst ist nur der Tod.

Hört er aber von einem Frommen im Lager, von einem Gelehrten oder einem einfach edlen Menschen, der still mit seinem Hunger kämpft, taucht er bald neben ihm auf. Er steckt ihm so schnell und geschickt das Stück Brot zu, dass der überraschte Mensch nicht weiß, was als Erstes zu tun. Lange wird er so jemanden nicht unterstützen. Bei Szapiro wechseln die Gefühle und Sympathien. Er schenkt sie erst dem einen, dann dem nächsten. Hat er aber solch einen Menschen gefunden, wird er ihn etliche Tage versorgen und ihm sozusagen mit Gewalt seine diskreten Spenden aufdrängen, bis er jemand anderen findet. Dann existiert jener für ihn schon nicht mehr. Manchmal geschieht es, dass so jemand es nicht begreifen kann: Wie kann in Werk C ein Mensch kommen und einfach so Brot geben, einfach einem fremden Menschen?

Szymon lässt ihn nicht lange überlegen: Nehmen Sie, sagt man Ihnen! Warten Sie nicht auf den Propheten Elias. Es steht geschrieben: »Wenischmartem lenafschotejchem«[52] und das war's! Weiter geht es Sie nichts an.

Hat er gesagt, was er wollte, geht er zurück zu seiner Gruppe Frauen, die ihn umringt. Er sitzt und scherzt, kitzelt sie und lacht, bis der große Topf anfängt zu glühen. Manchmal steht er aus der Mitte seiner Gruppe auf, läuft schnell in eine Baracke und steckt einem Menschen, den er schon völlig vergessen hatte, ein Stück Brot zu. Danach kommt er an seinen Platz zurück und albert weiter mit seinen blauen, sinnlichen Lippen in seiner Frauenschar herum.

Im Lager gab es genug über Szymons Vergangenheit in Werk C und seinen Umgang mit der Gruppe »Cousinen« zu reden. Aber selbst die paar tugendhaften Juden in Werk C konnten nicht schlecht über ihn reden. Einer von Mecheles Nachbarn in der Baracke, ein bescheidener, gebrochener Mensch, voll mit Thora und Verbitterung, erzählte Mechele in jener Nacht vor dem Einschlafen in seiner wortkargen Art: Dieser Mensch? Der hat doch etwas von einem Lamed-Wawnik[53]! Ach, wenn Sie ihn einmal mitten in der Nacht gesehen hätten. Er hat sich mit einem Stück Brot und einem Hemd in die Baracke hineingestohlen, direkt zu einem kranken Pikriner.

So einer war er, der Szymon Szapiro, als Mechele ihm begegnete.

52 So hütet euch um eures Lebens willen. (5. Moses 4,15).
53 Einer der 36 Gerechten, die laut der jüdischen Mythologie das Weiterbestehen der Welt sichern.

Kapitel zwanzig

I

Die Herrscher-Familie in Werk C war ziemlich zahlreich und unter sich mit engen familiären Fäden verbunden, wie ein königlicher Hof. Sie hatten für sich eine separate Baracke und regierten von dort aus, gaben Befehle und taten, was ihr Herz nur begehrte. Gegenüber stand die Baracke der Polizisten, die von der Kommandantin nominiert wurden.

Jeder Einzelne dieser Familie war ein Typ für sich, mit besonderen Neigungen und Verlangen. Jeder Einzelne riss auch ein Stück der Macht an sich, die er mit keinem anderen teilen wollte. Über sie wachte aber das Auge der obersten Herrscherin, vor der alle zitterten, obwohl sie eine aus der Familie war.

Der Ursprung der ganzen Dynastie, die das »Weiße Haus« in Werk C besetzte, war ein einfacher Jude, ein dörflicher Bäcker mit vielen Töchtern, die sich in alle Richtungen zerstreuten. Er selbst, ein frommer Jude in einem christlichen Dorf, starb noch vor dem Krieg und hinterließ seine Frau, eine Jüdin mit allen Seufzern und Schattierungen einer dörflichen jiddischen Mama.

Als die Familie ins Werk C kam, um zu herrschen, gelang es ihr, die Mutter zu retten und sie im Lager vor jeder Gefahr zu schützen. So saß sie in der Baracke über ein paar Frauenbüchern in Weiberdeutsch[54], die sie mitgebracht hatte und erzählte jedem von ihrem vormaligen Reichtum und den großen Wohltaten, die sie getan hatte. Alles nicht mehr da, ihre

---

54 Westjiddische religiöse Literatur, die sich speziell an Frauen richtete, wurde bis ins frühe 20. Jahrhundert »Weiberdeutsch« genannt.

Kinder waren schon lange ihre eigenen Wege gegangen. Ins Werk C kam sie mit drei Töchtern, zwei Schwiegersöhnen und einigen Enkelkindern.

Die jüngste der drei Töchter, Fejgele oder Fela, die spätere Kommandantin des Lagers, machte schon in jungen Jahren wilde, verrückte Dinge und die Mutter konnte nicht verstehen, woher eine jüdische Tochter so etwas hatte. Ihre wilden, grünen stechenden Augen suchten ständig nach etwas, von dem niemandem, vermutlich auch ihr selbst nicht, klar war, was es war. Sie war immer voller Zorn und Böswilligkeit, bereit, allen die merkwürdigsten Streiche zu spielen. Und sie tat es tatsächlich! Was hatte ihr entflammter Verstand sich nicht alles ausgedacht! Die junge Frau verhieß nichts Gutes, obwohl sie von Natur aus eher wild als schlecht war.

Besonders schön war sie nicht. Schon allein ihre zu spitze Nase verhinderte dies. Zugegeben, ihre Glieder waren wohlgeformt, die Arme waren füllig und hatten eine gesunde Farbe, sodass es ins Auge fiel. Hauptsächlich aber bargen ihre wilde Energie und ihr hitziger Tatendrang in sich einen solch reizenden Charme, der gut zu ihrem trotzigen Gesicht passte. Ihre Lippen besaßen einen besonders raffinierten Schwung, der sie in einem Augenblick zu einer Schönheit führen konnte, die nicht *in* ihr lag, sondern schwebte und sie von außen anstrahlte. In ihrem Lächeln lag das wilde Durcheinander von grausamer Strenge und gnadenloser Zartheit einer grünen Frucht, die noch nicht ausgereift war, aber schon eine süße Reife versprach.

Auf ihren Lippen tanzte die Gereiztheit eines unerfahrenen Wolfes, der noch nicht die Dreistigkeit besaß, sich auf einen Kampf einzulassen. Gleichzeitig strömte von ihrem Zorn, den auch ihr Lächeln nicht vertreiben konnte, eine weiche Wärme mit verlangender Unruhe. Das waren Lippen, die bereit waren, leidenschaftlich zu küssen, die aber dabei das Blut aussaugten. Das eine war vom anderen nicht zu trennen.

Alle diese verborgenen Zeichen traten unverhüllt in ihrem stechenden Blick zutage. Auch sie wirkten, zusammen mit dem drohenden vampirischen Durst, anziehend und liebkosten mit schmerzender Zärtlichkeit. Wenn sie einen Menschen anschaute, musste es ihn verwirren. Die Kontraste, die sie aussendete, trieben die Gedanken in verschiedene Richtungen und es war nicht leicht, das Gleichgewicht zu behalten und sie ohne Überraschung angemessen zu erkennen. Jeder ihrer Schritte besaß eine eigene Sprache, mit der zum Ausdruck kam, dass in ihr etwas Neues und Ungewöhnliches lag.

Was weiß eine Mama auf dem Dorf? Tiefer in sie hineindenken wollte oder konnte sie nicht. Es gab ein Heiratsangebot mit einem stillen, chassidischen jungen Mann. Sie war glücklich. Fela selbst war damals noch jung. Bis zur letzten Minute sagte sie gar nichts. Jener war ein Junge aus reichem Haus. Er hatte sie zufällig gesehen und war entflammt. Er wollte keine Mitgift, er kleidete sie ein und war bereit, für sie durchs Feuer zu gehen. Wie hätte er damals wahrnehmen können, dass seine Eltern eine finstere Miene machten und nicht besonders zufrieden waren?

Als sie Fela sahen, wurde ihre Antipathie ihr gegenüber noch stärker, sie erschraken, murmelten, da passe etwas gar nicht. Aber sie gaben nach. Als sie einmal zu Gast war, zeigte sie eine selbstverständliche Vertrautheit und das Gefühl, die Hausherrin in der Stube zu sein, sodass es für zweifelnde Überlegungen zu spät war. Mit ihren ersten Worten ließ sie deren bourgeoise, gelassene Bedachtsamkeit weit hinter sich. Es gab dafür keinen Platz mehr. Man richtete ihnen eine schöne Wohnung ein und ließ die Hochzeit ausrichten.

Gleich die ersten Tage ihres Zusammenlebens zeigten ihm, dass sie nicht gekommen war, mit ihm hier nur zusammen zu sein, seine Erfolge im Geschäft anzuhören, seine Zärtlichkeiten und anderen törichten Dinge zu ertragen. Sie hatte nichts anderes vor als zu kommen und über ihn zu herrschen, über sein Haus und über alles, was er herbrachte. Neben seiner Schwäche für sie war er auch ein Mensch, der generell vor öffentlichem Rummel zurückschreckte. So nahm sie gleich von Anfang an das Ruder in die Hand.

Viele Monate zog sich sein Leiden hin. Sie quälte ihn und wusste nicht einmal, warum. Wie sie später selbst mit zufriedenem Lächeln erzählte, so wie man angenehme Erinnerungen noch einmal durchlebt, schlug sie ihn sogar und er sprach nicht darüber. Und allein das verstärkte noch ihren Hass auf ihn. Es war weniger Hass als Ekel, ein Gefühl, das ihr angeboren war gegen alles, was bescheiden und demütig war wie Abfall, laut ihrer späteren herrischen Sprache. Sie sehnte sich nach einer festen Hand, die sie an den Haaren ziehen und schlagen sollte.

Die Leute konnten die Verbundenheit des jungen Mannes mit ihr nicht verstehen. Man hörte nicht einmal ein lautes Wort von ihm, wenn man ihm im Vertrauen erzählte, dass sie sich schon zu viel mit einem Dandy herumtrieb, der sein Studium an einer Hochschule nicht geschafft hatte abzuschließen. Überhaupt war es ein Rätsel, wie er, ein feinsinniger gebildeter Mensch, ihre derben polnischen Ausdrücke aushalten und sie dabei noch so ungewöhnlich innig lieb haben konnte. Kein vernünftiges Wort hatte sie für ihn übrig, sondern gerade, wenn alle es hörten, liebte sie es, ihn zum Versager zu erklären.

Es halfen auch nichts die Reden und Bitten seiner Familie, er solle dem ein Ende bereiten, dass es noch Frauen gebe, die er »Fejgele«[55] rufen könne und keine Szene zu befürchten hätte – und überhaupt, wie hielt er ihre Sprache aus, die nur Judenhasser sich erlauben konnten zu benutzen.

Er schwieg dazu und schreckte auf, wenn man ihm gegenüber nur erwähnte, sich von ihr scheiden zu lassen. Versteh einer die Welt! Dass er es akzeptierte, dem Gelächter und dem Gerede der Leute ausgesetzt zu sein!

Die Geschichte endete auf sehr ungewöhnliche Art. Als er einmal spät nach Hause kam, wollte sie die Tür nicht öffnen. Er klopfte ein wenig stärker, sie kam heraus und schrie ihn so laut an, dass alle Nachbarn es hören konnten.

55 Vögelchen.

Sie verpasste ihm dabei etliche Schläge und erklärte: Ich habe gerade jemanden da, hast du verstanden? Einen Geliebten habe ich und dich will ich hier nicht mehr sehen. Wenn du willst, kannst du herkommen, wenn ich nicht da bin. Aber wenn dir dein Leben lieb ist, tauche besser nicht hier auf.

Die Leute erzählten sogar, dass er sich einmal bei Nacht mit einem Nachschlüssel in die Stube geschlichen hatte. Vermutlich hatte ihn die Sehnsucht übermannt. Bald aber drangen erschrockene Schreie auf die Straße. Sie hatte ihn mit ihren gesunden, bäuerischen Händen ergriffen und wollte ihn aus dem Fenster im ersten Stock auf den nächtlichen Bürgersteig werfen.

Vor Scham zeigte er sich danach lange Zeit nicht in der Straße. Er forderte nicht einmal seine Wohnung ein, obwohl die Leute ihn nicht in Ruhe ließen und ständig Salz in die Wunde streuten: Was soll das, solch eine Hure!

Beim Rabbiner stand sie gehässig da und schaute zufrieden mit ihren grünen stechenden Augen, wie der bärtige Jude dort schwungvoll etwas auf ein weißes Pergament schrieb. Sie wollte ernst sein (feierliche Augenblicke zähmten sie immer ein wenig, sie suchte sie sogar), und doch lachte sie wild auf, während sie zuschaute, wie dieser Jude dort sie mit ein paar geschriebenen Zeilen endgültig von jenem chassidischen Angetrauten, der da stand, loslösen konnte. Wie merkwürdig das war! Sie wollte ihren Spaß haben, mit Chuppa und mit einem Menschen, der ihr unter den Fingern zerfloss. Sie war mit ihm unter einem Dach, bis es ihr langweilig wurde. Er störte sie mit seiner Anwesenheit. Also schickte sie ihn fort. Was konnte sie also noch binden? Hatte sie es denn schlecht gemacht?

Ja, damit er von ihr nicht noch verschiedenes verlangen sollte, hatte sie noch gezögert. Von ihrer Seite hatte sie alles getan, dass sie geschieden waren. Sie drängte es nicht. Sie wusste, wie sie zurechtkam. Wozu brauchte es also noch diese Zeremonie?

Nur mit viel Mühe hatte man sie dazu überreden können. Sie erschien steif und gekleidet wie eine Gräfin, wie sie im Buche steht. Es war eine Manie bei ihr, große Aristokraten nachzuahmen, schon von klein an und niemand wusste, woher das bei einem Mädchen kam, von, nun ja, solch einfachen Leuten! Sie stand da und wollte die Contenance wahren, aber das Gelächter brach aus ihr heraus: Ihn aus der Stube zu jagen war wenig, einen Jungen, der ihr imponierte, vor den Augen der Leute direkt in die Stube zu bringen, hatte auch nicht gereicht! Sie war weiterhin seine Frau. Aber diese paar Worte, die der einfache Jude schreibt, haben die Zauberkraft zu scheiden! Lange konnte sie das nicht vergessen und wunderte sich mehr, als dass sie sich darüber lustig machte: Was für ein bizarres Volk diese Juden doch sind!

Die Leute erzahlten später, dass ihr Mann beim Überreichen des Scheidungsbriefes geweint hatte. Er hatte nichts gesagt, sondern nur untertänig und gebrochen ihr in die Augen geschaut und Tränen vergossen. Wer kann denn diese Art Menschen verstehen! Er, eine sensible Seele, der eine stille, jüdische Tochter hätte heiraten können und sie, nun ja, da gab es nichts mehr dazu zu sagen.

Sie aber schaute ihn kalt und dreist mit solch einem Abscheu an, der hätte töten können. Draußen wartete schon ein großer gesunder Mann auf sie, der sie unterhakte und sie in die Wohnung führte, die sie behalten hatte.

Er, ihr zweiter Mann und früherer Geliebter, war ein Typ, der eine höhere Laufbahn eingeschlagen hatte. Seine Ungeduld und sein Temperament ließen ihn aber nichts zu Ende führen. Er verzettelte sich in verschiedene Angelegenheiten und hatte mit Menschen zu tun, von denen nur Gott wusste, was sie machten und wer sie waren.

Bei Nacht sahen die Leute die Fenster bis zum Morgengrauen erleuchtet. Auf den seidenen Gardinen bewegten sich Schatten, üblicherweise in trunkener Feierstimmung. Auf der Straße sah man sie stolz herausgeputzt. Wenn sie mit ihrem großgewachsenen, schönen Mann umherging, sah man, dass dies ihre Welt war. Sie hatte mit ihm eine Tochter, die schon von klein an dieselben funkelnden, leidenschaftlichen Augen und verrückten Launen hatte. Das Gesicht des Kindes hatte etwas von des Vaters Fülle bekommen und dadurch die Schönheitsmängel, die sie von der Mutter hätte erben können, ausgeglichen. Die verschiedenen Korrekturen an den Gesichtszügen, die vom Vater kamen, formten sie schon von klein an zu feuriger Schönheit, die beim Anblick eine herrschaftliche Stärke in sich trug. Die Familie lebte abgesondert, weit entfernt von jenen Juden, zwischen denen Fela einst geboren wurde.

II

Als der Krieg ausbrach, kamen für ihren Mann die richtigen Zeiten. Schon zu polnischen Zeiten gingen bei ihm unter anderen Bürgern auch Leute ein und aus, die eine Beziehung zu Polizeiangelegenheiten hatten. Jetzt aber kam er in den Judenrat und wurde Verbindungsmann zur Gestapo. Es begannen Tage von wildem Aktionismus und nächtlichen Orgien, in denen man die verschiedenen Sorgen und Überlegungen beiseite wischte. Wie in allen Städten mit Judenräten wurde auch hier die Nacht zum Ort der Flucht, an dem man den Schrecken und den Aufschrei des eigenen Gewissens, sofern es noch wach war, betäuben konnte.

Es wurden hinter geschlossenen Läden hoffnungslose Ghetto-Orgien veranstaltet, wenn draußen die tödliche Polizeistunde herrschte.

Sie hatte sich früher wenig in seine Angelegenheiten eingemischt außer manchmal, wenn ihr kalt berechnender Rat nötig war. In den letzten Jahren hielt sie sich in den großen Zimmern verborgen, wo sie sich möglicherweise ihre Machtgier erträumte, welche von klein an von irgendwo her in ihr Blut gekommen war. Unter den Deutschen vermied sie es wochenlang, auf die Straße zu gehen. Dort konnte man auf

Schritt und Tritt beleidigt werden und Beleidigungen mied sie stärker als Schläge. Das Jüdischsein wie eine Schande zu tragen, ging über ihre Kräfte und sich damit arrangieren konnte sie nicht. In jenen Jahren schälten sich bei ihr schon klar die beiden gegensätzlichen Kräfte heraus: die kalte Nüchternheit und der hitzige Durst nach Macht, Genuss und Leben. Eigentlich waren es nur zwei Seiten derselben Medaille, besonders unter dem deutschen Schwert. Je mehr man für das Leben glühte, desto kälter und tauber musste man gegen seine Umgebung sein. Den Genuss und die Sicherheit musste man von den Wunden und der Gefahr der anderen abtrennen. Kochendes Blut musste sich zu einem kalten Herzen drängen. Schon damals wusste Fela das.

Lange hätte sie Beleidigungen nicht überstanden. Niemand wusste, woher so viel beinahe schon krankhafter Stolz bei der Tochter eines Hauses kam, in dem man gewohnt war, demütig den Spott so vieler fremder Nachbarn auszuhalten. Da sie leben wollte, und unter den Deutschen hieß das, den Beleidigungen ausgesetzt zu sein, suchte sie Macht. Über jemanden zu herrschen, während man selbst in gewissen Punkten erniedrigt wurde, konnte die Beschämung lindern und kompensieren. Aber die Wege dorthin kannte sie nicht, sie suchte, aber fand sie nicht.

Bis ein Zufall sie auf die Straße trieb, ein tragischer Zufall. Wegen seiner Kontakte mit der Gestapo in verschiedenen öffentlichen Angelegenheiten holten die Deutschen ihren Mann einmal mitten in der Nacht und brachten ihn irgendwohin. Es waren schon die Zeiten, als die Ghettos in Polen sich im Todeskampf wanden. Erst da erkannte sie deutlich, worüber sie sich nie Rechenschaft abgelegt hatte: Sie liebte ihn. Bis jetzt hatte es sich ihr so dargestellt, dass sie ihn hatte, weil es gut für sie war. Jetzt aber sah sie, dass mit ihm etwas von ihr genommen wurde, dass sie sogar bereit war, sich um seinetwegen in Gefahr zu begeben.

Was war er denn für sie die ganze Zeit gewesen? Sie hatte nicht sonderlich viel darüber nachgedacht. Das Leben lief automatisch und er war bei ihr Vermittler und Beschaffer des angenehmen Lebens. Die Gefahr war ihr niemals vor Augen, dass man ihn mitnehmen könnte und dass sie sich damit auseinandersetzen müsste. Jetzt war er plötzlich nicht mehr bei ihr. Im Gegensatz zu ihrer ganzen wirren Natur, die sie überhaupt niemanden lieb haben ließ, brachte sie das durcheinander.

War es vielleicht deshalb, weil sie in den Ghettozeiten einfach Angst hatte, allein zu bleiben? Es war so, das es jemanden gab, der zu allen gefährlichen Orten ging und die Gefahr aufhielt, dass irgendjemand zu ihr in die Stube kommen, sie beleidigen und ihr Schlechtes tun würde. Jetzt aber würde sie selbst gehen müssen, wohin es nötig war, sie würde auf die Straße geschleudert werden, würde sich vor verschiedenen Leuten verbeugen müssen und jeden Tag Leben allein sich erkämpfen, erbetteln und erschmeicheln müssen, sich durchkämpfen. Und dabei hatte sie ein Kind. Er würde ihr fehlen, das wusste sie. Später vermied sie, ein Wort über ihren Mann zu reden, sich an ihn zu erinnern. Aber zwischen allen Bindungen zu ihm gab es auch Liebe, frauliche Gefühle, welche sie nicht ausmerzen konnte, auch nicht in der Zeit, als sie sich eine Dämonenhaut zugelegt hatte.

Der Arrest ihres Mannes veränderte sie völlig. Sie verlor auf einmal die ganze Angst. Die Sorge um sein Schicksal trieb sie hinaus. Sie begann, zu jüdischen hohen Tieren zu laufen, zu deutschen Chefs und Offizieren, klopfte an die Türen und mit ihrer angeborenen Dreistigkeit, die die Furcht vor dem eigenen Stolz in den Schatten stellte, trat sie jedem wie auf Augenhöhe gegenüber. Sie weinte, verhandelte und bat, aber es half wenig. Eines Nachts wurde er erschossen.

Sie lernte dabei aber etwas Neues: Sie hatte eine Tür geöffnet, sie hatte Mittel und Wege gefunden, mit ihnen zu reden, an viele Orte vorzudringen. Sie wurde gesehen und man antwortete sogar auf die Fragen, die sie stellte. Manchmal lächelte sie und der in der Uniform ihr gegenüber antwortete ebenso.

Das war für sie eine Offenbarung. Jetzt beherrschte sie es. Sie hatte aber Angst, in der Stadt zu bleiben. Die letzten Juden spürten schon über sich das Zittern des endgültigen Urteilsspruches. Dafür gab es aber noch etliche kleine Orte, die sich noch in einer früheren Phase befanden. Dort konnte man noch bestechen und dafür Sicherheit »kaufen«, soviel man wollte, und dort glaubte man noch an die Macht geschliffener jüdischer Zungen und dass man nur wissen musste, wie man mit wem umzugehen hatte. So verließ Fela ihre Wohnung, packte ihr Bündel, nahm die Tochter an die Hand und fuhr zur Mutter, nach Skarżysko. Sie war aber um eine Erfahrung reicher. Sie wusste, dass man Kontakte brauchte, dass sie sie brauchte und sie knüpfen konnte. Gerade dort entdeckte man sie als jemand, der wusste, wie und wohin sich zu wenden.

III

Die zweite Schwester hatte sich einen großgewachsenen Gefährten ausgesucht, der nicht ganz saubere Geschäfte machte, und war mit ihm in dieselbe Stadt gezogen wie Fela. Sie selbst war ein Mädchen wie eine Eiche, noch einen Kopf größer als Fela. Ihr Gesicht war schöner, aber einfältiger. In ihm war nicht so eine vielfältige Mischung wie bei ihrer jüngeren Schwester. Ein einfacher, voller Körper, eine Art puppenhafte Schönheit, die weder anziehend noch anregend war. Sie war in ihrem Aussehen der Schwester sehr ähnlich. Es fehlten bei ihr aber die tieferen Linien und Nuancen, die die Schwester klar erkennbar werden ließen. Ihre Augen in derselben Farbe, aber ohne die geringste Andeutung von Durst oder Verlangen, zeigten eine phlegmatische Nachgiebigkeit und einfaches und offenes Begehren. Der ganze große Körper atmete eine unkomplizierte und ungekünstelte Freigebigkeit.

Sie war wie geschaffen, die Frau des großen starken Jungen zu sein, den sie sich ausgesucht hatte, und weiter gar

nichts. Ihr imponierte seine Einfachheit und die nackte Wildheit eines Müßiggängers mit gezwirbeltem Schnurrbart und
schmalen glänzenden Stiefeln. In den Augen des Mannes lag
ein rücksichtsloses Suchen, sein Blick zielte auf die höheren
Etagen, zum Herrschertum. Schon die erste Begegnung zwischen ihm und Fela zeigte, dass sich da Hammer und Feu-
erstein getroffen hatten. In dem wilden Chaos waren auch
diese Schwester und ihr Mann zur Mutter gezogen, zusammen mit ihrer schmalen blassen Tochter.

Die dritte Tochter wohnte die ganze Zeit im Schtetl bei
der Mutter. Sie war die älteste der drei. Sie wurde von der
Mutter verheiratet. Als Mädchen vom Dorf ohne Kenntnisse
und Wünsche war für sie ein fülliger Bäcker genug, dem die
Schwiegermutter eine Bäckerei in Skarżysko einrichtete.

Als auch dieser kleine Ort zu flackern begann, wurde Fela
von Unruhe ergriffen. In der benachbarten Munitionsfabrik
gab es schon Juden. Es gab dort sogar jüdische Kommandanten und Aufseher, die sich dort etabliert hatten. Dorthin warf
sie ihren Blick. Sie wusste aber, dass die jüdischen Funktionäre keine frischen Privilegierten zulassen würden. Sie
waren früher da, so waren sie die Bevorzugten. Sie begann,
Bekanntschaft mit polnischen Meistern, deutschen Wächtern
und Unterdirektoren zu knüpfen. Überall drängte sie sich
hinein und gewann rasch an Ansehen. Sie versuchte, ihren
Einfluss auszuweiten, ohne ihr Ziel zu nennen. Einfach so,
hier ein stiller Handel, dort eine Vermittlung. Die Bekanntschaft ausnutzen konnte sie im letzten Moment, wenn die
Erde unter den Füßen brennen würde. Derweil machte sie
Geld. Von den wertvollen Sachen versteckte sie ein wenig bei
diesem und ein wenig bei jenem. Sie äußerte verschiedenen
Meistern, wie Gajewczyk, Pynow und anderen gegenüber,
was noch möglich sein konnte. Auf diese Weise schuf sie
sich einen Schutzpanzer aus Geld und Bekannten für sich
und ihre Familie. Sie wollte abgesichert und mit Einfluss ins
Lager kommen, geschützt vor Hunger. Weiter würde man
dann sehen.

Einige Zeit vor der Liquidierung des Ghettos brachte sie mit Hilfe von Meistern ihre ganze Familie mit allen Sachen, die sie nur besaßen, dort hinein. Alle Spitzenkräfte des Lagers kannten sie schon vorher, sodass sie sehr bald die geeignete Befehlshaberin über das Lager wurde.

Die bisherigen drei Befehlshaber des Lagers, der Kommandant, den man den »derben Abram« nannte, und seine Gehilfen Hercke Lederman und Kaufman, hatten sich zu ihrer Stellung nur mit dem Schlagen und Quälen der übrigen Juden hochgearbeitet, was den unteren Schichten der Fabrikleitung gefiel. Sie besaßen nicht die geschmeidige, raffinierte Durchtriebenheit, die ihnen ermöglicht hätte, zu den höheren Offizieren und Meistern vorzudringen.

Bis jetzt reichte es, bei einem der niedrigsten Schläger Gefallen zu finden, um im Lager etwas zu werden. Die höheren Ränge mischten sich da nicht ein. Ihnen reichte es, dass die Fabrik jeden Tag soundso viele Juden für die Arbeit bekam. Wer danach über sie bestimmte und was sie dort taten, interessierte sie nicht.

Der derbe Abram, ein Grobian aus der Nähe von Kąck, übernahm die Herrschaft, weil er aus der Reihe trat und Schwächlinge mit mehr Sadismus schlug als der Werkschutz. Das machte Eindruck. Er besaß dabei eine solch drastische unflätige Sprache, dass die Deutschen und die Polen sich vor Lachen den Bauch hielten. Seine Freunde standen ihm in der Hinsicht nicht viel nach: Kaufman, der Kommandant über die Baracken und das Mittagessen, und Hercke, der Austeiler des Brotes.

Fela war aber auf anderen Wegen hereingekommen. Sie musste sich nicht erst aufspielen und sich durch »Verdienste« zu der Stellung durchschlagen. Sie hatte es vorher schon in der Hand. Sie wurde von etlichen Meistern im Lager eingeführt und sie hatte schon raffiniert ein feines Netz an Kontakten zu allen Ratgebern gewebt, nicht nur über das jüdische Lager.

Wie von selbst kam sie dazu, Befehle durchzusetzen. Alle vorhergehenden Herrscher sahen ein, dass es keinen Sinn hatte, sie zu bekämpfen und sie zogen sich in die zweite Reihe zurück. Sie begannen, sie untertänig zu umschmeicheln, als sei sie eine derjenigen, die Macht verleihen oder um einen Kopf kürzen könnte. Auch die Polizisten betrachteten sie von der ersten Minute an nicht als eine der ihren, die einen jüdischen Stecken hielt und ihn nur gegen zerbrochene Juden erheben konnte, sondern als eine, die sehr große Vollmachten besaß und die nur aus einer verrückten Laune heraus ins Lager gekommen war.

Sie verstand, wie sie diese Gefühle hervorrufen und aufrecht erhalten konnte. Sie stand nicht steif und ehrfürchtig vor einem Werkschutzmann oder Schläger. Sie redete frei mit ihm, mit dem anziehend boshaften Lächeln auf ihren Lippen. Sie legte ihm sogar gutbrüderlich eine Hand auf die Schulter und blickte ihm von nah in die Augen, dass dieser völlig durcheinander geriet. Wenn jemand Höhergestelltes ins Lager kam, setzte sie ihre ganze raffinierte Dreistigkeit in Gang. Es konnte Dr. Rost persönlich sein oder Schmitz, sie bat sie auf ein Glas Schnaps oder Tee zu sich ins Zimmer. Sie tat es aber mit ihrer ganz speziellen Rhetorik auf eine Art, dass jener in dem Moment völlig vergaß, dass da vor ihm letztlich eine Jüdin stand. Sie wusste, dass man nicht alles aussprechen durfte. Sie machte Andeutungen und sandte Blicke aus, die nur für die verständlich sein konnten, die es heraushören und verstehen wollten.

Ihre freie Art den Mächtigen gegenüber bewirkte, dass alle sich ihr unterwarfen wie einer Befehlshaberin höheren Ranges.

Sie führte Ordnung im Lager ein, auf ihre Art. Sie bestimmte zum Polizisten, wen sie wollte. Sie teilte auch Kommandanten und Vorarbeiter für die Hallen ein. Einen Schwager, den großen gesunden Burschen von Kielce, Wajzenberg, machte sie zum Kommandanten der Polizei und den anderen Schwager, Feldman, den Bäcker von Skarżysko, machte sie zum Chef über die ganze Verpflegung des Lagers. Er portionierte und verteilte das Brot, die Marmelade und den Kaffee. Das gab ihm die Möglichkeit, jeden Tag in die Stadt zu fahren, zur Bäckerei und derweil verschiedene Angelegenheiten zu erledigen und die vertrauten Kontakte mit den Gojim der Stadt aufrechtzuerhalten.

Auf diese Weise ging die ganze Herrschaft über das Lager in die Hände dieser Familie über.

IV

Der älteste Schwager im »Weißen Haus«, Feldman, war ein dicker, bösartiger Mensch um die fünfzig. Ein Händler durch und durch, erprobte er von Anfang an alle Möglichkeiten, Profite zu machen, alles streng in der Hand zu halten und mit seiner Bosheit mit allen in Frieden zu leben. Die »technische« Seite seines Amtes überließ der seinem Gehilfen, dem früheren Kommandanten Hercke Lederman. Er suchte nur Möglichkeiten, auch hier üppig mit seiner Familie zu leben und zu überleben.

Seine Frau, wie die beiden anderen Schwestern auch, war eine große, gesunde Jüdin. Ihre Arbeit bestand darin, in der Baracke zu sitzen und die verschiedenen Abenteuergeschichten anzuhören, die der Mann erzählte, wenn er von der Stadt zurückkam. Als eine von Grund auf böse Frau war sie auch hier neidisch auf die anderen Schwestern, die mehr Macht und eine bessere Position im Lager hatten als sie und ihr Mann.

Wenn der alte Feldman von der Bäckerei mit hochbeladenem Wagen voll heißem Brot, das seinen Duft im ganzen Lager verströmte, zurückkam, liefen von allen Seiten bedrückte Gestalten zusammen. So sehr die Polizei sie auch schlug und forttrieb, es half nichts. Jeder Einzelne hatte seinen Traum vom kleinen Glück: Vielleicht fiel ein Brot herunter. Vielleicht konnte er sich durchschlagen und ein Stück abbrechen. Die Hauptsache aber war die wertvolle Gelegenheit, von ganz nah den süßlich leckeren Geruch einzuatmen, der gleichzeitig erfrischte und schwächte.

Aber Feldmans geschäftserfahrene Hände packten beizeiten die Brote gut in den Wagen, dass kein Brocken herausfallen sollte. Separat kaufte er dort etwas Brot, mehr als die Ration, um es zu hohen Preisen im Lager zu verkaufen. Darum wollte er nicht, dass zu viele Augen sahen, wie er sie aussortierte! Deshalb hatte er außer der Polizei ein paar Jungen, die für eine Portion Brot halfen, die Menge zu vertreiben. Eine große Hilfe dabei war sein wilder, einziger Sohn, ein fünfzehnjähriger Junge. Er warf sich auf die Meute, schlug mit seinen gesunden Fäusten auf die Köpfe und wohin er nur konnte. Es gab aber solch Hartnäckige, die wie hypnotisiert nicht zurückweichen wollten. Je mehr man sie schlug, umso weniger konnten sie begreifen: Was stört Sie denn, Panie Feldman? Wir tun doch gar nichts! Aber der Geruch … Wir nehmen Ihnen doch gar nichts weg.

Da wollte auch Feldmans Frau ihre Wichtigkeit zeigen. Sie kam heraus mit Gekreische: Verschwindet endlich von hier, hört ihr? Ich warne euch!

Aber niemand achtete auf sie. Von dem Trubel wachte Fela auf und schritt gelassen und majestätisch näher zu der Menge. Sie brauchte nicht viel zu schreien. Augenblicklich zerstreute sich die Menschenmenge in alle Richtungen. Fela sagte nichts, warf nur spöttisch einen Blick auf ihre Schwester, die ständig neidisch auf sie war, und presste vielsagend und giftig ein paar Wörter durch die Zähne: Nun, siehst du? Du hättest doch auch Kommandantin sein können, oder?

Sprach's und schritt davon, wie über aller Köpfe hinweg. Das verstärkte allerdimgs noch mehr die stille Eifersucht. Aber zu einem offenen Ausbruch kam es nicht. Die Schwestern hatten auch Angst vor ihrem Blick und nicht nur einmal mussten sie sich an sie wenden, sie möge ihnen aus einer Sache heraushelfen. Auf diese Weise wurde Fela zur Chefin auch in ihrer Familie.

Ganz allgemein war der alte Feldman nicht versessen auf große Macht. Sein Haus führte er ganz nach Art eines normalen Lebens. Aus dem Ghetto hatte er einen großen

Gebetsschal und ein Gebetbuch mitgebracht, für die Schwiegermutter ein paar Frauengebetbücher und auch er selbst schaute von Zeit zu Zeit dort hinein. Im Lager war er verhasst, weil er die Schlüssel für das Brot in seinen Händen hielt und ständig ein waches Auge auf das Lager hatte. Es gab genügend Typen, deren größter Traum es war, dort einzubrechen. Aber Feldmans Schweinsäuglein hielten sie davon ab. Er erkannte so einen mit besonderem Spürsinn schon von weitem. Er warnte ihn, sobald er ihn nur vorbeilaufen sah: He, was schnüffelst du hier herum? Es wird dir Unglück bringen.

Das genügte, sie fernzuhalten.

Er zeigte ein solch gutbürgerliches Benehmen, mit gelegentlichen Seufzern, wie nur Zufriedene und Satte sie hervorbringen können. Bei ihm hatte sich nichts geändert, auch seine Sprache und Lebensweise hatte er hierher mitgenommen und sich dafür nicht geschämt. Er konnte zum Beispiel mitten auf dem Hof mit einem Menschen zusammenstehen und reden. Drumherum gingen so viele Menschen, denen beim bloßen Gedanken an Essen die Zunge heraushing. Feldman führte aber mit seiner reibenden scharfen Stimme laut mit jenem sein Gespräch: Wissen Sie was? Kommen Sie doch heute Abend bei mir vorbei, nach dem Abendbrot. Die Kinder werden schon schlafen und die Frau wird vermutlich bei einer Nachbarin sein, dann können wir ein wenig ausruhen und es uns gemütlich machen.

Solche Wörter wie »Abendbrot« und »Kinder, die schon schlafen« und die »Hausherrin, die eine gemütliche Unterhaltung mit der Nachbarin führt«, hallten über den ganzen Hof. Es hatte den Geschmack eines ganzen ehemaligen Lebens, das nur er allein noch besaß. Es sah aus, als würde er hier alle ärgern und Salz auf die schmerzenden Stellen streuen. Man schimpfte ihm leise hinterher: Die Cholera auf ihn! Verbrennen soll er!

Feldman hörte das nicht einmal. Er steckte noch vollständig in seiner früheren Welt, mit allen kleinen Freuden und bemerkte nicht einmal, dass das bloße Reden mit lauter Stimme darüber den Menschen weh tat und sie bis zum Wahnsinn aufregte. Er konnte einen Freund umfassen, den derben Abram oder den intelligenten Ingenieur Kurc und dabei mit schmatzender Stimme sagen: Hören Sie nur, meine Frau hat heute eine Gerstensuppe gekocht! Oj, war das ein Genuss! Schmalz, Knochenmark und angebratene Zwiebeln, zum Finger-Abschlecken!

Er war sich nicht einmal bewusst, wie stark sein Enthusiasmus jene stach, die seine Wörter aufschnappten und sie neiderfüllt wie brennende Kohlen über das Lager verbreiteten.

Sein entzücktes Seufzen und Prahlen wurde allmählich zur bestimmenden Erinnerung in den Sorgen vieler Menschen. Auf diese Art wurde er von den Lagermenschen in den stillschweigend verhassten Kreis der Menschen aufgenommen, die hier satt und mit Macht ausgestattet umhergingen.

Kapitel einundzwanzig

I

Mit der Ankunft des Transports aus Majdanek gab es auch im Weißen Haus eine große Veränderung. Der Erste, der erkannte, dass man daraus Nutzen für später ziehen konnte, war Feldman. Bis jetzt hatten ihn all die Geschehnisse im Lager gar nicht interessiert, sie berührten ihn nicht. Er strebte nur danach, auf seiner Position Handel zu treiben, mit seinen überzahligen Broten, die er sich in der Stadt ein handelte, gut zu verdienen und einen Haushalt wie in den guten alten Zeiten zu führen. Was ging es sein grobes Gemüt an, was hier mit etlichen Tausend Menschen geschah? Er hatte seine Frau, auch die Kinder und die Familie lebten, was also noch? Ja, manchmal ging er sogar in die Staszower Baracke und nahm an einer abendlichen Mincha[56] mit Minjan teil, so hatte er zugleich eine kleine gute Tat vollbracht. An anderen Abenden lud er ein paar gute Brüder zu sich zum Kartenspielen ein, so konnte man ganz ruhig den Krieg hindurch abwarten.

Mit der Ankunft eines solchen Menschentransportes witterte sein findiger Kopf etwas. Man redete, dass da zusammen mit den abgerissenen KL-niks eine große Anzahl Intellektuelle kamen. Menschen, die in Friedenszeiten eine wichtige Rolle spielen konnten, und für diese Menschen musste man sich interessieren. Faktisch brauchte man nur einen zu greifen, den richtigen. Danach würde es schon recht werden.

Dass Feldman mit lauter Stimme über das gute Essen, das seine Frau kochte, und die Ruhe, die in seinem Haus

56 Nachmittagsgebet.

herrschte, erzählte, passierte jetzt sehr häufig. Als der kluge
Kurc ihm einmal ins Ohr raunte, es wäre besser, er würde
etwas leiser reden, regte Feldman sich auf: Soll es sie ruhig
kränken, die Gassenjungen! Würden sie es mir denn im
anderen Falle gönnen? Glauben Sie mir, ich bin genauso
schlau wie andere.

Tatsächlich erwartete Feldman genau davon etwas. Er trieb
mit Berechnung seine Wörter der Seele des Lagers ins Mark.

Feldmans Tochter, Renia, war schon ein Mädchen von
neunzehn Jahren. Während der Zeit im Lager war sie aus-
gewachsen und reif geworden. Ihre Tante, die Kommandantin, übergab ihr die Führung des Registers des Lagers und
mit dem Bildungsgrad der Volksschule führte sie das Büro.
Das stets gutmütige Lächeln verschwand niemals aus ihrem
naiven und schönen Gesicht, und obwohl sie als Gehilfen
den jungen Marek hatte, der faktisch die ganze Büroarbeit
erledigte, rechnete sie sich zu den höhergestellten Personen
der Lagerverwaltung.

Renia war schön und kindlich verspielt. Wegen ihrer feh-
lenden Reife konnte sie auch nicht bösartig sein. Mehr als
einmal nahm sie einen Kanten Brot und brachte ihn unauf-
fällig einem Pikriner. Das war bei ihr nicht so sehr der Wille,
Gutes zu tun, als vielmehr ein Spiel. Die gelb gefärbten Menschen sahen für sie wie Spielfiguren aus und sie brachte ihnen
gelegentlich Brot, wie man es einst mit Vögelchen zu tun
pflegte. Sie strahlte dabei herzlich vor Freude darüber, dass
jener vor Überraschung fast nicht atmen konnte, sich vor sie
hinwarf, um ihre Hände zu küssen, sich zurückzog, damit er
sie nicht einstäubte und sie mit Segenswünschen überschüttete, soviel sie hören wollte.

Ihre ganze Schönheit hatte etwas noch nicht Ausgereiftes.
Der Körper war schon entwickelt, sogar zu füllig, aber auf
dem Gesicht lag eine Anmut, die erst begann, sich an den
verschiedenen Stellen zu zeigen. Das Leben hatte noch mit
nichts Bösem und Verdorbenem Spuren an ihr hinterlassen,
so strömte sie eine Frische aus. Ihre Schönheit war das Werk

der Natur und sie verstand es noch nicht, mit einer klugen Miene zu vertiefen, was ihr geschenkt worden war.

Nur in ihren großen, schwarzen Augen lag gelegentlich ein nachdenklicher gutmütiger Kummer. Eine Güte, die von Mitgefühl sprach, das in einem abgetrennten Bereich eingehüllt war, von dem niemand wusste, wie man dort hingelangen und sie berühren konnte, und auch sie selbst wusste nicht, wie sie sie nutzen und jemandem schenken konnte.

Eine treuherzige Sehnsucht sprach aus ihr. Ihr Körper war durchströmt von Lebenssaft. Das ganze Erbe der dörflichen, gesunden Eltern verlieh der Haut ein Aussehen wie Milch und Blut. Sie schaute jedem gesunden Jungen mit verschämt verdrehten Augen nach. Sehnsucht, wie instinktiv und naiv sie auch sein mag, verleiht Reiz, eine tiefere Schönheit als die, die Fleisch und Leib darstellen. Da sie die Einzige war, die sich mit dem Chic einer ehemaligen städtischen Tochter kleiden konnte, wurde sie die Prinzessin des Lagers. Die Tochter des Herrscherkreises.

Zu vormaligen normalen Zeiten wäre solch ein Mädchen eine Heirat im Städtchen mit einem Jungen aus Feldmans Kreisen eingegangen. Möglich, dass sich das Paar mit ein wenig Mitgift einen Laden eingerichtet und Kinder zur Welt gebracht hätte und in ihnen den Faden der Hoffnung auf kleine Freuden weitergesponnen hätte. Hier aber sah Feldman die große Welt vor sich. Brot gab es, Leben. Er war hier ein großes Tier, ein Adliger. Im Lager gab es junge Menschen mit hoher Bildung, mit unterbrochener großer Zukunft. Jeder von ihnen konnte heute oder morgen vor Hunger im Schmutz vergehen. Einem konnte Feldman hier wieder eine menschliche Gestalt geben, ein normales Leben und die Möglichkeit, solange es sein musste durchzuhalten. Vielleicht bis über das Wunder von Hitlers Untergang hinaus! Wer konnte das denn abschätzen?

Nun, wenn er schon so eine Gelegenheit hatte, konnte er doch das Beste auswählen, buchstäblich das, was immer sein Herz wollte. Wer von denen hätte sich nicht glücklich gefühlt? Danach, wenn man es überleben würde, würde ihm das größte Glück beschieden sein. Wenn schon ein Schwiegersohn, dann sollte die Welt sich dereinst mit ihm schmücken!

Auf seine habsüchtige Frau redete er fortwährend ein: Du Dummchen, was weißt du denn schon? Brillanten liegen hier herum. Wenn du willst, kannst du einen Doktor haben, einen Professor! Egal, mir eilt es nicht. Ich hab Zeit. Man muss sich sowieso noch umschauen.

Und er schaute sich um, versuchte mit dem lauten Erzählen über seinen Haushalt zu locken. Immer wieder berichtete man ihm von einem anderen jungen Mann, welcher »dieses und jenes« sei. Er war nicht untätig. Mit jedem Einzelnen führte er ein Gespräch, fühlte vor, fragte ihn aus. Einen rundum anständigen Menschen brauchte er! Einmal hielt er sogar Mechele zurück und begann, ihn einfach auszufragen: Woher kommt er? Ach ja, dort hat er Familie gehabt. Nun, er soll nicht meinen, dass Feldman ein grober Kerl sei! Er kennt auch ein wenig die traditionellen jüdischen Texte. Und an einem Buch kann er auch Gefallen finden. Und, nun ja, da er ein richtig edler Junge ist, kann er ruhig manchmal ins Magazin kommen, abends, wenn niemand es sieht. Was weiß ich, ein Stück Brot hin und wieder, einen Klecks Marmelade. Wir sind doch auch Menschen. Man wird ab und zu ein paar Worte reden. Gibt es nicht genug, worüber man reden könnte? An den Abenden könnte man verrückt werden.

Der verwirrte Mechele schaute ihn an und verstand nicht, was der Kerl wollte. Sich wie ein Hund beim Magazin herumdrücken, dazu hatte er keine Lust, solange »sie« und die ganze Bagage dort auftauchen konnte.

Aber Feldman schnüffelte herum, ließ nicht nach und wurde auf diese Art mit dem einen vertraut, mit dem zweiten, dem fünften. Keinen von ihnen ließ er aus den Augen. Immer wieder stürzte er sich auf jemanden, war zufrieden mit ihm und ging weiter. Mit den paar älteren und vertrauten Menschen, die sich mit »etwas Gutem« auskannten wie

Ingenieur Kurc oder Oszer, der Uhrmacher, beriet er sich unter der Hand, einfach so, nicht, um etwas zu sagen, nur einfach, um ein Wort zu hören: Nun, was sagen Sie zu dem Burschen, he? Ein temperamentvoller Kopf, nicht wahr? So einer könnte die Welt entflammen, wenn da nicht der Ver-flucht-soll-sein-Name-sein wäre. Aber, was soll man machen?

So ging er umher, sammelte Bekanntschaften und strahlte vor Freude darüber, was es hier alles zum Auswählen gab. Von jedem einzelnen wussten die Frau und die Schwieger-mutter, aber es eilte ihm nicht. Zeit hatte man, man würde sehen. Der bloße Gedanke, dass es hier genug gab, bereitete ihm Vergnügen. Er brauchte nur zu wollen! Was denn, ver-langte man denn etwas von ihnen? Und mehr als einmal dis-kutierte er einfach so mit seiner Schwiegermutter: Nun, Sie sehen doch, es gibt nichts Schlechtes, das nicht auch etwas Gutes hätte. Schauen Sie sich nur an, was hier passiert. Man muss nur einen Pieps machen – und aus. Was meinen Sie, hätte der Bäcker Feldman in Friedenszeiten auch solch einen Appetit entwickeln können? Was für Zeiten, was für Zeiten! Und er seufzte, wenn auch nur anstandshalber.

II

Feldman bemühte sich nach Kräften, seinen häuslichen Standard im Lager zu erhalten. Für seinen einzigen Sohn, Benjak, suchte er sogar einen frommen Menschen, der für etliche Stücke Brot mit Marmelade in der Woche versuchte, dem Fünfzehnjährigen das Lesen hebräischer Buchstaben beizubringen. Der Junge war aber schon den Kinderschuhen entwachsen, mischte sich in die Magazinangelegenheiten ein und lief ausgelassen mit den Polizisten umher. Mit seinem Lehrer wurde er schnell fertig. Mehr als einmal prügelte er den dürren Muselmann gründlich durch oder er gab ihm ein Stück Brot, damit er ihn in Ruhe ließe und es nicht dem Vater erzählte. Für Feldman war er noch ein Kind, das das

Alphabet lernen musste, doch er hielt es in der Stube nicht aus. Im Hof fühlte er sich besser. Dort war er selbst zu einem guten Teil Kommandant, konnte schlagen und Vergnügen daran haben, wie alle ihm Respekt entgegenbrachten. Auch die Mädchen des Lagers wussten schon, dass der großäugige Benjak mit dem weichen Gesicht kein Kind mehr war. Einige wussten, dass man ihn meiden sollte, andere versuchten, ihm ins Auge zu fallen.

Der Kleine trug dieselben Stiefel wie sein Onkel Wajzenberg, der Kommandant der Polizei. Er lernte auch, Alkohol zu trinken und die Fassung zu bewahren, genau wie Kaufman und andere erwachsene Verwandte der Regentenfamilie. Seine unschuldige Jugendlichkeit hatte er aber noch nicht völlig verloren. Er hatte die Neigung, Bekanntschaft mit Leuten zu schließen, die älter waren als er, und bei ihnen eine Menge Dinge zu hören und zu lernen, die für ihn interessanter waren als Hebräisch. Er wusste schon, wie er aus Vaters Magazin Lebensmittel entwenden konnte, um sie den Hungrigen des Lagers zu bringen. Er suchte nur solche aus, die ihm gefielen. Überhaupt hatte er etwas von einem Spürhund und er lernte auf eigene Faust viele Dinge, die die Familie vor ihm verborgen hielt.

Genau er war der Erste, der etlichen Menschen im Lager verriet, dass die Tante schon einen Bräutigam für Renia im Auge hatte. Der Vater wusste noch von nichts, der junge Mann selbst auch nicht, aber sie, die Tante, hatte einen Jungen zwischen den KL-niks entdeckt und Renia auf ihn hingewiesen. Dabei fragte sie leise: Sag, gefällt er dir?

Nur der junge Benjak hatte es mitgehört und es gleich den paar Menschen weitergegeben, mit denen er sich gerne unterhielt. Er wusste sogar schon, dass es sicher eine Hochzeit geben würde, weil er gesehen hatte, wie Renia rot geworden war und die Tante ihr erfreut den Kopf tätschelte.

Als der alte Feldman es aus dem Mund des scharfen Beobachters Kurc hörte, konnte er es selbst nicht glauben. Das Erste, was er sehr wohl konnte, tat er. Er ging weg und verprügelte seinen »kleinen Jungen« heftig. Das nützte aber wenig. Seine Schwägerin hatte ihre Pläne, die sie auch schon begonnen hatte, auszuführen, wie sie es wollte, und er musste damit zufrieden sein.

Mit dem Strom aus Majdanek hatte es auch einen mittelgroßen, dürren Jungen aus Lemberg daher verschlagen. Er war der Sohn eines bekannten assimilierten Professors in Lemberg, Handl. Er wurde als Medizinstudent ins Lager verschleppt und in Werk C verlor er das bisschen Fleisch auf seinen Knochen. Er kam zu den Granaten und wurde schnell zum Muselmann, wie alle in seiner Halle. Aber jemand erzählte der Kommandantin von ihm und sie war an ihm interessiert. Sie schickte ihn erstmal aus der schweren Halle in eine leichte und begann, ihn einzukleiden, damit er wieder nach etwas aussah.

Seine reiche, aristokratische Abstammung imponierte ihr, auch, dass der Junge vollständig assimiliert war und nicht einmal recht wusste, was Jüdisch.Sein bedeutete. Genau, wie er sich in der Halle verloren gefühlt hatte, weil er kein Jiddisch verstand und die Leute über ihn und sein Polnisch lachten, genauso fesselte es ihn, als er plötzlich der Kommandantin persönlich vorgestellt wurde.

Als stiller und kultivierter Mensch kam er mit der schweren körperlichen Arbeit in der Fabrik nicht zurecht. Sie wäre der Tod für ihn gewesen. Er war von zu Hause ein gutes Leben gewohnt und es war ihm hier nicht möglich, sich durchzusetzen. Er hatte von Haus aus Respekt vor den höheren Rängen und seine Karriereträume zogen ihn zu den oberen Dienstgraden. In normalen Zeiten wären das die hohen Regierungskreise des Staates gewesen. Hier aber waren die Horizonte enger, die Welt war ein kleines Lager geworden, in dem sich ein paar tausend Menschen befanden und an der Spitze dieser abgeschnittenen Welt stand eine Frau. Sie war hier die Königin und das Höchste, was man erreichen konnte, war, bis zu ihr vorzudringen. Das imponierte ihm.

Fela hatte ihre Berechnungen angestellt. Sein Vater, so sagte man ihr, gehörte der höchsten Spitze der Aristokratie an. Er sollte noch jetzt irgendwo auf der arischen Seite leben. Wenn die Welt befreit würde und ein neues Polen entstünde, würde er sicher eine große Rolle spielen, also musste man Vorkehrungen treffen für später. Überhaupt trug sie sich mit Plänen, wie sie und die ganze Familie in aristokratische Kreise vordringen konnten. Hier war jetzt die beste Zeit, sich auf leichte Art mit einer hohen Abstammung zu verbinden. Wer würde sich denn nicht glücklich fühlen, gerettet zu werden und normal leben zu können? Später könnte es gelingen zu überleben und die dörfliche Abstammung loszuwerden. Für sich selbst suchte sie auch eine beeindruckende Verbindung. Sie hatte noch weitergehende Pläne. Aber den Anfang sollte man mit Renia machen. Sie hatte einen Plan, im Lager ein Spital zu errichten, Handl zum Chefarzt zu ernennen und auf diese Weise allmählich alle hohen Ämter mit neu in die Familie gekommenen Leuten zu besetzen.

Das Netz um den naiven Jungen war gesponnen und die Aussichten, ein sattes und ruhiges Leben zu haben, hatten ihn so gefesselt, dass er sich bald in Renia verliebte und sie sich in ihn. Man kleidete ihn und päppelte ihn auf, sodass er wieder seine jugendliche Farbe annahm. Das Lager bekam über Nacht vor ihm Respekt. Er wurde zum Leiter der Lagerärzte bestimmt und jeder Einzelne umschmeichelte ihn, um diesen oder jenen Vorteil auszuhandeln.

Er selbst fühlte sich sehr wohl in der Rolle des jungen Prinzen in diesem Staat des Todes und des grenzenlosen Unglücks. Innerhalb kurzer Zeit nahm sein schönes jugendliches Gesicht eine wichtige Miene an und er ließ spüren, dass er im Lager etwas zu sagen hatte.

Die Hochzeit feierte Feldman mit viel Pomp. Es fand sich der Sohn eines Rabbiners aus Otwock, der für ein paar Portionen Brot die Hochzeitszeremonie in aller Pracht zelebrierte, und Feldman selbst spendierte allen Pikrinern eine halbe Portion Brot zu Ehren des großen Festes. Danach bekam das Paar ein Zimmer im Herrscherhaus und so gab es eine weitere »königliche« Familie.

Die Liebe zwischen diesen beiden großen Kindern war aber rührend, sie waren die Einzigen jener großen Familie, gegen die das Lager keinen Hass verspürte. Er, ein achtundzwanzigjähriges Kind, das in dem liebevollen Haus der Eltern die Welt außerhalb seiner Schulbücher nicht kennengelernt hatte, lächelte ständig gutmütig und zufrieden. In Majdanek hatte er das Entsetzen und das menschliche Leiden zum ersten Mal kennengelernt. Er hatte mit dem Verstand nicht alles erfassen können.

Seine eigenen Qualen hinderten ihn in den ersten Tagen daran, die neuen Geschehnisse mit offenem Geist und Verstand aufzunehmen. Seine Tage des Hungerns und der Schläge waren für sich genommen ein zu großes Rätsel, als dass er sie vollständig hätte begreifen können und damit alles, was mit den anderen und der Welt passierte. Er wurde dazu erzogen, mit einem Lächeln und edlen Ausdrücken zu den Menschen zu sprechen und das alles war jetzt zusammengebrochen. Die neue Art, die Welt zu sehen, unter anderen Bedingungen, das Fühlen dieser neuen Wirklichkeit auf der Haut konfrontierte ihn mit etwas, für das er Jahre benötigt hätte, sich darin einzuleben und es anzunehmen.

Erst nachdem er in Feldmans Haushalt gekommen und vom Hunger befreit war, als er nicht mehr schwer arbeiten und keine Schläge und Streitigkeiten mehr ertragen musste, hatte er gefühlsmäßig die Möglichkeit zu erkennen, wie andere Menschen lebten, wie viele starben und jeden Tag zertreten wurden. Erst dann begann er mit seinem geschliffenen Verstand, sich gedanklich in das große Durcheinander hineinzuversetzen: Warum?

Die schamlose Unaufrichtigkeit konnte ihn wegen seiner Unbedarftheit und Naivität nicht erreichen. Seine Gefühle bewegten sich langsam wie in einem Korsett, und um sich an die raffinierten Machenschaften seines direkten Umfeldes anzupassen, hätte er sehr viel Zeit gebraucht. Gerade er konnte nicht demoralisiert werden und die kindliche, schnörkellose Gutmütigkeit verlangte ihm einiges ab.

Seine junge Frau Renia war buchstäblich die passende Partie für ihn. Sie liefen regelmäßig im Lager umher, hielten sich unbekümmert an den Händen und beide lächelten glücklich. Einer hatte im anderen seine ganze Welt gefunden. Wenn sie Zeit hatten, schlenderten sie auf der Suche nach Emotionen durch die Baracken, sahen Verkrüppelte und Menschen im Todeskampf. Das unterstrich noch stärker ihr eigenes Glück. Aber es weckte auch etwas in ihnen.

Dr. Handl begann zu überlegen, wie man Gutes tun konnte. Auf beider Gesichter zeigte sich eine hingebungsvolle Miene. Er begann, Hilfe für etliche Intellektuelle im Lager zu schaffen, und überschüttete die Kommandantin mit Plänen, wie man die Lage der Unglücklichen verbessern könnte. Fela lächelte dabei ironisch. Sie wusste, dass das kindliche Paar sich eine Zeit mit solchen Sachen befassen würde, bis ihre Stellung sie vereinnahmen und abstumpfen lassen würde. So hörte sie sie an, machte Zusagen und – ließ sie im Sande verlaufen. Handl aber nahm seine Forderungen ernst. Der weichherzige Junge begann zu fordern, strenger zu reden und sprach gar von Maßnahmen hier und da auf eigene Faust. Allmählich wurde er aber stiller und zog sich zurück. Das regelmäßige Essen, das Schlafen und der Genuss an der Welt machten ihn phlegmatisch und faul, also ließ sein Engagement nach. Eine Zusicherung bekam er aber doch: In einer der neuen Baracken würde man ein großes Spital für Kranke errichten und er als Chefarzt würde sie einrichten können, wie er es wollte! Möge er dort retten und sich mit den Kranken abgeben, soviel sein Herz begehrte! Nur noch kurze Zeit solle er warten, er würde schon sehen. So wartete er.

Derweil spazierte er mit Renia umher, schaute ihr mit einem glücklichen Lächeln in die Augen und quoll über vor Glück. Das ganze Lager schaute ihnen voller Neid nach, hatte aber gleichzeitig Freude daran, dass es in dieser Hölle noch ein glückliches menschliches Pärchen in ihrer ersten, unschuldigen Jugend gab.

III

Der Kommandant Wajzenberg fühlte sich im Lager wie im Paradies. Das Erste, was er anstrebte, war Herrschaft. Lange Zeit versuchte er, seine Schwägerin zu überholen, aber vergeblich. Sie schaffte es, Kontakte zu hohen Tieren zu pflegen, die er mit seiner Sprache nicht erreichen konnte. Für ihn war es besser, sich in der Distanz zu halten und sie die vielen verwickelten Angelegenheiten erledigen zu lassen. Er hatte auch Angst vor ihr. Wenn sie wollte, konnte sie jedermann liquidieren. Wenn es um ihre Machtambitionen ging, konnte sie auch den eigenen Schwager nicht schonen. Deshalb verzichtete er auf eine offene Rivalität ihr gegenüber und beschloss, sich in der Polizei zu etablieren. Als ehemaliges Mitglied der Unterwelt besaß er die übliche Mischung aus Brutalität und sentimentaler Gutmütigkeit. Er war raffiniert, gerissen und verstand, dass er sich hier nicht von seinem Instinkt mitreißen lassen durfte, sondern eine strenge Miene tragen musste, die besser zu einem Kommandanten passte als der Hut mit den drei Sternen und die glänzenden Stiefel.

Er begann, seine Polizisten einer strengen Disziplin zu unterwerfen und sie wie Soldaten in der Kaserne zu drillen. Sie mussten ihm wie einem Offizier salutieren und sogar sein Vizekommandant, der ehemalige proletarische Parteigenosse Feldman, zitterte ergeben vor ihm. Fela wählte meist für die Polizei aus, wer ihr gefiel, aber Wajzenberg behandelte sie streng und hatte seine eigenen Sympathien und Abneigungen.

Im Lager hatte er alle Menschen im Auge und kannte alle. Mit seinem scharfen Blick erkannte er, wem man manchmal ein gütiges Lächeln schenken musste und wem man ohne Grund immer mal wieder einen Peitschenhieb verpassen musste, wenn er in seinem Blickfeld auftauchte. Er ließ niemanden an sich heran, obwohl er sich manchmal danach sehnte, eine Unterhaltung mit einem Gefährten von früher oder einfach mit einem Menschen zu führen. Das würde, das wusste er, sein Prestige beschädigen und alle würden anfangen, ihm auf dem Kopf herumzutanzen.

Sie auf Distanz halten.

Das war seine Devise für die Polizei und für sich. Mit dem scharfen Verstand eines Spürhundes witterte er, dass er auf diese Art mehr Ansehen genießen würde und auch gegenüber den verschiedenen Inspektoren der Fabrik war es besser zu zeigen, dass man hier vor ihm zitterte und Respekt hatte. Das stärkte die Position auch in ihren Augen. Die ärgste Sünde bei ihm war, wenn ein Polizist zu vertraulich mit den einfachen Leuten in einer Halle umging. Die Polizei musste bei ihm eine höhere Kaste bilden und er sollte der Höchste der Hohen sein, mit dem zu reden ein Privileg darstellte. Er wusste, dass er sich mit dieser Regel noch höherstellen konnte. Und jeder Fall, bei dem ein Polizist mit einem einfachen Verwahrlosten friedlich redete, stellte sich ihm wie eine Erniedrigung seines Ranges dar.

Er verleugnete sich buchstäblich selbst, um zumindest einen Teil des hohen Ansehens zu haben, das selbst der geringste Deutsche bei den Juden hatte. Er begann, sie bis ins kleinste Detail zu imitieren. Auf eigene Faust führte er strenge Appelle und Zählungen durch. Bei der geringsten Verspätung gab es Schläge und Strafübungen. Mehr als einmal trieb er für irgendein kleines Vergehen eine ganze Baracke hinaus und befahl den Menschen, auf der Erde umherzurollen und unzählige Kniebeugen zu machen.

Die Macht eines Deutschen zu besitzen, das war seine Zwangsvorstellung, und er bemühte sich, alles, von dem er hörte, dass Deutsche in Konzentrationslagern es täten, zu kopieren. Einmal ließ er als Strafe an einem nassen Wintertag die ganze Frauenabteilung des Lagers sich mit ihren leichten Kleidern in den nassen Schnee legen.

Das alles war bei ihm mehr Nachäfferei als Grausamkeit, die ihm aber auch nicht fehlte. Als roher, aber praktisch veranlagter Bursche wollte er damit Schrecken verbreiten, damit alle wissen sollten, dass sie auf Leben und Tod, auf Gnade und Ungnade, in seiner Hand waren. Daraus konnte man viel Nutzen ziehen und das tat er auf verschiedene Art.

Seine zweite, nicht geringere Leidenschaft waren die Mädchen. Es gab vor Ort hunderte blutjunge, schöne Mädchen und er wusste, dass er ihr Herr und Befehlshaber war. Das erregte ihn und machte ihn ärgerlich. Er hätte alle miteinander haben und verschlingen wollen. Er nahm sie im Guten und mit Gewalt. Es gab Fälle, wenn er ein Auge auf eine geworfen hatte, ließ er sie für ein angebliches Vergehen in das kleine Lagergefängnis einsperren und nahm sie dort mit Gewalt oder durch Überredung. Aber sie war ja in einer kleinen Kammer nachts eingesperrt! Aber einmal fesselte ihn ein kleines, blondes Mädchen, das beim Pikrin arbeitete, Toszka. Er schloss sie so sehr ins Herz, dass er sie jedes Mal am Tor abpasste und ihr durch das ganze Lager nachlief, vor aller Augen. Bei Nacht ging er groß herausgeputzt zu ihr in die schmutzige gelbe Baracke und verbrachte dort Stunden. Die Mädchen, die dort mit ihr wohnten, pflegten hinauszugehen und sie in Ruhe zu lassen. Als sich das aber über längere Zeit hinzog, genierten sie sich nicht mehr, genauso wenig wie er. Es verließ ihn sogar die spezielle Freude, sie mit Gewalt zu nehmen. Er überschüttete das Mädchen mit Kleidern und Geschenken und ließ sich in seiner ganzen Größe von dem raffiniert schelmischen halben Kind an der Nase herumführen. Er nahm sie sogar über Nacht zu sich ins Zimmer, wo seine Frau und sein trauriges elfjähriges Mädchen schliefen.

Im Weißen Haus entstand Unruhe. Fela, die Kommandantin, machte als Erste eine Szene. Sie sah darin nicht nur eine Beleidigung ihrer Schwester, die sie nicht besonders liebte, wie auch niemanden sonst. Es bedeutete für sie auch eine verdeckte Abrechnung mit ihr persönlich. Da er ihr die Oberherrschaft nicht streitig machen konnte und ihr gegenüber machtlos war, wollte er ihr mit der Beschämung einer ihrer Verwandten wenigstens wehtun und damit wie nebenbei sie treffen.

Die Polizei redete unter der Hand über die nächtlichen Kämpfe in jener Baracke. Man hatte Felas befehlende Stimme gehört, Wajzenbergs scharfe Entgegnungen und Feldmans krächzende Moralpredigten, dass es eine Blamage und Schande sei.

Diesmal siegte Wajzenberg. Auch Fela hatte ihre Affären und sie konnte von ihrem Schwager nicht verlangen, er solle züchtiger sein als sie. So hatte sie nur einen Rat für ihre Schwester: es ihm mit gleicher Münze heimzuzahlen. Solle er nur etwas sagen, darauf warte sie nur.

Wajzenbergs Frau begann deshalb umgehend, provokativ jemanden im Lager zu suchen. Man konnte beobachten, wie sie einige Zeit mit einem jungen Polizisten umherging, dann mit einem anderen. Danach hängte sie sich für eine Weile an einen sehr jungen Vorarbeiter beim Pikrin und promenierte mit ihm extra so, dass alle im Lager es sehen sollten. Das war ein zarter junger Mann aus einem kleinen Schtetl, der einer Pionierbewegung angehörte und dessen einziger Traum Eretz Israel war. Mit seinen dreiundzwanzig Jahren war er noch schön und unschuldig wie ein Kind. Er konnte sich keinen Reim darauf machen, was man von ihm wollte und wie er in diese Verwicklungen hineingeraten war. Es war schmerzhaft mitanzusehen, wie die große kräftige Frau Wajzenberg sich an den schlanken, dünnen Jungen anhängte und er sie mit erschrockenen Augen ansah, als zitterte er vor irgendeiner Katastrophe.

Wajzenberg selbst schaute dem mit einem zufriedenen, spitzen Lächeln zu. Er fing sogar an, sich mit Josl anzufreunden, ihm gutbrüderlich auf die Schulter zu klopfen und ihm verschiedene Privilegien zu verschaffen. Fela aber stellte ihre Berechnungen an. Hier musste man dem Schwager einen Stich versetzen, den er nicht vergessen würde! Sie ließ von ihrem Plan nicht ab, die Familie zu aristokratisieren.

Und tatsächlich sah man eines Tages Frau Wajzenberg mit einem neuen Jungen. Das war ein reicher Junge aus einer assimilierten Warschauer Familie von Fabrikanten. Er war mit dem Transport aus Majdanek gekommen und schon ein halbes Skelett. Es war ihm aber gelungen, Kontakte mit seinen polnischen Bekannten von damals zu knüpfen, und sie schickten ihm eine gewisse Summe Geld herein. Die Kommandantin behielt ihn im Auge und wusste von allen Fäden, die er nach draußen spann. Sie interessierte sich für diesen Lolek Herlech und lud ihn zu sich ein. Er machte mit seiner Intelligenz und seiner ruhigen Ehrlichkeit Eindruck auf sie. Sie rief deshalb die Schwester herein und versuchte mit allen Mitteln, eine Romanze anzuknüpfen.

Der Junge wusste, dass sein Leben in ihren Händen lag. Für das Unterhalten von Kontakten nach draußen, mit wem auch immer, wurde man ohne lange Zeremonie erschossen, und er wusste das. So begann er, an den Abenden hereinzukommen, die Wogen zu glätten, sie weicher zu stimmen. Es dauerte eine Weile. Fela machte ihn derweil zum Vorarbeiter an einem der besten Plätze, in Schmitz' Frauenabteilung, bis es dann einmal geschah: Er blieb über Nacht. Sich herauszuwinden, war nicht möglich. Im selben Zimmer, in das Wajzenberg sich die Seine mitbrachte, schlief auch das Kind, und Lolek legte sich zu Wajzenbergs Frau.

Dann wurde Frieden geschlossen. Für die Öffentlichkeit wurden sie wieder Mann und Frau, spazierten und lachten zusammen, aber nachts begann das verrückte Durcheinander. Die alte Mutter schlug die Hände über dem Kopf zusammen, schrie, dass man »in Sodom von so etwas nicht gehört hätte«, aber wer achtete auf sie? Man lachte über sie, als sie wenigstens das Mädchen zu sich herüber nehmen wollte. Sie redete so lange, bis es ihr zu viel wurde, und sie begann, sich im Lager andere Vergnügungen zu suchen.

Kapitel zweiundzwanzig

I

Damit waren die Verwicklungen in jenem Haus noch lange nicht zu Ende. Es war nur der Anfang, der den Ton vorgab für das ganze sumpfige Tohuwabohu einer gesetzlosen Welt ohne Beschränkungen und Grenzen, das sich danach im ganzen Lager ausbreitete. Fela bereitete sich auf ihr eigenes Abenteuer vor, das nach Emotionen, Zügellosigkeit, Raub und Wildheit schmecken sollte. Das wurde später der Anstoß für viele Menschen in Werk C, die Seele von jeglicher menschlichen Regung zu befreien. Aber sie war noch nicht bereit dazu. Unterdessen hatte sie kurze Affären und Erlebnisse. Es war eine ganz eigenartige Geschichte, die zeigte, dass die menschliche Seele ohne Ende verfaulen und absinken konnte und doch nicht vollständig verfiel.

Seit ihrer Ankunft pflegte sie mit dem langen Gummistecken im Lager umherzugehen. Mit ihr war auch der Bruder ihres zweiten Mannes gekommen, Lolek. Die Gefühle für ihren Mann übertrug sie aufgrund ihrer Ähnlichkeit auf seinen weichherzigen Bruder. Er zitterte vor ihr und jedes Wort von ihr nahm er mit einem merkwürdig schreckhaften Gehorsam auf. Ihn bestimmte sie zum Vorsteher des Kleidermagazins. Durch sein Amt hatte er Tag und Nacht mit allen Mädchen und Frauen des Lagers zu tun. Sobald er nur auf dem Hof erschien, umringten sie ihn oder fingen ihn in einer Ecke ab. Jede wollte mit irgendetwas ihre Nacktheit bedecken. Ihnen gegenüber setzte Lolek einen künstlich strengen Gesichtsausdruck auf und schimpfte, er habe gar nichts im Magazin, buchstäblich nicht einmal einen zerrissenen Lumpen. So begannen sie, ihn zu umschmeicheln, ihm

Komplimente zu machen und ihn zu bitten, er solle doch etwas aussuchen für sie. Die, die ihm gefielen, bestellte er in den Abendstunden zu sich. Mit der Zeit stellte er dort sein Bett auf und lebte dort. Deshalb ging er tagsüber nur noch phlegmatisch und verschlafen umher.

Fela wurde seiner schnell überdrüssig. Sie suchte ständig etwas Neues. Sie turtelte immer wieder mit einem anderen Polizeiburschen, es wurde ihr wieder langweilig und sie war wieder nervös und voller verrückter Erwartungen. Jeder neue Transport ließ ihre Neugier auflodern, die aber bald wie ein hastig flackernder Docht erlosch, der von der Kerze mehr Talg vergießt als er verbrennt. Den größten Teil des Tages füllte sie mit verschiedenen Angelegenheiten und dem Zusammentreffen mit allerlei Menschen, den Werkschutzleuten oder einfach Gojim, die auf das Gelände des Lagers kamen. Niemand wusste, welche Geschäfte sie betrieb und was ihre Pläne waren. Ihre Marschroute behielt sie für sich.

Unlängst vor der Ankunft der Majdaneker Gruppe faszinierte sie der Kommandant des Büros, Marek. Das war ein mittelgroßer, stämmiger junger Mann mit einem gutmütig verwöhnten Aussehen. Er hatte aber seine eigenen Ansichten und Positionen im Lager und er mied sie. Das war ihre einzige kleine Tragödie. Sie hütete ihren Stolz mehr als alles auf der Welt, doch sie tat alles, um ihn zu gewinnen. Als ihr das nicht gelang, wurde es bei ihr zu einer Art Krankheit. Sie verlangte Untertänigkeit von allen und deshalb konnte sie selbst sich nicht vor einem kleinen Sekretär verneigen. Sie wollte nehmen, aber nicht betteln und sich erniedrigen. Ihr weiblicher Instinkt, der noch wild und stärker war als bei anderen, konnte aber mit ihrem Kommandantinnenstolz keinen Frieden schließen. Sie schützte ihre Macht, indem sie gleichgültig und mit einem spöttischen Lächeln an ihm vorbeiging, aber sie litt als Frau, die darauf abzielte, ihren Sieg zu erringen, womöglich gar durch die größte Demut. Zwischen diesen beiden Demütigungen wählte sie die schwächere. Sie bewahrte ihre Macht, war ihm gegenüber die Befehlshaberin über einen ihrer Funktionäre, das wurde aber ihre schmerzende Wunde. Im Lager wusste man, dass sie sehr in ihn verliebt war, dass sie sogar bereit war, ihn einst zu heiraten und dass sie diese Hoffnung noch nicht aufgegeben hatte. Sie wartete nur darauf, dass er den Weg zu ihr finden würde, und sie führte dieses Spiel mit ihrer ganzen aufgebotenen Sturheit. Sie wusste, dass es Thema des Klatsches im Lager war. Deshalb bemühte sie sich, es zu verbergen, zu beweisen, dass sie anders war, dass sie über solche Narreteien erhaben war und dass sie gar nicht ihn meinte und wenn sie ihn denn wollen sollte, er sich sehr glücklich fühlen würde.

Um ihre eigene Schwäche zu verdecken gab sie sogar ihre unmerklichen leichten Schikanen gegen ihn auf, in denen sie eine Meisterin war. Sie zeigte ihm gegenüber übertriebene Freundlichkeit und wenn sie unter Menschen war, schaute sie ihn mit einem speziellen Blick voller vorgetäuschtem Bedauern an, wie man auf einen Verliebten schaut, der fatalerweise aber kein Glück hat. Und sie war dabei die Heldin dieses Unglücksraben.

Mit der Ankunft der KL-Mädchen kam auch eine blonde Schönheit aus Warschau, die Marek sich als seine »Cousine« nahm. Das konnte Fela in der ersten Zeit nicht verschmerzen. Etliche Tage kam sie nicht aus der Stube, war böse und schmollte. Sie puderte sich nur für sich mit solch zorniger Übertriebenheit, dass keine Spur der natürlichen Hautfarbe mehr zu sehen war. Ihre Befehle an die Polizei erteilte sie durch ein kleines Luftloch in ihrem Fenster, durch welches man ihre längliche bleiche Nase und die plötzlich aufgedunsenen Tränensäcke sah. Sie schluckte aber ihre Kränkung schnell hinunter und begrub sie tief in sich, sie sollte dort schmoren und brennen.

Sie begann wieder, mit aufgesetzt freundlicher Miene über den Hof zu gehen, lachte mit lauter Stimme und zeigte, wie gut sie über sich selbst herrschte, genau wie über die anderen. Sie ließ die alberne goldhaarige und lustige Alina, Mareks Schönheit, zu sich rufen und schloss mit ihr Freundschaft.

Als sie hörte, dass sie eine Sängerin war und schön tanzen konnte, ließ sie für sie eigens Kostüme anfertigen, mit denen sie im Lager auftreten könnte. Sie half auch mit, dass Alinka[57] einen besonderen Abend in einer Baracke ausrichten und mit ihren Tänzen und ihrem Gesang die Lagerprominenz unterhalten konnte. Sie musste der Allgemeinheit beweisen, dass sie ihr dankbar dafür war, dass sie ihr geholfen hatte, den jungen närrischen zudringlichen Marek, dessen sie schon überdrüssig war, so leicht loszuwerden. Man wusste aber, dass das alles nur vorgetäuscht war und dass die fröhliche Alinka plötzlich die Rache der taktisch gewieften Warkowiczowa zu spüren bekommen würde. Sie wollte es nur so tun, dass es wie von ungefähr käme und ihre Handschrift darauf nicht zu erkennen sein sollte.

Bei Alinas erstem Konzert mit dem großgewachsenen Polizisten applaudierte die Kommandantin sehr lebhaft und gab anderen Lust, es ebenfalls zu tun. Es gab aber Polizisten, die schon damals verstanden, dass man sich den speziellen Charme der Warkowiczowa damit erkaufen konnte, dass man an der Seite stand und sie gerade nicht nachahmte. Sie standen still etwas abseits, applaudierten nicht und waren von Alinas Künsten »nicht begeistert«.

II

Als das Komitee zur Unterstützung der »Skelette« im Lager beschloss, ein Konzert zu veranstalten, standen sie vor der Frage, wie man die Kommandantin dazu bringen konnte, nicht zu stören. Der raffinierte Kurc hatte einen einfachen Plan: Man musste Alina hinzuziehen. Auf ihre Kunst könnte man verzichten, aber eine Lösung für die Erlaubnis wäre sie trotzdem. Als vorgebracht wurde, das sei nur einer der paradoxen Einfälle von Kurc, erklärte er es: Sie hasst sie so

---

57 Koseform von »Alina«.

sehr, dass sie es erlauben wird. Sie hat Angst, man könnte andernfalls meinen, dass sie es wegen Alina verboten hat. Das würde dann heißen, dass sie ihretwegen eifersüchtig sei und Marek würde sich aufspielen. Solch ein Vergnügen wird sie ihm nicht gönnen. Habt ihr verstanden? Verlasst euch auf meine Nase.

Und Kurc behielt Recht. Der Name Alina ließ bei ihr die Augen mit vorgetäuschter Begeisterung aufleuchten. Sie wollte nicht einmal wissen, wer sonst noch dort auftreten würde und was dort gespielt werden würde. Sie begann nur anzutreiben, es sollte so bald wie möglich geschehen und man sollte für Alina beschaffen, was sie zum Spiel brauchte.

Mechele hatte schon einiges geschrieben und es unter den Teilnehmern des Konzertes verteilt. Die Polizei und eine Gruppe der Organisatoren des neuen, geheimen Komitees wählten eine Baracke aus, wo das Spiel stattfinden sollte, dort wurden Bänke aufgestellt und eine Tribüne errichtet. Mechele hatte seine Sachen erledigt, er hatte ein wenig Zorn und Klage zu Papier gebracht. Die fröhliche Fredzia konnte sein ganzes Lied voller Spott und Zorn über alle Mächtigen im Lager schon auswendig. Sie fieberte vor Erwartung, ob sie Erfolg haben würde. Der Polizist Bejman hatte etliche fröhliche Liedchen und zwischen sie sollte er Mecheles Gedichte über die Hungrigen und Satten im Lager einschmuggeln. Mehr interessierte Mechele nicht. Ihn brauchte man nicht mehr. Am Tag des Konzerts ließ man ihn in Ruhe. Das Lager war aufgeregt, die Polizei war vorbereitet, die Kommandantin auch, das steckte alle Menschen des Lagers an. Niemand, nicht einmal die in Mecheles Baracke, wussten, dass er auch etwas damit zu tun hatte. So schlenderte er im Lager umher, zufrieden, dass niemand es wusste. Etwas schämte er sich, denn es kam ihm vor, dass er heute zwar gar nichts tat, aber doch für eine nicht ganz so feine Sache verantwortlich war.

Die reichen, satten Menschen im Lager begannen schon tagsüber, sich herauszuputzen und Sitzplätze in der Konzert-

baracke zu bestellen. Die Polizisten mit ihren »Cousinen«
bereiteten sich vor und die Lagerintriganten wussten schon
beizeiten, dass die Kommandantin sich anschickte, Marek
und seiner neuen »Angebeteten« einen Streich zu spielen.
Auch die abgerissenen Gestalten aus allen Baracken stimmten sich auf den Gesang und die Vorstellung ein.

In der Baracke zwei herrschte eine besondere Aufregung.
Sobald die Nachtschicht erschienen war, lief Frydland wie
ein Verrückter umher und teilte jedem Einzelnen die Nachricht mit: Heute ist ein Konzert, mach dich fertig. Für meine
Leute will ich gute Plätze bekommen. Dass mir nicht einer
von euch Saubande fehlt!

Starobinski ließ sich dieses Mal nicht lange bitten. In den
letzten Tagen war er heiterer geworden. Der Gedanke, ein
Hilfskomitee zu schaffen, hatte ihn gefesselt. Selbst ein Aktivist in all den Jahren, versetzte es ihn wieder in seine ehemalige Welt. Er begann deshalb, Frydland zu helfen und auf die
Leute einzuwirken: Ich weiß nicht, was es hier zu verlieren
gibt. Das Konzert macht man nicht aus purem Wohlstand,
es ist für einen guten Zweck. Und man ist doch selbst auch
nur ein Mensch.

In einer Ecke erhob sich eine trübsinnige, zerschlagene
Gestalt und ging direkt zu Starobinski und Frydland. Seine
Worte kamen etwas murmelnd und ein wenig wortkarg her-
aus: Was für ein Konzert? Was für ein Stück feiert ihr hier?
Sonst fehlt euch nichts?

Mechele erkannte die Stimme und drehte sich zu ihm hin.
Es war Henech. Er ging in letzter Zeit völlig gekrümmt. An
den Armen zeigten sich blaue geschwollene Male und das
ganze Gesicht war schwarz wie Kohle. Jetzt aber stand er
mit solch entflammtem Gesicht wie jemand, der sich auf eine
Schlacht gegen alle vorbereitet. Sein Blick war drohend und
in den Mundwinkeln zeigte sich zorniger Schaum.

Mechele staunte, wie dieser Mensch noch reden und sich
aufregen konnte. Aber der hitzige Frydland lief Henech entgegen und packte ihn am Arm: Du Dummkopf, du bist doch

heute der Ehrengast! Deine Frau ist doch die Hauptdarstellerin heute. Was schreist du also so?

Henech hatte noch etwas sagen wollen, aber die Stimme blieb ihm im Hals stecken. Er breitete die Arme aus und blieb mitten im Raum stehen, wie abgewürgt. Er röchelte, als steckte ein Knochen dort drinnen. Nur die Augen traten hervor, schauten erst auf diesen, dann auf jenen. Sie baten darum, jemand möge das Wort für ihn ergreifen. Es meldete sich aber niemand. In der Baracke wurde es plötzlich sehr still. Nur Frydland und Starobinski schauten sich verwirrt an. Henech drehte sich um und schlurfte gebeugt zu seiner Lagerstatt zurück. Draußen herrschte noch die gewöhnliche Betriebsamkeit des Abends. Gelbe Pikriner schleppten die krummen Bänke aus allen Baracken und trugen sie Richtung Wald. Von weitem sah man Alinka in einem weißen Kleid mit roten Perlen. Sie lief aufgeregt irgendwo hin und das war das Signal, dass man zu der Baracke hinübergehen musste, wo das Konzert stattfinden würde.

Von der Seite hörte man die scharfe Stimme der Kommandantin. Sie rief nach jemandem von der Polizei. Alle drängten zum Gehen, aber sie wollte das Lager nicht unbewacht lassen. Deshalb bestimmte sie die Wachen, die an den Zäunen und am Tor bleiben mussten. Die paar Polizisten hörten kleinlaut ihren Urteilsspruch an und sie wurde weich. Aus der gegenüberliegen ersten Baracke hörte man noch, wie sie ihre Arbeitskräfte tröstete: Ihr werdet sehen. Nächste Woche ordne ich an, ein spezielles Konzert für euch zu veranstalten. Dann werde ich niemanden hinlassen, außer euch. Ich will nur sehen, wer die neuen Künstler sind.

Aus Dutzenden Mündern kam der Ruf: Jawohl!

Und die Warkowiczowa machte sich zufrieden mit der militärischen Ehrbezeugung, die die Jungs ihr erwiesen hatten, in Richtung des Waldes auf, begleitet von der ganzen Clique des Weißen Hauses.

III

In der ersten Reihe saßen die Befehlshaber des Lagers. Genau in der Mitte saß sie selbst. Zu beiden Seiten saßen ihre Schwäger. Ein bisschen weiter saß ihre Schwester und hielt den jungen Vorarbeiter, mit dem sie vorher ständig umherspaziert war, an der Hand. Er, Josl, saß dabei und schaute mit angestrengter Miene Richtung Bühne und beachtete nicht einmal, wie sie mit provozierender Offenheit mit den Fingern seiner Hand spielte. Ihr Mann, der Kommandant Wajzenberg, bemerkte es und wandte sich mit dem Gesicht zur sitzenden Menge. Er entdeckte zwischen den Reihen sein Pikrinmädchen Toszka und schickte ihr über alle Köpfe hinweg einen fröhlichen lauten Pfiff zu. Damit wollte er es jemandem heimzahlen. Fela warf aber einen bösen Blick auf ihn und er setzte sich wieder verschämt hin wie ein schuldbewusster Junge.

Bald wurde es still im Saal. Auf der Bühne erschien Fredzia. Sie war aufgeregt und blass. Mit den Blicken suchte sie vergeblich jemanden in der dicht gedrängten Menge. Sie wirkte fröhlich, aber auch einsam und verwirrt. Bei den ersten Wörtern verhaspelte sie sich, aber bald wurde ihre Stimme lauter und stärker. Überraschung zeigte sich auf allen Gesichtern. Ihre Worte handelten von sehr bekannten Menschen! Horch nur, da redet sie sogar über Kaufman! Ha, alle sehen doch, wie er das Mittagessen austeilt, schlägt und schimpft. Aber hier setzt man ihm zu mit Gelächter und mit Galle. Fredzia spürt, dass sie die Menge fesselt. Auch die Kommandantin und die Polizisten sitzen gespannt: Wer kommt als nächstes dran? Auf Felas Gesicht zeigt sich das zornige, provozierende Lächeln. Um sie herum strengen sich alle an, jedes Wort aufzuschnappen, das von der zusammengeschusterten Bühne fällt, und Fredzia fühlt, dass sie auf einem gespannten Seil balanciert, über jedermanns Köpfe. Sie ist vorsichtig, singt und artikuliert jedes Wort aus, damit kein Buchstabe verloren gehe. Jetzt ist sie in ihrer Rolle. So viele Augen schauen sie an! Sie erobert im Sturm alle Herzen. Hey, man kann hier alles ausnutzen, was die Möglichkeiten hergeben! Sie lächelt, errötet, zeigt umso mehr ihre weißen Zähne und ihre Wendigkeit beim Rezitieren.

In der Baracke setzt ein stürmischer Applaus ein. Lauter als alle schreit Kaufman. Ihn stört nicht, dass man ihn hier in seiner ganzen Wildheit zeigt. Ihn fesselt, dass über ihn, den Schusterjungen aus Kielce, speziell Gedichte gemacht werden wie über alle großen Menschen auf der Welt. Er stampft mit den festen Stiefeln auf den Boden und brüllt wie trunken: Zugabe! Nochmal! Nochmal!

Er will sich nicht so schnell aus dem Mittelpunkt verdrängen lassen. Von allen Seiten keucht die Prominenz des Lagers vor Verzückung: Wiederholen! Noch einmal! Fela selbst sitzt überwältigt da und niemand weiß, was sie sagen wird. Nicht weit von ihr sitzt ihre Schwester. Sie hat bis jetzt die Hand des jungen Mannes gehalten. Jetzt aber wird er mit der ganzen Menge mitgerissen. Er zieht seine Hand heraus und klatscht mit ganzer Kraft auf »Zugabe!«. Seine Augen blickten dabei mit solcher Sehnsucht und Begeisterung auf Fredzia, als sei sie eine Göttin. Frau Wajzenberg sitzt verloren dabei und applaudiert gezwungen oder als wolle sie die ganze Menge nachahmen.

Fela warf schnell einen Blick auf sie, bemerkte mit ihren scharfen Augen etwas und schrie plötzlich in Richtung Bühne: Genug! Man muss das ganze Programm fertigspielen. Die nächsten Nummern!

Die Leute beruhigten sich. Fredzia ging aufgeregt von der Bühne hinter die Kulissen, die aus farbigen Lumpen bestanden. Niemand war dort außer Mechele, der auf der Kante eines hervorstehenden Brettes saß, damit ihn niemand sah. Durch ein Loch guckte er erstaunt auf die Menge und bemerkte nicht einmal, dass sie hinter ihm stand. Auf der Bühne stand jetzt schon der Polizist Bejman und räusperte sich vor dem Anfangen. Fredzia hatte sich noch nicht davon erholt, dass Fela sie ohne Zugabe von der Bühne geschickt hatte. Sie war aber von dem Erfolg durchdrungen, den die Masse ihr verschafft hatte. Sie hatte so viele aufgerissenen Augen gesehen, so viel Sehnsucht, die ihr entgegengebracht wurde, dass sie erst jetzt hinter der Lumpenwand zu zittern begann. Sie hatte dort Augen gesehen, Blicke, die ihr in Gedanken blieben. Aber dort, vor aller Augen, hatte sie sich gezügelt. Erst hier drängte alles heraus. Sie setzte sich benommen neben Mechele auf das Brett. Mechele wollte weiter verfolgen, was im Saal passierte. Er hielt sich deshalb mit einer Hand an der Kante eines Brettes hinter den Kulissen fest, damit er nicht auf die Bühne fiel.

Dicht neben ihm saß Fredzia auf dem schmalen Stück Brett. Er wollte sie jetzt nicht sehen und beugte sich extra weg. Für einen Moment spürte er ungewollt ihr Zittern. Dann setzte sein Gehirn aus. Mit dem letzten klaren Gedanken beherrschte er sich, um nicht aufzuschreien. Plötzlich spürte er, wie etwas glühend Feuriges die Finger seiner Hand berührte. Erschrocken drehte er sich um und sah gerade noch, wie Fredzia ihre Lippen von seinen Fingern am Geländer zurückzog. Das Herz zersprang ihm völlig und er verlor die Sprache. Sie aber war schon wieder ruhig und schaute ihn mit beißendem Spott an, der ihn wieder kalt und nüchtern werden ließ. Eine Sekunde hatte es nur gedauert, mehr nicht, denn Bejman fing gerade erst an vorzutragen. Mechele warf noch einmal einen Blick durch das Loch in den Saal und in einem Moment wurde es ihm klar: Sie hatte den Kuss ihrem eigenen Erfolg gegeben.

IV

In die leere Baracke hatten sich hunderte Menschen hineingequetscht. In den ersten Reihen saß die Prominenz. Dahinter kamen alle Menschen aus den sauberen Hallen und von den besseren Arbeitsplätzen. Damit war die Baracke voll. An den offenen Fenstern stand die große Menge der Pikriner und Trotyler. Sie ließ man nicht nach drinnen, damit sie mit ihrem Staub auf den Kleidern niemanden befleckten. Als Mechele aus seinem Versteck hervorschaute, trafen hunderte Gesichter seine Augen. Er konnte bequem auf den Vorarbeiter der Pikrinabteilung neben Frau Wajzenberg schauen. Er sah, wie auf dessen rötlich jugendlichem Gesicht eine plötzliche Erwartung sichtbar war. Er schaute und wollte mit den Augen die Wände durchdringen, etwas weiterhin sehen, das man gerade erst seinem Blick entrissen hatte. Mechele wollte auch andere betrachten, aber die unschuldige Verzauberung von Josl zog ihn zurück und er musste ihm in die Augen blicken, obgleich jener es nicht bemerkte. Was riss gerade ihn mit?

Als Mechele zu Beginn zur Baracke gekommen war, waren schon alle Plätze belegt gewesen. Die Polizisten, die Wache hielten, wollten ihn nicht hineinlassen. Erst in letzter Minute erblickte Wartman ihn und riet ihm: Kommen Sie besser hinter die Kulissen. Dort wird es für Sie bequemer sein und Sie kommen niemandem unter die Augen. Sie werden alles besser sehen können, und falls jemand den Text vergisst, können Sie von dort soufflieren.

So saß er dort und wollte alles mit dem Blick umfassen. Josl zog ihn aber vor allem an. Es war offensichtlich, dass der Junge heute eine große Aufregung erlebte. Was genau es war, wusste er sicher selbst noch nicht. Die Augen sprangen ihm aber vor Ungeduld hervor. Als Bejman auf die Bretter kam, atmeten alle leicht auf, man kannte ihn von den fröhlichen Couplets, die er oftmals in der Polizeibaracke gesungen hatte. Er würde vermutlich jetzt mit seiner melodischen Stimme wieder solche Liedchen anstimmen! Aber dieses Mal schaut er gar nicht auf die vollbesetzten Reihen. Er sieht sie gar nicht, sondern sucht mit den Augen ganz andere Menschen, die dort außerhalb der Baracke stehen. Seine starke Stimme erschallt durch die weit geöffneten Fenster und dringt bis zu den zusammengedrängten Gruppen von abgerissenen und ausgedorrten Menschen durch. Seine Wörter

schlagen sie, rütteln sie auf und zerzausen die wilden strub-
beligen Haarschöpfe:

Euch, hungrige Werk-C-niks, braucht man nichts zu er-
zählen,

man sieht euch weder lächeln, noch hört man, dass ihr
lacht.

Der Tod hat sich ein Würfelspiel gemacht aus euren
Gliedern,

wozu soll ich hier predigen euch immer wieder?

Bei allen auf den Gesichtern erscheint eine verschämte Verwunderung. Was ist jetzt schon wieder? Aber es ertönt Zeile
um Zeile aus dem Mund und schlägt alle mit peitschenden
Ruten:

Arbeiten und hungrig schuften! Standhalten im Schmutz,
im Dreck, im Kot.

Normen schaffen sollt ihr mit dem dürren Säckel Kno-
chen und der gelben Haut,

wenn ihr im Zorn, vor Qual, die Finger beißt bis auf das
Blut,

und jeder eurer Schritte aufbegehrt: Ich hungre! Hungre!

In den vorderen Reihen beugen sich die Köpfe vor Scham.
An den Rändern der nicht fertiggestellten Fenster tauchen
zerzauste Köpfe auf und verschlingen mit regloser Verwunderung die Worte, die wie Stücke Gift in die Halle fallen. Die
Worte schlagen jeden hier und letztlich beugt man sich unter
ihnen, wie unter einer verdienten Strafe:

Und auch der Tod bei euch kommt nicht so leicht und
schnell,

wie in Pantoffeln, still und ruhig auf die Schwell',

wie ein Lakai, den man stets rufen kann zum Dienst.

Ha-ha! Zum Sterben muss man Kräfte haben!

Die habt ihr nicht mehr, nein, ihr könnt nicht sterben!

(Grad wie man nicht mehr brechen kann zerbrochne
Schädelscherben)

Ihr könnt in letzter Überlegung nicht mehr zu euch
sagen:

Genug! Ich will nicht und ich kann nicht mehr!
Schluss jetzt! Ich geh nicht weiter im Geschirr!
(Die einzge Rache am Gebieter: ein Sklave weniger!)
Ihr habt nicht mal in euch das nächtliche Geheul der Wölfe
die ihrem letzten heilen Zahn befehlen: Hilf!

Schrecken umfängt die Menge: Wer ruft hier zur Revolte? Das Gesicht der Kommandantin wird finster wie Asche. Sie beginnt, mit den Augen zu blinzeln, Bejman zu zeigen, er solle aufhören zu deklamieren. Aber jener ist von sich selbst schon gefesselt. So führt er die zornige, wild schreiende Megilla[58] weiter und alle halten den Atem an. Weitere Schlangen treten zutage, beißen in Glieder und Herzen. Jetzt lassen sie ab von den Gemarterten, den Skeletten und stürzen sich auf die ersten Reihen. Für jene schrien sie und rüttelten auf, aber bei diesen gemahnen sie an eine Schuld, reißen ihnen die Köpfe ab:

Seht ihr? Nein, ihr seht nicht und wollt nicht hören.
Euretwegen könnt's hier ruhig tot und öde werden.
Damit meint ihr die Hallenjuden überall, und nicht euch selbst.
Ihr habt zum Essen Fleisch! Geld habt ihr und seid reich,
und sicher seid ihr, euch wird gar nichts schaden.
Satt seid ihr heute und ihr werdet es auch bleiben!
Euch kosen Arme herzlich und es trieft von euch die Freude,
was also geht's euch an, wenn jemand stirbt an eurer Seite?

Wie viele Flüche und Drohungen, wie viel Zorn hat sich in diesen Zeilen angesammelt! Von der Straße hört man aufgeregtes Gemurmel. Jetzt gleich werden hier ganze Horden mit gebleckten Zähnen einfallen und beginnen, Gurgeln durchzubeißen, lebende Stücke Fleisch zu reißen!

58 Schriftrolle.

Aber mit Bejmans Verstummen wird es totenstill. Alle schweigen. Es hätte hier enden müssen. Es hätte jemand vom Komitee hinaufgehen und an das Lager appellieren müssen, man solle helfen, etwas zu tun, dass der größte Teil des Lagers nicht wegsterben solle. Alle sitzen auf ihren Plätzen und warten auf etwas. Bald kommt von irgendwoher eine erstickte Stimme. »Sie« fragt: Wer hat das alles zusammengestellt?

Niemand weiß, wozu sie das wissen will. Aber jemand aus dem Saal lässt nicht lange warten: Mechele!

Von Mund zu Mund läuft ein Gemurmel: Mechele? Ja, Mechele!

Und Mechele hört dutzende Schritte, die sich zur verdeckten Wand drängen.

V

Was mit ihm in jener Nacht geschah, daran konnte sich Mechele später nicht erinnern. Er erinnerte sich nur noch, dass man ihn bat, ihn zog, er möge hinaufgehen für einen Moment, sich wenigstens vor der Menge zeigen. Er wollte nicht. Während man ihn zog, verlor er einen der hölzernen Schuhe und plötzlich fühlte er hunderte Blicke auf sich. Inmitten des Nebels erkannte er den großen Szapiro, wie er dastand und über alle Köpfe hinweg brüllte: Me-che-le!

Alle waren überrascht, dass dort auf den Brettern ein abgerissener Junge stand, durch dessen Kleidung Stücke des Leibes hervorschauten und der hilflos dastand und nicht wusste, was er tun sollte. Es war nicht zu glauben, aber doch wahr! Er hatte einen ganzen Berg schwerwiegender Worte aufgeschrieben, unter denen sich jetzt alle hier wanden. Er selbst saß dabei, versteckt in einer Ecke, hatte ein mulmiges Gefühl. Er war nur Experte darin, zu schreiben und andere sollten es für ihn hinausschreien. Jetzt stand er allein und etwas verloren da und schwieg.

Von allen Seiten setzten Rufe ein: Mechele, sag etwas! Rede! Erzähl! Lies vor!

Sein Blick verdüsterte sich. An allen Seiten sah er so viele Gesichter, die ihn direkt anschauten, die schrien und von ihm Außergewöhnliches erwarteten. Die Kommandantin saß am selben Platz wie vorher. Sie schwieg jetzt, aber in ihrem strengen Blick sah man einen versteckten Zorn, der vorerst schwelte und demnächst mit der ganzen bitteren Schärfe hervorbrechen würde. Es waren von draußen schon viele hereingekommen, die sich schubsten und drängelten, um ihn anzuschauen. Jemand von ihnen rief laut: Das ist doch ein Hallenmensch. Einer von uns. Er geht auch in Lumpen!

Damit zeigte er sich zufrieden, dass einer, der nicht der Lageraristokratie angehörte, jetzt auf der Bühne stand und sagen konnte, was immer er wollte, und alle würden ihn hören. Sie begannen, an allen Ecken zu fordern: Rede! Sag was!

Und Mechele wusste nachher selber nicht, was er dort alles geredet und hinausgeschrien hatte. Er spürte nur, wie sein Blick dabei über die Köpfe wanderte. Da hielt er bei der Kommandantin inne, und plötzlich verharrte er wieder auf dem naiven Burschen, der an Frau Wajzenberg gedrückt dasaß. Dieser schaute ihn direkt mit den großen grünen Augen an und wollte von ihm etwas herauslesen. Danach flüsterte er der Frau Wajzenberg etwas ins Ohr, woraufhin sie eine ernste Miene aufsetzte. Später gab es plötzlich einen Tumult. Jemand fing an zu schreien und etliche Polizisten liefen hin, ihn zu beruhigen. Mechele hatte derweil geendet und war von der Bühne hinuntergeglitten. Es stellte sich heraus, dass Fela die Organisatoren des Programms zurechtgewiesen hatte. Sie wollte Halina hören! Die Polizei begann, auf sie einzureden, sie zu beruhigen. Es kam die ganze Prominenz des Saales zusammen und sie gab schließlich nach. Im nächsten Moment hatte sie ihre Heiterkeit wiedererlangt. Sie nahm ihr kokettes Hütchen vom Kopf und begann mit plötzlichem Eifer Geld für die armen Sterbenden des Lagers zu sammeln.

Mechele stahl sich derweil aus der Baracke und machte sich auf den Heimweg. Vor sich sah er Fredzia gehen und um sie herum ging eine ganze Gruppe der reicheren Lagerbewohner. Man drängte und schob sich um sie herum. Sie erzählte etwas und lachte ziemlich laut. Hinter ihnen sah Mechele den schlanken, jungenhaften Körper jenes Vorarbeiters mit den großen grünen Augen.

Als Mechele die Gruppe überholte, bemerkte ihn niemand. Nur der Junge, der ihnen etwas seitlich folgte, ein aus der Gruppe der Belagerer Ausgegrenzter, bemerkte ihn und sah ihn mit grauem, traurigem Blick an. Trotz vielerlei Gedanken in seinem Kopf hatte Mechele kurz Zeit zu denken: Dieser junge Mann hat sich heute Nacht verliebt. Mit der tragischen Liebe, die nur große Kinder an den Tag legen können.

Kapitel dreiundzwanzig

I

Nach dem Konzert bekam das Leben im Lager ein anderes Gesicht. Jedenfalls stellte es sich für Mechele so dar, weil er es bei sich sah und bei denen, die ihm nahe waren. Durch seinen Auftritt lernten ihn hunderte Menschen kennen und er begann, neue Dinge zu sehen.

Am nächsten Morgen, sobald er über die Schwelle der Baracke trat, begegnete ihm der Kommandant Wajzenberg und betrachtete ihn mit seinem krummen, scharfen Blick. Als Mechele weitergehen wollte, hielt er ihn zurück: Bleib stehen! Ich muss mit dir etwas bereden.

Mechele blieb stehen und schaute ihm direkt in die Augen. Wajzenberg wusste derweil nicht so recht, was er sagen sollte, und redete einfach drauf los: Wo arbeitest du? Ach ja, du bist Maler. Du täuschst deinen Meister und kritzelst derweil solche Lieder zusammen. Nun ja, meinen Kopf werde ich für dich nicht hinhalten! Von heute an wirst du mit einem hölzernen Wagen und einem Besen den Dreck des ganzen Lagers zusammenkehren. Und jetzt: ab, Marsch! Ich will deine Fratze nicht mehr sehen.

Mechele hörte ihn schweigend an und ging weg. Nach ein paar Schritten rief Wajzenberg ihn zurück: Aber wehe, wenn du jetzt mich mit Schmutz bewirfst. Denk daran.

Mechele ging fort zu seiner Arbeit. Aber neben seiner Baracke traf er auf den großen Kaufman. Jener stieß buchstäblich einen Pfiff vor Überraschung aus.

He, du bist derjenige, wie nennt man das noch gleich? Nun ja, ich bin nicht so schlau! Aber du weißt, was ich sagen will? Bist gar kein solcher Dummkopf, wie du dich gibst. Es ist so:

Ich bin nicht böse. Ein feines Liedchen! Wir sollten uns alle solche Freiheit nehmen! Hör zu: Jeden Tag, wenn ich allen ausgeteilt habe, komm her, manchmal wird sich eine Schüssel Essen für dich finden.

Ein paar Schritte weiter traf er einen sonderbaren Menschen, mit grauem verstrubbeltem Kopf und tiefen, klugen Augen. Mechele wollte weitergehen, aber eine kratzende Stimme hielt ihn zurück: He, du Teufelchen! Siehst schon niemanden mehr, was? Und von Respekt auch keine Spur, he?

Der Mensch weckte Mecheles Interesse. Er blieb stehen. Der andere kam derweil näher und schaute Mechele buchstäblich direkt in die Augen: Hat man solche Angeber schon gesehen? Weißt du tatsächlich nicht, wer ich bin?

Mechele begann zu stammeln: Wissen Sie ... man eilt zur Arbeit ... Der Kommandant ... Und wer Sie sind, weiß ich nicht.

Jener verzog spöttisch den Mund: Nun, wenn du es nicht weißt, weißt du es nicht. Es zu sagen habe ich keine Lust. Du hast einen zu kleinen Schnurrbart, als dass ich mich dir vorstellen sollte! Und eine Visitenkarte habe ich hier noch nicht drucken lassen. Ich sage dir nur eins: Respekt, mein Junge!

Mechele blinzelte mit den Augen und verstand nicht, was jener von ihm wollte. Deshalb stand er nur da und schwieg. Auch jener war stehengeblieben, schaute mit blinzelnden großen Augen auf den verwirrten Mechele, warf einen Blick zum Himmel und danach auf Mecheles krumme Holzschuhe und brummte plötzlich: Wozu brauchst du das? Ich frag dich, wozu brauchst du das?

Diese andeutungsvolle Rede verwirrte Mechele von Neuem: Was wollte dieser Mensch? War er womöglich verrückt? Aber dessen ironisches Lächeln und der schön geformte Kopf eines Gelehrten deuteten nicht darauf hin. Doch was meinte er bloß?

Der andere dachte einen Moment nach und begann wieder auf seine abgehackte, zweideutige Art zu reden: Sie ist hier … Ein Teufel ist sie … Und er, dein Kommandant, ist auch noch da … Frag ich dich: Wozu brauchst du es? Willst du ein Dichterkönig sein in Werk C, was?

Jetzt verstand Mechele. Aus dessen stechend frostiger Rede wurde ihm in allen Gliedern kalt. Er wollte ihn etwas fragen, aus ihm herausbekommen, was er wusste. Aber jener hatte inzwischen den Kopf würdevoll abgewandt und unterbrach ihn: Schon Zeit zu gehen. Was bringt es, mit dir alles nochmal wiederzukäuen? Ein Jüngelchen! Aber ehe ich gehe, will ich dir sagen, wer ich bin: Kurc, Ingenieur Kurc heiße ich. Und du, spring nicht so, das ist gesünder. Schluss jetzt!

Er kratzte sich dabei unter dem Arm, packte dort etwas Verdächtiges mit zwei Fingern und schritt stolz von dannen. Mechele blieb stehen und schaute ihm verblüfft hinterher. Von einem Ingenieur Kurc hatte er hier schon häufig gehört. Man erzählte sich ständig seine Witze und scharfen Aussprüche nach. Er war der anerkannte Weise und Politiker des Lagers. Alle hatten Angst vor seiner Zunge, waren ihm feind und hatten doch Respekt, selbst die ganze Kommandantur. Jetzt aber war es Mechele vergönnt, ihn persönlich zu treffen. Mit einem Blick erkannte er, dass er hier eine neue Welt entdeckt hatte. Aber jener war schon zu den hintersten Baracken gegangen und Mechele sah, dass er in die Polizeibaracke ging.

Der Tag war schon verrückt. Von allen Seiten hielten Leute Mechele an, wollten wissen, woher er komme, was er eigentlich sei. Auch die Kommandantin kam, um zu sehen, wie er arbeitete, und überschüttete ihn mit schneidenden Bemerkungen. Danach erschien der Kommandant Wajzenberg und holte ihn von den gemalten Schildern fort. Er führte ihn ohne ein Wort zu sagen zu einem hohen Abfallhaufen und gab den Befehl: Auf geht's! Das muss weggebracht werden!

An der Seite stand eine hölzerne Schubkarre. Mechele begann, schweigend den Dreck aufzuladen. Als sie voll war, wollte er sie wegziehen. Aber Wajzenberg lachte: Nun, so leicht wird es dir nicht ergehen. Füll sie voller! So, mit einem hohen Berg!

Mechele begann ohne zu murren die schwere Schubkarre zu ziehen. In den Handgelenken knackte es. Er beherrschte sich aber und zog an den Griffen. Wajzenberg fuchtelte mit der Peitsche in der Luft und fing an zu schreien mit derselben Stimme, wie die Deutschen es tun: Los! Schneller! Tempo!

Er hatte Mechele nicht angerührt, doch Mechele spürte einen brennenden Schmerz im Gesicht. Er lief hin und zurück mit dem vollen Wägelchen, warf schnell die vollen Schaufeln Schmutz in die Karre und schleppte und lief. Wajzenberg gefiel das Spiel und er trieb ihn unaufhörlich mit der ledernen Peitsche an: Los, verfluchter Jude! Schneller! Bewegung!

Gerade, als sei er ein deutscher Kommandeur und befehligte über eine ganze Brigade. Sein Gesicht war rot und erregt. In seiner Stimme lag ein Meer an Bösartigkeit. Je mehr Mechele schleppte, ohne einen Pieps zu tun und ohne ihn überhaupt eines Blickes zu würdigen, umso stärker reizte es Wajzenberg, brachte ihn in Raserei: Ich werde dir zeigen, was man unter arbeiten versteht! Das sind hier nicht deine Kinkerlitzchen. Meinst du, es ist wie gestern, als du dagestanden bist und so schön gepredigt hast? Warte ab.

Mechele spürt in ihm den ganzen Hass wegen gestern Nacht. Ihn verdrießt, dass Mechele ihn gestern mit Worten geschlagen hat. Jetzt will er sich selbst überzeugen, dass er über Mechele die Oberhand hat, obwohl gestern alle dem Jungen zugejubelt haben. Dabei wartet er darauf, dass der KL-nik, der im Begriff ist, ein neuer Privilegierter zu werden, sich vor ihm hinwirft, ihn bittet, winselt. Das würde ihm beweisen, dass er hier mächtig ist, dass man sich unter seinen Schutz begeben und deshalb auch Respekt haben muss.

Aber jener läuft mit letzten Kräften, obwohl ihm der Atem schon ausgeht. Das stachelt Wajzenbergs Raserei noch stärker an als bei einem Hund die Kette, und er keucht regelrecht vor Zorn und der Begierde, diesen hier bis zum Platzen zu quälen. Er brüllt wie ein Verrückter: Kriech nicht wie ein Floh in Butter! Hurensohn! Du wirst bei dieser Arbeit hier verrecken!

Bei Mechele steckt etwas im Hals, das sich nicht lösen lässt, nicht mit Weinen und nicht mit Schreien. So gräbt er den Schmerz tiefer in sich hinein. Er sieht und hört jetzt gar nichts. Er schleppt nur mehr, als seine Kräfte schaffen.

Aus nicht allzu weiter Entfernung dringt derweil ein krähendes Krächzen, das Mechele ein wenig bekannt vorkommt: Was stehen Sie da bei den Müllkisten herum, Panie Kommandant? Keinen besseren Ort gefunden, was?

Wajzenberg schämt sich ein wenig vor jenem und beginnt, sich zu rechtfertigen: Ich mache ein paar Übungen mit dem Faulenzer hier. Sonst würde er sich vor Trägheit nicht rühren.

Er hört aber auf, so wild zu schreien. Mechele schafft es, für einen Moment einen Blick zu werfen, und seine Augen treffen sich mit denen von Kurc. Der sagt ihm nichts, sondern schaut ihn an. Mechele sieht wieder seinen spöttischen Glanz und ihm kommt es vor, als ob jener ihn wortlos wieder frage: Was hab ich dir gesagt? Wozu taugt es dir, he?

Kurc steht nicht lange, er geht bald mit seinen gelassenen Schritten weiter. Wajzenberg geht ihm nach: Panie Ingenieur! Was hört man? Gibt es etwas Neues in der Zeitung?

Kurc dreht sich um und wirft ihm zu: Was denn? Soll ich Ihnen das hier beim Müllhaufen erzählen, wo alle zuhören?

Wajzenberg versteht. Er schreit hinüber zu Mechele: Horch! Kannst in deine stinkende Baracke kriechen. Dein Glück, dass ich keine Zeit habe. Morgen sehen wir weiter!

Und er und Kurc verschwinden zwischen den Bäumen.

II

Bei Nacht in der Baracke schämte Mechele sich, von seiner Begegnung zu erzählen. Als die Leute von der Arbeit zurückkamen, hörte Mechele nicht einmal, wie alle über ihn redeten. Die Schmach brannte auf der Haut und die Glieder schmerzten. Er stand deshalb am offenen Fenster und lauschte dem Lärm draußen. Nicht weit vom Fenster hörte er, wie Kurc mit jemandem redete, der eine grobe, satte Stimme hatte. Kurc erzählte ihm: Er hat ihn gleich heute in Arbeit genommen, den gestrigen Konzertmacher. Es ist doch klar: Er wird sich mit dem Jungen befassen. Da haben Sie die Geschäfte von Werk C.

Der andere schimpfte zurück: Nicht weiter schlimm. Ich werde etwas unternehmen. Er wird bei mir an der Werkbank arbeiten. Sie werden sehen! Fragen Sie nicht weiter!

Kurc antwortete nicht, sondern sagte verhalten gallig: Vom Reden wird man nicht schwanger! Sie sind wirklich ein guter Organisator, aber in erster Linie kümmern Sie sich um eine ehrbare Dame. Vorrangig werden Sie nur eines machen, Sie haben hier genug Sorgen. Ist das etwa nichts, Sie müssen für einen ganzen Harem sorgen!

Jener brach in ein sattes Gelächter aus: Ach, Panie Kurc. Sie immer mit Ihren Witzen! Insbesondere können Sie sehen, wie ich dieser Tage gezielt einen Mann direkt aus einer Halle nehme.

Kurc pfiff laut: Hm hm, ein Gönner! Vermutlich hat jener ein junges Weib oder eine Schwester! Man kennt schon die guten Herzen von Werk C!

Er dachte eine Weile nach und fügte hinzu: Um was wetten wir, dass ich sogar weiß, wen?

Der andere wurde neugierig: Ich bin an Ihrer Weisheit interessiert!

Kurc wischte es mit Verachtung beiseite: Das ist bei Ihnen eine Weisheit? Ein Blinder kann es doch sehen! Sie meinen, dass niemand gesehen hat, wie Sie sie gestern Nacht mit den Augen verschlungen haben, als sie die Sachen von dem kleinen Jungen rezitiert hat? Danach sind Sie mit ihr die halbe Nacht herumspaziert. Ganz früh haben Sie ihr eine Hartwurst mit einer weißen Semmel gebracht. Man muss tatsächlich ein brillantes Hirn besitzen, um zu wissen, dass Sie sich damit um ihren Mann bemühen. Um das anzunehmen, müsste ich ein außergewöhnlich weiser Mensch sein und Sie – der größte Gerechte der Epoche. Was fragen Sie!

Sein Gesprächspartner leckte sich geradezu die Lippen vor Begeisterung: Ah, Sie sind ein Bastard, Panie Kurc! Ein echter Bösewicht und kluger Kopf! So wahr ich hier stehe!

Er brach in sein kurzes breites Lachen aus.

Weiter konnte Mechele nicht mehr zuhören. In seinem Kopf drehte es sich. Er wollte etwas durchs Fenster hinausschreien, aber die Worte blieben ihm im Hals stecken. Es ergriff ihn eine Abscheu gegen sich selbst und gegen alle. Er drehte sich weg vom Fenster, wollte schreien, hinauslaufen und jemandem an den Haaren ziehen. Aber als er sich umdrehte, stand ihm ein düsteres, verbranntes Gesicht gegenüber, dessen eingefallene Augen ihn direkt anschauten. Einen Moment war Mechele wie erstarrt. Mit einem schnellen Sprung stand Henech neben ihm. Für Mechele sah es aus, als wollte er sich auf ihn werfen, seine schwarzen, schmutzigen Nägel in sein Gesicht und in seinen Hals krallen. Mechele hätte sich nicht gewehrt. Er hätte erstarrt am Platz gestanden und hätte jenen tun lassen, was er nur gewollt hätte. Im Gegenteil, als Henech so nahe neben ihm stand, ihn mit den eingefallenen Höhlen musterte, erwachte in Mechele eine dunkle, vage freudige Erwartung: Soll er!

Es wäre ihm sogar recht gewesen, wenn Henech ihn hasserfüllt angriffe. Wenn er ihn mit Nägeln und Zähnen bearbeiten würde. In dem Moment könnte er dieses verbotene Gefühl hinaustreiben, den verborgenen Gedanken, der sich in ihm eingenistet hatte und den er nicht loswerden konnte.

Er wartete auf Henechs skeletthafte schwache Faust wie auf den Erlöser. Er hätte sich unter den Schlägen gebeugt, im Herzen gebetet, sie mögen noch stärker sein. Das hätte den Schmerz des kürzlich Gehörten aus ihm hinausgeschlagen, die wilde Lust zu schreien, zu jenem dort durchs Fenster. Obwohl das Geschrei in Wahrheit zu Henech gehörte.

Mechele wartete ab. Vielleicht dauerte es eine Sekunde und vielleicht eine Stunde. Er konnte es in dem Moment nicht wissen. Aber plötzlich spürte er, wie sich Henechs geschwächte Hand auf seine Schulter legt und er ihn leise und gebrochen bat: Mein Freund! Ich muss mit Ihnen unbedingt reden. Mögen Sie?

Mechele nickte stumm.

III

Innerhalb eines Augenblickes verlor Henech die ganze anhaltende, schmerzende Bitterkeit. Als er sich mit Mechele auf eine Bettkante in der Ecke setzte, war er auf einmal gebeugt und alt. Sogar der Stolz, der in seinem bisherigen Schweigen gelegen hatte, fiel von ihm ab. Jetzt redete er! Das machte ihn demütig, bittend und sogar verschämt. Das bedrückte Mechele noch mehr. Er hatte in dem Moment Lust, Henech mit der Hand den Mund zuzuhalten: Er möge nicht reden! Er möge schweigen! Wie weh es Mechele tut, dass er sich in diesem Moment stärker fühlt als jener, der Höherstehende. Das will Mechele nicht. Er darf es nicht wollen! Das Gefühl legt sich wie eine Last auf seine Seele. Aber Henech sucht jetzt nach Worten, womit anzufangen. Seine Anfangsworte sind so entmutigt, demütig. Mechele kommt es gar vor, als versuche er, unbewusst, sich anzubiedern. Doch er ist ihm nicht böse, es stört ihn nicht einmal. Es kommt ihm vor, als könne Henech nicht anders, als müsse es so sein!

Henech will zum Kern kommen und kann es nicht. Er schreckt vor etwas zurück und schämt sich plötzlich, vor einem fremden Menschen aufzudecken, was er sucht. So beginnt er derweil, sich auf Umwegen dem Thema zu nähern: Sie sind das, der ... der geschrieben hat ... die Texte für ... nun, für die, die gestern aufgetreten ist?

In der Baracke leuchtet die Lampe mit trübem, gelben Licht. Doch Mechele bemerkt, wie sich auf Henechs abgebrannten Knochen Schamesröte bildet. Mecheles Herz beginnt, schneller zu schlagen. Das Blut strömt ihm bis in die Fingerspitzen und er fühlt sich wie vor Gericht, obwohl er nicht weiß, für was man ihn verurteilen sollte. Er weiß

nur eines: Er ist schuldig. Schuldig an einer schrecklich großen Leere, welche er dem geraubt hat, der ihm gegenüber
sitzt.

Er antwortet deshalb mit trockener zittriger Stimme: Ja.

Henech hat, wie es aussieht, Angst, viel zu reden. Jetzt ist
ihm klar, was er will. Deshalb darf er den Moment nicht
verstreichen lassen, denn später würde sein Verlangen wieder tief versinken und mit allerlei anderem Gerede zugedeckt
werden. Seine Augen blitzen aufs Neue auf: Haben Sie die
Texte bei sich? Alle? Ja?

Sein Ton ist plötzlich aufgeregt, schreiend, befehlend:
Geben Sie her!

In seinem Blick entflammt plötzlich ein Wahnsinn, eine
wölfische Raserei: Sie hat wirklich von genau diesen Papieren gelesen?

Mechele nickt. Henech wartet auf keine Antwort. Seine
knöchernen Hände strecken sich zu Mechele und sie zittern
vor Aufregung. Mechele sieht, wie jeder einzelne Finger zittert. Henechs Stimme ist jetzt trocken, unstet: Jetzt geben Sie
schon her!

Mechele weiß nicht, was er mit ihnen tun will. Womöglich zerreißen, zerrupfen oder was auch immer? Er hat aber
nicht die Kraft, sich zu widersetzen. Irgendwie spürt er durch
instinktives Abwägen einer vagen Gerechtigkeit, dass er sie
Henech geben muss, obwohl er sie geschaffen und geschrieben hat. Er kramt, ohne zu überlegen und ohne es selbst zu
merken, unter dem Hemd und zieht von dort ein Päckchen
Papiere hervor. Henech ergreift sie gierig, ohne ein Wort zu
sagen und wirft sich damit auf seine Pritsche.

In der Baracke befindet sich fast niemand mehr. Mechele
sitzt einen Moment wie erstarrt. Dann steht er auf und geht
wieder zum offenen Fenster, ohne in Henechs Richtung zu
schauen.

Als er unbewusst den Kopf dreht, erkennt er im Bruchteil
einer Sekunde, wie Henech auf dem Bett liegt, mit den Augen
in das Geschriebene vergraben und leise jedes einzelne Wort

aufsagt. Nur seine Schultern zittern. Und dieses Mal ist Mechele sich sicher, dass Henech weint. Er nimmt dort jedes Wort, das gestern auf ihren Lippen gelegen hat, auf und lässt es auf seinen nachglühen. Das löst ihn, lässt alle Härte in ihm dahinschmelzen und die Tränen fallen auf das harte Papier der Säcke.

Was gibt es denn hier Außergewöhnliches? Da liegt ein Mensch in einer Ecke und liest ein Gedicht von einem Stück Papier. Aber Mechele spürt, wie ein Schauder über seinen Körper läuft; ein versteinertes Weinen zerrt an seinen Schläfen und kann sich nicht lösen.

Erst am nächsten Morgen, als Mechele aufwacht, bemerkt er, dass im Rand seines bretternen Lagers seine Papiere stecken. Henech hat nichts gesagt, ihn sogar gemieden. Nur vor dem Hinausgehen zur Arbeit hat er ihn für einen Moment angeschaut und kurz gefragt, mehr mit den Augen als mit dem Mund: Gesehen?

Mechele nickte. Henech läuft schnell hinaus zum Appell, wo seine Gruppe sich versammelt.

VI

Abends, als Mechele geht, sich die Haare schneiden zu lassen, hält ihn ein dicker, fröhlicher Mensch auf dem Weg an: Ich habe Sie an jenem Abend die ganze Zeit angeschaut. Haben Sie das nicht bemerkt?

Mechele erschrickt. Die Stimme kommt ihm bekannt vor. Genau, das ist er, der sich gestern mit Kurc unter dem Fenster unterhalten hat! Mechele will sich wegdrehen, aber jener lacht schon sein zufriedenes Gelächter: Hi hi hi, gar nicht bemerkt? Dabei bemerken mich alle. Man muss mich bemerken!

Mechele will etwas sagen, aber jener behält das Wort mit den groben, fetten Lippen: Ach, wie lustig. Ich halt es nicht aus! Wissen Sie, Kurc hat mir von gestern erzählt.

Er wirft dabei noch einmal mit seinen blinzelnden Augen hinter einer großen Hornbrille einen Blick auf Mechele und lacht wieder.

Mechele kann nicht verstehen, was so lustig ist. Aber der andere sagt ihm kurz: Lachen Sie über sie! Ich meine, über sie und Wajzenberg. Ich lache auch über sie, so wahr ich hier stehe!

Der Mensch redet sehr schnell, es ist kaum möglich, seine Wörter mit den Gedanken zu erfassen. Er schüttet alles auf einmal heraus: Er ist hier kein Macher, kein Kommandant. Er ist nur ein einfacher Schlosser! Aber sie zittern vor ihm. Er arbeitet an einer Werkbank und die Meister sind ihm egal. Wer alles ihm Gutes gönnt und was für einen schönen Arbeitsplatz er hat! Nur vom Feinsten! Im Lager müssen alle zu ihm kommen und nicht er zu ihnen. Und ja, in den neuen Baracken hat man ihm ein gesondertes Zimmer geben müssen! So wahr ich hier stehe! Mechele kann nachts kommen, sich anschauen, was für ein Zimmer er hat! Gerade wie ein Kommandant! Selbst die Polizisten wohnen gemeinsam! Und dabei ist er Arbeiter! Er hetzt nicht, schlägt nicht, treibt niemanden an.

Nun ja, warum erzählt er das alles? Deshalb, weil er ein Arbeiter ist und immer gewesen ist! Nicht wie die Reichen. Er hat sein ganzes Leben lang gehungert, will er wenigstens hier ein Stück Brot haben, um sich satt zu essen! Stimmt's? Jetzt ist seine Zeit. Nun, man wird noch darüber reden! Was wollte er noch sagen? Ja, er hat immer Schreiber, Kopfmenschen gern gehabt. Und Mechele gefällt ihm. Nichts weiter, er gefällt ihm und Punkt! Er will ihm etwas sagen: Er braucht keine Angst zu haben. Nur noch ein paar Tage, dann wird er ihn herausnehmen zu sich an die Werkbank, dann wird er Wajzenberg und alles Unglück los sein. Sie sagen, dass sie sich um Sie kümmern? Lachen Sie sie aus! Sagen Sie ihnen, dass Heniek Redlman für Sie sorgt. Das wird wirken.

Nachdem er schon ein paar Schritte gegangen war, drehte er sich um: Eine Sache habe ich noch vergessen zu sagen:

Ich hätte Sie noch heute herausgenommen zu mir. Es wäre schlicht ein Vergnügen gewesen: einen ganzen Tag lang jemanden zum Reden über ernste Dinge zu haben. Aber ich habe schon einem anderen zugesagt, das Ehrenwort darauf gegeben! Und bei Redlman ist ein Wort teurer als Gold! Sie wissen schon, wen ich zu mir nehme? Sie kennen ihn sicher: Henech Głaz! Er ist bei Ihnen in der Baracke. Schon kein Mensch mehr, ein Skelett! Man muss ihn retten. Nur ein paar Tage, dann würde er sterben! Er ist ein intelligenter Mensch, ein kluger Kopf! Und er ist aus meiner Partei. Aber sorgen Sie sich nicht! Nur noch ein paar Tage. Aber bei Nacht kommen Sie unbedingt zu mir! Hören Sie? Leben Sie wohl. Sollte er Sie heute wieder belästigen, sagen Sie es ihm!

Er hatte währenddessen schnelle Schritte gemacht und war schon außerhalb des Tores. Wer war dieser Mensch? Egal! Man musste hingehen und sehen. Eine leise, schmerzhafte Neugier ließ Mechele nicht in Ruhe, trieb ihn, brannte in ihm. Oh, wann kam er endlich, der Abend? Das Gespräch zwischen Kurc und Redlman, das er gestern ungewollt mitgehört hatte, quälte ihn und wühlte ihn auf. Er wusste, dass er heute nicht dorthin gehen durfte, dass wenn er hinginge, er in einen offenen Abgrund unter seinen Füßen schauen würde. Er durfte nicht gehen! Und doch wollte er gehen, wollte er sehen und hören. Er musste! Und er hatte eine konkrete Vorahnung, dass er heute etwas Derartiges hören oder sehen würde, das ihn für immer und ewig quälen könnte. Solange sich seine Ewigkeit überhaupt hinzöge.

Als der Abend hereinbrach, bereitete sich die Polizei schon darauf vor, die Menschen in die Baracken zu treiben. Mechele stand auf der Schwelle der zweiten Baracke und wusste selbst nicht, ob er gehen sollte. Redlman wohnte am anderen Ende der Lagergasse, in einer Baracke, die noch fast leer war. Sollte er besser umkehren? Bald aber sah er Redlman neben sich: Was überlegen Sie? Seien Sie in zehn Minuten bei mir. Es ist sehr wichtig!

Und er fügte im Flüsterton hinzu: Ich habe jeden Tag eine frische Zeitung. Wenn Sie herkommen, können Sie sie lesen.

Er lief noch irgendwo hin und Mechele ging gelassen zu dessen Baracke. Er drehte noch einige Runden draußen und klopfte dann an die Tür, an der Henieks Namen stand. Er hörte, dass hinter der Tür geredet wurde und Heniek abgelenkt war. Das dauerte eine Weile, dann kamen schwere Schritte zur Tür. Mechele ging eilig hinein.

V

Heniek Redlman wohnte tatsächlich separat. Sein Zimmer war aufgeräumt und sauber. An der Seite stand ein hölzernes Schränkchen mit einem farbigen Vorhang und mitten im Zimmer stand ein bedeckter Tisch mit etlichen Bänken. An der Seite stand ein gemachtes hölzernes Bett, mit Kissen am Kopfende und einer dicken Steppdecke. Schon seit Jahren hatte Mechele nicht mehr so ein eingerichtetes Zimmer gesehen, das von einem stillen ruhigen Leben inmitten solch eines Lagers erzählte. Es schien, als habe dieser Mensch hier wirklich ganz besondere Privilegien. An einer Seite war eine Ecke durch eine wollene Decke verhängt. Dort machte sich, wie es schien, jemand verlegen zu schaffen.

Redlman selbst war ein wenig aufgewühlt, wie jemand, den man gerade bei etwas Wichtigem gestört hatte. Als er Mecheles Verlegenheit sah, lächelte er freundlich und schob ihm eine Bank zum Sitzen hin: Setzen Sie sich. Sie wollen doch die Zeitung, ich werde sie Ihnen gleich bringen.

Seine Stimme zitterte vor verdeckter Aufregung: Fredzia! Du hast doch irgendwo die Zeitung hingelegt. Wo ist sie?

In Mecheles Herz zerbrach etwas. Aus der verhängten Ecke antwortete eine bekannte Stimme: Sie liegt hier. Ich bringe sie gleich.

Einen Moment später kam Fredzia hinter der Stoffwand hervor. Ihr ganzes Gesicht brannte voller roter Flecken, die sich über ihr Gesicht, ihren Hals und die Stirn ausbreiteten. Erstarrt schaute Mechele sie staunend an, und plötzlich wurde ihm alles klar, wie und warum sie hier war.

Mechele erlangte sofort seinen kühlen Trotz wieder. Jetzt wollte er ihren Blick direkt einfangen. Sie vermied es aber. Ihre Hände zitterten beim Herüberreichen der Zeitung. Danach begann sie, verschiedene Lebensmittel mit aufgesetzter Häuslichkeit auf den Tisch zu legen: Heniek! Willst du die Wurst heute essen oder sie für morgen aufbewahren?

Redlman antwortete ihr mit seinem üblichen Lachen: Wie du willst. Du hast aber dort auch eine Flasche Milch. Und in dem Topf da an der Seite hast du Butter.

Mechele rückte seine Bank ein wenig vom Tisch weg und beide setzten sich zum Essen. Mechele grub seine Augen tiefer in die Zeitung, er wollte nichts außer den feinen Zeilen sehen. Es half aber nichts. Über die Augen legte sich ein Nebel und mehr als bauchige gedrehte deutsche Buchstaben konnte er gar nicht erfassen.

Heniek kaute große Stücke Brot, dick bestrichen mit Butter und in die leeren Stellen im Mund stopfte er frische Wurst. Er schob dabei mit den Händen bestrichene Stücke Brot zu Fredzia hinüber und mit vollem Mund sprach er ihr Mut zu: Hm, iss! Es ist genug da!

Unzerkautes Brot und Fleischbrocken klebten an seinen Wörtern und man konnte kaum verstehen, was er sagte.

Sie saß dabei und kaute gelassen Bissen für Bissen mit verhaltenem Atem. Mechele hatte seit der Mittagssuppe gar nichts im Mund gehabt. Der Hunger ließ ohnehin nicht eine Minute nach. Jetzt aber kam das Gefühl der Demütigung von einer ganz anderen Seite. Durch das Zimmer zog ein schwerer Geruch von Knoblauchwurst und warmem aufgeschnittenem Brot mit zerlassener Butter. Aber nicht dies allein stach ihn und zog am Herzen.

Man hatte ihn nicht gebeten mitzuessen, so saß er schweigend und angespannt. Mit allen Kräften bemühte er sich, Satz für Satz des Gelesenen aufzunehmen, aber der Kopf war wie mit Blei gefüllt und die Bank begann unter ihm zu wanken und er in eine stechend schmerzende Nichtexistenz zu versinken.

Redlman hatte derweil sein Festmahl beendet. Mit seiner dicken Zunge leckte er noch Zähne, Mund und Lippen ab. Während des Abschleckens wandte er sich an Mechele: Nun, was schreibt das Blatt? Sie schlachten ordentlich, die Russen! Die kämpfen, was? Wo stehen sie inzwischen?

Mechele schreckte aus seiner Versunkenheit auf. Er hörte kaum, was jener ihn fragte. Aber er riss sich augenblicklich aus dem Wahnsinn heraus, der ihn hier gerade umgab. Auch ihre Augen richteten sich auf ihn. Mechele tat, als sehe er es nicht. Er wollte sich selbst aus seiner ungewollten Kraftlosigkeit befreien und die eigene Rede wurde für ihn zum Rettungsring. So begann er zu reden und mit jedem Wort wurde er ruhiger und klarer. Redlman leckte zum wievielten Mal mit bizarrer Hingebung die dicken Lippen: Da hört man Worte! Ich hab's gewusst. Ja nun, die Sowjets werden ihn schon ins Grab bringen, hörst du, Fredzia?

Sie lächelte verloren wie eine Kranke, die demonstrieren wollte, dass es nicht so sehr weh tat. Sie wollte etwas sagen, überlegte es sich aber nach dem ersten Ton. So saß sie mit albern gekünstelter Miene da.

Mechele spürte plötzlich, dass er aufstehen, dass er fliehen müsste. Aber er wartete und wusste selbst nicht, auf was. Er wollte aufstehen, ehe auch sie hinaus zu sich in die Baracke würde gehen wollen. Er wollte jetzt keinen einzigen Schritt mit ihr gemeinsam gehen. So blieb er weiter sitzen. Da wollte vielleicht ein zweiter in ihm, dass sie auch aufstehen solle. Alle sollten gemeinsam aufstehen und aus dem Zimmer hinausgehen. Niemand dürfte hierbleiben! Die beiden rührten sich aber nicht von der Stelle. Einen Augenblick nur hatte Mechele den Eindruck, er wusste nicht warum, dass hier gleich etwas geschehen würde. Ein Unglück würde geschehen. Es kam ihm auch so vor, dass, sobald er ihnen den Rücken zukehren würde, sie beide in großes Gelächter ausbrechen, ihm die Zunge herausstrecken und ihm etwas an den Kopf werfen würden.

So schämte er sich noch mehr wegen seines unbeholfenen, schweigenden Sitzenbleibens und er sprang hastig auf. Heniek schaute ihn gleichgültig und ungeduldig an: Ach ja! Es ist schon spät. Man muss früh aufstehen. Aber eines will ich Ihnen sagen: Kommen Sie jeden Tag her. Sie werden mir die Zeitung vorlesen. Ich verlange es um Gottes Willen nicht für umsonst.

Mechele stand schon abgekehrt zur Tür und drehte sich instinktiv noch einmal um. Fredzia saß am selben Platz. Ihr Gesicht war auf einmal sehr blass geworden. Bloß ihre Augen guckten ihn direkt an. Jetzt lag in ihnen ein ganzes Knäuel aus Hass, beißendem Spott und wildem Gelächter, das sich aber aus dem Blick nicht lösen konnte. Obwohl das alles drängte, die Haut und die Pupillen, den ganzen Menschen aufzureißen.

Mechele war sich sicher: Das warf sie ihm alles an den Kopf, weil er hergekommen war und alles hier gesehen hatte. Gleich würde sie ihn anschreien: Idiot!

So wie damals. Danach würde sie laut herauslachen und die ganze Baracke würde sich ausschütten vor Gelächter. Es war aber weiterhin still. Mechele öffnete schnell die Tür und hörte und sah nichts mehr. Ihm kam es vor, als habe Redlman ihn über die Schwelle hinausgestoßen, etwas in seine Hand gedrückt und danach die Tür hastig verriegelt.

Auf der Straße herrscht finstere Totenstille. Alle schlafen schon unter den geduckten Barackendächern und Mechele kommt sich rundum wertlos vor. Wohin geht er? Was tut er hier überhaupt? Was kann er noch tun hier? Er weiß gar nichts. Er spürt nur, dass er etwas in der Hand hält. He? Da hat Heniek ihm vermutlich ein Stück Brot in die Hand gedrückt, eingewickelt in Papier. Einen Moment lang will Mechele sich in die eigene Hand beißen, die es ohne sein Wissen angenommen hat. Eine peinliche, schneidende Scham reißt alles von ihm ab, zieht alle seine Gedanken und die machtlose Schande zu dem Stück Brot. Er kann jetzt an nichts anderes denken, nur daran: Was macht man damit? Die Hände glühen und Mechele meint, er halte einen miesen Wurm mit den Fingerspitzen. Die Nacht ist taub und still. Aber in Mechele schreien rohe, wilde Stimmen.

Er packt das Päckchen und schleudert es mit aller Gewalt über die eingeschlafenen Köpfe der Bäume. Irgend eine lebende Seele schreckt zwischen den Zweigen auf. Ein Schauer läuft plötzlich durch Mecheles Knochen. Das Päckchen mit dem Papier fällt irgendwo mit leisem Ton hinab. Das weckt dort jemanden. Eine böse Polizistenstimme brüllt von weitem: Wer zum Teufel ist dort?

Mechele steht für eine Weile erstarrt und rührt sich nicht von der Stelle. Er wartet, ohne den geringsten Gedanken, dass jemand herkommen und ihn führen möge. Denn allein weiß er nicht, wohin jetzt zu gehen.

In der Straße herrscht aber wieder eine feindselige Stille. Niemand kommt. Nur die nächtliche Kühle lässt sich tiefer herab, leckt mit kalter Zunge Mecheles glühende Wangen. Er wird wieder wach. Man darf schon nicht mehr umhergehen, aber er geht jetzt mit sicheren, vorsätzlich lauten Schritten zu seiner Baracke. Niemand hält ihn auf, niemand erscheint. Also geht er. Nur die Schritte fiebern. Mechele spürt jetzt, dass hier vor kurzem in ihm eine Art heiliges, edles Gefühl für immer gestorben ist, für immer!

Ihr gegenüber? Nein, allen gegenüber! Auf dem kurzen Weg bis zu seiner Baracke lässt er die leere Hülle der Träume eines naiven Jungen zurück, seine idealen Vorstellungen über das schöne Lächeln einer Frau, über herzliche Sehnsucht – hier wird er es jedenfalls bei keiner mehr suchen. Vorbei mit Lächeln! Das ist bei ihm jetzt klebriges schwarzes Brot, gekaut mit Wurst und Knoblauchgeruch!

Den abgestorbenen Traum wird aber am Morgen niemand auf Redlmans Schwelle liegen sehen. Er selbst auch nicht. Genau wie eine reine Seele bleibt er nicht dort liegen, um später auf dem Abfallhaufen zu landen. Die kühle Nacht nimmt ihn auf ihre weichen luftigen Flügel und trägt ihn weit fort, irgendwohin, zu der blauen stummen Schwärze, für jemanden dort als bedeutungsvolles Geschenk.

Als Mechele die Tür öffnete, lagen alle in der Baracke schon eingerollt in die trübsinnigen Decken des Schlafes. Er schaute sich nach niemandem um. Nur beim Hinaufklettern auf seine Koje sah er im untersten Bett Henech liegen, mit dem Gesicht nach oben. Er lag und schnarchte mit pfeifendem abgehackten Rasseln zur Decke.

Kapitel vierundzwanzig

I

Am nächsten Morgen hörte Mechele, wie jemand Henech weckte. Die Stimme erkannte er sofort, im Halbschlaf, und spitzte die Ohren. Es war Redlman. Er zog Henech vom Lager: Ziehen Sie sich an und kommen Sie mit uns.

Henech gähnte träge: Was wollen Sie von mir? Es geht mir gut.

Von der Seite begann noch jemand, auf ihn einzureden: Sie werden hier vergehen. Es ist nicht gut so. Wir werden Sie zu uns in die Werkstatt nehmen. Sie werden schlicht und einfach ein neuer Mensch werden. Bei uns werden Sie nicht schwer arbeiten müssen und hungern werden Sie auch nicht. Neben uns werden Sie nicht verlorengehen! Eine Schande, dass ein Mensch wie Sie verloren sein soll.

An der Stimme des zweiten erkannte Mechele, dass das der pfiffige Mendel Rubin war, der mit Redlman bei Korosta in der Werkstatt arbeitete. Henech kroch mechanisch von seinem Bett und wiederholte fortwährend: Was wollen sie von mir? Was wollen Sie?

Redlman trieb ihn fröhlich an: Nun, kommen Sie, kommen Sie! Wir wollen Ihnen nichts Schlechtes.

In der Baracke wurde es unruhig. Leute setzten sich auf und sprangen von den Liegen. Die Polizeipfeife draußen begann, die Hirne zu löchern. Henech ordnete verschlafen seine zerzausten Haare und bereitete sich zum Gehen vor. Er dachte jetzt offensichtlich über gar nichts nach. Redlman und Rubin flüsterten derweil zufrieden in einer Ecke. Immer wieder warf Redlman ihm ein Wort hin: Herr Głaz! Schneller, es wird spät.

Henech heftete unvermittelt seinen Blick auf den alten, gebrochenen Kestenberg, der gerade den Berg Papier über seine geschwollenen Beine zog. Plötzlich blitzte in Henechs leblosen Augen ein furioser Glanz auf. Mit einem Satz stand er neben den zwei Freunden und stimmte ein Geschrei an: Warum ausgerechnet ich? Reden Sie! Warum haben Sie gerade mit mir Mitleid, he?

Bei Redlman verlor sich das Lächeln, ehe es sich über das ganze Gesicht ausbreiten konnte. Er brachte kein Wort heraus. Er schaute Henech durch seine dicke Brille an und seine Lippen bewegten sich. Rubin ließ sich aber nicht verwirren und antwortete: Man muss tatsächlich allen helfen. Wir haben sogar schon ein Komitee. Aber Sie, ein alter Freund und Bekannter, ein wertvoller Mensch, wem also, wenn nicht Ihnen als Erstem? Sie …

Henech ließ ihn aber nicht ausreden. Seine gelbbraunen Gesichtsknochen bewegten sich auf und ab und er erstickte schier bei jedem Wort: Sie wollen es nicht sagen? Sie wollen nicht? Aber ich weiß es selbst! Ich weiß es!

Aus seinen Blicken feuerte ein entfesselter Sturm aus Verzweiflung. Jeden Moment würde er sich völlig verausgabt haben. Der Schreikrampf stoppte aber plötzlich. Röchelnd suchte er noch etwas, wollte so schnell wie möglich noch etwas ausstoßen: Ich weiß es. Sie hat Sie darum gebeten! Und – vermutlich bezahlt. Verschwindet!

Rubin ließ sich davon nicht beeindrucken. Redlman stand blass in einer Ecke und diskutierte mit ein paar Leuten: Ein Verrückter, der Mensch. So wahr ich hier stehe! Da bin ich los, hab Berge versetzt, damit man ihn auf einen besseren Arbeitsplatz versetzt. Er ist nicht der Einzige, für den ich mich bemüht habe. Und jetzt, seht nur, was er für eine Szene macht!

Redlman kannten alle. Mehrere stimmten ihm in falscher Ergebenheit wortlos zu. Bloß einige wenige kehrten sich von ihm ab, da sie verstanden, dass das mit dem schweigenden Skelett und den zwei guten Menschen, die kamen, um ihm zu helfen, eine nicht ganz saubere Sache war. Jemand krächzte vernehmlich, um mit etwas zu zeigen, dass er nicht schwieg. Sollte wer wolle meinen, dass er ihm damit Recht gab.

Rubin nahm derweil Henech leicht bei der Schulter: Herr Głaz, beruhigen Sie sich! Machen Sie sich nicht verrückt und kommen Sie. Was ist das für eine Szene? Das ist nicht gut für Sie. Passt solch ein Toben zu einem Menschen, der die Parteijugend erzogen und mit konspirativer Arbeit zu tun gehabt hat? Nun kommen Sie.

Henech nahm aber schon gar nichts mehr wahr: Fort! Ich gehe nicht! Ich will nicht! Nehmen Sie die da!

Frydland mischte sich auch noch ein: Was heißt das, du gehst nicht? Und wenn man dich schleppen muss, wird es dir dann besser sein? Rindvieh! Seht nur, wen man hier zum Gelehrten gemacht hat! Ochse! Wenn du überleben wirst, lachst du über die ganze Welt. Aber so wirst du nur ein Loch in den Himmel machen oder deine eigene Haut riskieren. Nun, da kommen die Herren Redlman und Rubin und wollen es dir leichter machen. Küsse ihnen die Hände, das kleinste Nägelchen! Lebe zuallererst, du Dummkopf. Danach kannst du deine ehrenwerten Überlegungen anstellen: sie – nicht sie? Ein Schwachkopf von einem Mensch bist du.

Von Frydlands witziger Rede verkrümmte sich sogar bei Henech der Mund zu einem Lächeln. Sein zorniges Gift fiel dabei in sich zusammen. Er stand zerstreut und zitternd da. Seine Knie gaben nach und von seinem ganzen Körper ging ein stimmloses Klagen aus. Rubin und Frydland hakten ihn unter, zogen ihn an den Armen, zerrten ihn mit. Frydland überlegte dabei laut: Er wird nicht bewusstlos werden, verlasst euch auf mich. Er will nur nicht selbst nachgeben! Jetzt also – Auf geht's! Allein wird er nicht gehen!

Alle drei griffen ihn und zogen ihn mit Gewalt aus der Baracke. Henech wehrte sich nicht sehr. Sie zogen ihn über die Schwelle und etliche Neugierige, unter ihnen auch Mechele, liefen zum Fenster um zu sehen, was weiter geschehen würde. Henech zog noch den Arm zurück, sträubte sich, aber der wütende Eifer hatte sich schon verflüchtigt. So wurde er von den dreien geführt, bis man ihn aus dem Tor hinausgeschoben hatte.

In der Baracke wurde es still. Die paar Menschen an der Scheibe schauten sich an. Worte waren nicht nötig. Nur der kluge, schielende Wrocławski konnte sich nicht zurückhalten und brummelte: Nun, mein Mechele, was sagst du? Aha, man geht, man geht! Das ist der Lauf der Welt!

Und Mechele spürte, dass man hier gerade eben einen Lebenden ins Grab führte, obwohl hier niemand mehr wusste, was Grab und was Leben war.

II

Er war ein merkwürdiger Mensch, der Redlman! Als Halbwaise von Kindheit an, hatte er nie eine gute Zeit gehabt. Ganz früh fing er an zu arbeiten. Den Reiz, zur Schule zu gehen wie andere Kinder, kannte er nicht. Die Mutter konnte es ihm nicht ermöglichen, so war er schon früh voller Groll gegen alle Reichen und Spießer, wie er sie nannte. Dabei hatte er eine Neigung, sich zu bilden, mehr von der Welt zu erfahren, als er schon wusste, und mehr zu können. Das Leben warf ihn aber in einen feuchten Keller, wo er Bleche biegen und verrostete Schüsseln putzen musste. Es lief darauf hinaus, dass, soviel er auch verdiente, es zu wenig war. Die Mutter brauchte etwas zum Kochen, und auch zwei Schwestern aßen mit. Viel Geld verdiente er nicht. So lief der die ganze Woche in geflickter Kleidung zur Arbeit und den einzigen guten Anzug hütete er für Schabbat. Großen Erfolg im Leben hatte er auch nicht. Er wohnte in einer Kellerwohnung in einer großen malerischen Stadt in Galizien. Dort führte man schon einen aristokratischen Lebensstil. Die Mädchen putzten sich modern heraus, laut der neuesten Mode und redeten nur Polnisch. Nun, wo hätte Redlman das lernen können, da er von seinem zehnten Lebensjahr an gearbeitet hatte. Später brachte er sich selbst bei, eine jiddische Zeitung zu lesen, sie zu verstehen und Vergnügen an ihr zu haben. Wie also hätte er eine mit anderen vergleichbare Bildung erreichen können?

Er war immer neidisch auf die gebildeten Intellektuellen, die überall den Mund aufmachen konnten und alles in der Welt wussten. Genau deshalb hasste er sie so. Es sammelte sich in ihm eine unerschöpfliche Quelle an Hass auf alle Reichen an, die die Möglichkeit hatten, gut zu leben, aus ihren Kindern vollwertige Menschen zu machen mit der nötigen Sprache und mit Manieren, mit denen sie an der Gesellschaft teilhaben konnten.

Noch mehr hasste er die herausgeputzten Mädchen aus reichem Hause, die niemals auch nur einen Blick auf jemand wie ihn werfen wollten. Von ihnen ließen sich auch die Töchter der Ärmeren anstecken. Und für ihn, Heniek, gab es keinen Platz in diesen Kreisen, die sich, wie er meinte, ständig über wichtige Dinge unterhielten. Er, Redlman, träumte immer davon, einmal reich zu werden, sich ein intelligentes Mädchen aus einem verarmten Haus auszusuchen und damit den Mangel, den die Armut in seinem Leben verursacht hatte, zu beheben. Das Streben zur Intelligenz und das Beherrschen von deren Wortschatz wurde bei ihm zur Manie, zum Traum bei Tag und bei Nacht. Bis zum Krieg hatte er aber gar nichts erreichen können.

Durch seine Freunde kam er in eine sozialistische Organisation. Dort traf er viele Bekannte, wurde mit ihnen vertraut und konnte mit ihnen auf die ganze Welt zornig sein und von Rache an den Reichen träumen. Das zog ihn an und hielt ihn dort. Ausgerechnet in diesen düsteren Kreisen lernte er ein armes blasses Mädchen kennen und heiratete es. Er lebte mit ihr, hatte zwei Kinder und wusste selbst nicht, ob man das Leben nennen konnte oder nicht. Den ganzen Tag hämmerte er Blech und Eisen, bei Nacht, wenn er heimkam, hatte die kränkliche Frau genügend Sorgen in der Stube: Alles wie früher.

So guckte der dicke, breitschultrige Redlman ständig durch die Scheiben seines Ladens auf die Gasse, wo elegant gekleidete jüdische Mädchen umherspazierten. Sie waren schön, jung und fröhlich. Aber er konnte ihnen nicht einmal nahekommen, nicht in derselben Stube sitzen wie sie. Lange Zeit kochte in seinem Herzen ein Gemisch aus Rachlust an den herausgeputzten Fräuleins und gleichzeitig eine verrückt machende Sehnsucht nach ihnen. Das war bei ihm nicht nur ein Verlangen nach der Frau in ihnen. Es war eher ein Sich-Hingezogenfühlen zum Weichen und Seidenen an ihnen, zu milchgesättigten, frisch gewaschenen und parfümierten Körpern, von denen er durch seinen Stand und seine niedrige Abstammung getrennt war.

Was sich in ihm über die Zeit zusammengebraut hatte, konnte er später mit seinem kargen Wortschatz nicht erzählen. Er wusste nur, dass es ihn mehr als einmal um den Verstand gebracht, sein Blut vergiftet hatte.

Im Ghetto wurde er auf einmal zum Privilegierten. Seine Arbeit war hier nötig, er erlangte ein gewisses Ansehen. Das Rad hatte sich schon ein wenig gedreht. Er hatte aber genügend Sorgen, die Frau und die Kinder zu verstecken. Aber es half nichts. Sie wurden mit den Ersten weggeschickt. Er blieb allein zurück. Bald schleuderte ihn das Schicksal ins Werk C. Dort traf er auf ein paar Tausend Menschen, Männer und Frauen, von denen ein großer Teil aus jener »aristokratischen« Schicht waren, die er so hasste und begehrte.

Das Glück kam ihm zu Hilfe und er wurde als Fachmann auf eine gute Stelle ausgewählt. Im Lager herrschte Hunger. Der Hungertod und die Selektionen rissen hunderte Menschen heraus und er war derweil satt und sicher. Wegen seiner Kontakte zu allerlei polnischen und deutschen Meistern hatte er die besten Möglichkeiten, Handel zu treiben. Er kaufte Brillanten und Goldmünzen und verkaufte sie mit großem Gewinn. Geschützt von etlichen Meistern hatte er vor den Leuten der Verwaltung keine Angst, die ihm drohten und ihm das große Geschäft aus der Hand nehmen wollten. Jetzt war seine Zeit gekommen, reich zu werden! Und in Werk C war es leicht, reich zu werden. Es reichte, ein Brot am Tag zu besitzen, ein Stück Butter und Wurst.

Zur Sicherheit nahm er manchmal die Kommandantin selbst zur Partnerin. Oder etliche Polizisten. Dann war er von allen Seiten abgesichert. Er ging im Lager in einem ordentlichen Anzug und mit Stiefeln umher und verspeiste jedes Mal einen Apfel vor aller Augen.

III

Als er sich in Werk C eingelebt hatte, erwachte in Redlman eine zweite unterdrückte Passion: Mädchen! Dabei reizten ihn nicht diejenigen, die aus denselben Arbeiterkreisen stammten wie er. Sie hätten noch so schön sein können! Er machte sich hauptsächlich an solche heran, die Bildung besaßen und aus reichen Familien kamen. Dabei stellte er sich in seiner Fantasie vor, wie sie vor vier Jahren ausgesehen und wie sie damals auf ihn geschaut hatten. Das erregte ihn besonders. So einer konnte er lange nachstellen, dafür sorgen, dass sie bemerkte, was er aß und wie groß seine Macht war. Unter Umständen musste man für sie bessere Arbeit und ähnliches suchen. Er stellte sich dann immer so vor: Ich bin ein einfacher Arbeiter, mein ganzes Leben lang. Ich kann nur Jiddisch. Reden Sie deshalb zu mir in der Muttersprache, damit ich nicht ins Stottern komme.

Und wenn er eine in die Arme nahm, wollte er nichts Geringeres, als dass alle es sahen und davon erfahren sollten. Als Erstes pflegte er beim Lagerfriseur Szlojme-Noah aufzutauchen, seinem Landsmann: Was sagst du zu ihr? Sie hat studiert. Sollte ein Doktor werden, wenn der Krieg nicht gewesen wäre. Jetzt hat sie das große Glück, dass ich mit ihr durch die Straße spazieren will! Was sagst du zu Heniek Redlman, he? Da staunst du, was?

Jedes Mädchen, von dem er vermutete, dass es ihn einst keines Blickes gewürdigt hätte, reizte ihn. Dann, wenn er den hochwohlgeborenen Leib ein-, zweimal neben sich gehabt hatte, interessierte sie ihn nicht mehr. Er suchte sich bald eine andere. Jedes Mal, wenn er sich mit einer Neuen vertraut gemacht hatte, zwinkerte er mit vergnügtem Auge allen Bekannten zu, denen er begegnete. Solch ein Mädchen musste ihm ihre ganze Abstammung, ihren ganzen ehemaligen Stand erläutern. Sie taten es mit der Absicht, dass er verstehen sollte, dass er es hier mit guter Abstammung zu tun hatte, dass er dann beeindruckt wäre, Respekt hätte und die Annäherung fortführen würde. Am nächsten Tag aber liebte er es, von einem Freund zum nächsten zu schlendern und zu erzählen: Hast du sie gesehen, die, mit der ich gestern gegangen bin? Der Sohn eines Abgeordneten sollte ihr Bräutigam werden! Und ihr Vater? Olivenöl! Ein Fabrikant!

Viele solcher Mädchen las er auf diese Weise auf. Es war bei ihm weniger brutale sexuelle Gier, als vielmehr der versteckte Wille, sich von seiner erniedrigenden Vergangenheit zu befreien; ein Bestreben, sich über eine bessere Abstammung zu erheben, darauf herumzutrampeln und dabei wenigstens selbst ein Privilegierter zu werden, auf diesem einzigen Weg, der ihm zur Verfügung stand.

Ihm ging es um nichts anderes, als dass das Mädchen oder die Frau das gewisse Etwas als Hintergrund haben sollte, das ihn damals anzog, als er aber nicht den Schneid dazu hatte oder nicht die Möglichkeit, es zu erreichen. Er angelte sich die jüngsten und die älteren, ohne Unterschied. Dazu bediente er sich später einer offen zynischen Sprache: Willst du zur mir kommen? Ich habe alles, ich kann etwas tun, etwas erreichen …

Auch Fredzia konnte er leicht einfangen. Alle kannten ihn schon und das ersparte ihm viel Reden und Anstrengung. Mit der Zeit entwickelte er den raffinierten Sinn eines Spürhundes. Er wusste schon im Vorhinein, was einer weh tat, kannte alle ihre Verwicklungen und Seelenwunden und deshalb lief es bei ihm schnell und sicher ab.

Mit Fredzia machte er es ganz kurz. In der Tat konnten jeder sehen, wie sie mit allen umging, wie sie lachte und sie neckte. Er aber sah, dass sie Brot in die zweite Baracke brachte. Dann beobachtete er, wie Henech von der Arbeit kam: müde, erschlagen, resigniert.

Danach brauchte er für sie nur ein Wort: Henech. Das reichte, um sie von den anderen Verfolgern abzulenken. Er habe nichts weiter im Sinn. Er sei auch nur ein Kamerad von jener Bewegung und er habe Möglichkeiten zu helfen. Er wollte sie nur fragen …

Sie zuckte kurz zusammen: Ja, sie hat mit ihm nichts Spezielles … Aber dem kann sie nicht zusehen … Oh, wenn er eine andere Arbeit kriegen könnte und sich ein wenig erholte! Sie könnte leichter atmen … Aber so schneidet es ihr das Herz in Stücke! Wer kennt ihn denn nicht von früher! Aber nein, nicht weiter wichtig! Was gibt es da zu erzählen? Sie würde ihm zu Füßen fallen, küssen, betteln, man soll es ihm leichter machen. Danach würde sie mit freiem Herzen ihn nicht weiter kennen, ihn nicht weiter belästigen.

Redlman lächelte: Das sei für ihn eine leichte Sache. Ja, vielleicht schon morgen! Er war dabei schnell per »Du« mit ihr. Wie unter Freunden! Wozu noch die arroganten Spielchen machen?

So geschah es wie von selbst. Aber dann hielt er es für nötig, Mechele zum ersten Zeugen zu machen. Er war mit ihr aufgetreten, hatte gesehen, was sie für eine Kluge war. Dann sollte er wissen, dass Redlman alle eroberte! Später könnte er mit ihm reden und ihm erzählen, mit welch guten Partien er sich schon geschmückt hatte.

IV

Er geht ein paar Tage mit Fredzia umher, wartet jeden Abend am Tor auf sie, dann hat Redlman genug. Er hat ihr nichts Schlechtes getan. Hat er nicht ihren Mann herausgeholt? Dann ist die Rechnung ausgeglichen. Es stimmt, sie interessiert ihn sehr. Sie ist von der jiddischen Intelligenz und ihre Sprache ist der seinen ähnlich. Aber lang mag er nicht spielen. Er heißt sie noch einige Zeit wegen Brot und einem Stück Fleisch kommen. Aber dort am Tisch trifft sie schon ein neues Gesicht an und sie geht mit flammendem Gesicht hinaus. Er vergisst sie. Auch ihren Mann, der allen zwischen die Füße kommt, beachtet er nicht besonders. In den ersten Tagen redet er mit ihm, ist interessiert zu hören, wie ein Mensch redet, dessen Name in den Parteiblattern nicht nur einmal erwähnt worden ist. Danach wird es ihm langweilig. Nicht mehr interessant!

Fredzia hat sich schon etliche Tage nicht mehr gezeigt. Seit jenem Abend hat Mcchele sie nicht gesehen. Frydland erzählt ihm, dass sie an den Abenden mit Rubin und anderen Polizisten umhergeht. Sie lärmt, schreit und erzählt allen Witze, oder sie singt allerlei Lieder für sie. Als Henech gerade in die Baracke kommt, beendet Frydland mit einem Flüstern: Nur ihn stört es wenig, siehst du? Du denkst, sie hat ihm nur wenig geholfen damit? Schau ihn dir nur an!

In den paar Tagen hatte Henech sich tatsächlich stark verändert. Rubin hatte ihm irgendwoher ein Paar Schuhe verschafft. Jemand von der Polizei brachte ihm ein gutes braunes Jackett und eine dunkelblaue Hose. Auch sein Gesicht setzte wieder ein wenig Fleisch an. Er sah lebendiger und ausgeruhter aus. Seine Augen hatten ihr Gift zurückgezogen und er begann, mit normalen Augen auf die Dinge zu schauen. An den Abenden ging er im Wäldchen spazieren, führte sogar Gespräche mit Leuten über die politischen Geschehnisse, über die Arbeit, als wäre hier gar nichts Neues und Schmerzhaftes mit ihm geschehen.

Etliche Male hielt er Mechele an der Schwelle zurück und fragte: Nun, was sagen Sie?

Als habe er ihn vorher etwas gefragt und warte auf die Antwort. Sie gehen ein paar Minuten, reden über verschiedene Sachen und Mechele staunt: Der Mensch besitzt einen sehr boshaften Humor! Er erzählt komische Vorfälle aus seiner Abteilung, spricht über allerlei Unterhaltungen, die er mit verschiedenen polnischen Meistern und Vorarbeitern geführt hat. Und zum ersten Mal erlebt Mechele, dass Henech viele Minuten am Stück redet und dabei lächelt. Wie merkwürdig das Lächeln auf Henechs Gesicht aussieht! Dort, während eines Wimpernschlags, flackert und brennt noch etwas. Nur das angestrengt fröhliche Blitzen drum herum deckt es zu, schließt es ein. Er hält sogar Bekannte an und begrüßt sie auf eine lebendige Art und Weise. Was ein paar Tage leichtere Arbeit aus einem Menschen machen können!

Mechele kam es aber vor, als sei das nicht mehr der Henech von vorher. Jener hatte sich störrisch für sich gehalten, sich gestritten und nicht zugelassen, dass man ihm das Mindeste entriss. Aber er konnte sein Leben erhalten, solange er nicht das erste Mal nachgab. Als er aber einmal zusammengebrochen war, stieß es ihn von sich selbst ab und er begann zu rollen und zu rollen, immer weiter und weiter. Er hatte sogar Angst, hinter sich zurückzublicken, damit es ihn nicht daran erinnerte, wer er vorher gewesen war. Er ging, nein – er floh vor sich selbst, zog sich eine andere Haut über, damit nicht einmal er selbst sich erkennen möge.

Jener Henech hatte hier eine Frau gehabt, mit der er in guten Zeiten gelebt hatte. Es war so schön gewesen damals, so angenehm. Sie hatte auch mit ihm ein Kind, hatte sich zusammen mit ihm daran erfreut. Sie waren eins! Deshalb musste er sich die Haare ausreißen, Galle in sich hineinfressen, auf sie speien, schreien vor Ekel. Sie war seine Frau! Und jetzt gab sie sich anderen hin, lief jedem Vergnügen hinterher in der Zeit, als er vor Schmerzen krampfte und ausdörrte. Und womöglich gerade deshalb, weil er so war!

Oh ja, sie, die Ausgelassene, brachte ihm Brot, das sie von ihrem Freund bekommen hatte! Sie erbettelte sogar leichtere Arbeit für ihn. Eigentlich weniger erbettelte als erkaufte mit etwas, das ihm gehörte aber nun in ihren Händen lag. Er hatte nicht mehr die Kraft, es einzufordern und sie gab ihm davon nur so viel sie wollte. Er konnte ihr nur antworten, wie ein Mensch mit Stolz antworten musste: Geh! Was hätte er noch sagen sollen?

In dem Moment aber, als er mit Redlman mitgegangen war, änderte der frühere Henech alle seine Berechnungen. Jetzt war er einer der tausenden Abgerissenen hier! Der frühere Henech mit seinem Stolz und dem krampfhaften Festhalten an der Vergangenheit konnte hier nicht überleben. Er hätte auf dem Bett liegen bleiben müssen und den giftigen Hass im Herzen hegen, bis er verloschen ware. Als sein letztes Restchen Lebenswillen aber stärker wurde, war Schluss damit! In Henech entschied aber nicht das Leben! Eher war es ein Moment der Schwäche. Er hatte keine Kraft mehr und kapitulierte vor dem Sterben. Er hatte nicht mehr die Kraft, auf den Tod zu warten.

Es beginnen andere Zeiten. Er strebt nichts mehr an und fordert nichts mehr ein. Er besitzt hier gar nichts und niemand schuldet ihm etwas. Er hat mehr Glück als andere. Man interessiert sich für ihn! Es gibt eine junge, schöne Frau hier, die er von irgendwo her kennt. Sie interessiert sich für ihn, läuft zu verschiedenen Menschen und bittet um Mitleid, man solle ihm helfen, es ihm leichter machen. Muss er ihr dann nicht dankbar sein? Mit wem immer sie redet, mit der Polizei, oder einfach mit Menschen mit Einfluss, erwähnt sie ihn, bittet, man solle etwas für ihn tun. Deswegen hat man ihm einen Anzug gegeben, Schuhe, einen besseren Arbeitsplatz und sogar eine warme Decke hat man ihm hineingereicht! Warum also soll er nicht zufrieden sein?

Ja, sie pflegt sogar herzukommen und ihm Brot zu bringen. Redet zärtlich mit ihm, versucht, ihn zu trösten. Aber er hat sie fortgejagt! Warum hat er sie weggetrieben? Tut sie denn nicht viel für ihn? Sie geht mit anderen? Was geht ihn das an. Sie bemüht sich, dass er hier leben soll! Ist ihm das zu wenig? Was ist das für ein Irrsinn bei ihm gewesen. Nicht zu verstehen! Da ist nichts anderes als dies: Sie ist fröhlich, sie ist lustig. Aber Herz hat sie! Sie lebt, sie amüsiert sich, aber sie erinnert sich, dass hier einer hergekommen ist, der die Bedingungen in Werk C nicht aushalten kann, und sie investiert etwas von ihrer Gesundheit, spart sich Bissen vom Mund ab, um ihn auf den Beinen zu halten.

Sie ist ihm einst so nahe gewesen? Ach, das ist doch schon lange her! Die letzten Spuren davon sind schon von der Zeit verwischt worden. Jetzt sind andere Zeiten! Damals ist sie mit ihm gewesen, heute mit anderen. Das Rad des Lebens dreht sich. Warum also soll er sich opfern. Ihr zürnen und derweil selbst verbrennen? Was für Narreteien! Was für ein Unfug! Man muss hier so viele Lebenschancen ergreifen, wie man bekommen kann! So macht sie es und so muss er es auch tun! Wenn sie kommt und ihm einen Brocken reicht, muss er ihn nehmen und ihr dafür danken! Warum ist ihm das alles früher nicht klar gewesen?

Henech will nicht weiter darüber nachdenken. Er schämt sich. Er fängt sogar an, sich ihr gegenüber schuldig zu fühlen. Einst hat sie ihm außer Leben auch Glück geben können. Heute kann sie es nicht. Sie sucht ihr Glück, ihre Sicherheit bei anderen. Ihr Glück kann sie mit ihm nicht teilen. Sie bringt ihm nur Stücke Leben, eingewickelt in Papier. Das kann sie noch. Warum also hat er sie beleidigt, sie mit seinen Reden verletzt?

Er konnte nicht mehr. Eines Abends sah er sie allein vorbeilaufen und er ging ihr entgegen. Sie wollte sich unsichtbar machen, irgendwo versinken. Aber er war jetzt so anders, dass es ihr nicht möglich war, es zu glauben. Seine Stimme war so ruhig, leicht trocken und so befremdlich vertraut, dass sie sie nicht erkannte. Dabei war er nicht verwirrt, sondern sagte ihr ganz einfach und direkt: Fredzia! Warum sollten wir böse aufeinander sein? Wir haben uns nichts

Schlechtes getan und nach einem vertrauten Gesicht sehnt man sich doch so.

Aber als ihr plötzlich Tränen in die Augen stiegen, brach seine Stimme und sie hielten sich stumm an den Händen.

V

Durch wieviele Überlegungen Henech in seine neue Haut geschlüpft war, war nicht möglich zu wissen. Es konnte sein, dass er seine jüngste Veränderung noch nicht völlig vollzogen hatte. Das verdeckte er aber, schob es tiefer in seine Seele hinab. Er ging umher mit einer halb zufriedenen Miene und wusste selbst nicht, oder wollte nicht wissen, dass seine frühere Persönlichkeit sich noch einmal in den Vordergrund drängen und noch einmal die Fäuste ballen würde. Aber so kam es. Und auch davon wurde Mechele einmal Zeuge.

Das war tief in der Nacht, etliche Tage später. Mitten im Schlaf hörte Mechele ein leises Geräusch, ein sanftes Flüstern und er wurde wach. Als er sich leise aufsetzte, sah er, wie Fredzia über Henechs Bett gebeugt auf ihn einredete: Ein neues Hemd noch. Und hier ist auch eine Unterhose. Das Hemd ist noch gut! Und der Pullover kann dir in den kalten Tagen von Nutzen sein.

Ein leises Rascheln drang in Mecheles Ohr. Henech lag schweigend da und sie redete schnell, mit hastigem Atem: Es ist spät, Henech, verstecke es, ich muss los.

Sie trat einen Schritt zurück, richtete sich auf und war im Begriff zu gehen. Henech hatte aber derweil einen Gedanken zu Ende gedacht: Bleib stehen! Wer hat es dir gegeben?

Er sprach jedes Wort einzeln scharf aus, darauf bedacht, dass jede Silbe gut herauskam. Sie sollte alles verstehen.

Fredzia wurde ärgerlich: Was geht es dich an? Du brauchst es und ich habe es dir gebracht! Was geht es dich weiter an?

Aber Henech blieb störrisch. In seinen Worten mischte sich Bitte mit Zorn. Dabei war auch ein ruhiges Sich-im-Zaum-

Halten erkennbar zusammen mit einer verdeckten Rechtfertigung sich selbst gegenüber: Sieh mal, Fredzia, ich nehme alles von dir an. Alles, was du mir gibst! Ich werde das auch weiterhin tun. Nun ja, so habe ich es beschlossen. Ich habe nichts gegen dich. Ich selbst habe dich um Verzeihung gebeten. Nicht nur deshalb, weil ich nicht hungern will, sondern ich erwarte dich ungeduldig, wenn du mir ein Stück Brot bringst. Da ist etwas anderes: Ich verstehe dich. Nur eines will ich von dir: Von jeder Sache, die du mir bringst, möchte ich wissen, wer es dir gegeben hat! Mehr nicht! Wenn nicht, werde ich nichts mehr annehmen. Dieses Hemd, hast du es von Redlman oder von Moniek bekommen? Die Schuhe, was weiß ich, von Rubin. Den Pullover erkenne ich: Er ist von dem jungen Kerl, dem schönen Vorarbeiter. Aber dieses Hemd und die Unterhose ...

Fredzia ließ ihn nicht ausreden. Es sah aus, als breche sie jeden Moment in Tränen aus: Henech! Was willst du von mir? Ich kann nicht. Nimm.

Sie drehte sich dabei weg und ging mit hastigen Schritten zur Tür. Henech setzte sich auf und rief ihr mit lauter Stimme nach: Ich muss es wissen! Hörst du? Da!

Damit schleuderte er die Sachen in die Baracke. Sie war aber schon aus der Tür. Auf dem Boden blieben etliche weiße Flecken zurück und ein Stück weiter lag, wie von Schamesröte übergossen, der rote Pullover, den Mechele an jenem Konzertabend am Körper des schüchternen Jungen, Josl, gesehen hatte.

Erst in der Frühe stand jemand auf, sammelte die wertvollen Sachen auf und brachte sie ohne ein Wort zu Henechs Bett. Wie es schien, hatte noch jemand die nächtliche Szene beobachtet. Henech nahm sie, ohne einen Laut von sich zu geben. Aber seit jener Nacht sah man sie für lange Zeit nicht mehr gemeinsam umhergehen oder sich treffen.

Kapitel fünfundzwanzig

I

In Werk C begannen merkwürdige Dinge zu geschehen. Selektionen gab es keine. Der Transport Juden, für den man die neuen Baracken gebaut hatte, war noch immer nicht gekommen und man meinte, es würde für einige Zeit ruhig sein, man könnte Konzerte machen, Romanzen pflegen, kleine Intrigen inszenieren. Aber es geschahen allerlei merkwürdige Ereignisse, die jedes Mal das Lager in Aufruhr versetzten.

Es begann mit der Halle 58. Im Verlauf einer kurzen Zeit schickte man sehr viele Juden zur Arbeit dorthin. Jeden Tag kam ein Teil von ihnen mit zerschlagenen, geschwollenen Gliedern zurück. Man munkelte, dass kein einziger Jude dort lebendig herauskommen würde. Zielinski, Sadza, Antosz und noch einige freche Burschen aus der Halle, unter ihnen auch Stach, hatten beschlossen, jeden Tag etliche Juden zu Krüppeln zu machen. Es gab erste Opfer. Es half auch keine Intervention bei den Meistern. Sie wollten ihre Anzahl haben. Zielinski war völlig verrückt in der Hinsicht. Sie begannen, die Juden zu schlagen, sogar beim Zureichen der Granaten. Eine Sache, die es in keiner Halle sonst gab.

Die beiden Brüder Ajbeszic aus Warschau, zwei jüdische Kaufleute, die in Halle 58 geraten waren und in der zweiten Baracke schliefen, kamen jeden Abend mit zerschlagenen Knochen heim. Sie erzählten schreckliche Dinge und fügten jedes Mal an: Ihr werdet sehen. Es wird ein Unglück passieren, eine schreckliche Katastrophe! Die Granaten fallen einem aus den Händen.

Es verging aber Tag um Tag und es passierte gar nichts, außer Kleinigkeiten, die jedes Mal das Leben eines oder zweier Juden kosteten.

In genau jenen Tagen kam Mecheles engster Freund, Abraham-Iser, nicht von der Nachtschicht zurück. Man suchte ihn im ganzen Lager und in der ganzen Fabrik, aber niemand wusste, wo er hingekommen war. Erst am folgenden Tag nachmittags fand man ihm im Wald liegen, zwischen den dichten Bäumen, bei der Halle 58. Es stellte sich heraus, dass die Burschen von dort ihn nach der Arbeit vorbeigehen sahen und ihn hergelockt hatten. Der ständig hungrige Abraham-Iser ließ sich hineinziehen, als er hörte, man wolle ihm etwas Suppe geben, die von gestern übrig geblieben war. Aber dort zwischen den Bäumen schlugen sie so lange mit Stecken auf ihn ein, bis er wie tot liegenblieb. Am nächsten Tag erst teilten sie mit, dass ein Jude aus einer fremden Halle sich hier herumgetrieben hatte und etwas stehlen wollte. Sie hätten ihm gegeben, was er verdiente. Sein kräftiges Herz schlug aber immer noch. Als man ihn ins Lager brachte, lebte er noch. Er konnte schon nicht mehr sprechen oder sich bewegen. Der mächtige Körper aber wollte sich dem Tod nicht so leicht ergeben. So lag er ganze vierundzwanzig Stunden und kämpfte mit dem Tod.

Mechele rannte umher, zerrte Doktoren am Mantelsaum, bat sie, sie sollten versuchen, ihn zu retten. Vielleicht würde es doch gelingen? Aber alle winkten ab, da sei nichts mehr zu machen. Er war schon unter deren Händen tot gewesen. Bloß seine Kraft ließ sich nicht so leicht auslöschen. Jetzt war ihm seine Gesundheit nur noch eine schwere Last: Sie ließ nicht zu, dass er eines leichten Todes sterben konnte. Mechele und Mendel saßen eine ganze Nacht bei ihm, sahen, wie er sich von seinem Lager aufrichtete, sie mit Augen ansah, die alles erkannten und verstanden. Aber sagen konnte er nichts mehr.

Als er am Morgen starb, stand der Wagen, der die Toten wegbrachte, schon im Hof. Mendel musste fort zur Arbeit und Mechele war der Einzige, der ihn bis zum Tor begleitete. Jetzt war Mechele völlig verwaist, hatte den letzten Menschen verloren, der noch eine Beziehung zu seinem ehemaligen Heim hatte.

Je stärker die Juden begannen, sich vor der Halle 58 zu fürchten, desto mehr trieb man dorthin. Von allen Arbeitsplätzen mit leichterer Arbeit nahm man einen Teil heraus und schickte sie dort hinein. Sie wurden von den teuflischen Dämonen gleich mit Schlägen aufgenommen, sodass das Geschrei über die ganze Fabrik zu hören war. Das Hilfskomitee, das nach dem Konzert entstanden war, fing an, jeden Tag Extraportionen Brot für die Arbeiter der Halle 58 auszuteilen. Das half aber nicht viel. In allen Baracken stieg die Anzahl Zerschlagener und Schwerkranker, die aus jener Halle kamen.

Die Menschen der zweiten Baracke waren auf Mechele neidisch: Du hast vielleicht ein Glück! Gerade vor dem Beginn der Quälereien in Halle 58 hat man dich von dort herausgenommen. Jetzt würdest du keinen Tag dort aushalten.

Aber Fredzia ging weiter gern dorthin. Sie könne dort gut arbeiten, wiederholte sie jedes Mal. Ihr gegenüber verhielte man sich ordentlich. Auch Gucza, Kaufmans füllige Braut, beharrte weiter auf ihrem Platz. So oft man ihr vorschlug, die Arbeit zu wechseln, lachte sie darüber: Mich wird man dort nicht auffressen! Zielinski weiß, wer ich bin, und er wird mich nicht anrühren. Man macht mehr Aufsehen darum, als die Geschichte wert ist.

So arbeiteten die Mädchen weiterhin dort.

II

Eines Tages kam Kaufman mit dem großen Essenswagen von der Küche, wie immer. Auf dem Platz warteten schon hunderte Menschen auf ihn. Von allen Seiten stürmten sie zu den Fässern Suppe, einer drängte den anderen und sie schrien mit hungrigen Stimmen. Kaufman war daran schon gewöhnt und es störte ihn nicht mehr. Wie jeden Tag bedeckte er die glänzenden Stiefel mit groben Lumpen, zog sich die Leinenschürze über den Anzug und stieg langsam auf den Wagen, in die Höhe.

Sein Gehilfe Diament und noch weitere Helfer zerstreuten derweil die Menge mit dicken Stecken und mit den Fäusten. Jeden Tag sah es so aus, als wollte die Masse sich auf die Fässer stürzen und sie mit den Händen forttragen. Als wollten sie Kaufman und seine paar Gehilfen lynchen, sich ein für alle Mal mit dem klebrigen Essen vollstopfen und danach ruhig auf ihr Urteil warten. In letzter Minute zogen sie sich aber zurück, verloren ihren ganzen aggressiven impulsiven Drang und blieben entmutigt zurück. Sie standen wieder mit trockenen Zungen da und warfen Kaufman ihre fortwährenden verzweifelten Bitten zu: Panie Kaufman. Nur ein bisschen. Einen kleinen Tropfen Essen!

Heute war Kaufman besonders ruhig. Von der Küche war er hinübergegangen in Halle 58. Dort traf er seine Gucza. Sie hatte ihm so etwas wie eine neue Verbindung zu der Halle verschafft und vermutlich erging es ihm dort gut. Er lächelte zufrieden von seiner Höhe und beeilte sich nicht mit dem Austeilen.

Er kennt hier schon alle regelmäßig Anwesenden und weiß von jedem dessen Litanei auswendig. Seine Arbeit ist letztens ausgeweitet worden. Alle, die die neuen Baracken errichten, müssen bei ihm persönlich ihr Essen holen. Dazu kommen auch all die, die hier bei Nebentätigkeiten arbeiten. Er sieht gerade, wie Mechele an der Seite steht, und es bereitet ihm Vergnügen, dass »dieser Junge« hier auch auf ihn warten muss. Also schreit er ihm über alle Köpfe hinweg zu: He, bleib bloß da an deinem Platz stehen. Sollst noch ein bisschen warten. Ordnung muss sein! Kannst mich danach sogar wieder in deinen Liedchen beschimpfen, ich pfeif drauf!

Mechele hat gar nichts Besonderes getan. Kaufman hat ihn nur gesondert aufgerufen, damit alle sehen, wer alles zu ihm kommen muss und dass er kein Aufhebens um jemanden macht. Mechele schweigt. Das ärgert Kaufman. Er schreit wieder zu ihm hinüber: Intelligenzler! Den Brand in deine Gedärme! Einer aus dem Hause Lokschn-Kojdesch[59], nicht wahr?

Bald aber lenken ihn andere Stimmen ab. Er weiß schon, was jeder Einzelne schreit, und er hat eine eigentümliche Freude daran, jetzt alle anzuhören. Er sieht sich um und sucht jemanden. Er beugt sich sogar zum stummen Diament hinab und fragt ihn mit lauter Stimme: Erstaunlich! Der Sokolower Rabbi ist heute nicht da?

Von allen Seiten beginnen hungrige Stimmen unterwürfig zu rufen, sie wollen zeigen, dass sie bereit sind, Kaufman zu dienen und zu helfen: Sokolower Rabbi! Wo bist du?

Gemeint war ein kleiner dürrer Mensch, der zum Pikrin hineingeraten war und jeden Tag herkam, um auf eine Gunst von Kaufman zu warten. Gleich in den ersten Arbeitstagen bei der gelben Arbeit war bei dem Menschen im Kopf etwas aufgewühlt worden. Er fing an, an den Abenden von Baracke zu Baracke zu gehen, auf jeden seine frommen, großen Augen zu richten und mit leisem Weinen zu bitten: Ich bin der Sokolower Rabbi. Gebt mir etwas. Gebt! Tut eine gute Tat!

Auch ihn trieb der Hunger zu Kaufmans Wagen. Ein Teil der Leute kannte ihn. Er war in der Tat das Kind eines großen rabbinischen Hauses. Aber hier hatte das Pikrin etwas in ihm geschädigt. So redeten etliche chassidische junge Leute, die es ins Werk C verschlagen hatte, untereinander. Sie hüteten sich wie vor dem Feuer, zu erzählen, wer dieser Mensch mit den großen kindlichen Augen war. Als Mechele ihnen das entlocken wollte, antworteten sie nur: Nun, die Beschämung eines heiligen Mannes ist eine große Sünde.

Und bei ihm selbst war es auch schwer, etwas zu erreichen. Auf jede Frage hin richtete er sich auf, schlug mit der dürren

59 Verballhornung des Ausdruckes »Loschn-Kojdesch«: heilige Sprache; Lokschn: Nudeln.

Faust auf seinen abgemagerten Brustkorb und rief in feierlichem Ton aus: Ich bin der Sokolower Rabbi!

Und brach in Wehklagen aus.

So war er normalerweise. Jeden Morgen war er darauf bedacht, in die Baracke zu laufen, wo es das einzige Paar Tefillin von Rabejnu Tam[60] gab. Er musste sie jeden Tag anlegen. Er vergaß auch nicht, ein Schälchen Wasser mitzunehmen und sich jedes Mal die Hände zu waschen. Mit allen pflegte er höflich umzugehen und sein einziger Satz, den er vor jedem wiederholte, lautete: Juden, sündigt nicht!

Nur eine Sache brachte ihn aus dem Gleichgewicht: Essen! Seit er zum Pikrin hineingeraten war, konnte er nicht mehr gleichgültig auf ein Stück Brot oder ein bisschen Suppe in den Händen eines anderen schauen. Er warf sich auf die Erde, weinte, streckte die Arme aus, bettelte und brach in ein übles Gejammer aus: Einen Brocken gebt mir, einen Tropfen!

Die wenigen frommen jungen Leute wandten den Blick ab, wenn sie es sahen, und murmelten unter sich: Eine ganz zarte Seele ist er gewesen, der Ärmste. Hat nie gewusst, was Hunger bedeutet.

Sie machten sogar unter sich ab, dass man ihm jeden Tag eine überzählige Portion Brot geben sollte. Das half aber nichts. Er war einer der Ersten, die bei Kaufman warteten und bis zum Schluss dort standen. Jeden Tag dachte er sich neue Segenssprüche für Kaufman aus und er rief sie zu ihm hinüber über alle Köpfe.

Das imponierte Kaufman sehr. Seit seiner Kindheit hatte er Angst, in der Nähe eines Rabbis zu sein. Er wusste, dass die Angelegenheit für ihn etwas zu hoch war. Und hier stand solch einer in der Menge und wartete gar darauf, dass Kaufman ihn beglücken sollte. Er hielt ihn immer bis zum Schluss hin, verspottete ihn vorgeblich: He, meine Mutter ist doch

---

60 Tefillin, in denen die Texte gemäß dem Gelehrten Rabejnu Tam (1100–1171) angeordnet sind, im Gegensatz zu gewöhnlichen Tefillin, die der Vorschrift von Raschi (1040–1105) folgen. Streng religiöse Juden benutzen die Tefillin von Rabejnu Tam.

manchmal bei dir gewesen! Ihr hast du den Segen umsonst gegeben, oder hast du verlangt, sie soll zahlen? Sag es mir!

Diesmal aber war ihm eingefallen, ihn noch vor dem Austeilen zu rufen. Von der Seite näherte sich eine kleine, schmale Gestalt, kaum mehr als Haut und Knochen. Ihm nach drängte sich eine ganze Menschenmenge, die sich durch ihn Kaufman nähern wollte. Er selbst meinte, dass Kaufman ihm schon das gäbe, worauf er wartete. So rief er schon von weitem: Panie Kaufman! Gesundheit und ein langes Leben für Euch! Es möge Euch vergönnt sein, Bacchus' Wein in Jerusalem auszuschenken! Amen!

Kaufmans schmales Kinn aber verzog sich, wie bei einem Geschäft, mit dem er nicht ganz zufrieden war: Sokolower Rabbi! Den Segen habe ich doch schon einmal bekommen! Suchen Sie mir einen anderen aus. Aber schnell! Ich habe keine Zeit. Man muss mit dem Austeilen anfangen. Es ist schon spät.

Der Mensch verstand nicht, was Kaufman meinte. Er konnte jetzt über gar nichts nachdenken. Das Hinlaufen zu Kaufman war bei ihm etwas anderes als nur das bisschen Suppe. Das Essen zu bekommen, das war bei ihm ein Akt des Vergnügens, eine Notwendigkeit, sogar wenn er es später gar nicht aß. So stand er mit offenem Mund und versuchte, mit den Lippen etwas in der Luft zu ertasten.

Kaufman wurde schon ungeduldig. Er hielt sich aber zurück und sagte in seinem ruhigen Ton: Nun, Sokolower! Geh derweil zur Seite und denke nach, ob du Interesse hast. Inzwischen lass mich das meine tun. Wir werden später reden.

Kaufmans Gehilfen drängten den Mann zur Seite zu den Zäunen. So stand er da mit offenem Mund, unbeweglich und dachte über etwas mit aufgerissenen, entrückten Augen nach. Kaufman streckte die Hand zum Schöpflöffel aus und wollte ihn in den Kessel tauchen. Plötzlich ließ sich ein herzzerreißendes Geschrei von einer Seite der Menge hören: Hilfe! Panie Kaufman, oj, Hilfe!

Kaufman wandte sich ihm ruhig zu: Was ist jetzt schon wieder?

Jener hat noch etwas rufen wollen, konnte aber nicht. Kaufman wurde schon unruhig. Es war nicht eines der bekannten Gesichter, die er hier jeden Tag sah. Es sah auch nicht so aus, als schreie er nach ein wenig Essen. Solche schrien ganz anders. Es irritiere ihn: Was brabbelst du da? Komm näher, lass uns ein Wort hören!

Der schreckte aber davor zurück, sich zu nähern. Offensichtlich fiel es ihm schwer zu reden. Im Gegenteil, er entfernte sich noch weiter von allen und stieß erst von dort plötzlich hervor: Halle 58 brennt! Eine Menge Juden ... Gojim ... Gucza ... Ja, Gucza!

III

Für einen Moment war es auf dem ganzen Hof still. Alle hielten den Atem an. Auch Kaufman saß wie erstarrt, als habe er gar nichts verstanden. Bald aber begriff er das Grausige, Schauderhafte. Er brüllte, dass der ganze Platz erzitterte: Oj, weh ist mir!

Der heiße Löffel fiel ihm herunter und landete mit einem Schlag bei jemandem auf dem Kopf. Er merkte gar nichts. Mit einem Sprung stand er neben jenem, der es herausgeschrien hatte, und packte ihn am Hals, als sei er der Schuldige. Seine Augen stachen hervor und seine Zähne knirschten: Sprich! Rede! Wo? Was?

Jener hatte kaum etwas geröchelt, als Kaufman ihn mit einem Stoß wegschleuderte und weiterlief. Im ganzen Lager hörte man seine wilde Raserei: Banditen! Dreckskerle! Ich werde alle umbringen! Brennen soll die Welt! Verwüstet soll sie werden, mit allen zusammen!

Zum ersten Mal sah das Lager Kaufman in solch einem Zustand. Innerhalb weniger Minuten wurde er schwarz wie die Erde. Er weinte, riss sich die Haare vom Kopf, dann ging er los zum Tor und rannte wie wild geworden in die Fabrik.

Bei den Kesseln mit Essen entstand derweil ein Tumult. Im ersten Moment konnte es keiner glauben: Die Fässer waren voll und dampften und Kaufman war nicht da? Bald aber begannen alle zu drängeln, dorthin zu stürzen. Hände griffen in Gesichter, Leib drängte gegen Leib und das Geschrei riss die Luft in Stücke.

Etliche Polizisten kamen gelaufen und droschen mit ihren Stecken auf die Körper ein, bis sie getrennt waren und viele Geschundene in alle Richtungen verstreut dalagen. Erst dann begriff die Kommandantin, dass Kaufman dort in der Fabrik eine Katastrophe anrichten konnte. Auf ihren Pfiff hin folgten ihr Dutzende Polizisten und auf dem Hof wurde es wieder still. An Kaufmans Platz setzte sich der Polizist Kac. Das Essen wurde ausgeteilt wie gewöhnlich und die Menschen verliefen sich danach in die Baracken, als wäre nichts gewesen.

Erst spät am Abend brachten einige Polizisten Kaufman, ihn an den Armen stützend, zurück. Er war blass und stumm. Keinen Schritt konnte er mehr machen und seine Beine hingen nach wie gelähmt. Seine schwarzen Haare klebten ihm an der schweißnassen Stirn. Von allen Seiten redete man auf ihn ein, tröstete ihn. Es sah aber aus, als höre und wisse er gar nichts. Alle paar Minuten winkte er mit der Hand, man solle ihm aus den Augen gehen. Als der Platz leer war, spuckte er aus und ließ sich weiter ziehen. Bis man ihn in sein Zimmer trug.

Danach kamen die Menschen aus der Fabrik und erzählten, was dort passiert war. In der Halle hatte man begonnen, neuartige Zünder in die Granaten einzuschrauben. Wegen der Eile zog jemand ungeschickt an einem Zünder. Sofort hörte man eine gewaltige Explosion und die ganze Halle war in Rauch gehüllt. Erst später fand man die Opfer verteilt über die ganze Halle. Ein Teil der Gliedmaßen klebte an der Decke und an den Wänden, sodass alle Frauen sich übergeben mussten. Gucza hatte es von der Seite getroffen und ihr einen Arm und ein Bein abgerissen. Kaufman erreichte, dass man sie in ein städtisches Krankenhaus brachte. Dort quälte sie sich einige Tage, bis sie starb. Er fuhr jeden Tag zu ihr hinaus, setzte Gott und die Welt in Bewegung. Aber es half nichts. Danach lief er eine ganze Zeit schweigend umher, teilte das Essen wie mechanisch aus und sprach mit niemandem ein Wort. Der Polizist Kac, der neben Kaufman wohnte, ging nur einmal bei Nacht hinein, zum Minjan, der bei Kaufman für Guczas Seele stattfand. Er schwieg wie gewöhnlich, nur vor dem Hinausgehen brummte er Kaufman zu: Es gibt eine Art Abrechnung auf der Welt. Das trifft aber nicht uns, sondern sie.

Er hatte nicht klar gesagt, wen er mit »sie« meinte, aber Kaufman hatte ihn, wie es schien, verstanden.

Aus Mecheles Baracke hatte die Explosion den dicken Kremer fortgenommen, der mit Knoblauchzehen und polnischen Zigaretten gehandelt hatte. Von den zwei Brüdern Ajbeszic kam nur einer verletzt zurück. Der andere war zerrissen worden. An jenem Abend lief auch Henech zum Tor und suchte mit erschrockenen Augen etwas. Als er von weitem Fredzia mit staubigem bleichem Gesicht gehen sah, kam er zurück in die Baracke, damit sie es nicht sehen sollte.

IV

Über das Lager brach eine Epidemie herein, wie es bisher noch keine gegeben hatte. Selektionen gab es in den paar Wochen nicht. Dafür suchte der natürliche Tod ganze Baracken heim. Die Siebener wurde schnell zu eng für die Anzahl der Kranken und man musste schnell eine der neuen Baracken aufräumen und sie dorthin bringen, fast ein Viertel des ganzen Lagers. Menschen, die noch am Tag bei der Arbeit waren, wanden sich abends in Krämpfen und man musste sie wegführen. Die Zahl der Arbeiter in der Fabrik begann zu schrumpfen. An einem dieser Abende wurde Szlojme Starobinski weggetragen. Am nächsten Tag fiel der kräftige und lustige Baruch Szapiro weg. Aus Mecheles Baracke verschwanden der große Kestenberg und mit ihm zusammen noch etliche Menschen, von denen niemand die Namen kannte. Hunderte Menschen wurden in den zwei Barackenzimmern zusammengequetscht. Jeden Tag trug man von dort die Toten hinaus und belegte deren Plätze mit anderen.

Als Mechele einmal zu Starobinski und Szapiro hineinging, bemerkte er, wie ein Paar großer Augen ihn anschauten. Er erkannte den Menschen kaum. Es war der, der sich selbst im Lager als Sokolower Rabbi bezeichnete. Neben ihm lag ein Junge aus Kielce, der sich die ganze Zeit vor nicht koscherer Speise hütete. Der Kielcer Junge hatte nur eine Sorge: Man solle ihm Tefillin bringen. Als jemand sie ihm brachte, hatte er moralische Bedenken, sie in der Baracke anzulegen, weil sie so unrein war. So kroch er tatsächlich jeden Morgen mit seinen Steckenbeinen von seinem Lager herunter und hinaus über die Schwelle. Er konnte die ledernen Riemen schon nicht mehr allein anlegen, es fehlten ihm die Kräfte. Ihm half der reizbare Bedienstete des Spitals, obwohl der ihn dabei anschrie, er bringe sich um, und dass er ihm nur noch heute helfe, zum letzten Mal.

Der Junge machte sich auch die Mühe, dem Sokolower mit frommer Miene immer wieder ein bisschen Wasser zu reichen. Der Sokolower weilte aber schon in anderen Gedankenwelten. Er bekam gar nicht mehr mit, was mit ihm geschah. Seine Stimme war trocken und heiser. Sein Gesicht war eingefallen und das Gelb des Pikrin trat noch stärker hervor. Zerstreut rief er unentwegt mit letzten Kräften, man solle alles dransetzen, ihn von hier fortzubringen, denn außer ihm gebe es keinen einzigen »Guten Jid«[61] mehr auf der Welt. Inmitten des Durcheinanders der Krankenbaracke hörte niemand auf ihn außer sein frommer Nachbar, der ihm

61 Chassidischer Rabbi.

respektvoll zuhörte und ihm bei allen menschlichen Verrichtungen half. Sein Gesicht klarte dabei auf, wie bei einer heiligen Tätigkeit. Mechele verweilte einen Moment dort, ließ sich auf die Knie herab neben ihr niedriges Bett.

Der Junge sprach ruhig und gelassen. Er war ein junger Betha-Midrasch-Student, als das wüste Chaos ihn mitriss. Noch heute geht er umher und wiederholt Blätter der Gemara, die er einst auswendig gelernt hat. Er hat vor gar nichts Angst: Wo ist das Problem? Um das bisschen Körper soll es schade sein? Nicht wichtig. Ja, schade ist: Er hat sich einst einen heiligen Schwur gegeben, alle 613 Gebote zu beachten. Er hat sogar in einem Notizbuch aufgezeichnet, welche er schon erledigt hat und welche noch nicht. Und die offene Rechnung ist noch sehr groß. Und was er »dort« antworten wird, weiß er schon. Er hat sehr lange darüber nachgedacht, bis es ihm klar war. Es gibt ausdrückliche Kommentare dazu. Er wird es beweisen. Jetzt wiederholt er für sich genau diese Stellen, soweit er sich erinnert, damit sie ihm während jener großen Furcht vor dem Urteil nicht verloren gehen.

Der Sokolower hatte aber einen starken Lebenswillen. Er gab feurige Reden, kämpfte gegen die Schwäche und jedes Knöchelchen wand sich vor Angst vor dem Verlöschen. Durch das Fieber war er verwirrt, er zitterte und trieb den Tod jeden Tag von sich. Als alles in ihm schon müde geworden war, klammerte er sich an die Zitate, die ihm neue Kraft einhauchen sollten. Seine Stimme schallte dann durch die ganze Baracke und es war ihm nicht möglich, sich zu zügeln: Lo amut! Ki'echje! Va'asaper.[62]

Jedes Wort kam bei ihm mit einem singenden ekstatischen Tosen heraus, das einen aufwühlte.

Er schaute Mechele mit seinen großen, vom Fieber verwirrten Augen an und überschüttete ihn mit seinen flammenden Reden wie mit glühenden Schwefelstücken.

---

62 Ich werde nicht sterben, sondern leben und [des HERRN Werke] verkündigen. (Psalms 118,17)

hingehen mussten, und ließen sie nicht in die Baracken zurück. Auf diese Art brachte der Wachführer Schumann seinen Zorn darüber zum Ausdruck, warum hier plötzlich alles so still war, als ob alle ausgestorben seien. So gab er den Befehl, eine normale Betriebsamkeit herzustellen. Ein Polizist kam mit einem Befehl von Wajzenberg zu Mechele, er solle den Dreck des Lagers zusammenkehren. Mechele musste das eiserne Wägelchen nehmen und mit ihm zum Ende des Lagers hinaufgehen neben das Spital, damit der Wachführer sah, dass die Arbeit normal lief. Bald trieb man noch eine Gruppe Juden hinaus, die Bretter der Baracken tragen mussten.

Gegenüber hatte man das Aufladen der Menschen fast abgeschlossen. Die Kommandantin stand ruhig da und zeigte mit ihrem Gummistecken, wie man die Menschen enger auf den Autos aufstellen sollte, damit Platz für alle sei. Mechele stand weit entfernt, scharrte mit der schweren Schaufel in den Dreckhaufen und lauschte allem, was man von dort hören konnte. Aber die Kranken schrien nicht, sie weinten nicht einmal. Erst ganz am Schluss durchschnitt ein Schrei die Luft. Der Sokolower hatte sich unter einem Bett versteckt und war in letzter Minute entdeckt worden. Die Polizei wollte ihn schlagen, um den Wächtern zu demonstrieren, dass sie Ordnung hielten. Aber Schumann gab ihnen ein Zeichen, nicht zu schlagen.

Er wird schon gehen. Lasst es ihn in Ruhe tun!

Aber der Sokolower hatte sich schon auf eine andere Art des Schreiens verlegt, welche keine Beziehung zu den Drohungen hatte. Er musste seine letzte Kraft und den letzten Rest Lebensdrang loswerden. Er stand eingezwängt zwischen allen Schweigenden und seine Stimme drang bis auf die andere Seite der Zäune, als sei er jedermanns Vorbeter. Erst ein aufgesprungener Werkschutzmann brachte ihn mit einem Kolbenschlag über den Kopf zum Schweigen.

Von weitem hörte man noch, wie Schumann die Kommandantin tröstete: Nächste Woche bringt man schon die anderen. Ein paar Tausend. Die sind alle gesund. Man muss Platz machen für sie.

Die Warkowiczowa stellte sich dumm und fragte ihn mit gelassener Stimme: Und wohin bringt man diese hier, Herr Wachführer?

Schumanns heisere Stimme antwortete gleichgültig: Zur Küche.

Bald heulten bei den Lastwagen die Motoren auf und sie begannen, die 180 Menschen auf die andere Seite des Tores und auf die andere Seite des Lebens zu schleppen. Aus der Menge heraus konnte man das erneute Wimmern des Sokolowers hören, das sich bald in dem anschwellenden Geschrei der ganzen Schar verlor. Mechele verlor fast den Verstand, die Schaufel fiel ihm aus der Hand und er stand versteinert da und schaute mit verstörtem Blick den Autos nach, die sich einen Weg durch die zwei Reihen der Baracken bahnten.

VI

An jenem Tag konnte die Fabrik von Werk C ein Bild sehen, das kein menschliches Gehirn im Stande war, sich auszudenken.

Auf die Lastautos hatte man Alek, Melech, Kac und noch weitere Polizisten hinaufgeschickt, um beim Aufrechterhalten der Ordnung unter den zum Erschießen Gebrachten zu helfen. Sobald die Autos zum Tor hinausgefahren waren, wurde es wieder still. Solange sie auf dem Gelände des Lagers waren, spürte der Lebensinstinkt noch ein wenig Hoffnung und schrie auf, obwohl die Gedanken schon wie gelähmt waren. Drinnen gab es noch Juden, die lebten. Es konnte noch ein Wunder geschehen und man konnte noch innerhalb eines Augenblickes wieder werden wie alle hier. Sobald sich aber das Tor hinter ihnen geschlossen hatte, war die Hoffnung verloschen. Alle fielen wieder in die gleichgültige

Ruhe der Resignation. Einige fingen sogar wieder an zu denken und fanden Trost darin, mit dem Schicksal Frieden zu schließen.

Ein Polizist, der auf einem der Autos gesessen hatte, erzählte später Mechele von seiner Unterhaltung mit einem der Kranken. Jener hatte darin gar eine gute Sache gesehen. Er setzte es ihm ganz abgeklärt auseinander: Ich bin sowieso zum Tode bestimmt. Wenn nicht jetzt dies hier passieren würde, hätte ich mich dort gequält und wäre in dem Gestank gestorben. Danach hätte man mich ins Grab geschleudert und ich hätte gar nichts gesehen und gehört. So lebe ich bis zur letzten Minute mit offenen Augen. Bis zum Schluss werde ich alles sehen und hören. Ich werde sogar vorher mein eigenes Grab anschauen, die letzten Momente des Lebens an der frischen Luft spüren, mit offenem Mund und lebendigen Sinnen. Ich weiß, dass Sie mich mit dem Gefühl betrachten, als rede da ein Verrückter. Ich weiß aber sehr gut, was ich sage. Ich habe genügend darüber nachgedacht, deshalb kann ich meine Worte richtig einschätzen. Sie aber sind jetzt noch nicht in der Lage, sie zu verstehen.

Als die zwei Autos auf dem Gelände der Fabrik ankamen, befahl Schumann anzuhalten. Niemand wusste, was das zu bedeuten hatte. Noch größer war die Verwunderung, als er befahl, die Menschen von den Autos hinunterzutreiben. Was ging hier vor? War er verrückt geworden? Oder war womöglich doch einmal ein großes Wunder geschehen? Einer aus der Menge begann, wild freudig zu schreien, und nach ihm brachen alle in hysterisches Geschrei aus. Einige sprangen herab und wollten Schumann zu Füßen fallen und sie wegen seines Großmutes küssen. Der größte Teil aber wartete verblüfft und ohne zu verstehen, bis man sie mit Gewalt herunterholen würde.

Es war genau neben der Halle 6 und der Küche. Schumann befahl der ganzen Gruppe, sich neben der Küche in einer Reihe aufzustellen. Seine Stimme war kalt und trocken wie immer: Es ist vor dem Mittag. Jetzt sind diese Menschen noch hungrig und für den heutigen Tag stehen sie noch in den Büchern. Also muss man ihnen geben, was ihnen zusteht.

Von allen Seiten schauten Hunderte Polen und einige Juden aus den Hallen dabei zu, wie man toten Menschen ihren Anteil Suppe an der Tür der Küche austeilte. Der korrekte Schumann hatte keine Lügen erzählt, als er der Kommandantin geantwortet hatte, dass man sie zur Küche bringe.

Die Menschen gerieten derweil außer sich. Als sie die Kessel sahen, von denen der Dampf in Knäulen aufstieg, quetschten sie sich in die Reihe und drängten sich mit hungriger Gier einer hinter dem anderen zu dem Koch mit der Ausschenkkelle in der Hand. Sie stießen einander, schlürften mit einem Stöhnen das kochend heiße, klebrige Zeug aus den verrosteten Büchsen und warteten auf mehr.

Schumann wurde aber die Zeit knapp. Er gab einen Befehl und sofort begann man, sie wieder aufzuladen. Einige ließen selbst noch beim Hinaufkriechen auf das Auto das Schälchen nicht aus der Hand. Erst als die Hupen das letzte Signal gaben und die vollgestopften Fahrzeuge sich in Bewegung setzten, erhob sich ein schauderhaftes Geschrei, das die Welt in Stücke riss. Jetzt schrien sie wie soeben aufs Neue Verurteilte.

Das erste und einzige Mal wandten selbst deutsche Meister den Blick ab und vielen Polen stiegen Tränen in die Augen. Das dauerte aber nur wenige Sekunden. Bald verschwanden die zwei vollgepackten, mechanischen Teufel aus den Augen und hinterließen eine Wolke aus Staub.

Im Lager kehrte wieder Ruhe ein. Die Kommandantin ging sofort im Anschluss umher und schrie mit derselben Stimme wie immer, warum es hier an jeder Ecke so schmutzig sei. Kaufmans Wagen kam wieder mit Lärm und viel Getue hereingefahren, und wie jeden Tag hatten sich hunderte Menschen aufgestellt und warteten. Nur fehlte in der Luft das Geschrei des Sokolowers, das hier für etliche Monate den Wagen umflattert hatte.

Kapitel sechsundzwanzig

I

In gewöhnlichen Zeiten leben verschiedene Generationen in der Welt. Viele junge Menschen lärmen, leben und versuchen, alles was sie sehen, zu erobern. Es vergehen aber viele Jahre und sie werden alt, sterben und machen Platz für eine neue Generation, die aus ihren Lenden hervorgeht. Das ist so, seit die Welt besteht.

Auch in Werk C ist es dasselbe. Auch hier gibt es Generationen, Werk-C-Generationen, welche ihre Zeit leben und gehen. Aber hier geht es schneller zu: manchmal wenige Tage und höchstens ein paar Wochen oder Monate. Die, die nach ihnen kommen, stammen nicht von den vorher Gestorbenen ab, sondern werden von ganz anderen Orten gebracht.

Die erste Gruppe Angekommener war schon lange fort zu ihrer letzten Ruhe. Wenige gingen noch umher und erzählten Erinnerungen aus der ersten Zeit. Und das war vor achtzehn Monaten. Auch von der zweiten Reihe Ankommender lag der größte Teil schon unter der Erde. Und so auch die Weiteren. Jetzt kam die Reihe an den Transport aus Majdanek. Irgendwo wurden schon Züge mit neuen Menschen vollgeladen und hier räumte das Schicksalsrad den größten Teil der Vorhergehenden beiseite. Jeden Tag, wenn Mechele den zusammengesammelten Abfall zum Müllkasten brachte, ging er zu den Toten und schaute ihnen in die Gesichter. Jeden Tag sah er, wie der KL-Transport weniger und weniger wurde. Von den achthundert aus Majdanek lebten noch hundertfünfzig. So sagten es die Einträge im Lagerbuch des Büros.

Da jeder Tote vermerkt wird, kann Mechele klar erkennen, dass jene Worte, die der Polizist Kac gesagt hat, eine

387

schreckliche Wahrheit enthalten. Ja, der große Wahnsinn der Welt geht ohne Abrechnung verloren. Man weiß nicht und kann nicht wissen, wie dort irgendwo die große Sünde der ganzen Welt verrechnet wird. Aber hin und wieder sticht ein kleines Geschehen hervor, das beweist, dass doch irgendwo eine genaue Abrechnung mit dem Einzelnen geschieht. Es wird bezahlt und ausgeglichen.

Viele Gesichter im Totenkasten riefen es ihm stumm entgegen, obwohl er das in solchen Momenten nicht klar erkennen wollte. Ausgerechnet an einem jener Tage stieß er auf solch ein Geschehnis: Als er einmal tief zwischen die Bäume kroch, stieß er auf einen abgezehrten Menschen, der im Schatten eines riesigen Baumes lag und stöhnte. Es war einer der Pikriner, bei denen die glühende Sonne einen giftigen Geruch aus den staubigen Kleidern zog. Er lag da, mit dem Kopf an eine Hand gelehnt, schaute auf die Gräser gegenüber seinen Augen und jammerte etwas mit gebrochener Stimme. Als Mechele an ihm vorbeiging, richtete er sich plötzlich auf: Mechele!

Mechele blieb erstarrt neben ihm stehen. Er erkannte ihn und wusste nicht, was er tun sollte. Sollte er hingehen oder weiterlaufen? Dessen stechende, verweinte Augen aber bezwangen ihn: Markowski?

Dieser krümmte sich: Ja, erinnerst du dich? Genau der!

In dem Moment steigen vor Mecheles Augen viele Erinnerungen von einst auf. Wie kann das sein? Ist es erst vor einem Jahr gewesen? Das kann doch nicht sein! Das muss vor zig Jahren gewesen sein! Aber die Zeit lässt sich nicht narren: Sie sind erst etwas über vier Monate in Werk C. In Majdanek sind sie auch lediglich sieben Wochen gewesen! Und einen Tag früher, vor dem Verschicken nach Majdanek ist doch der Markowski der mächtigste jüdische Kommandant des Lagers gewesen und hat Leben und Tod von hunderten Menschen in der Hand gehabt. Ist das dieses Skelett, das jetzt hier auf dem Gras liegt und sich in schweren Krämpfen krümmt?

Noch vor sechs Monaten ist Markowski im schönsten Anzug umhergegangen, mit den selben glänzenden Stiefeln wie die Gestapoleute, hat geschlagen und gebrüllt. Warum also liegt er jetzt da, wie jemand anders und doch derselbe?

Markowski versteht, woran Mechele jetzt wohl denken mag und er stöhnt: Ja ja, derselbe. Aber kein Mensch mehr! Nur noch ein zwei Tage, höchstens drei, mehr nicht, siehst du?

Er zieht die Lumpen über seinen Beinen hoch. Sie sind aufgeplatzt und angeschwollen. Er will noch etwas sagen und kann nicht. Tränen ersticken ihn. Mechele steht über ihn gebeugt und weiß nicht, ob er ihn trösten soll oder nicht. Ob er ihm ein gutes Wort sagen möchte und ob er es können wird. Aber jetzt will Markowski reden. Er hört ihm zu. Und jener will jetzt mit der Welt abrechnen in Mecheles Ohr hinein: Siehst du, Mechele? Hier haben sie die Macht! Schau nur, was die Polizei hier für Sachen macht. Manchmal liege ich hier unbeweglich und sehe, wie sie die Mädchen in die leeren Baracken schleppen, sie schlagen. Tun ganz groß. Und wenn sie sehen, dass hier, nicht weit entfernt, ein Pikriner liegt – was geht es sie an! Ein Muselmann, mehr nicht! Ach, wenn sie nur etwas Verstand hätten und würden für einen Moment herkommen zu dem Skelett, hätten sie was hören können! Ich hätte ihnen erzählt, dass ich nur eine Nacht vorher, vor Majdanek, das schönste Mädchen in unserem Lager hatte. Und welche denn nicht? Ich musste nur wollen! Du weißt es doch! Und wie viel Gold und Dollar ich in Majdanek im Bad zurückgelassen habe![63] Haben sie denn so etwas? Und wie man vor mir gezittert hat, erinnerst du dich? Wie lange war das denn? Und was ist davon geblieben? Ha! Zu was hat es mir genützt? Es wäre gut, du würdest die ganze Bande hierherrufen. Den Kommandanten selbst. Ich habe keine Kraft mehr zu krauchen. Ich will ihm nur sagen,

63 Im KZ Majdanek mussten neuankommende Häftlinge ein Desinfektionsbad nehmen. Dort wurde ihnen auch Besitz und Kleidung abgenommen. Funktionshäftlinge hatten die Möglichkeit, sich zu bereichern.

wer ich gewesen bin. Nicht um mich zu rühmen, um Himmels willen. Sondern um es ihm zu erzählen, damit er sich daran erinnert. Er soll es wissen! Morgen kann ich schon verstummt sein.

Mechele blinzelt mit den Augen. Markowskis Rede hat bei ihm die Erinnerung an jene Zeiten geweckt. Er sieht wieder den Kommandanten von damals und bemerkt dabei die Ähnlichkeit mit dem, der hier ihm gegenüber liegt. Bittere Worte steigen in ihm auf und er möchte sie ihm ins Gesicht spucken. Aber er fängt sich wieder: Es ist doch nicht mehr jener! Hier liegt ein Pikriner, ein hungriger Pikriner, der heute oder morgen sterben wird. Einer von den letzten aus Majdanek. So bezähmt er sich.

Aber in seinem Herzen will eine kleine Frage keine Ruhe geben, sie reißt sich gewaltsam heraus aus Mechele, einfach so, ohne Kontrolle: Erinnern Sie sich, Panie Markowski, als ich Typhus hatte! Sie haben mich damals geschlagen, so sehr geschlagen, weil meine Hände bei der Arbeit zitterten. Sie haben mich der SS übergeben wollen und es dem Schläger von der Gestapo gemeldet. Erinnern Sie sich?

Auf Markowskis gelbem Gesicht breitete sich ein roter Schatten aus und versank wieder unter der gelben Haut. Er wollte noch etwas sagen, ließ es aber sein. Mechele schämte sich plötzlich. Hier lag vor ihm ein Abgemagerter, ein Gestorbener. Und er selbst ging noch umher mit Kraft in den Händen, er konnte noch herumlaufen und arbeiten, eine Kartoffelschale suchen. Wie also konnte er hier von jenem Gerechtigkeit verlangen und ihn an Dinge aus einer fernen Vergangenheit erinnern, als er als gesunder, wohlgenährter Kommandant umherging, mit einem Stecken in den gesunden Fäusten?

Er wusste nicht, wie, aber er fühlte sich plötzlich schuldig ihm gegenüber. Wer weiß? Vielleicht hatte er mit seinen Worten dem halb toten Markowski noch einen Schlag versetzt, der ihn seinem Ende näherbringen würde? Mechele erschrak und wollte fortlaufen. Aber er konnte nicht. Stattdessen ließ er sich hinab auf die Erde und blieb sitzen.

Von weitem führte es Wajzenberg daher. Er hatte Mechele gesehen und kam mit Geschrei näher: Da sitzt er gar, der Hochwohlgeborene! Das, was ich dir befohlen habe zu tun, hast du gemacht, oder nicht, he? Da sitzt er gar und diskutiert mit einem Pikrinik. Warte nur, der Schlag soll dich treffen!

Mechele war verwirrt und wusste nicht, was er sagen sollte. Aber Markowski setzte sich auf, schaute Wajzenberg scharf an und zischte giftig und klar in seinem gewandten Polnisch: Ein Pikriner ist auch ein Mensch, Herr Kommandant. Jedenfalls ist er es einmal gewesen!

Ehe Wajzenberg schaffte, etwas zu sagen, fügte Mechele noch hinzu: Wir kennen uns schon länger. Vor gar nicht langer Zeit war er der Kommandant meines Lagers. Heute geht er beim Pikrin zugrunde.

Mechele zielte nicht einmal auf etwas ab, sondern er hatte es nur einfach so gesagt, um Markowskis paar Wörter zu bekräftigen, damit Wajzenberg sie besser verstehe. Aber jener blieb wie vom Donner gerührt stehen: Waaas?

Aber Markowskis Augen glänzten spöttisch und blickten ihn direkt an. Das verwirrte ihn. Es war offensichtlich, dass in seinem Kopf ein Gedanke ihm wie mit einem Hammer einen Schlag versetzt hatte. Schon wie abwesend fragte er noch etliche Male mit hervorstehenden Augen bei Mechele nach: Du kennst ihn tatsächlich? Wirklich? Und Kommandant war er?

Und ohne eine Antwort abzuwarten lief er mit unsicheren Schritten davon, als könne er seine langen bestiefelten Beine nicht mehr kontrollieren.

II

In jenem vorigen Lager, in dem Mechele Markowski getroffen hatte, war er Maler in einer Werkstatt und Markowski der Kommandant über alle Arbeitsplätze. Damals herrschte er ohne Gnade. Er war der Meinung, dass kranke Menschen, die keine Kraft zum Arbeiten haben, auch nicht mehr leben müssten. Aus seiner Pozner Gegend hatte er viel Hass gegen die einfachen Juden mitgebracht. Er hielt sich für einen intelligenten Assimilierten und beschuldigte die Juden aus den kleinen Städten, dass er und alle anderen ihretwegen litten. So kam er schnell mit den Deutschen zurecht, achtete darauf, nur Polnisch und Deutsch zu sprechen und wurde mit allen Gestapoleuten vertraut. Die Macht fiel ihm leicht zu und er nutzte sie weidlich aus, zog alles heraus, was nur möglich war.

In einem kleinen Punkt hatte sich bei ihm aber etwas Menschliches bewahrt: sein Bruder. Der war das Gegenteil von ihm: ein kleingewachsener, schreckhafter und stiller Mensch, der keiner Fliege etwas zuleide tun konnte. Der Bruder war ständig kränklich und lag mehr, als dass er umherging. Markowski hütete ihn wie ein Andenken an seine ganze Familie, er bestellte Mädchen, die ihn pflegten, ihm Brühe kochten. Er selbst saß ganze Stunden bei ihm und redete ihm zärtlich zu. In Majdanek aber wurde der stille, phlegmatisch-unbedarfte Bruder aufgerüttelt. Das Bewusstsein, dass sein mächtiger Bruder ihn jetzt nicht mehr schützen konnte, machte ihn zu einem anderen Menschen. Hier kam Markowski gar in Schwierigkeiten. Der Übergang von solch einem Luxus zu den Majdaneker Schlägen war für ihn zu abrupt und er verfiel in Apathie. So fing der kleine Bruder an zu suchen, zu stöbern und steckte auch dem Bruder Stücke Brot zu.

Als sie in Werk C ankamen, fand Markowski hier eine komplette Verwaltung vor und sein Stolz ließ es nicht zu, sich ihnen zu beugen. Beide Brüder wurden einer leichten Arbeit zugeteilt, aber er hatte Angst, weitere Schritte zu machen. Er hatte sich schon riskante Aktionen, die nach Gefahr rochen, abgewöhnt. Dafür entwickelte sich sein Bruder zu einem geübten Lagermenschen. Er übernahm die Rolle eines Versorgers und Beschützers Markowskis.

Danach, als die Menschen weniger wurden und man beide hinüber zum Pikrin schickte, geschah auch eine merkwürdige Sache: Er, der Große und Gesunde, brach gleich in den ersten Tagen zusammen. Der Staub, die Arbeit und das Geschrei stürzten den ständig herausgeputzten glattrasierten Markowski in Verzweiflung. Dagegen zeigte sich sein jüngerer und schwacher Bruder als wahrer Held. Ihn zerbrach die Arbeit beim gelben Tod nicht. Er wurde gar flinker und beweglicher und hatte überall Erfolg. Es schien, als wolle er sich damit für jene Zeit revanchieren, als der Bruder aus ihm einen hilflosen kranken Menschen gemacht hatte. Er begann, mit allem, was nur irgend ging, Handel zu treiben, erbeutete überall einen Brocken und teilte mit dem Bruder zwischen den Bäumen jeden Bissen. Auch das schmerzte Markowski, aber seine Angewohnheit zu schweigen zwang ihn, auch das zu überstehen, obwohl sein Stolz ihn innerlich zerriss.

Jetzt, als Mechele ihn traf, war der Bruder bei der Arbeit. Er hatte sich schnell an die vergiftete Luft angepasst und sich gehalten. Aber er, Markowski, konnte nicht mehr zur Arbeit gehen. Der Selektion war er entkommen. Aber er wusste, dass es nicht für lange war. Deshalb wollte er sich wenigstens vollständig aussprechen vor Mechele: Du glaubst, dass ich wirklich solch ein Tier gewesen bin? Egal. Es war so verführerisch! Ein ganzes Leben lang habe ich danach gestrebt, etwas zu sein, anzuführen, zu herrschen. Ich war ein fähiger Mensch und hätte große Sachen auf die Beine stellen können. Man hat mich nicht gelassen! Aber als ich ins Lager kam, spürte ich, dass jetzt die einzige Chance war! Ich wollte nur ein wenig mit der Macht spielen, den Geschmack kennenlernen, mehr nicht. Aber es hat mich berauscht. Ich hab viele Möglichkeiten gesehen, etwas zu erreichen und ich habe sie angenommen. Dafür musste man bezahlen! Wenn nicht, wäre es der Tod gewesen. Und was immer man erreichte, es war süß, es hat trunken gemacht und man wollte immer mehr und mehr. Auf diese Weise ist es geschehen. Den Rest kennst du.

Für einen Moment lächelten seine sinnlichen Lippen genussvoll, als durchlebte er jetzt bei der Erinnerung daran wieder solch ein süßes Vergnügen, für das es sich gelohnt hatte. Bald aber kehrte der Schatten zurück: Erst jetzt verstehe ich es! Ich bin doch ein Verfluchter! Wer mich von früher kennt, will nicht in meine Richtung schauen. Viele Pikriner aus meiner Halle haben mich erkannt und mich ständig aufgezogen: Warum bist du hier nicht Kommandant, he? Schmeckt dir der Staub der Würfel so gut? Was sagst du dazu, edler Herr? Warum beschaffst du dir nicht einen Gummistecken, he? Und sieh nur, was für schöne Mädel es hier gibt! Warum schnappst du dir nicht wenigstens eine? Geh, nimm dir wenigstens eine einzige! Du willst nicht? Oh weh, Schluss mit Kavalier in Stiefeln. Das tut mir aber leid.

Auf diese Weise reizte und quälte man ihn. Und er spürte, dass er erst hier richtig verhasst wurde. Dort hatte man noch Respekt vor seiner Macht gehabt, vor seinen Kleidern. Jenem stand es zu! Jetzt aber sah man in ihm einen abgerissenen, widerlichen Auswurf! Und auf solchen hackten alle mit der ganzen Bitterkeit herum. Er hatte erst hier den ganzen Lebenswillen verloren. Aber das Herz weinte und schmerzte. War er denn so schlecht? Den Bruder hatte er doch gerettet, weil er Kommandant gewesen war. Das war das eine, und zweitens ...

Aber da fing Markowski an zu husten und deutete mit der Hand auf seine Baracke. Mechele verstand: Die Pikriner arbeiteten weniger Stunden und sein Bruder würde bald kommen. Er wollte, dass Mechele ihn dorthin bringe.

Mechele nahm ihn vorsichtig bei der Hand, richtete ihn auf und führte ihn mit gelassenen Schritten zu seiner Baracke. Von weitem bemerkte er noch, dass Wajzenberg ihm mit aufgerissenen Augen zuschaute, wie er ihn führte. An der Schwelle fand Markowski die Sprache wieder. Er blieb stehen, schaute Mechele an und sagte hastig: Wie dem auch sei, entschuldige jenen. Du siehst doch, wie ich aussehe. Es gibt jemanden, der die Abrechnung macht. Die Hauptsache ist:

Du lebst doch, bist gesund. Was habe ich dir also getan? Was spielt es für eine Rolle, ein oder zwei Schläge in solch einem Meer von Gemetzel? Komm mal wieder, vergiss es nicht.

Mechele ging schweigend weg und suchte einen Ort, an dem er die neuen Gedanken, die ihn plötzlich bestürmten, in Ruhe ordnen konnte.

III

Ein paar Tage später erschien Wajzenberg plötzlich bei Mechele in der Baracke und zog ihn hastig mit: Du, zeig ihn mir. Ich kann ihn nicht erkennen.

Mechele verstand nicht gleich, wen er meinte. Wajzenberg brannte aber für eine Idee, die ihm plötzlich gekommen war, und er begann in seiner strengen, abgehackten Sprache zu schimpfen: Was stellst du dich dumm? Deinen Kommandanten meine ich! Schade, dass ich es vorher nicht gewusst habe!

Mechele ging schweigend hinaus und Wajzenberg folgte ihm. Draußen sank die abendliche Sonne schon über den bescheidenen Dächern herab und versprühte rötliche und gelbe Funken. Die Pikrinbaracke sah noch trauriger aus als bei Tag. Als Mechele in die Baracke hineinging, gefolgt vom Kommandanten, schreckten alle auf ihren dreckigen Liegen hoch. Eine große Menge abgerissener Schatten saß erstarrt mit aufgerissenen Mündern da. Wajzenberg brachte keinen Ton heraus. Mechele auch nicht. Er suchte nur mit dem Blick zwischen allen und fand denjenigen nicht, den er sollte. Nur ein Pikriner hatte sich nicht aufgesetzt und Mechele konnte ihn nicht ansehen. Er ging deshalb näher zu der Liege und schaute sich ihn an. Es war Markowskis Bruder.

Mechele berührte ihn leicht: Ihr Bruder ist nicht hier?

Jener setzte sich auf, erkannte das Gesicht und wunderte sich, dass Mechele ihn so etwas fragte: He? Nein.

Wajzenberg mischte sich ein: Was heißt das, nicht da? Hab ich ihn nicht vor kurzem erst gesehen?

Er schaute dabei Mechele mit fragenden Augen an.

Jetzt verstand Mechele plötzlich. Markowskis Bruder ließ nicht lange darüber nachdenken. Er antwortete knapp: Man hat ihn heute in der Frühe weggebracht, Panie Kommandant.

Wajzenberg geriet absurderweise in Wut: Was heißt weggebracht? Einfach genommen und weggeführt?

Der kleine Markowski machte sich aber gar nichts aus dessen verrückter Empörung. Er sprach ruhig und verhalten die Worte, wie jemand, der sich davor hütet, zu viel zu reden: Er ist gestern Abend gestorben. Man hat ihn nicht mehr halten können, Panie Kommandant.

Es sah aus, als wolle er sich rechtfertigen, nicht vor Wajzenberg, sondern vor sich selbst oder gar vor einem nicht Sichtbaren, der da stand und auch fragte, warum der Bruder nicht mehr da sei.

Wajzenberg aber hatte der Zorn gepackt: Ach so? »Gestorben«, »man hat ihn nicht mehr halten können!«, eine bemerkenswerte Neuigkeit hat er mir da aufgedeckt! Gestorben, nicht halten können. Nein so was, das ist ja vielleicht was!

Mitten im Nachäffen fasste er sich und rief Mechele zu: Komm!

Sie verließen die Baracke und gingen einige Schritte schweigend. Dann blieb Wajzenberg stehen: Er war wirklich ein echter Kommandant?

Mechele nickte mit dem Kopf: Ja. Das ganze Lager hat er regiert. Und gekleidet war er wie ein Lord.

Er verstummte. Aber Wajzenberg trieb ihn weiter: Erzähl weiter, erzähl!

Und Mechele schilderte ihm die ganze Rolle Markowskis und das dortige Lager. Wajzenberg lehnte an einer Wand und hörte sich alles mit angehaltenem Atem an. Als Mechele geendet hatte, riss Wajzenberg sich tief gerührt los: Der Mensch hat kein Glück gehabt. Gütiger Himmel, wenn ich das gewusst hätte! Komm!

Jetzt lief Wajzenberg voraus bis zur Pikrinbaracke. Er lief hinein zum Bett des kleinen Markowski: Du bist sein Bruder?

Der nickte zustimmend. Wajzenberg betrachtete ihn von Kopf bis Fuß, als wollte er feststellen, ob er tatsächlich der Bruder eines ehemaligen Kommandanten sein konnte oder nicht. Danach beugte sich seine große Gestalt über ihn: Du sollst jeden Abend zu mir kommen. Hörst du? Du wirst Brot bekommen und Suppe. Danach wird man weitersehen. Hast du verstanden?

Und noch ehe jener schaffte zu begreifen, was man ihm sagte, war Wajzenberg schon über die Schwelle und sah niemanden mehr. Sogar Mechele vergaß er.

Aber von jenem Tag an hörte er auf, Mechele zu drangsalieren, als hätte er Angst, er könnte hier vor allen das Geheimnis aufdecken, was selbst aus einem Lagerkommandanten hier in Werk C werden konnte.

An den ersten Tagen dachte er auch daran, Brotstücke in die gelbe Baracke zu bringen und für eine lange Zeit passte er Markowskis Bruder am Tor ab, rief ihn zu sich, gab ihm etwas und schickte ihn zurück in die Baracke.

Der kleine Markowski konnte nicht verstehen, wie er plötzlich zu der Ehre kam. Auch die Polizisten fanden keine Antwort darauf.

IV

In jenen Tagen der Typhus-Epidemie, als im Verlauf weniger Tage hunderte Menschen starben, traf auch die Kommandantin ein unglückliches Geschehen. Sie hatte sich aus der Stadt ein kleines Hündchen mitgebracht. Das war ihr Liebling. Ihre Tochter, eine elfjährige Schönheit mit den ersten Anzeichen von Leidenschaft, trennte sich buchstäblich nicht von ihm. Den ganzen Tag fütterte man ihn mit den besten Sachen. Für den Hund brachte man Fleischstücke aus der Stadt und vor aller Augen gab man ihm Brot und Kuchen.

Von allen Seiten guckten die Pikriner und Trotyler zu und waren neidisch auf Rex. Mehr als nur einer seufzte dabei:

Siehst du das? Einem Hund wird so etwas Gutes beschert! Hab ich denn nicht an seiner Stelle erschaffen werden können?

Aber der Hund selbst machte sich wenig daraus. Er aß, was man ihm reichte, wurde fett und groß. Anfangs war er ein kleines Hündchen, das kaum die Schnauze öffnen konnte und mit einem heiseren Stimmchen bellte. Aber verhätschelt zu werden von allen Kommandanten und deren Kindern gab ihm Mut. Dazu wuchs er, bekam Masse und sein Gebell reifte und wurde grob. So begann er, seinen Herren nachzueifern. Wenn er einen abgerissenen Menschen vorbeigehen sah, fing er an zu bellen und zu toben. Außerdem verstand er, dem Mädchen der Kommandantin die Hand zu lecken und sich genussvoll an Wajzenbergs Stiefel zu schmiegen. So war es kein Wunder, dass der Hund es weit brachte. Man schleppte ihn überall hin, streichelte und tätschelte ihn. Die Jugendlichen hetzten ihn auf Vorbeigehende, die mit Geschrei flohen, und die jungen Leute hatten Vergnügen daran. Der Hund hatte schon eine gute Menge Werk-C-Luft in sich aufgesogen und verstand, wie es schien, wo er sich befand. Anbellen und Anfallen tat er nur die, bei denen Stücke nackter Haut unter den Lumpen hervorschauten. Den Gutgekleideten näherte er sich unterwürfig und wartete demütig auf ein Streicheln.

So war es auch kein Wunder, dass er so schnell bei den Bewohnern des Weißen Hauses hoch angesehen war. Dagegen hegten die Lagerbewohner einen starken Hass gegen ihn. Je größer und fetter er wurde, desto stärker maßen ihn die Blicke von allen Seiten. Ein Teil von ihnen hasste ihn nicht nur, in ihnen wurde auch ein spezielles Verlangen geweckt.

Mecheles Bekannter aus seiner Heimatstadt, der junge Pferdetreiber Heniek, hatte im Lager schon alles ausprobiert. Er hatte schon geschuftet wie ein Esel, war faul geworden. Danach begann er zu stehlen und die Polizei packte ihn einmal und zerschlug ihm die Seite. Seit damals war er aufgedunsen und schleppte sich nur noch zur Arbeit. Abends, wenn er ins Lager kam, suchte er sich einen Ort nicht weit von der Polizeibaracke, schaute und forschte mit den Augen. Er suchte den Hund. Stundenlang konnte er mit anderen zusammen dasitzen und zuschauen, wie der Hund fröhlich mit einem Stück Fleisch oder einem Brot im Maul umherlief, und dabei pflegte Heniek vor den anderen zu schwärmen: Was wisst ihr denn? Ich kenne mich mit Hunden aus. Habe selbst sechs Stück gehabt, wie die Teufel. So wahr ich hier sitze! Ihr seid auf ihn neidisch, würdet gern in seiner Haut stecken. Aber ich denke: Ah, wenn ich den in die Hände bekomme! Es wäre ein Braten, dass es im ganzen Lager danach duften würde!

Heniek wusste, dass er nicht mehr lange durchhalten würde. Seine ganze Stärke hatte er schon verloren. Es blieben ihm schwere Beine und aufgedunsene Arme. Auch das letzte Rauschen gesunden jungen Blutes war in ihm kaum noch vorhanden. Dafür war seine ganze Fantasie gefesselt von dem Hund Rex. Von ihm träumte er bei Tag und bei Nacht, redete fortwährend davon, dass er vor dem Tod sich noch mit Fleisch sattessen wolle. Und im Ernst. Wenn hier solch ein Geschöpf umherlief, gemästet wurde und gar nichts tat, dann brachte es das Blut noch ein letztes Mal zum Kochen.

Er würde sich auf ihn werfen. Er wusste, wie man einen Hund in eine entlegene Ecke einer leeren Baracke locken konnte – und aus! Aber andere warnten ihn von allen Seiten: Du, es wird dir schlecht bekommen, wenn du zu viel redest. Die Haut werden sie dir vom Leib ziehen, wenn du nur versuchst, dich zu nähern.

So saß er also, der Heniek. Man sah, dass es ihn nach dem Hund gelüstete, nach seinem fetten, wohlgenährten Leib.

Für den Hund gab es kein Risiko mehr und er lief mutig im Hof umher. Es sah aus, als neckte er sich mit jedem Bellen mit jemandem: Ich weiß, was ihr über mich denkt. Ihr wollt mich überwältigen, zerreißen. Ich weiß das! Aber das werdet ihr nicht erleben. Ich bin hier hoch angesehen, man schützt mich. Seht nur, wie ich alles hungrig verschlinge. Euch sollen die Augen übergehen vor Neid und Verdruss. Wuff-wuff!

Aber auch sein Ende kam, unerwartet, an einem schönen, hellen Tag. Was versteht ein Hund? Er hatte sich daran gewöhnt, alle anzubellen und niemand würde ihm deswegen etwas tun; man sollte ihn nur streicheln, ihm gute Sachen ins Maul stopfen und jeden Knochen mit glatten kindlichen Händen liebkosen. Wie also konnte er vorausahnen, dass auch ihm Gefahren drohen konnten?

Es gingen zwei tatarische Soldaten von der Wlassow-Legion[64] vorbei, die man kürzlich hierher gebracht hatte. Diese hatte den Auftrag, das Lager und die Fabrik von außen zu bewachen und gegen allerlei Vorfälle zu schützen. Sie patrouillierte Tag und Nacht um die Zäune. Für sie war alles noch neu und interessant. Die zwei Soldaten der Streife stellten sich an die Zäune und schauten, betrachteten das Tor und wollten sehen, was die Menschen drinnen taten. Es war gerade Nachmittag, die Nachtschicht hatte sich schlafen gelegt und außer der Polizei sah man niemanden. Die zwei Kinder, Wajzenbergs und Felas, hatten irgendein blechernes interessantes Teil gefunden und für einen Moment den Hund vergessen. Rex wurde es langweilig. Es gab niemanden, den er anbellen konnte. Plötzlich entdeckte er zwei fremde Menschen, die dastanden und ihn anstarrten. Er erwachte aus seinem Nickerchen und stürzte sich auf die Zäune.

Sein Gebell gefiel den beiden Leuten. Sie rüttelten an den Zaunpfählen, schrien ihm etwas zu, damit er noch stärker angreifen solle. Der Hund wurde bald heiser vom Wüten und Bellen. Er begann, mit den Pfoten an den Drähten zu zerren und zog sie zerstochen zurück. Dann fing er an, in die Höhe zu springen, sich gegen das Tor zu werfen, und brach in Jaulen aus. Den zwei Leuten wurde es langweilig,

---

64 Die sogenannten Ostlegionen waren aus nichtrussischen Bürgern der Sowjetunion zusammengesetzte Verbände der Wehrmacht, die im Generalgouvernement ab 1942 aufgestellt wurden. Diese wurden jedoch nicht, wie vom Autor dargestellt, von dem russischen General Wlassow befehligt. Dessen auf der Seite der Deutschen kämpfende Wlassow-Armee entstand erst Ende 1944.

den Hund zu ärgern. Sie machten ein paar Schritte und gingen weg. Rex war aber schon in Raserei geraten. Als er sah, dass sie weggingen, verdross es ihn und vielleicht wurde ihm auch bang, dass es hier bald wieder totenstill werden würde. Und es würde nicht einmal jemand da sein, auf den man böse sein konnte. So nahm er alle Kräfte zusammen und stimmte ein Geheul an, das sich in die Ohren bohrte.

Die zwei Tataren blieben wieder stehen und diskutierten miteinander. Plötzlich wurde die Stille des Hofes von einem Schuss zerrissen. Bald kam ein zweiter. Rex schaffte es noch, ein schmerzerfülltes Jammern anzustimmen. Er jaulte, drehte sich und wälzte sich etliche Male. Danach blieb er still. Die Soldaten gingen derweil gelassen weg.

Es dauerte nicht lang, und die zwei Mädchen vom Weißen Haus kamen gelaufen. Sie rauften sich die Haare, kreischten und warfen sich auf die Erde. Nach ihnen kamen Fela, Wajzenberg und die ganze Familie. Sie alle waren verzweifelt. Es nutzte aber nichts. Rex lag ruhig da und schaute nicht einmal jemanden an. Die Kommandantin schimpfte wild auf den Polizisten am Tor, drohte ihm mit dem Ärgsten, dafür, dass er es soweit hatte kommen lassen. Es half aber alles nichts! Die Kinder konnte man nicht beruhigen. Der ganze Hof war erfüllt mit ihrem Gejammer.

Alle wichtigen Sachen schob man beiseite. Zwei Pikriner mussten den toten Hund bis hinter die Baracken tragen, unter das Fenster der Kommandantin. Dort versammelte sich die ganze Verwaltung und etliche Menschen hoben ein kleines Grab aus. Unter Weinen der Kinder legte man Rex dort hinein und fasste den Ort mit einem Zaun ein. Von irgendwoher brachte man Blumen und legte sie auf das Grab. Danach musste Mechele die Bretter mit Farbe anstreichen und ein weißes Schild schreiben, auf dem geschrieben stand, wer dort begraben lag.

Es war die einzige Bestattung, die Mechele in Werk C sah, mit Kinderweinen, Geleit und Blumen. Das Grab von Warkowiczowas Hund. Ein bisschen weiter stand ein voller

Kasten mit toten Menschen, auf die niemand einen Blick warf.

Damit war es aber noch nicht beendet. Am nächsten Tag, gleich in der Frühe, war alles an Ort und Stelle. Doch Benjak, Feldmans einziger Sohn, erkannte, dass hier etwas bewegt wurde. Bald kamen die Kommandantin, die Kinder, Polizei, Renia und Doktor Handl gelaufen. Dazu alle Bekannten der Familie. Auch Kaufman kam von der Baracke. Als er sah, worum es bei dem Auflauf ging, spuckte er böse aus: Bah! Was Wichtiges wird hier nicht weggekommen sein. Idioten!

Und ging auf seinen langen Beinen zurück. Alle anderen dagegen blieben am Ort, forschten mit den Blicken und wussten nicht, was zu sagen. Nur Fela gab ein Kommando: Aufgraben!

Das Geschrei der Kinder nützte nichts. Das Zäunchen wurde eingetreten, die Blumen unter den Tritten zerdrückt und das kleine Grab geöffnet. Aber der Hund war nicht mehr da.

In allen Baracken wurde gesucht und gewühlt, aber es fand sich nichts. Wie man solch eine riskante Arbeit unter dem Fenster der Kommandantin bei Nacht durchführen konnte, wusste niemand. Jemand ließ die Bemerkung fallen, man habe den großen Szapiro sich dort spät herumtreiben gesehen. Er war Schlachter. Außerdem brachte er jeden Tag fette Suppen aus der Fabrik, die er selbst im Kesselhaus kochte und portionsweise verkaufte.

Am Abend passte man Szymon ab. Er war wie immer mit Stücken Fleisch und Knochen beladen. Seine Argumente halfen nichts, dass das Knochen vom Pferd seien. Man solle, bitte schön, das Fleisch anschauen! Sollen Fachleute es angucken!

Von allen Seiten suchte man einen Schuldigen. Das Blut war auch vom ungeduldigen Warten den ganzen Tag über in Wallung. Nun, da war er! Aber das Schlagen durch jeden Einzelnen half nichts. Szymon befreite sich aus ihren Händen und wiederholte mehrmals vor seiner Gruppe Frauen, dass er das Fleisch nicht herschenken würde. Und wenn Blut vergossen würde, so wie seins geflossen war! Ihr Zorn musste sich also abkühlen. Selbst »sie« sah ein, dass man den großen Szymon beruhigen musste. Man wisse gar nichts!

Aber zwei Tage später meldete jemand der Polizei, dass einer von der Halle 53 gestern mit Magenkrämpfen aus der Fabrik heimgekommen war. Er hatte sich überfressen, hatte er erzählt, mit Fleisch. Wie dieser abgerissene, ständig hungrige Junge zu so viel Fleisch kam, dass er sich daran überessen konnte, war ein Geheimnis. Ihn fragen war nicht möglich. Er krümmte sich und schrie vor Schmerzen. Er hätte es auch nicht erzählt. Wer konnte es also wissen? Erst mitten in der Nacht wurde er ruhig.

Als die Polizei in jene Baracke kam, lag Heniek schon still da und nichts konnte ihn mehr zum Reden bringen. Er lag mit dem Gesicht nach oben und eine unterdrückte Zufriedenheit lag noch auf seinen aufgerissenen Augenlidern. Wie er es geschafft hatte, sich hier zu sättigen, war schon jetzt sein verschlossenes Geheimnis. Die paar Polizisten standen und rangen ihre Hände. Das interessierte Heniek aber nicht mehr. Sein Geheimnis, wie dieses wunderliche Werk getan worden war, konnte ihm niemand mehr entreißen. Man konnte nicht einmal mit Sicherheit sagen, ob er davon wusste. Jemand von der Seite brummte, einfach so, nur um etwas zu sagen: Er hatte ein Auge auf den Hund.

Dann aber warf er einen Blick auf das Gesicht des toten Heniek und verstummte erschrocken.

Kapitel siebenundzwanzig

I

Mecheles Schilder hingen schon überall im Lager und viel Arbeit gab es für ihn nicht mehr. Wajzenberg fand aber welche für ihn. Er musste jeden Morgen durch alle Baracken gehen und die Betten und die Wände mit Kalk streichen. Danach mussten er und noch zwei Helfer den Besen nehmen und den Schmutz aus allen Baracken kehren. Wenn dann der Dreck aus den Zimmern herausgetragen war, mussten sie ihn mit Wagen bis zum Mistkasten bringen.

Jeden Morgen, sobald die Tagschicht ausrückte zur Arbeit und die Nachtschicht erwartet wurde, kroch Mechele mit seinem Eimer Kalk und dem Besen durch die Baracken. Überall blieben etliche Menschen zurück und jeder Einzelne hatte seine Geschichte zu erzählen. Und überhaupt, die kranken Mädchen und Frauen lagen offen da, die Arme und Teile des Körpers nackt, und genierten sich nicht einmal vor dem Jungen, der immer auf die Pritschen kletterte, die Decke einstrich und danach hinabsprang und den Dreck unter den Betten hervorkehrte.

Auch Mechele sah darin nichts Außergewöhnliches. Er kroch über die halbnackten Frauenkörper, half ihnen, sich aufzurichten und sich aufzusetzen, fasste sie am nackten Arm und führte sie vom Bett herab. Er wunderte sich in der ersten Zeit selbst, dass ihn das nicht aufregte und er dachte nicht einmal daran, dass das warme mädchenhafte Körper waren. Bedeckt mit allerlei Lumpen auf den stinkenden Pritschen fehlte ihnen jede Spur eines fraulichen Reizes. Es waren Körper und weiter nichts. Die Gleichgültigkeit dem gegenüber lag vielleicht nicht nur in ihnen, sondern auch in ihm begründet. Er hatte hier seine ganze Sehnsucht nach Mädchen und Frauen verloren. Er hatte einmal etwas hinter Redlmans Tür zurückgelassen, als Fredzia dort geblieben war. Jenes Gefühl war zart und edel. Aber auch der fleischliche Reiz fiel damit weg.

Einmal passierte dies: Mechele kam in eine Frauenbaracke. Zuerst sah es aus, als sei niemand da. Er warf deshalb seine Jacke ab und sprang behände auf eine der obersten Pritschen. Erst aus dieser Höhe erkannte er, dass in einer Ecke ein gekrümmter Schatten mit wirrem Haar lag. Bei Mecheles hastigem Sprung schreckte sie vor Überraschung auf. Ihre langen Haare waren zerzaust und dicke Strohhalme steckten verteilt darin. Ihr ganzes Gesicht war erschrocken und erhitzt und es war offensichtlich, dass sie Fieber hatte.

Draußen jagte die Polizei die Verspäteten und brachte sie mit lautem Geschrei zum Tor. Niemandem war eingefallen, einen Blick in das abgelegene Zimmer zu werfen, wo ein vergessenes Mädchen im Fieber lag. Mechele bedauerte, dass er sie geweckt hatte. Sie schaute ihn erschrocken, aber mit einer diffusen Freude an, als sei plötzlich ein wichtiger Gast bei ihr erschienen. Mechele suchte nach Worten, sich zu rechtfertigen: Ich bin der Maler. Ich muss die Bettgestelle und die Decke überstreichen. Der Kommandant treibt an. Ich hab noch viele Baracken zu kalken.

Dabei begann er, sehr schnell mit der großen Bürste über die Decke zu streichen, als wolle er damit jemandem beweisen, dass er nur deswegen so wild auf die Pritsche gesprungen war. Das Mädchen hatte sich wieder zur Wand gedreht und sich unter die Lumpen geschmiegt. In der Baracke war es still. Man hörte nur das Schleifen der Bürste über die Bretter. Aber als Mechele sich dem liegenden Mädchen näherte, setzte sie sich ungestüm auf. Die Lumpendecke fiel von ihren nackten Schultern und ihre fiebrig gereizten Augen hefteten sich auf Mecheles blass gewordenes Gesicht.

Ein süßer, erschrockener Schauder lief über Mecheles ganzen halbnackten Körper. Erst jetzt bemerkte er ihre großen, tiefen Augen. Sie ordnete hastig ihre zerzausten Haare und Mechele erkannte plötzlich, dass ihr längliches blasses Gesicht schön war. Er wankte und wollte sich zurückziehen. In ihren Augen brannte schon eine sehnsüchtige Verwirrung, welche keine Grenzen kennt. Als Mechele einen Schritt zurück machte, zitterte sie. Eine wilde Benommenheit fuhr Mechele in den Kopf und verteilte sich im Blut mit Hitze und neugierigem Schauer. Sie schaute ihn einige Zeit so an, wie erstarrt. Auch Mechele konnte nicht den geringsten Ton herausbringen. Sie kam als Erste zu sich und blickte sich im Zimmer um. Sie sah niemanden. So wurde sie ruhiger, wenn auch in ihren Bewegungen noch ein heftiges Zittern lag: Sie sind doch der, der damals, beim Konzert …

Mechele nickte verwirrt mit dem Kopf. Sie sah es aber wohl nicht. Sie streckte nur ihre Hand aus und zog ihn am Handgelenk: Setzen Sie sich hin, hier, neben mich.

Ihre Augen sprühten jetzt Feuer. Mechele wurde wehrlos und setzte sich neben sie. Trunken von ihrem Sieg, bat sie schon nicht mehr, sondern befahl mit ihrer schwachen Stimme: Und jetzt strecken Sie sich neben mir aus. Ich werde mich lang hinlegen und Sie auch, und so werden Sie neben mir liegen.

Mechele folgte ihr mechanisch. Er streckte sich neben ihr aus und fühlte, wie das Feuer, das von ihr strömte, in ihn eindrang und an den Gliedern, an allem zerrte. Vom inneren Auflodern des Sturms war er wie gelähmt. Das letzte Fünkchen Bewusstsein in ihm zog ihn ein wenig von ihr weg. Ein kleines Stückchen Vernunft ließ sich nicht ersticken und bohrte in seinen Gedanken: Was wird hier sein? Was wird hier geschehen? Man darf nicht …

Sein Atem wurde schwer und der innere Sturm ließ seinen Körper erstarren. Das Mädchen hatte sich etwas aufgesetzt und beugte sich über ihn. Jetzt war schon alles in ihnen und um sie herum entflammt, wiegte sich und flog. Sie überschüttete ihn mit brühendem Atem und Reden. Mechele sah schon nicht mehr ihre Augen, sondern zwei große, sehr große schwarze Feuerräder. Aufreizende weiß-rötliche Stellen erregten ihn, zogen ihn sehr weit fort und sehr nahe heran. Nur ihre Rede weckte in ihm das letzte Körnchen Wachsamkeit. Er hörte: Es ist niemand da. Den ganzen Tag nicht. Und ich habe solche Angst! Ich werde verbrennen. Ich möchte so gern jemanden aus der Nähe berühren. Man soll mich berühren, streicheln. Ich sterbe! Ich dränge mich an die Bretter, an die Lumpen und habe Angst, mich zu berühren, ich könnte verrückt werden. Und plötzlich kommen Sie herein. Ein Mensch! Lieber Gott! Ein Mensch, der so viele Dinge versteht!

Sie wurde eine Weile still und schöpfte Atem. Ihre Stimme war gebrochen und kaum noch hörbar. Bald wurde sie aber wieder laut und befehlend: Sie! Ich will gar nichts. Legen Sie nur die Hand unter meinen Kopf! Ich will gar nicht mehr als nur ein Mal fühlen, wie ein Junge neben mir liegt und mich streichelt. Mehr nicht. Ich werde hier sowieso sterben! Dann sind Sie gekommen ...

Mechele wurde plötzlich alles klar. Er streckte mechanisch die Hand aus und legte sie hinter ihren Kopf. Sie fiel zurück auf ihr Lager. Mechele merkte selbst nicht, wie seine zweite Hand ihren weißen Arm auf sein Knie legte und ihn leicht, ganz leicht streichelte. Er berührte sie kaum.

Die wilde Flamme in ihren Augen begann zu verlöschen. Sie wurden weich, traurig, feucht. Mechele zog seine Hand unter ihrem Kopf hervor und begann, sie leicht über den Körper zu streicheln, über die Stücke des zerrissenen Kleides. Sie schloss ihre Augen und ließ sich fallen. Dabei beugte sie jedes Körperteil einzeln, damit die Berührung es nicht ausließ. Danach blieb sie wie bewusstlos liegen. Die Erregtheit ebbte in Mechele langsam ab. Er fühlte auf einmal einen Schmerz, ein schmerzhaftes Mitleid mit dem hilflosen Mädchen, das hier neben ihm lag und er wusste nicht, was er mit sich, mit ihr tun sollte. Er setzte sich auf, nahm die Hände fort und so blieb er sitzen. Sie wachte auf. Ihre Augen waren wieder weit offen und sie schaute wie überrascht auf ihn. Mit einem

Ruck packte sie ihn am Kopf, biss sich in seinem Ohr, in seiner Unterlippe fest. Mechele wehrte sich nicht und zog sie auch nicht näher zu sich heran. Seine Hände lagen auf den seitlichen Brettern wie tote Stücke eines fremden Körpers.

Sie kam bald zu sich und ließ von ihm ab. Die Kräfte hatten sie verlassen und sie streckte sich auf dem Lager aus. Die ganze fieberhafte Anstrengung fiel in sich zusammen. Sie presste sich aufs Bett, versuchte kleiner und kleiner zu werden, sich völlig aus dem kranken, aufgewühlten Körper herauszuziehen.

Mechele nahm die Lumpen zusammen und deckte sie sanft rundum zu. Sie erwischte mit ihrem Mund seine kalkverschmierte Hand und behauchte sie mit ihren warmen feuchten Lippen. Mechele strich die Stücke Mantel glatt, mit denen sie zugedeckt war, und versuchte, den letzten Rest von ihr zu bedecken, damit seine Finger nicht das geringste Stück ihres Leibes berührten. Auch bei ihr war alles erloschen. Eine nüchterne Ruhe legte sich auf ihr Gesicht. Nur die Augen konnten den Sturm nicht einhalten. Die Tränen begannen in kleinen Rinnsalen über ihr Gesicht zu fließen, sie ergriffen die Spitzen einiger verstreuter Locken und verklebten sie an den Enden. So blieben sie an ihrem geröteten Gesicht haften.

Plötzlich brach sie in Schluchzen aus: Ja, ich bin krank, mir ist elend. Niemandem kann ich mehr gefallen. Oh, wie hat man sich gerissen nach einem Blick von mir. Noch vor einigen Monaten. Und jetzt, jetzt haben Sie nur Mitleid mit mir. Gehen Sie weg!

Im benachbarten Zimmer schlug jemand laut mit der Tür. Mechele sprang auf. Aus der Nähe klang Wajzenbergs Stimme herüber. Mechele schreckte hoch: Man wird sie hier sehen. Was wird man sagen? Was wird Wajzenberg sagen?

Er stürzte sich auf den Kalkeimer. Das Mädchen konnte sich nicht rühren. Sie bat nur mit schwacher entmutigter Stimme: Oh, gehen Sie nicht weg. Ich bitte Sie, gehen Sie nicht!

Mechele war aber schon unten. Er konnte nicht einmal erkennen, welches Gefühl ihn hinabgetrieben hatte. Aber an der Tür erreichte ihn ihr erneutes und verstärktes Weinen: Oh, er geht tatsächlich weg. Ich bleib allein.

Ein Zurück gab es aber schon nicht mehr. Er schloss nur leise die Tür und sprang hastig mit dem schweren Eimer über alle Stufen hinaus. An der Tür traf er auf Wajzenberg. Etwas Kalkfarbe spritzte durch Mecheles Eile hoch. Wajzenberg war wegen irgendetwas in Rage: Sieh nur, wie die Arbeit in ihm brennt! Fliegt wie der Teufel. Gerade als wäre er der fleißigste Arbeiter im Lager.

Mechele antwortete nicht, sondern lief weiter.

II

An jenem Tag konnte Mechele schon nicht mehr arbeiten. An jeder Baracke, zu der er auf der Frauenseite ging, stellte er sich an die Tür, legte ein Ohr daran und horchte mit klopfendem Herzen. Danach zog er sich wieder mit Schreck zurück und lief weiter. Es kam ihm vor, als würde er in jeder Baracke dasselbe Bild antreffen und dieselben Geschehnisse würden sich wiederholen. Das erste Mal im Leben war es ihm passiert, so nahe einer Frau zu sein, einem kranken Mädchen, und der Schreck vor etwas Unbekanntem ließ nicht nach. Er war zufrieden, dass er geflohen war. Nein, hier in Werk C hätte er sich angespien. Hier durfte so etwas mit ihm nicht geschehen.

Aber ein brennendes Nachgefühl lodert weiterhin in ihm. Soviel er auch umherstreift, zu anderen Baracken geht, er sieht sich immer wieder vor der Tür jener Baracke. Er hat hier etwas entdeckt und eine versteckte Gier, ein Hunger, noch einmal solch einen angefachten Blick auf sich zu spüren, führt ihn wieder daher wie einen Blinden. Er wird sogar ärgerlich auf sich selbst. Er will sich selbst rügen, weil er sich gegenüber einer Kranken so schlecht verhalten hat, die sich danach sehnt, einen Menschen neben sich zu haben. Er ist schlecht! Auf seinen Fingern brennt aber noch die Hitze ihres

Atems, ihrer Lippen und er zieht sich verschämt von seinen Gedanken zurück, die sich noch immer in die Sorge um sie, in reine Menschlichkeit hüllen wollen. Also schämt er sich. Aber er weiß, dass es ihn schon dorthin ziehen wird. Dort hat ein lebendiges Wesen nach ihm verlangt. Er brauchte nur die Hand auszustrecken und sich daran zu berauschen. Warum denkt er so viel darüber nach? Warum wankt er?

An der Schwelle einer Männerbaracke begegnet Mechele einer Frau. Etwas Weiches berührt sein Gesicht und geht weiter. Mechele will in die Baracke hinein, aber die Frau dreht sich um und hält ihn im Korridor zurück: Was ist mit Ihnen, Mechele? Sie sind so abwesend, dass Sie über Menschen stolpern und es nicht einmal bemerken?

Mechele gerät noch mehr aus der Fassung, er errötet. Das ist Frau Flajszer aus Kielce. Ihre Arbeit besteht darin, einmal in der Woche die Dielen der Baracken zu wischen. Jeden Tag trifft sie Mechele in einer anderen Baracke. Sie liegt ausgestreckt mit dem schmutzigen Eimer Wasser am Boden und Mechele kriecht in der Höhe umher, bei der Decke. Sie haben nie Zeit, ein paar Worte zu wechseln. Nur die artverwandte Arbeit lässt sie zu einer Gruppe werden, macht sie vertraut. Sie erlaubt sich, frei zu lächeln und sogar einen kleinen Spaß zu machen, zu dem Mechele schweigt. Sie ist eine stolze Frau und jede kleine Beleidigung treibt sie zu Tränen. Jetzt aber ärgert sie sich nicht über Mecheles Stoß. Sie ist sogar zufrieden, dass sich eine Gelegenheit ergibt, sich zu unterhalten. Sie lächelt mit ihrem schönen Mund und die weißen, ebenmäßigen Zähne flirten: Warum so traurig, Mechele?

Mechele will etwas sagen und errötet noch mehr. Frau Flajszer ist wegen irgendetwas fröhlicher Stimmung. Kann sein, sie gibt sich nur so. Aber jetzt lacht sie. Sie rückt sehr nahe an Mechele heran, dass der kleine Korridor ihm zu eng wird. Ihre weiche, glatte Hand streicht über sein Gesicht: Sie sind doch noch ein Junge, ein kleiner schamhafter Junge, wahrhaftig. Und man sagt, dass Sie ein echter Philosoph sind.

Augenblicklich fängt sie sich aber: Oh weh, ist stehe da und mache Späße! Sie können noch Gott weiß was von mir denken! Und ich bin nicht wie andere, wissen Sie? Ich bin doch eine religiöse Lehrerin der Bet-Jakob-Schulen[65] gewesen. Ich hab gerade erst Hochzeit gehabt. Mein Mann ist hier und arbeitet in der Fabrik. Aber mit Ihnen fühle ich mich so vertraut wie mit einem Kind. Sie verstehen mich hoffentlich?

Sie wurde plötzlich ernst und traurig: Wie auch immer, kommen Sie herein in die Baracke. Sagen Sie mir, was mit Ihnen ist. Ich erkenne das! Sie sind doch so hilflos und ich fühle mit Ihnen.

Sie unterbrach sich. Mechele fühlte einen vertrauten, ehrlichen Blick auf sich und er hätte am liebsten bei so viel Gutherzigkeit geweint. Sie stand da wie eine Vertrauensperson, eine mütterliche, sodass er in diesem Moment versucht war, ihre Jugendlichkeit zu vergessen, dass sie kaum älter war als er selbst. Er hätte sie jetzt lieber grau und faltig gehabt. Dann hätte er sich ohne Scham fallen lassen können und sich an sie anschmiegen. So aber musste er sich beherrschen, sich beruhigen: Ja, ein Bild plagt mich, das ich heute gesehen habe: Ein Mädchen liegt krank, im Fieber. Niemand schaut nach ihr und sie möchte nicht allein sein! Ich würde hingehen, würde neben ihr sitzen. Sie liegt aber halbnackt da und ich schäme mich. Sie aber sind eine Frau, ich bitte Sie …

Frau Flajszer verstand. Tränen stiegen ihr in die Augen: Ich verstehe. Wo ist sie, ich laufe schon! Sie werden sehen.

Sie strich Mechele noch einmal sanft über das Gesicht und lief hinaus. Mechele wäre ihr am liebsten nachgelaufen und hätte vor Rührung ihre feuchten Augen geküsst.

Am Abend suchte sie Mechele auf: Ich bin dort gewesen bei ihr. Ich hab ihr eine Suppe gekocht. Es wird ihr besser gehen. Ich werde für heute Nacht auch etwas hinbringen, sobald mein Mann kommt. Ich muss für ihn auch etwas kochen.

---

65 Religiöses Erziehungswerk für orthodoxe jüdische Mädchen, gegründet von Sarah Schenirer (1883–1935).

Mechele dankte ihr mit dem Blick. Sie war schon im Begriff zu gehen und drehte sich noch einmal um: Sagen Sie mir die Wahrheit: Gehört sie zu Ihnen? Ich meine, eine Verwandte, eine Bekannte, oder ...

Mechele unterbrach sie: Ich habe sie das erste Mal gesehen. Ich kenne sie nicht einmal.

Frau Flajszer wollte noch etwas sagen, ließ es dann aber. Sie schaute Mechele nur an, als versuche sie, etwas an ihm abzulesen, und fügte noch an: Sie sind wirklich ein merkwürdiger Junge. Wenn hier mehr solche wie Sie wären, wäre es hier gar nicht so schrecklich. Es wäre womöglich sogar gut.

Ihr bräunliches volles Gesicht übergoss sich dabei mit Schamesröte. Sie drehte sich hastig um und ging mit zögernden Schritten fort.

III

Frau Flajszer hatte ihre Arbeit durch spezielle Protektion bekommen. Sie wischte die Baracken und jeden Tag musste sie die Zimmer von etlichen Wachleuten in der Fabrik aufräumen. Ihren Mann hatte sie im Ghetto kennengelernt und dort hatten sie geheiratet. Sie war eine fromme jüdische Tochter, die von einem gelehrten jungen Mann träumte, der auf den Pfaden der Tora wandelte. Im Ghetto war aber nichts zu machen. Diese edlen jungen Männer, mit denen fromme Stuben sich schmückten, verschwanden plötzlich, niemand brauchte sie mehr. Zum angesehenen Mann wurde der Arbeiter und Handwerksmeister. Er konnte vor Gefahr beschützen und ein Stück Brot verdienen. So verband sie sich mit dem großgewachsenen Israel. Er war ein Einfacher, ein Stiller, und sie gewöhnte sich schnell an ihn, gewann ihn sogar lieb, wie nur eine stille jüdische Tochter jemanden liebhaben kann. Gleich in den ersten Monaten nach der Hochzeit verschlug es sie ins Werk C. Er landete in der Fabrik und sie bei der Arbeit im Lager. Am Abend aber waren sie

412

beieinander. Sie mied die aufreizenden Blicke von allen Seiten, errötete verschämt, wenn jemand ihr ein anzügliches Wort zuwarf, und drängte sich am Abend erschrocken noch näher an ihren großen Mann. Er arbeitete auf dem Schießstand und kam immer müde und erschlagen zurück. Es war ihr aber lieb, dass sie hier nicht allein war. Deshalb sang sie noch den ganzen Tag beim Scheuern der dreckigen Fußböden und ihre leicht schrägen Augen funkelten noch glücklich.

Sie hatte etwas von einer Mongolin an sich: schmale schräge Augen und ein dunkelbraunes, seidenes Gesicht. Wenn sie lachte, versprühte ihr Blick ein schwarzes Glühen und über ihre vollen Lippen lief eine sehnsüchtig freche Verschmitztheit. Ihr ging es hier noch gut. Sie bekam von irgendwoher Geld zugeschickt und hungerte nicht. So war ihr Körper hier füllig geworden, rundlich und anziehend. Sie hatte noch Geduld, Kranke besuchen zu gehen, ihnen etwas zu bringen und sich nach ihrer Gesundheit zu erkundigen. Sie hatte noch Respekt vor gelehrten Menschen und stand mit frommer Miene bei ihnen. Sie ging noch gern eine gute Tat tun und machte dabei fromme Seufzer, als wäre sie noch immer in ihrem ehemaligen Heim. Sie hatte hier etliche junge Freundinnen gewonnen, mit denen sie auf einer Pritsche zusammensaß und den letzten Rest Jiddischkeit hütete, der hier noch möglich war.

Als Mechele sie verschämt gebeten hatte, nach jenem Mädchen zu gucken, ließ sie nicht mehr davon ab. Jeden Morgen begegnete sie Mechele mit einem zufriedenen Lächeln: Sie wird schon bald aufstehen. Sie werden schon bald sehen, dass die Ihre zur Arbeit geht.

Aber Werk C verschonte niemanden. An einem Morgen, als Mechele den Dreck unter den Betten zusammenkehrte, stand Frau Flajszer gerade an der Schwelle und wartete, dass sie sich an die Arbeit machen konnte. Sie erzählte von sich, von ihrem Mann, vom Schtetl. Plötzlich hörte man von der Fabrik eine starke Explosion. Sie wurde bleich und unterbrach ihre Rede. Unbewusst gab sie ein Stöhnen von sich: Oh weh! Was ist dort geschehen?

Mechele lachte: Sie bringen doch immer die nicht gelungene Munition zur Explosion. Das stört mich nicht gerade!

Sie ließ sich aber nicht beruhigen, sondern ließ den vollen Eimer zurück und lief hinaus in den Hof, um etwas zu erfahren. Der Lagerhof war aber still wie immer am frühen Morgen. Erst am Abend erfuhr man, dass da eine vergessene Granate zwischen den Haufen Trotylstaub explodiert war. Etliche Menschen waren in Stücke gerissen worden. Der große Israel Flajszer stand ein bisschen abseits, es hatte ihm nur den Bauch aufgerissen und die Beine.

Die verzweifelten Schreie der Frau trugen sich über das ganze Lager. Werk C hatte schon vergessen, wie man über Kranke und Tote weinte. Alles lief hier auf lautlose Weise ab. Deshalb konnten viele nicht verstehen, warum sie so jammerte und sich die Haare vom Kopf riss: Nun, das ist doch etwas Normales. Alle müssen darauf vorbereitet sein.

Sie hörte aber auf niemanden. Als man ihn hertrug, lief sie der Trage nach, riss sich ganze Büschel Haare aus, warf sich mit Küssen auf seine nachhängenden blutigen Beine.

Sie hatte sich augenblicklich verändert. Ihr Gesicht wurde böse und drohend. In den Augen lag ein plötzliches Unglück, das nicht mehr aus ihrem Blick verschwinden würde.

Er lebte noch. Aber es gab niemanden, der ihm den Bauch hätte zunähen können. So legte man ihn in die Baracke zwischen die Kranken und er stöhnte leise vor Schmerzen. Sie wich nicht von seiner Seite. Seit man ihn dort hineingelegt hatte, lag sie ausgestreckt auf der Erde und blieb so die ganze Nacht liegen, küsste seine herabhängende gelbe Hand.

So sehr man sich auch bemühte, sie von ihm fortzuziehen, es nützte nichts. Sein gesunder Körper wollte der tödlichen Wunde und dem Leiden nicht nachgeben. So kämpfte er mit dem Tod, stöhnte und schrie. Sie lag dabei mit zerzaustem Haar auf dem Boden, schlug vor Kummer die Stirn auf die

Dielen und jammerte mit gebrochener, heiserer Stimme: Israel! Israel! Öffne die Augen, Israel!

Das unerwartete Unglück hatte sie völlig aus ihrer Fröhlichkeit und Beherrschtheit herausgerissen. Als der Sanitäter Melech hereinkam, bedrängte sie ihn auf Knien, begann, seine Hände zu küssen, und gestikulierte: Ich werde Ihnen alles geben. Alles. Aber retten Sie ihn! Retten Sie ihn!

Es war aber unmöglich, etwas zu tun. Die Ärzte zuckten nur hilflos mit den Schultern: Nun ja, es gibt hier nicht einmal chirurgische Messer.

Irgendwo tief in seinem Fleisch steckte ein verrosteter Splitter. Darum herum sammelte sich Schleim und der Abszess bereitete sich immer weiter aus. Der ganze Körper begann, mit ungeheurer Schnelligkeit zu faulen. In der Baracke breitete sich ein scharfer, beißender Geruch aus. Die zwei Sanitäter kamen immer wieder für einen Moment herein, runzelten die Stirn und flüsterten unter sich: Die Cholera auf die Deutschen! Normalerweise erschießen sie in solchen Fällen und fertig! Hier haben sie ihn gelassen, und jetzt quält er sich und wird auch sie ruinieren. Es kann doch sowieso nichts helfen.

Sie bemerkte aber gar nichts. Als Mechele und noch jemand in die Krankenbaracke kamen und sie ein wenig vom Bett fortziehen wollten, richtete sie sich auf, schüttelte die wirren Haare und die Augen traten vor Zorn hervor: Was? Weggehen? Er ist doch der Meine! Der Meine!

Bald geriet sie außer sich, riss Stücke ihrer Kleidung ein, die sie schon im Laufe der Tage zerrissen hatte und ging auf sie los: Hinaus! Geht endlich raus! Für mich stinkt er nicht!

Aber die Müdigkeit überwältigte sie und zwang sie wieder zu Boden beim Bett. Sie legte gurrend die bleiche Hand auf seine Stirn und streichelte geistesabwesend die schwarzen gekräuselten Haare. Danach schreckte sie wieder hoch, deckte seinen wunden eiternden Leib auf und stürzte sich mit den Lippen darauf. Sie küsste ihn versunken, mit getreuer Verbissenheit und wie jemandem zum Trotz. Möglich, dass sie selbst mit ihrem eigenen Widerwillen kämpfte, den sie versuchte zu bezwingen. So stand sie da, das Gesicht und die Haare in Überreste eines zerstörten Menschen vergraben und nur ihre nackten Füße zitterten vor Schwäche und Aufregung.

Mechele stand verblüfft dabei und spürte, wie dieses Mal die Tränen bis zu den Wangen liefen. Auch sein Begleiter war durcheinander. Er schaffte nur, Mechele ins Ohr zu flüstern: Jemanden so sehr lieb haben, können nur jüdische Töchter aus einem frommen Haus eines ehemaligen Schtetls in Polen. Schau es dir an und erinnere dich. Das wirst du nie wieder sehen.

IV

Auch Flajszer wurde von seinem Leiden erlöst. Viele Wochen hatte er sich gequält, sein gesundes Blut um jedes Stück Leib kämpfen lassen, bis aus ihm ein Haufen Würmer und gelbe Flüssigkeit geworden waren. Aus ihr war in der Zeit ein dürres Skelett geworden, ein Schatten. Sie hatte schon keine Kraft mehr zum Schreien, sie lag neben ihm, schaute mit glasigen Augen umher und ließ sich von Felcia, der jungen Freundin, ein wenig Suppe in den Mund einflößen. Erst als er verlosch, erwachte das Geschrei in ihr wieder. In alle Baracken verbreitete sich ihr Weinen: Israel! Wo lässt du mich zurück! Bei wem?

Das war das einzige Totengeleit mit Wehgeschrei und Haareraufen in Werk C. Es versammelten sich seine noch lebenden Landsleute und ihre Freundinnen mussten sie an den Händen halten und sie bis zur Müllkiste führen. Mechele hatte es sich zur Angewohnheit gemacht, jeden Toten bis zum Wäldchen zu begleiten. So ging er allen nach und schaute zu. Bald erkannte er zwischen den paar Mädchen ein bekanntes Gesicht. Sie drehte sich um und blieb etwas zurück, bis Mechele sie eingeholt hatte. Beide gingen ein paar Schritte schweigend. Dann blieb sie stehen, schaute Mechele scharf an, zeigte mit dem Finger auf den Toten und zischte giftig: Verrückter! Wahnsinniger!

Mechele war verwirrt, als hätte er ins Gesicht gespien bekommen. Warum? Er hatte ihr doch nichts getan, er war so bewegt von ihrer Lage. Es war aber keine Zeit zum Nachdenken. Das Mädchen rückte mit festen forschen Schritten wieder zu den anderen Mädchen auf. Mechele kam plötzlich zu sich, seine Wut regte sich und wollte ihr ein böses Wort nachwerfen, eine Beschimpfung, die sich in sie hineinfressen sollte, für die grundlose Beleidung Rache nehmen. Im Hals stickte ihn aber eine Melancholie, hielt die Wörter fest und ließ sie nicht hinaus. Er fühlte sich auf einmal klein, niedergeschlagen und schuldig, ohne selbst zu wissen, an was.

Es war jene, die Fieberkranke von der Pritsche.

Kapitel achtundzwanzig

I

Mechele begann zu spüren, dass alles, was er hier sah, ihn zu einem anderen Menschen machte. Was hatte er früher denn vom Leben, von der Welt und von Menschen verstanden? Er hielt sich für klug, weil er sich mit Büchern und Wörtern vollgestopft hatte, die er papageienhaft nachsagen konnte. Jetzt kam er mit seinen früheren Gedanken und konnte hier gar nichts verstehen. Man hatte ihn getäuscht, ihm Lügen erzählt. Er musste hier erst allerlei Menschen beobachten und ihr Verhalten verstehen; er musste in seinen Gedanken eins mit dem anderen verbinden und wie ein kleines Kind anfangen, jede Sache aufs Neue zu erkennen. Er ballte regelrecht die Fäuste und schämte sich dabei: Ich hab doch gar nichts gewusst, gar nichts! Habe keinen Deut verstanden!

Mit der Erkenntnis konnte er allen nachspüren, jeden Einzelnen noch einmal beobachten und es sollte ihn nichts mehr wundern, nichts überraschen.

Er verstand schon, warum Frau Flajszer nach etlichen Tagen wieder begann, die Baracken aufzuräumen, sich wieder an alles zu gewöhnen. Sie zog ein Kleid ohne Flicken an, aß wieder und nahm sich ihres vernachlässigten Körpers wieder an. Sie begann sogar wieder, bei der Arbeit ein Liedchen zu summen und anzulächeln, wen sie nur konnte. Obwohl noch für einige Zeit ein wenig Trauer daran hing, bis auch das aufhörte.

Sie redete sich Mechele gegenüber sogar vieles von der Seele: Nun ja, die Leute tuscheln: siehst du? Geweint hat sie, sich schier umgebracht, und jetzt lacht sie wieder und isst, als wenn nichts wäre! Aber ich habe eins eingesehen: Es gibt keine unnützere Sache als Tränen! Nehmen Sie mich zum Beispiel: Wie viel ich geweint und geschrien habe! Ich habe gemeint, dass man damit eine ganze Welt lebendig machen kann. Na und was? Ein ärztliches Messer hätte mehr ausrichten können als ganze Wochen des Weinens! Wem also tue ich etwas Gutes damit? Wozu braucht man es dann? Hören Sie, was ich daraus gelernt habe: Leben soll man und nicht weinen!

Als Mechele etwas sagen wollte, ließ sie es nicht zu: Ich bin noch nicht fertig. Sie müssen noch eine Sache wissen: Ich bin daran gewöhnt, ihn nicht den ganzen Tag zu sehen. Ich vergesse bei der Arbeit, was geschehen ist. Es fühlt sich an, als würde er heute Abend kommen, wie jeden Tag. Es stört mich nicht! Erst wenn die Gruppen durch das Tor hereinmarschieren, erinnere ich mich: Israel ist nicht da. Er kann nicht mehr kommen. Und jene Momente, sehen Sie, sind wie Stücke feuriger Hölle.

Und noch etwas hatte sie sich in den Tagen ihres Zusammenbruchs überlegt: Das, was alle ins Unglück Gestürzten dachten und jeder von ihnen meinte, dass erst er es entdeckt habe: Es hilft alles nichts! Sterben kann man nicht, und leben – muss man. Wo also ist der Unterschied, wie man lebt? Wenn man versauert, tut man jemandem einen Gefallen damit? Da ist es schon besser, das ganze Leben zu suchen, und Schluss!

Die Mädchen, die um sie waren, ihr nachgingen und sie beschützten, redeten gegen ihre traurige Miene an, so gab sie schließlich nach. Besonders, da ihre 26 Jahre auch einen eigenen Weg suchten.

Die Fälle, schnell mit ganzem Eifer zum Leben überzugehen, mehrten sich. Doch Mechele sah noch etliche Dinge, bei denen er aufschrie, sich die Haare raufte, bis er verstanden hatte und schwieg.

Einmal, an einem Morgen, als Mechele den Dreck unter einem Frauenbett hervorkehrte, kam ein kleines, blutiges Päckchen mit heraus. Als er es mit Furcht aufwickelte, stieß er vor Überraschung einen Schrei aus: Dort lag ein kleines, frisch geborenes Baby.

Mechele lief, einen Polizisten zu suchen und ihn zu fragen, was man damit machen sollte. Bald kam einer und legte es auf den Mistkarren. Er warnte Mechele: Sollte Wajzenberg dich fragen, unter welchem Bett du es gefunden hast, dann schweig. Wenn nicht, wird es Nachforschungen geben. Und hier gibt es viele solche, die das tun müssen, verstanden?

Mechele war aufgewühlt und verwirrt. Um das tote Kind herum hatte sich derweil eine Gruppe Menschen angesammelt und versuchte zu erraten, ob es ein abgetriebenes oder ein ausgetragenes war. Wajzenberg bemerkte es von weitem und kam gelaufen. Als er erkannte, was hier geschah, fing er an zu schreien: Sieh nur den Auflauf, den sie hier veranstalten! Hier sterben so viele Menschen und niemandem fällt es ein, einen Blick darauf zu werfen. Und hier, so ein Winzling, noch keinen Atemzug getan, und der Himmel stürzt ein!

Er zerstreute die Umstehenden und schrie auf Mechele ein: Du närrischer Trottel! Noch einmal, dass du hier so einen Aufruhr veranstaltest, dann breche ich dir Arme und Beine. Das kann ich gerade noch gebrauchen, dass sie es erfahren! Nimm es und marsch, zum Kasten!

Erst als Mechele schon am Wäldchen war, jagte Wajzenberg ihm nach und hielt ihn auf. Sein ganzer Zorn war verflogen und er blieb wie ein Schuldiger vor Mechele stehen: Ich weiß, was du jetzt denkst. Aber eines will ich dir sagen: Hier darf man keine Kinder haben. Wenn sie nur schon eine schwangere Frau sehen, wird sie gleich erledigt. Es nützt aber nichts! Menschen sind nur Menschen und das Blut kocht, auch in Werk C. Dabei schlendert man umher, in die Baracke, in den Wald und was weiß ich wohin. Man tut es schnell und man weiß nicht einmal, was man angerichtet hat. Einige haben sich danach sogar getröstet, dass man bis dahin sowieso nicht mehr leben wird. Ein Geschäft, wie du siehst! Aber wenn man doch lebt, gibt es Ärger. Was gibt es für einen anderen Rat, als unters Bett damit?

In Mechele war etwas in Aufruhr vor schamhaftem Schmerz. Aber Wajzenberg ließ ihn nicht lange nachdenken: He, wirf es in den Kasten. Ich habe Angst, es könnte jemand vorbeikommen. Hast du verstanden? Danach komm zu der Seite da, beim Baum. Ich weiß, dass du kein Dummkopf bis, ich will mich mit dir unterhalten.

Mechele hatte Wajzenberg noch nie in solch einem Zustand gesehen. Er brachte das Totgeborene hin und legte es vorsichtig zwischen den Berg Leichen. Dann ging er hinüber zu dem gefällten Baumstamm, wo der Kommandant saß und niedergeschlagen auf etwas wartete. Er fühlte sich wie ein Teilnehmer an einer schrecklichen Verschwörung, die ihn in Verruf bringen würde, obwohl er selbst nicht wusste, warum.

Wajzenberg stellte nur eine trockene Frage: Versteckt?

Mechele nickte zögerlich mit dem Kopf. Wajzenberg schaute zum vergoldeten Himmelsrund und gab leise den Befehl: Leg dich ins Gras. Die Arbeit wird nicht weglaufen und ich muss mich ein wenig aussprechen. Lieg also und höre zu!

II

Was kann man letztendlich in Werk C tun?

Wajzenberg fragt es und sucht eine Antwort. Als Mechele verdrossen schweigt, antwortet er sich selbst: Gar nichts! Zu Stein muss man hier werden, weiter nichts! Da gibt es eine Geschichte mit einem Kind. Mechele ist ja noch ein Junge, er weiß also nicht, um was es hier geht. Es sind einige hierher gekommen, die sich als Mädchen ausgegeben haben. Sie wollten sich retten. Tatsächlich hatten sie schon eine lebende Seele in sich. Was hätte er, ein Kommandant, tun sollen? Gott ist Zeuge, dass er sie gewarnt hat: Seht euch vor. Denkt daran, wonach das riecht! Andere haben sich bis zur letzten Minute gehütet, es erkennen zu lassen, sich kleiner gemacht, sich in Lumpen gehüllt.

Es hat noch welche gegeben, die hier die Dummheit machten. Er hat geschimpft und gescholten. Aber viertausend Menschen Tag und Nacht hüten kann auch er nicht. Zuerst waren es Spielereien, Gelächter. Aber jetzt beginnt es nicht nur bei einer zu sprießen, zu gären und zu wachsen. Es sind schon so viele Monate vergangen, seit Werk C existiert, und viele getane Dinge nähern sich dem Höhepunkt. Helfen kann man da gar nicht.

Gleich zu Beginn des Lagers hatte der Leiter der Fabrik gesagt: Man lässt hier Männer und Frauen in einem Lager. Aber denkt daran: Eine schwangere Frau wird hier keine Minute überleben. Die Kinder sowieso nicht. Und auch ihren Liebsten wird man mitschicken, er soll sie dorthin begleiten.

Und dabei hat er die Augen zum Himmel erhoben.

Zuerst hat man sich zurückgehalten und sich vorgesehen. Dann ist man zusammengekommen, eins mit dem anderen, hat sogar bitter gelacht: Es ist sowieso alles egal. Hauptsächlich die Polizisten. Es kam auch zu Schwangerschaften! Aber jetzt kommen sie aus den Bäuchen hervor …

Wajzenberg hielt den Atem an, als habe ihn jemand gewürgt und erzählte dann weiter: Jetzt weiß ich nur eins: Sollen sie tun, was sie wollen. Sollen sie verbergen, mit sich tun, wie sie es verstehen. Ich weiß von gar nichts! Wird es einer gelingen, wie dieser von heute, ist es gut! Wenn aber eine kein Herz dazu hat – ich bin nicht schuldig. Das sollte sie nicht vergessen, und wenn doch, muss sie es selbst verantworten. Was ich dir sagen will …

Mechele saß erstarrt da und schaute bloß mit erschrockenen Augen auf den Kommandanten. Jener regte sich wegen irgendetwas wieder auf: Ja, ja! Guck mich nur mit Raubtieraugen an! Aber ich hasse solche Heiligen! Die Mädchen hier sind lebendig und gesund. Was sie tun, das tun sie. Aber wegen solch kleinen Kindchen brauchen sie nicht zum Schießplatz! Hier ist nicht die Zeit für solch alberne Predigten. Man muss nur abschätzen, wer vorzuziehen ist. Das Kind würde sowieso nicht überleben, da ist es besser so.

Als Mechele gar nichts sagte, nur mit den Zähnen an der Unterlippe kaute, wurde Wajzenberg seiner überdrüssig. Er beendete es deshalb schnell: Nun ja. Was soll ich mit dir diskutieren? Bist ein Wurm! Ich will dir nur eins sagen: Das, was heute geschehen ist, wirst du noch oft sehen. Denk daran! Mach kein Trara darum, sondern halte den Mund! Es sollte dich nicht interessieren, wer die Mutter ist und wie sie es gemacht hat, das ist nicht deine Angelegenheit! Glaub mir, ich bin genau so ein Gerechter wie du. Aber mit deiner Moral müssten sich alle wegen einem Mal erschießen lassen, und ich verstehe die Sache anders. Man wird das eines Tages in Freiheit ausdiskutieren.

Wajzenberg erhob sich zum Gehen.

Mechele kam plötzlich ein Bibelspruch in den Sinn: »Und der König von Ägypten sprach zu den jüdischen Hebam men … ihr sollt am Gebärstuhl schauen, ob es ein Sohn ist, dann tötet ihn.«[66]

Wajzenberg ließ ihn aber nicht lange nachdenken. Nachdem er ein paar Schritte gegangen war, drehte er sich um und sagte streng zu Mechele: Denk darüber nach! Du wirst dir schon eine Menge überlegen. Solange es kein Lied ist! Aber das, was ich dir gesagt habe, sollst du nicht vergessen! Denkst du daran?

Dann eilte er mit hastigen Schritten fort. Mechele ging noch einmal zum Totenkasten und schaute lange das Häufchen Mensch, das dort mit gebeugten Gliedmaßen lag, an. Er erkannte plötzlich darin ein gewaltiges Geheimnis, ein verrücktes Mysterium der Schöpfung, die Sinnlosigkeit der menschlichen Sünde und der menschlichen Entstehung in so einem Mutterleib. Aber das letzte Fünkchen nicht erloschener Frömmigkeit in ihm stellte gottesfürchtig und ketzerisch eine Frage: Wer wird dieses »Bal tashchit«[67] eines Menschen bestrafen? Und wen muss man dafür bestrafen?

66 aus 2. Mose 1, 15-16.
67 »Du sollst nicht [unnötig] zerstören«. Basiert auf 5. Mose 20, 19-20.

Er fürchtete, dass Wajzenbergs Rede ihm darauf keine Antwort geben würde.

III

Mechele lief fort und brachte von irgendwo ein großes Stück Papier her, mit dem er das Baby zudeckte. Später stand er da und beobachtete, wie man es zusammen mit den erwachsenen ausgedorrten Körpern wegbrachte. Davon blieb in ihm eine wilde Unruhe zurück. Er ging zwischen den Mädchen und Frauen umher. Jetzt aber betrachtete er sie mit versecktem Schrecken, Widerwillen und Gebet. Sobald er nur eine vollere und kompaktere erblickte, schaute er ihr lange nach, folgte ihr. Als er beobachtete, wie eine zärtlich mit jemandem flirtete und sich von einem Jungen zur Seite wegziehen ließ, kochte sein Herz auf. Er hätte zu so einer hingehen wollen, auf sie einschreien, sie bitten und ihr die Hände küssen, sie an den Haaren reißen und etwas zu ihr sagen, aber was genau, konnte er sich nicht klar machen. Er wusste nur eins: Von ihnen hing es ab, ob er wieder solch ein Päckchen unter einem Bett hervorziehen würde oder nicht.

Das Bild des Kindes ließ Mechele nicht los. In jedem Mädchen begann er diejenige zu sehen, die ihn in dieses Grauen hineingezogen hatte. So stand er mit aufgerissenen Augen, schaute auf sie und wusste nicht, wie und was er ihnen sagen oder nachrufen könnte.

Eine, ein Mädchen mit einem rundlichen Körper und großen blitzenden Augen, fasste Mechele sogar einmal zärtlich am Kinn: Du, was guckst du mich so an, he? Gefalle ich dir oder nicht? Sag die Wahrheit.

Mechele begriff erst dann, dass er tatsächlich auf sie geschaut hatte. Vor Scham verlor er die Sprache. Er fühlte sich plötzlich, als habe sie ihn bei einem großen Verbrechen ertappt. Er begann zu stammeln und ging dann zu Trotz über, wie es seine Natur war: Und wenn schon? Ich gucke, darf ich das nicht? Wenn ich will, dann gucke ich! Wem muss ich Rechenschaft ablegen?

Mittendrin schämte er sich wieder und wurde rot, bis ihm Tränen in die Augen traten. Erschrocken lief er weg. Dem Mädchen ging es aus irgendeinem Grunde gut, sie rief ihm nach: Warum laufen Sie weg? Sie Narr, ich habe doch gar nichts getan?

Aber Mechele war schon völlig verwirrt zurück in seiner Baracke. Auch an den anderen Tagen spürte das Mädchen ihn auf. Sie wollte nichts anderes als nur verstehen, warum er sie so angeschaut hatte und warum er dann weggelaufen war. Sie versuchte sogar, ihn an der Wange zu streicheln, ihn zu bitten. Er aber blieb weiterhin verbockt und schwieg. So blieb ihr nur, ihm zu sagen: Bah, Sie sind ein merkwürdiger Mensch.

Aber Mechele hatte niemanden, dem er sich in solchen Sachen anvertrauen konnte. Nicht einmal sich selbst.

Die Tage wurden trübe. Es kam der Monat Elul[68], aber Mechele beschäftigten jetzt andere Gedanken. Im Laufe der Zeit traf er noch auf zwei weitere Fälle von Babys unter den Frauenbetten. Der zweite Lagermaler, Lejbusz, erzählte ihm sogar, dass er im Kasten einen kleinen Säugling gesehen hatte, der noch zappelte. Für ihn war ganz klar: Sie werfen sie weg, und die Sache ist erledigt!

Mechele aber bohrte es ins Gehirn. Er war nahe daran, wie verrückt im ganzen Lager herumzuschreien!

In jenen Tagen traf Mechele wieder auf Fredzia. Jetzt ging sie schon offen vor allen mit dem jungen Vorarbeiter Josl umher. Sie ging stolz und schaute jedem direkt in die Augen. Er dagegen ging mit herabhängendem Kopf neben ihr und wollte vermeiden, dass jemand ihm einen Blick direkt in die grünen Augen warf. Wenn sie bei jemandem stehenblieb, stand er abseits und wurde rot wie ein Kind. Erst wenn

---

68 1. Elul 5703 = 1. September 1943. Der Elul dient der Buße und der Vorbereitung auf die großen Feiertage Rosch ha-Schana und Jom Kippur, die im folgenden Monat Tischri gefeiert werden.

sie ihn zum Weitergehen zog, leuchtete er auf und schaute sie glücklich mit einem dankbaren und untertänigen Lächeln an.

Sie kochte für ihn und sie saßen ständig abgesondert in einer Ecke neben ihrem Bett. Nach dem Essen saßen sie aneinandergeschmiegt da. Er saß verwirrt, glücklich und schreckhaft da, sie spielte mit forscher Bosheit mit seinen Haaren und dem schlanken Hals, vor aller Augen neben dem Fenster. Einmal ging Mechele gerade vorbei und sie bemerkte ihn. Ohne die Hände von Josls Hals zu nehmen, rief sie ihn durch das offene Fenster. Mechele wollte nicht hineingehen, sondern blieb draußen stehen. Sie war wegen irgendetwas beleidigt und beugte sich hinaus: Man sieht Sie gar nicht mehr. Sie meiden mich. Und ich hätte so gern gehört, was Sie machen und ob Sie wieder etwas geschrieben haben. Man will schon wieder ein Konzert machen. Ich bitte Sie, kommen Sie ein wenig zu uns herein!

Hinter ihr erschien der schöne, kindliche Junge, Josl. Er beugte sich über sie, umarmte sie und sagte dieselben Wörter zu Mechele: Kommen Sie herein. Was stehen Sie draußen? Es wird uns eine große Ehre sein!

Fredzias Augen blickten jetzt mit Milde und Zufriedenheit auf Mechele, als würde ihr Blick ihn jetzt freundschaftlich umfangen und bittend streicheln. Er schwankte und wollte schon hineingehen. Plötzlich sah er das Gesehene noch einmal: Sie redete zu Mechele hinaus und hinter ihrem Rücken schmiegte sie sich stärker an Josl. In Mechele kam auf einmal das Bild des Kindes hoch. Ein lästiger Gedanke drängte sich plötzlich in seinen Verstand und überdeckte alles andere: Ja, sie, sie beide! So geht es am Anfang, und danach wird sie … ja sie! Auch sie wird … müssen …

Mechele schreckte mit einem Schauder hoch und lief weiter, ohne ihnen ein Wort zu sagen.

Mit seinem sechsten Sinn, mit dem er immer die Reste aufschnappte, die die gewöhnlichen Sinne nicht mehr aufnehmen, hörte Mechele fast deutlich, wie sie sich mit erschrockenen bleichen Lippen fragte: Ist er verrückt geworden? Oder ist er vielleicht eifersüchtig?

Aber Mechele lief immer weiter, vor allem, um sie nicht mehr zu sehen.

Kapitel neunundzwanzig

I

Das bisschen Geld, das das Hilfskomitee des Lagers mit dem ersten Konzert eingenommen hatte, war schnell zerflossen. Das Kranksein von Starobinski und Szapiro hatte es schnell aufgezehrt. So fanden sich die paar Komitee-Mitglieder wieder zusammen und überlegten sich weitere Pläne, was zu tun sei. Jetzt zog man zu der Arbeit auch Redlman und noch etliche der Reicheren hinzu. Auch Henech Głaz stieß zum Komitee. Er war auf einmal lebendig und umtriebig. Die leichtere Arbeit und das Essen, mehr oder weniger bis zur Sättigung, hatten wieder Farbe in sein Gesicht gebracht und er begann, mit festen, gemessenen Schritten zu gehen.

In der Baracke munkelte man, dass es Henech gelungen war, mit Mendel Rubins Hilfe in Kontakt mit der Außenwelt zu treten. Einmal soll sogar ein Pole an den Zaun gekommen sein und gefragt haben, ob es hier einen gebe, der sich Henech nennt. Henech Głaz mit seiner Frau Fredzia. Draußen gab es viele Bundisten, die mit gojischen Papieren lebten. Da Henech ihr Anführer gewesen war, suchten sie nach ihm.

Der Pole, der nach ihm gefragt hatte, war schnell wieder fort, aber es war klar, dass sie jetzt von ihm wussten und sie ihn nicht im Stich lassen würden. Wegen dieser Gerüchte gewann Henech mehr Ansehen in der Baracke, wie auch im Lager generell. Er selbst begann, sich besser zu kleiden, sich Essen zu kaufen und ging verschlossen und zufrieden mit sich umher. Er redete wenig. Doch alle begannen, ihm genauer zuzuhören: Wer weiß? Vielleicht hatte so einer gar mit geheimen Partisanen zu tun? Und wenn die Zeit kam, würden sie ihn befreien und dabei alle mit hinausnehmen, auf die er sie hinwies.

Man bemerkte auch, dass seit Kurzem zu Henech allerlei angesehene Leute des Lagers kamen und in aller Stille mit ihm redeten.

Der Vizekommandant der Polizei, Feldman, tauchte bei ihm auf, ebenso der Lagerarzt Wasersztein. Sie flüsterten in einer Ecke eine Weile mit ihm, gingen fort und kamen danach wieder. Es kamen auch andere achtbare Lagerpersonen und Henech hörte alle mit gemessenem Ernst an. Niemand wusste, was dort geredet wurde. Man bemerkte nur, dass er plötzlich angesehen war, dass auf ihn gezählt wurde.

Der Vizekommandant erschien bei ihm und begegnete ihm auf gleicher Augenhöhe. Auch wurde er in das Komitee hineingezogen und an den Abenden verschwand er irgendwohin. Feldman nahm ihn sogar heraus in eine bessere Baracke, neben der Polizei, und Henech begann, eine Persönlichkeit zu werden. Die kleine Blumcia, Feldmans Cousine, schaute nach ihm und wachte über ihn, und es war erkennbar, dass er allmählich das Schreckliche, das er hier durchgemacht hatte, vergaß. In letzter Zeit begann Fredzia, sich um seine Baracke herumzudrücken. Sie ging sogar einige Male bei Nacht in die finstere Wäscherei, wo die Komitee-Mitglieder ihre Sitzungen abhielten. Es reichte aber, dass Henech sie scharf ansah, mit einem offenen Blick voller Triumph und Bitterkeit, dass sie verwirrt hinauslief und dabei ihr aufgesetztes fröhliches Lächeln auf der Schwelle zurückließ.

Mechele kam ein wenig später hinter Henechs Geheimnis. Es geschah zufällig. Eines Abends suchten ihn etliche Leute des Komitees auf und riefen ihn zur Seite. Unter ihnen waren Wartman, Dr. Wasersztein und Rubin. Bald kam auch Ingenieur Kurc dazu. Sie wollten von ihm eine einfache Sache: Er sollte ihnen Texte für einen neuen Abend geben, den sie vorbereiteten. Aus irgendeinem Grund zögerte Mechele und alle begannen, ihm zuzureden. Nur Kurc konnte sich nicht zurückhalten. Es war ihm zuwider, dass alle da standen und den Jungen baten und dieser sich noch zierte. Kurc räusperte sich stark, wie immer, ehe er etwas Hintergründiges und Scharfes sagen wollte. Danach schoss er seinen Zorn hinaus: Hören Sie, junger Mann! Glauben Sie nicht, dass die Welt von Ihnen abhängt! Eigentlich brauchen wir Sie mit Ihren Konzerten nicht. Wir wollen es nur machen, damit niemand merkt, dass wir sie nicht brauchen. Haben Sie das verstanden, oder muss man Ihnen das nochmal erklären?

Mechele verstand, dass es hier um ein Geheimnis ging, wegen dem man wieder ein Konzert brauchte und er stimmte zu. Später kam Wartman zu ihm und rief ihn her: Wir haben jetzt Geld, größere Summen. Aber niemand darf wissen, woher es kommt. Deshalb muss das Konzert unsere Tätigkeit decken.

Dabei nahm er ein kleines Päckchen heraus und steckte es Mechele zu: Hüten Sie es gut, das sind 250 Złoty. Wenn Sie mehr brauchen, bekommen Sie wieder etwas.

Mechele begann zu stammeln, zu fragen. Aber Wartman war schon weit weg und Mechele stopfte den Schatz zwischen die Lumpen und wusste vor Überraschung selbst nicht, was tun. Das war eine Summe, für die man 35 Kilo Brot kaufen konnte! Wie konnte das sein? Mechele beobachtete danach, wie Wartman und noch andere Komitee-Mitglieder durch die Baracken schlichen und immer wieder jemand anderen herriefen. Danach gingen diese mit strahlenden Gesichtern weg.

Mechele verstand, dass hier ein Kontakt mit der fernen Außenwelt existierte, aus der das Geld stammte. Er konnte es aber nicht glauben: Kann das möglich sein? Wird er tatsächlich jeden Tag ein Stück Brot kaufen können? Werden das viele Hungrige im Lager können? Unglaublich! Aber das Päckchen Papier unter seinem nackten Arm bestätigte es. Er bekam sogar die Anweisung, kein Brot zu kaufen, wenn alle es sahen und nicht vor aller Augen zu essen. Dabei fragte man ihn aus, wem man seiner Meinung nach ein Geheimnis anvertrauen und ihm Unterstützung gewähren konnte. Wie es aussah, entspann sich hier ein Wunder über das Werk C, aber er konnte nicht wissen, wie das geschah. Dafür bemerkte er morgens in vielen Augen einen zufriedenen Glanz.

Es wurde ihm klar, dass irgendwo Menschen für das Werk C sorgten. Dachten sie womöglich auch über eine vollständige Rettung nach? Wenn man eine Sache jedoch von der geheimen Seite aus betrachtete, konnte man alles überdenken. Und Mechele wurde auf einmal klar, dass Henech hier seine Hände im Spiel hatte. War es dann ein Wunder, dass er in letzter Zeit ruhig und sicher umherging? Mechele konnte es ein Mal nicht glauben: Henech ging an ihm vorbei und pfiff eine fröhliche Melodie vor sich hin. War das dasselbe, gekrümmte Skelett, das vor ein paar Wochen dagelegen hatte und der ganzen Baracke mit seiner zornigen Trauer zugesetzt hatte?

II

Das Lager konnte nicht lange in seiner toten Ruhe verharren. Immer wieder musste etwas passieren, das die Menschen aufrüttelte und in den Wahnsinn trieb. Es geschah Folgendes: Mechele saß in einer entlegenen Ecke einer Baracke und schrieb. Er hütete sich vor fremden Augen und deshalb verkroch er sich in eine Frauenbaracke, wo in den Nachmittagsstunden niemand war.

Er wusste nicht, ob er etwas hörte oder ob es ihm nur so vorkam, so lauschte er aufmerksam. Ein Luftzug blies durch eine zerbrochene Scheibe und warf die beschriebenen Blätter hinunter. Mechele registrierte es aber schon nicht mehr. Von gegenüber der Frauenbaracke drang ein dünnes, feines Weinen herüber.

Von einem Kind? Mechele glaubte, er träumte. Wie kam es, dass ein kleines Kind in Werk C weinte? War das möglich? Aber das Stimmchen von gegenüber wurde immer schärfer und klarer: Ein Kind weinte!

Mechele sprang auf und rannte hinaus. Die Umgebung war still und lag im Schlaf. Als Mechele schon im Korridor jener Baracke stand, drang das Kinderweinen bis zur Tür. Aber aus einer Ecke packte jemand Mechele am Arm: Was suchst du hier?

Mechele erkannte in der Ecke des Korridors einen von der Fabrikpolizei. Dieser musterte ihn mit ernstem Blick, der wie eine Peitsche über Mecheles Gesicht fuhr und ihn verwirrte: Wozu stand hier verborgen in der Ecke ein Polizist? Und wer war das Kind, das weinte und zu dem man ihn nicht hineinließ? Mechele fühlte sich plötzlich in ein befremdliches Geheimnis hineingezogen, das schrecklich und unheimlich war. Er suchte deshalb nach Worten: Ein Kind ... weint ... man muss sehen ...

Aber der andere sagte nur leise mit drohendem Ton: Verschwinde. Und man soll von dir keinen Pieps mehr hören. Nicht jetzt und nicht später. Merk dir das.

Mechele lief in die andere Baracke zurück, aber er konnte über nichts mehr nachdenken. Auf der anderen Seite wurde das Weinen leiser. Danach hörte man den Schrei einer Frau und dann wurde das kindliche Weinen wieder stärker. Mechele spürte, wie es sich in seinen Kopf bohrte und das Gehirn entzündete: Wer war das weinende Kind, das bewacht wurde? Und wer war die Frau, die dort einen solch erstickten Schrei ausgestoßen hatte? War es die Mutter, oder wer?

Durch die Seite des Fensters sah Mechele, wie die Kommandantin mit blassem, zornigem Gesicht angelaufen kam. Hinter ihr liefen etliche Polizisten, blieben etwas weiter entfernt stehen und ließen niemanden näher herangehen. Von dort drang das Schreien der Kommandantin herüber, das bald verstummte. Dann hörte man ein krampfartiges müdes Stöhnen.

Mechele sah einen Polizisten mit einem kleinen Päckchen zur Tür hinauslaufen. Nach ihm kamen die Kommandantin und noch einige Polizisten heraus. Sie umringten den mit dem weißverhüllten Bündel und sie gingen schnell hinunter, zu der leeren Baracke neben dem Spital.

Eine Weile war es in der ganzen Umgebung totenstill. Danach drang von der Baracke gegenüber ein verdächtiger Tumult herüber. Es hatte den Anschein, als wollte dort jemand etwas Schreckliches tun und andere hinderten ihn daran. Das Gerangel dort geschah aber so leise, dass man mit den Ohren kaum etwas in der Luft wahrnehmen konnte.

Es war schwer, festzustellen, was dort geschah. Mechele erschauderte am ganzen Körper und er hatte Angst, hinauszugehen. Für ihn sah es so aus, als ob er, sobald er einen Fuß vor die Tür setzte, unwillentlich in eine schreckliche Verschwörung hineingezogen würde. Er bewegte sich deshalb zur anderen Seite der Baracke und sprang durch das zweite Fenster hinaus, auf der Seite zu den Männerbaracken hin. Sein Herz klopfte stark. Er fühlte, dass er sich hier im Verborgenen an einem großen Verbrechen beteiligt hatte, das der helle Tag gerade eben stillschweigend verhüllte.

III

Geheimnisse können sich im Allgemeinen nicht an dem Ort halten, an dem sie geschehen. Besonders in Werk C nicht. Noch am selben Abend erfuhr Mechele von der ganzen Geschichte. Abends kam Moniek zu ihm und holte ihn zu einem Spaziergang heraus. Sie gingen entlang der Zäune, liefen den ganzen Wald ab und näherten sich der leeren Baracke, nahe bei der Spitalbaracke. Als Mechele näher hingehen wollte, zog jener energisch an ihm: Komm zurück. Dort darf man heute nicht hingehen. Die Kommandantin könnte mich bestrafen.

Mechele erinnerte sich, dass man heute bei Tag etwas dorthin getragen hatte und es trieb ihn, ganz nahe dorthin zu gehen. Es kam ihm sogar vor, als hörte er ein kindliches schwaches Jammern in der Leere des beginnenden Abends. Moniek zog ihn energisch am Arm und flüsterte ihm leise zu: Geh nicht! Dort liegt ein lebendiges Kind. Allein.

Mecheles Beine wankten von dem plötzlichen Schreck, aber Moniek zog ihn schon weiter und setzte ihn neben einen Baum bei den Zäunen. Er selbst setzte sich neben Mechele und wartete, bis er sich beruhigt hatte. Danach begann er, ohne abzuwarten, ob Mechele ihn fragen würde, die ganze Geschichte mit dem Kind zu erzählen.

Er fing aber an, zu allererst jemanden zu verteidigen, gab zu verstehen, dass es hier so sein müsste. Und noch so eine Rede, die Mechele in der Verwirrung nicht verstehen konnte. Ein Stück weiter stand ein Polizist, mit finsterem Gesicht und Gummiknüppel, der keinen Moment den Blick von der in Dunkel gehüllten Baracke ließ.

Die Nacht war plötzlich herabgefallen, als hätte sie jemand von irgendwo heruntergerissen. In der Ferne trieb die Polizei außerdem früher in die Baracken. Es drang das Geräusch von Laufen herüber. Danach wurde es noch stiller als vorher. Man hörte nur ein leises Weinen und man konnte nicht unterscheiden, ob das von einer einsamen Katze kam oder ob es tatsächlich ein Kinderweinen war. Dem Polizisten, der Wache hielt, kam etwas in den Sinn und er schrie zu Moniek herüber: Moniek, du bringst mir noch Unglück. Geh weiter.

So standen sie wieder auf. Mechele dachte jetzt über gar nichts nach, nur über eine Sache: Es gab im Lager doch keine Katzen. Wer also jammerte dort so? Sollte es immer noch das geheimnisvolle Kind sein?

Aber als sie sich wieder auf eine Bank neben einer Baracke setzten, hatte er nur eine ungeduldige Bitte an Moniek: Erzähle!

IV

In der großen jüdischen Stadt war die edle, hellhäutige Irena ein Kind aus einem reichen, aristokratischen Haus. Als achtzehnjährige Studentin tat sie nichts anderes, als jeden Tage die langen goldenen Zöpfe zu flechten und dem Unterricht zu folgen. Abends war sie von vielen jungen Männern umgeben, die auf ihr reines, klares Lächeln schauten und versuchten, einen Blick aus ihren großen, leuchtenden Augen zu erhaschen. Etwas leuchtete auf dem weißen Gesicht des Mädchens, das einem den Atem nahm. Sie war wie dafür erschaffen, in einer Ausstellung zu stehen, in die Menschen kommen konnten und die pure Leuchtkraft bewundern, die sich in einem Mädchen herausbilden konnte. Ihre Eltern wollten aber aus Irena eine Ärztin machen. Sie ging zur Schule, lernte und träumte und betrachtete die Welt durch ihre kristallklaren Augen.

Irena war mehr als schön.

Auf ihrem Gesicht lag jener dünne, kaum wahrnehmbare Schleier, der nur heilige, reine Kinder ziert. Und es sah aus, als bliebe Irena für immer ein solch züchtiges, verträumtes Kind. Als würde sie ihr ganzes Leben mit den seidenen Engelchen zubringen, die ihr die Fantasie in reichem Maß darbot. Sie würde nicht einmal die gaffenden, aufgerissenen Männeraugen bemerken, die von Jahr zu Jahr immer intensivere Blicke auf sie warfen. Sie würde mit luftigen Schritten durch Gassen schreiten und jeder Fußabdruck würde als stilles, heiliges Zeichen zurückbleiben und den Ort mit einem sauber umzäunten Gürtel beschützen.

Aber die Zeiten wollten es anders: Ghetto! Und Irena blieb allein zurück. Sie tat nichts, wusste nicht, wie man etwas tun konnte, um sich zu retten. Die ganzen Geschehnisse kamen ihr so irreal, so unglaublich vor, dass sie meinte, es würde sich jeden Moment alles verflüchtigen und wieder so werden, wie es immer war: Eltern, Zuhause, dieselbe ruhige Welt wie einst und dieselben Schulbücher und Lehrer wie früher.

Fremde Hände erledigten alles für sie. Sie stellten sie in eine Reihe, schoben sie in einen Waggon und brachten sie weg. Danach gab es weitere grobe, schreiende Hände, die sie vom Zug herunterholten, durch einen Wald führten und durch ein mit Stacheldraht bewehrtes Tor trieben: Werk C!

Aber Irena blieb dieselbe. Ihr erstauntes Gesicht mit den großen reinen Augen schaute weiterhin in den intakt gebliebenen Traum. Schweigsam, mit leisen Schritten, ließ sie sich in die große Halle des Ingenieur Schmitz führen und später in der aufgestellten Reihe zurück in die Baracken.

Aber eines spürte Irena: den Hunger. Außerdem wurde hier geschrien, gestoßen. Die Mädchen drängelten, lächelten den dicken, wohlgenährten Polizisten zu und anschließend kauten sie mit Genuss große Stücke Brot in der Halle und auf dem ganzen Weg zum Lager.

Woher hätte Irena das kennen sollen? Hier musste man hervortreten, dreist sein. Wenn nicht, hörte man von niemandem ein menschliches Wort, wurde man nicht bemerkt.

Lange konnte sie es nicht, das immer verzärtelte, behütete Mädchen. Sie konnte es erst recht nicht mehr, als sie nach etlichen Wochen Hunger blass wurde und die Beine unter ihr begannen nachzugeben. Alle Augen schauten hier so fremd, nüchtern und böse. Deshalb war es für sie ein Glück, als einmal der Polizist Zlomke zu ihr kam und sie mit gerührter Stimme fragte, warum sie immer so traurig sei. Warum sollte ich denn nicht traurig sein?

Zlomke war ein einfacher Junge aus einem kleinen Schtetl. Ein großer Intellektueller war er nicht. Sein Gesicht war voll, die Hände besaßen kräftige Finger. Dafür war seine Stimme weich und warm. Wenn er redete, schauten seine Augen feucht und mit Gefühl. Sein Blick war offen und verbarg nichts. Dabei war er so stark! Wie viel niedriger er auch stehen mochte als sie, seine Schultern atmeten Heldenmut. Es kam einem vor, als gäbe es nichts auf der Welt, vor dem er sie nicht würde schützen können. Also redete er und sie hörte ihm zu. Seine Reden waren geradeheraus und einfach, sie konnten nur ehrlich sein. Anders, so schien es, konnte er überhaupt nicht reden!

Und er sagte ihr ganz klar: Er weiß, dass sie anders ist als er. Sie versteht sicher viele Sachen, von denen er keine Ahnung hat. In anderen Zeiten hätte sie niemals ein Wort mit ihm gesprochen. Aber hier ist es anders. Hier ist er Polizist, der die Zäune bewacht. Er tut niemandem etwas Schlechtes. Und er wird sie beschützen! Er wird nicht zulassen, dass ein Stäubchen auf sie fällt. Wenn sie etwas wolle, brauche sie es ihm nur zu sagen, weiter nichts. Danach – wie sie es wird wollen. Dies ist es, was er ihr sagen will!

Wenn er ihr Brot gab, nahm sie es. Dann, als er vorschlug, sie möge für beide am Abend kochen, tat sie es. Und als er sie rief zu kommen, kam sie. Überhaupt fühlte sie sich dem einfachen, guten Zlomke so verbunden, dass sie später gar nicht mehr verstehen konnte, wie sie hier einen Tag ohne ihn leben könnte, oder wie sie es früher gekonnt hatte; dass er der Einzige war, der zu ihr kam, sie beschützte, ihr die zärtlichsten Worte sagte. Und sie war doch immer noch dasselbe Kind, das einen Versorger brauchte, einen Beschützer.

So wurden sie beide einander sehr verbunden. Er, liebend und ehrfürchtig, und sie, wie ein großes blondes Kind, das hier wieder jemanden gefunden hatte, um den Kopf anzulehnen, wenn die Nacht widrig war und es draußen stürmte.

Es war sogar so, dass der einfache Zlomke ihr zu sagen pflegte: Ich weiß, jetzt hast du mich lieb. Aber wenn du mit mir befreit werden solltest, würdest du mich nicht mehr kennen. Du würdest wieder zu deinen Studierten zurückgehen und dich sogar schämen, mich anzuschauen. Aber ich werde dir das nicht vorwerfen. Es ist dein Recht und ich verstehe das. Tatsächlich? So ist es halt. Aber jetzt fühle ich mich sehr gut!

Irena legte ihm bei solchen Reden ihre langen, weißen Finger auf den Mund: Nein! Nein! Nicht reden!

Aber Zlomke drückte eine Angst im Herzen und er wollte sie lindern, indem er sich beizeiten mit ihr in Frieden einigte: Hörst du? Ich binde dich mit gar nichts! Wenn wir frei sein werden, wird es werden, wie du es willst. Du sollst auf mich gar keine Rücksicht nehmen! Das wollte ich dir sagen.

Aber Irena ergriff ihn bei der Hand und richtete ihre kindlich erschrockenen Augen auf ihn, gerade als sei er schon jetzt im Begriff, wegzugehen. Sie begann regelrecht zu zittern: Du wirst nicht fortgehen! Nein, ich werde dich niemals gehen lassen!

Zlomke lachte nur: Dummerchen. Und schmiegte sich näher an sie. Sie wurde ruhiger und streichelte ihn sachte über die pechschwarzen gelockten Haare.

So vergingen Monate.

Kapitel dreißig

I

Wie es bei Irena dazu kam, wusste niemand sicher. Aber sie erkannte es sehr spät, dass sie schwanger war. Aber Zlomke beschützte und behütete sie, sodass niemand es bemerken solle. Doch in einem Punkt war Irena hartnäckig: Sie würde gar nichts tun! Wenn es kommen wird – soll es! Danach möge geschehen was wolle. Erst da erkannte Zlomke, dass sie kein Kind mehr war und sie ihm mit ihrem Willen völlig beherrschte. Er ging erschlagen und schreckhaft umher: Was würde sein, wenn er sie dabei verlöre? Wie würde er danach leben können? Er wusste es in der Tat genau: Nein, er würde es nicht können! Schluss und aus! Auch für Zlomke.

Es geschah aber anders. Sie brachte das Kind sehr leise zur Welt, mit zusammengepressten Lippen, hütete sich davor, zu stöhnen. Niemand war damals in der Baracke. Die Mädchen waren fort zur Arbeit und die wenigen, die dablieben, trieb die Polizei schon seit einigen Tagen morgens hinaus. Gleich früh am Morgen kam das Kind, leise, als wäre es selbst davon überrascht, hier geboren zu werden. Erst später fing es an zu schreien und Irena konnte erkennen, dass das Kind lebte.

Zuerst wurde sie von einer wilden, alles vergessenden Freude ergriffen. Es gab bei ihr nur noch das eine Gefühl: das Glück einer Mutter, die die erste Frucht ihres Leibes als lebendiges Bündel sah. Möge es sein, wie es wolle! Sie liebkoste es, sie stritt sich und schrie. Man konnte sie kaum beruhigen. Erst danach schleuderte jemand die große Sorge in die Mitte der Baracke: Was machen wir jetzt? Aber Irena war schon wie verrückt vor glücklicher Erschütterung. Sie baute sich mit ausgestreckten Krallen und hervorstehenden

Augen auf und sie begriff nicht einmal, was die paar einge-
weihten Menschen von ihr wollten. Sie klammerte sich an
das Bett, wo das Kind lag, und schrie mit schwacher Stimme,
dass sie das Kind nicht hergeben, es nicht weggeben würde!

Zlomke stand blass und mit verkniffener Miene dabei
und raufte sich die Haare vor Kummer. Erst als sie müde
wurde, begriff sie für einen Moment die Situation. Von der
Erkenntnis verlor sie die Sprache und fiel in Ohnmacht. Die
Kommandantin gab einem der umstehenden Polizisten einen
Wink und er ergriff das Kind.

Es fand sich aber niemand, der mit dem Kind tun würde,
was die Situation erforderte. Die, die es gesehen hatten,
konnten es für lange Zeit nicht vergessen. Solch ein gesunder
und frischer Engel wird selten geboren. Sogar die Kommandantin konnte sich nicht zurückhalten, lächelte das Neu-
geborene sanft an und strich ihm mit dem Finger über die
Lippen.

Sie wollte es gar in das Spital zwischen die Kranken legen,
möge es dort bleiben! Vielleicht konnte man es dort groß-
ziehen, bis es nicht mehr weiter möglich war. Es siegte aber
die Furcht vor den Deutschen. Sie könnten es erfahren und
dann ...

Aber es mit den Händen umzubringen, konnte sie nicht
befehlen. Sie beschloss deshalb, man solle es in eine der leeren Baracken legen, die für die neuen Menschen reserviert
waren, die ankommen sollten. Wenn es dort verlöschen
würde, wäre es der Wille des Himmels und niemand müsste
dazu Hand anlegen: Soll Gott auch einmal die Verantwortung tragen!

So fügte sie mit einem aufgeregten Lächeln hinzu.

Sie stellte eine Wache bei jener Baracke auf, damit niemand
dorthin kommen konnte. Und wer davon nichts wusste,
sollte auch weiterhin nichts erfahren. Zlomke musste wie
jede Nacht zu den Zäunen gehen und auf seinem Posten stehen. Und das war um die zwanzig Meter von jener Baracke
entfernt.

Als Moniek die Erzählung beendet hatte, schaute Mechele sich aufgeregt wieder um. Dort bei den Zäunen lief der kräftige Zlomke gebeugt hin und zurück. Er sah aus, als könnte er jeden Moment jemanden anfallen oder auch alle und zusammenschlagen und töten. Eine Furcht befiel Mechele zusammen mit einer Abscheu gegen sich und gegen alle hier. Er richtete sich auf und lief ohne ein Wort zu seiner Baracke. Moniek folgte ihm stumm und verschämt. Bloß als sie an einer der Frauenbaracken vorbeikamen, schrie Moniek erschrocken auf: Oj wej! Ich habe gerade Irena am dunklen Fenster gesehen! Sie stand nackt da, nur im Hemd. Sie hat sich hinausgebeugt und geguckt, irgendwo hin.

Mechele lief noch schneller und ließ Moniek hinter sich. Erst, als er zu seinem Bett kam, spürte er, wie sein ganzer Körper brannte und vor Kälte fror.

II

Was in jener Nacht im dunklen Schoß von Werk C geschah, wird ein Geheimnis zwischen Gott und einigen Zeugen bleiben. Nur Mechele sah in seiner Fiebernacht viele Dinge. Einschlafen konnte er nicht, so kroch er hinunter und lehnte seine heiße Stirn an die blau gefärbte Scheibe. Er wollte die Baracken ihm gegenüber mit den stechenden Augen durchbohren und alles sehen. Er brauchte es aber nicht. Sein Fieber brachte ihm die Bilder direkt vor die Augen. So sah er Folgendes: Eine Frau mit lodernden roten Haaren stößt dort in einer entfernten Baracke ein Fenster auf. Sie steht halbnackt am Fenster, beugt sich hinaus und will mit den Augen bei der Nacht etwas erfragen. Alles drum herum wankt in der schwankenden tintenschwarzen Finsternis. Dann wankt auch die Frau, sie streckt sich und wird länger und länger. Bald zittert ihr bleiches Hemd auf dem Sims des geöffneten Fensters. Aus der Dunkelheit ruft eine dünne, weinende Stimme, welche beginnt wie eine kindliche und endet in dem

Seufzer eines Greises. Mechele hört sogar jedes Wort, das die Stimme der Nacht ihr entgegenschleudert und sich in ihre Nacktheit einbrennt.

Jemand ruft sie, schreit sie an und bittet, obwohl die Nacht schwarz ist und man niemanden sieht. Die Frau dreht sich, sie zittert, bis sie in das schwarze Maul der Nacht fällt.

Danach sieht Mechele, wie die Frau um jene Baracke herumschleicht. Das kindliche Weinen sticht, reißt Stücke aus der Stille. Die Frau geht blind, mit vorgestreckten Händen, zu jener Stimme. Sie selbst sieht man nicht, nur das Weiß ihres Hemdes bewegt sich wie ein fliegender Fleck zwischen den schwarz gekleideten Bäumen. Aber von irgendwo weiter bei den Zäunen bewegt sich eine andere, dunkle Gestalt und geht ihr schweigend entgegen. Bald werden sie verschmelzen, ein schwarzer Fleck und ein weißer. Sie fallen ineinander und trennen sich wieder. Sie küssen sich und rangeln. Sie ringen wie zwei Todfeinde in finsterer Nacht. Und danach wachsen sie einer in den anderen hinein, wie eine glimmende Liebe auf einer einsamen verfluchten Erde. Der weiße Fleck zittert und zittert. Der schwarze rührt sich nicht. Bloß seine Spitze ist über ihren dunkel verhüllten Kopf gebeugt und von beiden Seiten breiten sich zwei dünne Flügel aus, die gelassen an den Seiten des weißen Schimmers umherwandern.

Plötzlich reißt sie sich los und läuft. Dorthin, zur Baracke, wo die kindlich-alte Stimme ruft. Der schwarze Schatten bleibt eine Weile unbeweglich stehen. Dann läuft er ihr nach. Bald verdeckt der Barackenrand beide. Mechele schafft es gerade noch in der letzten Sekunde, sie zu erkennen: Zlomke und Irena.

Eine ganze Nacht wälzte Mechele sich im Bett und halluzinierte. Ein Bild warf sich über das nächste und wollte es verwischen. Dann verschmolzen die beiden. Mechele rieb fiebernd ein Streichholz an und entzündete eine kleine Kerze, hergestellt aus Fabrikwachs. Die ganze Baracke schlief fest. Er setzte sich an den Tisch im Zimmer und begann, ein Blatt Papier nach dem anderen zu füllen. Ein ganzer Berg Geschriebenes wuchs in jener Nacht heran. Die verstreuten Ideen und Entdeckungen stahlen sich leise unter dem Bleistift hervor.

Es war ein Drama über das Kind, Zlomke und Irena.

Erst am Morgen, als die ersten Schritte auf dem harten Boden der eingetrockneten Lagergassen zu hören waren, wachte Mechele aus seinem Arbeitsrausch auf. Ein Polizist lief schnell von der Seite der Zäune in Richtung der Kommandantur. Jemand hielt ihn auf dem Weg an und wegen der frühmorgendlichen Stille konnte Mechele die Frage hören: Bist du dort gewesen, beim Kleinen? Und?

Der Polizist seufzte tief: Das ist eine heikle Geschichte. Stell dir vor, das Kind lebt noch. Es scheint jetzt sogar kräftiger zu sein. Ein robustes Kind, sag ich dir! Insbesondere ist offensichtlich, dass jemand sich nachts in der Nähe zu schaffen gemacht und es gestärkt hat. Solche Menschen gibt es! Ein Unglück, sage ich dir.

Und schon, nachdem Mechele die schweren Schritte des Polizisten gehört hatte, als er weiterging, erreichte ihn dessen letzter Satz: Und sie? Sie wird sicher verrückt werden. Die Mädchen trafen sie am Morgen, wie sie nur im Hemd am Fenster stand.

III

Wie es aussah, hatte jemand dem Kind bei Nacht Hilfe geleistet. Anders wäre es nicht möglich gewesen, dass das Baby zwei ganze Tage durchhalten und lauthals schreien konnte. Danach verstärkte man die Wache und damit endete es. Mechele ging nicht einmal hin, um zu fragen, was aus dem Kind geworden war und wann man es fortgenommen hatte. Erschlagen saß er nach der Arbeit und trieb sein wildschauerliches Drama immer weiter, voll mit scharfen Dialogen zwischen dem neugeborenen Kind und der Mutter, zwischen ihr und Zlomke und ihr Geschrei gegen sich selbst beim morgendlichen Fenster.

Ein rasender Zorn leitete seine Zeilen: Konzerte wollen sie! Die will ich ihnen geben! Dieses Drama wird aufgeführt werden anstatt fröhlicher Gesänge.

In diesem Gedanken fand Mechele Trost, ein Beruhigungsmittel für seine quälenden Visionen und Schmerzen. Möge es das ganze Lager aufwühlen, die Machthaber, die Mädchen, die Mütter, an deren Seiten die neugeborenen Kinder verlöschen oder ausgelöscht werden.

Das Drama ist ein großes Wirrwarr. Es ist so verworren wie das eigentliche Geschehen: Irena will leben, will Schutz, will Wärme. Zlomke gibt es ihr! Zlomke will auch leben, er will einmal frei und rücksichtslos sein neben ihrem Erbeben. Aber auch das Kind will leben, wo es schon einmal da ist. Aus seinem unklaren Weinen schälen sich mahnende Wörter heraus. Durch die kleine Scheibe der Baracke hat es schon ein Stück des blauen Himmels wahrgenommen, Menschen, die mit gesunden Gliedmaßen umhergehen, das warme Streicheln eines mütterlichen Körpers. Also will es nicht resignieren!

Mit seinem Geschrei geht es um beider Leben. Irena weiß aber, dass sie nicht darf und nicht kann. Das Leben wird für sie schon nicht mehr sein, wie sie es gekannt hat. In ihren stillen Traum dringt ihr eigenes Geschrei ein, das sich eigenständig aus gesondertem Fleisch erhebt. Das darf aber nicht zum Schweigen gebracht werden. Falls doch, wird es weiter mit blutigem Schluchzen in ihren weißen Händen jammern, bis ans Ende des hiesigen Lebens. Aber Zlomke weiß auch dies: Jedes Säugen des Kindes in der tiefnächtlichen Einsamkeit der Baracke, jedes Sich-Beugen von Irena über das verurteilte kleine Geschöpf, nimmt ihm die Möglichkeit, frei zu atmen! Jedes Weinen des Kindes bei Tag kann ihm Irena fortnehmen und er würde die Liebe, die er hier für sie hat wachsen lassen, nicht mehr tragen können. So küsst er sie bei Nacht zwischen den Bäumen. Küsst sie und ringt mit ihr, bedrängt sie, wie jemanden, der sich hierher stiehlt, um ihm das behütete Fünkchen Leben und Freude zu rauben.

Wer von ihnen hat Recht?

Mechele gibt das letzte Wort dem heiseren Kind: Ihr habt Freude und Vergnügen gewollt? Ihr wollt leben? Ich will es auch! Ich existierte im Verborgenen und ihr habt mich gezwungen, zu kommen und zu leben. Jetzt jagt ihr mich! Ihr habt mich aus meinem Schattendasein geweckt, also bin ich wach! Und ich will schreien, will nicht müde werden vom Schreien und vom Einfordern des Rechts, das ihr mir durch körperliches Erbeben zugesagt. Du hast mich in deinem Innern während langer Monate zum Kind gemacht, so will ich dich jetzt, mit meinem Weinen, zur Mutter machen. Man schüttelt mich nicht ab, wie einen überflüssig gewordenen Körperteil. Entweder du hältst mich weiterhin bei dir, oder du schickst mich weg. Aber dann werde ich von allen Orten zu dir gelangen. Wenn ich verstummen werde, wird mein Schatten in den Nächten zu dir herabfallen, hineinschlüpfen durch die Finsternis und fordern: Komm mit mir!

Es helfen nicht einmal die Antworten der Mutter, dass es gehen möge, ehe es den Geschmack des Lebens mit voller Kraft erspürt habe. Es wäre besser so. Es wäre auch besser, es würde rein zurückkehren und sich nicht die wenigen Tage Leben beflecken, indem es ein paar Erwachsene dem Leben entrisse. Das Kind will aber etwas ganz anderes: Es geht nicht um mich. Gut, ihr habt mich aus deiner Körperhöhle herausgezogen, also bin ich da. Ihr jagt mich fort? Also werde ich mich wegtragen lassen und zu Erde und Staub werden. Ich will dich aber warnen: Du wirst keine Mutter mehr sein. Nicht meine und nicht von jemand anderem! Aus dir werden keinen lebendigen Kinder mehr kommen, du wirst keine Liebe zu ihnen mehr haben können. Stücke Fleisch werden aus deinem Schoß fallen und sich weit von dir entfernen, sehr weit. Mit mir tötest du deine Mutterschaft! Du wirst nicht einmal mehr ein Mensch sein können. Du wirst ständig Leben für Leben tauschen, wie man hier ein Stück Brot gegen ein Maß Kartoffeln tauscht. Wie wirst du später wissen können, was ein Mensch ist, was ein lebendiges Erzittern von einem anderen verlangt? Ich will dich retten, Mutter! Ich gehe weg, aber beraube mich nicht des einen: ich will unter einem Herzen ausgetragen worden sein. Deshalb rufe ich dich durch die ganze Finsternis: Komm!

Draußen traf Mechele auf Kurc. Der stoppte für eine Weile und fragte Mechele: Etwas vorbereitet?

Mechele war verwirrt, fing sich aber gleich wieder: Ja, etwas vorbereitet.

Was genau er heute Nacht geschrieben hatte, wollte er ihm nicht erzählen.

IV

Wer konnte denn darüber nachdenken, was aus Irena geworden war? Noch ehe das Weinen des Kindes zum Schweigen gebracht worden war, bekam die Polizei eine wichtige Meldung: Ein großer Transport Juden war auf dem Weg. Endlich war der Kommandant Amon Göth[69] vom Krakower Jerozolimska-Lager einverstanden, einem Befehl von höherer Stelle nachzukommen und eine Anzahl Juden an die HASAG in Skarżysko herauszugeben. Es setzte eine fieberhafte Vorbereitung und Erwartung ein.

An jenem Abend noch suchte Fredzia Mechele auf. Man habe ihr gesagt, dass sie auf dem Konzert auftreten müsse. Es kämen jetzt viertausend neue Menschen und man werde ihnen zeigen, dass es hier nicht so schrecklich sei. Wenn es ein Konzert direkt nach ihrer Ankunft gäbe, wäre es für sie eine angenehme Überraschung. Sie würden sich besser fühlen. Sogar die deutsche Lagerleitung halte es für eine gute Sache:

---

69 Der 1908 in Wien geborene Amon Göth war Kommandant des KZ Plaszów, das sich in der Nähe der Jerozolimska-Straße in Krakau befand. Er wurde nach dem Krieg an Polen ausgeliefert und 1946 hingerichtet. Durch den Spielfilm »Schindlers Liste« wurde er weltweit bekannt. Weniger bekannt ist, dass Teile des Films auf dem ehemaligen Gelände der Munitionsfabrik in Skarżysko-Kamienna gedreht wurden.

Es sei besser, man mache es ein wenig heimelig und sei nicht immer verdrossen und niedergeschlagen. Ganz besonders kämen viele neue Menschen, von denen man sagt, dass unter ihnen intelligente und reiche Menschen seien. Soviel man ihnen auch abnehmen werde, es würde noch etwas bleiben!

Sie hätte noch lange so geredet in ihrer gelösten Stimmung, wenn sie nicht plötzlich Mecheles kalten, erloschenen Blick wahrgenommen hätte. Deshalb brach sie ab und packte ihn an der Hand: Kommen Sie. Heute haben wir noch leere Baracken. Morgen werden sie vollgepackt sein und es wird keinen Platz mehr geben, wo man etwas in Ruhe einstudieren kann.

Mechele folgte ihr still.

Als sie sich hinsetzten, erinnerte sie sich an etwas: Sie sind damals davongelaufen. Ich verstehe. Es ist vielleicht von meiner Seite eine Unverschämtheit gewesen damals. Sie kommen her und ich stehe Arm in Arm mit jemandem und rede mit Ihnen. Ich könnte mich selbst ohrfeigen deswegen. Entschuldigen Sie. Erst jetzt fange ich an, immer mehr vom Leben zu verstehen.

Mechele hörte ihre Rede fast nicht und spürte nicht, wie sie sich näher heranbeugte und ihm still den Arm streichelte, als wolle sie ein Kind beruhigen. Er schreckte hoch und kommandierte mit befehlendem Ton: Die Zeit wird knapp. Bald wird die Polizei hier einfallen und herumkommandieren. Es ist besser, Sie nehmen es gleich und lesen es durch. Danach sagen Sie mir, ob Sie die Rolle der Mutter spielen können oder nicht. Lesen Sie!

Fredzia beugte sich über die dicht beschriebenen Blätter. Mechele saß dabei und beobachtete sie genau. Sie grub sich immer tiefer in die schwarzen Papierbögen ein und es sah aus, als wollte sie hier und jetzt irgendwohin versinken, damit niemand sie sehen könnte. Sie selbst auch nicht.

Ein Fünkchen Rache erwachte tief in Mechele aus einem langen Schlaf. Er sah, wie sie ein ums andere Mal die Zeilen las, wie das Kind und die Mutter miteinander redeten. Sie murmelte jedes Wort einzeln vor sich hin und ihre Lippen wurden immer blasser und blasser. Danach hob sie ihre Augen plötzlich vom Papier und richtete ihren Blick auf Mechele. Ihre Augen brannten jetzt, sie schrien und schämten sich. Mechele spürte, wie etwas Schneidendes ihn bedrängte, und er wollte sich instinktiv wegdrehen, ihr jetzt nicht so nahe sein. Sie ergriff aber hastig seine Hand und heftete ihren Blick voller Schreck auf ihn: Sie wissen, ich habe doch auch ein Kind gehabt! Erst jetzt erinnere ich mich daran. Auch ich habe es irgendwo zurückgelassen! Wen beschuldigen Sie hier? Mich, sie oder alle? Sagen Sie es!

Mechele wollte etwas sagen, konnte aber nicht. Sie war jetzt zart und erzürnt. Dabei ging von ihr eine Niedergeschlagenheit aus, für die es schwer war, ein Wort zu finden.

Sie lehnte sich wie ohnmächtig an seinen Arm und flüsterte mehr zu sich selbst: Ich muss es spielen, vortragen für mich und für alle. Ich werde es hinausschreien! Früher habe ich noch nicht verstanden, was es heißt, Mutter zu sein. Aber jetzt ...

Mechele wusste nicht, was mit ihrer Niedergeschlagenheit zu tun. Die Geschichte mit Irena hatte in ihr verborgene Erinnerungen und Überlegungen geweckt, die kein Mensch begreifen konnte. Sie klammerte sich jetzt an ihn, wollte etwas aus sich herausreißen und konnte nicht. Sie war verzweifelt, drückte ihre Finger in seine Hand, verloren und aufgewühlt.

Auf dem Lagerhof erhob sich derweil ein großer Tumult. Der bekannte Pfiff der Polizeipfeifen gab ein außergewöhnliches Warnsignal. Mechele schreckte auf. Auch Fredzia fing sich: Hören Sie doch, hören Sie!

Draußen begannen Dutzende Paar Stiefel zu stampfen. Man hörte, wie die Massen blitzschnell in die Baracken gejagt wurden. Mechele lief zum Fenster. Fredzia wurde mitgerissen und stellte sich neben ihn. Sie spürte in ihm den einzigen Halt für alles in der Welt, während um sie herum Polizisten liefen und fortwährend pfiffen und Alarm schlugen.

Sie drückte sich deshalb enger an ihn. Mechele spürte es aber nicht. Er konzentrierte sich auf den Wirbelsturm draußen. Bald verstand er. Jemand schrie zu einem anderen hinüber: Sie sind schon da, in Werk A. Bald werden sie hier sein. Viertausend Stück!

In Mechele löste sich etwas: Die neuen Menschen kommen an! Viertausend neue Werk-C-niks.

Fredzia vergaß für einen Moment ihr erschrockenes Jammern. Das Neue weckte in ihr wieder neugierige Freude: Tatsächlich? Sie kommen? Wird hier doch eine neue Welt beginnen?

Mechele schaute nur flüchtig auf ihre aufgerissenen Augen, die jetzt nachdenklich durch die Scheiben guckten. Er riss sich los: Ich muss gehen und schauen.

Sie konnte ihm nicht folgen und blieb zurück.

V

Vor dem dunklen Tor des Lagers brannte die kränklich gelbe Lampe wie immer. Im Lager war keine lebende Seele zu sehen. Alles war von Finsternis umhüllt. Nur ein kleiner Kreis aus Licht umgab das Tor. Dieses Mal war aber die gesamte Polizei und die Verwaltung dort aufgestellt. Die Kommandantin ärgerte sich lautstark über jemanden: Die dreckigen Hunde! Sie hätten schon vor einer halben Stunde hier sein sollen und man sieht und hört nichts.

Der Polizist Trefer mit dem blonden Schnurrbart versuchte, sie zu besänftigen: Keine Sorge. Die Partisanen haben sie nicht eingefangen.

Sie hörte aber die Ironie nicht. Diesen Transport erwartete sie mit besonderem Interesse. Man hatte sie wissen lassen, dass heute eine große Menge ankomme, Stück für Stück Ausgewählte. Das Herz sprang ihr vor Neugier heraus: Über wen würde sie jetzt zu herrschen haben? Würde ihr das Neues und Auffrischung bringen?

Sie hatte keine Geduld, an einem Platz zu stehen. Sie tauchte immer wieder in einer anderen Gasse auf und schrie, warum die Bande durch die Fenster schaue, dann lief sie zurück zum Tor. Bald erschien der Wachführer Schumann und nach ihm eine Gruppe Wachsoldaten. Kurze Zeit später hörte man die schweren Schritte einer großen Menge. Mechele stand mit angehaltenem Atem am Fenster einer Baracke. Auf dem Weg, im Licht der Torlampe, sah man eine langgestreckte Armee, mit Packen auf den Schultern. Man sah verstrubbelte Frauenköpfe und runde Skimützen in den Männerreihen: Was brachten sie mit sich? Niemand konnte es wissen. Vielleicht gar nichts und vielleicht gar eine neue Welt.

Aus ihren Gesichtern konnte man aber gar nichts herauslesen. Die Nacht legte eine dunkle Decke über sie und ließ nicht zu, dass sie von Blicken erfasst wurden. Nur die Polizisten bei den nahen Baracken redeten laut unter sich: Sie haben Glück wie die Gojim. Man hat sie fast gar nicht durchsucht und jetzt kommen sie vermutlich mit ihren Schätzen herein. Sie werden das ganze Werk C aufkaufen. Es ist sinnvoll, sich für sie zu interessieren. Das sind keine armen Teufel aus einem KL.

Auch die Kommandantin konnte am Tor nicht genug staunen: Das nennt man einen Transport! Wie die Löwen! Solch eine Kleidung! Solche Ordnung und Disziplin! Genau darauf habe ich gewartet! Erst jetzt wird hier das Leben beginnen.

In allen Baracken spürte man bald, dass hier kein elender Transport angekommen war. Noch ehe sie durch das Tor kamen, schaute man schon mit prüfenden Augen auf sie: Ja, es wird von ihnen etwas herauszuholen sein. Sie gehen so gut gekleidet und haben dort genügend wertvolle Dinge eingenäht. Allein die Stiefel, die viele tragen, sind ein Vermögen wert.

Lagerhändler standen an die Scheiben gedrückt da und versuchten, mit den Augen die Reihen zu taxieren, die ein Stück vom Tor entfernt stehengeblieben waren. Man verschaffte sich einen Eindruck und fing im Stillen an, allerlei

Berechnungen anzustellen und Pläne zu machen. Einige begannen sogar, laut zu reden, mit offenen Andeutungen, über was sie nachdachten. Der kleine Händler, der in Halle 54 arbeitete, hatte etwas erblickt, über das er vor Begeisterung ein regelrechtes Geheul anstimmte: Oj, oj, oj! Da steht einer mit einem Anzug, fast aufs Haar in der Farbe, die mein Meister wünscht! Ach, wenn er ihn mir morgen mitgeben würde in die Halle, ich könnte sicher ein ganzes Brot auf die Hand dafür bekommen. Was meint ihr?

Niemand antwortete ihm. Betrübt endete er, mehr zu sich selbst: Nun ja. Ich mache mir nur Appetit. Aber wer wird mich an sie ranlassen? Und bis dahin werden sich andere Interessenten finden, und die werden zugreifen.

Auch seinen resignierten Ton nahm niemand zur Kenntnis. Man war damit beschäftigt, die geringste Bewegung der neuen Gruppe zu beobachten.

Dort tat sich aber offensichtlich nichts. Sie standen dort und redeten unter sich. Bei einigen konnte man sogar offenes Gelächter wahrnehmen, das widerhallte. Auch dies griff jemand in der Baracke auf: Siehst du? Ein gutes Zeichen, sie lachen!

Bald aber hörte man einen Pfiff. Die Gruppe wurde wieder ernst, die Reihen richteten sich wieder aus. Die ganze Polizei und die Verwaltung stellten sich ans Tor und die Reihen begannen, immer näher zu rücken. Schon fielen ihre Schatten ins Lager, noch ehe sie selbst einen Schritt hineingetan hatten. Auf dem Hof wurde es unvermittelt schrecklich still. Selbst drinnen in den Baracken hielten die Menschen den Atem an. Die in Reihen Marschierenden waren, wie es aussah, versierte Lagermenschen. Deshalb wussten sie, dass man bei Ankunft an einem neuen Ort den Kopf hochhielt und nicht die geringste Spur von Trauer im Gesicht zeigen durfte. Man sollte gefallen. Man musste!

Sobald sie sich dem Tor näherten, sehr nahe herankamen, warfen sie für eine Weile den Kopf hoch und senkten ihn dann erschrocken. Reihe um Reihe schritt so herein, alle auf genau die gleiche Art und Weise. Sobald sie einen Blick auf die Oberkante des Tores geworfen hatten, wurden sie niedergeschlagen, gebeugt und erschrocken. Die Beine wankten bei einigen sogar, als sie in die Finsternis hinter dem Tor gingen. Auch Mechele warf vom Barackenfenster den Blick dorthin. Er wollte sehen, womit das Tor dort eine solch schreckliche Last auf das Aussehen aller legte. Bald verstand er es. Über dem Tor glänzte ein mächtig großes Schild, das Mechele erst vor ein paar Tagen selbst angefertigt hatte. Dort war nichts außer einem schwarzen Rahmen auf weißem Untergrund und in der Mitte bloß zwei Wörter, in metergroßer Schrift: Werk C.

Über den Autor

Der jiddische Schriftsteller und Journalist Mordechai Strigler wurde 1918 bei Zamość (Polen) geboren. Während der Nazizeit war er Häftling verschiedener Arbeits- und Konzentrationslager. Kurz nach seiner Befreiung emigrierte er nach Paris und begann seine Erfahrungen in der Tetralogie *Verloschene Lichter* niederzuschreiben. 1952 ging er nach New York und arbeitete bis zu seinem Tod im Jahr 1998 für jiddische Zeitungen. 1978 erhielt er den Itzik Manger-Preis für Jiddische Literatur.

Mordechai Strigler

Majdanek

Verloschene Lichter I
Ein früher Zeitzeugenbericht vom Todeslager

Herausgegeben von Frank Beer
Aus dem Jiddischen von Sigrid Beisel
Mit einem Vorwort von Yechiel Szeintuch

228 Seiten, 12,5 x 20,5 cm, Paperback
ISBN 978-3-86674-527-8

Mordechai Striglers eindringlicher literarischer Bericht
ist ein Zeugnis aus den unmittelbaren Erinnerungen
an die Zeit im KZ Majdanek in deutscher Erstausgabe.

»Eine literarische Sensation« FAZ

Mordechai Strigler

In den Fabriken des Todes

Verloschene Lichter II

Ein früher Zeitzeugenbericht
vom Arbeitslager Skarżysko-Kamienna

Herausgegeben von Frank Beer
Aus dem Jiddischen von Sigrid Beisel

400 Seiten, 12,5 x 20,5 cm, Paperback
ISBN 978-3-86674-557-5

Mordechai Strigler schuf mit seiner Tetralogie
»Verloschene Lichter« ein literarisches Denkmal für die
Opfer der Schoah. Nach »Majdanek« erscheint jetzt
der zweite Band aus der Reihe in deutscher
Erstausgabe, diesmal über das Arbeitslager
der HASAG in Skarżysko-Kamienna.

**»Ein zwar zutiefst verstörendes, aber literarisch
hochwertiges Werk.«
Gedenkstätte für Zwangsarbeit Leipzig**